テキスト現代社会学［第4版］

松田 健 著

ミネルヴァ書房

第４版への序

本書の第３版の発行は2016年の３月であった。その後６年間に世界と日本で起こった出来事はすさまじい。世界ではトランプ氏が大統領となり，イギリスがEUから離脱した。TPPが部分的に発効し，パリ協定も発効したがトランプ氏のアメリカはこれらから離脱。世界各地で山火事や水害が頻発した。北朝鮮はミサイルを発射し続け，日韓の外交関係は冷えこみ，米中の貿易摩擦と政治的対立が激化。香港の学生デモは沈黙させられた。

日本では令和の時代となった。財政赤字が続く中，消費税が10%になった。熊本で大地震，各地で豪雨と水害による被害が続出した。大手自動車メーカーの外国人元社長が空港で電撃逮捕されたが逃亡。学校法人とのゆ着疑惑や政府主催の春のイベントの不透明性や元法務大臣夫妻が逮捕された買収事件では政府の説明を十分だと思わない国民が多かった。

そして何と言ってもコロナ禍。新型のコロナウィルス，Covid-19は全世界で猛威をふるい，2020年から21年にかけて各国でロックダウンを招き，医療体制を圧迫し，経済活動・市民生活・教育に大きく影響した。日本では東京オリンピックとパラリンピックが１年延期されたが，翌年，無観客開催となり，巨額の赤字が残った。インバウンド訪日客は2019年には年間3200万人近くになっていたが，国際人流が止まり，霧のように消えてしまった。

社会経済的格差の拡大が多くの国で見られ，先進国の多くでは少子高齢化に加え，人口「減」が新たな問題になりつつある。一部の巨大ハイテク企業群が巨額の利益をあげ，市場の支配力をさらに強めているという。ネット上ではユーザーが接したいと思う情報だけに包まれる「フィルターバブル」状態が生み出され，気に入らない情報は「フェイクニュース」と決めつける風潮も登場した。SNSは楽しさと利便性を提供する一方で，社会の分断化を促進しているとの声も強い。多くの国で，なんとも言えない不満が渦巻いているようにも見える。

先を読むのが難しい世の中になってきたが，社会学ではジェンダーやセクシュアリティ，社会階層，エスニシティなど，社会がもつさまざまな問題が研究されている。地域性とグローバルな視点を忘れず，少数者を尊重して共生をめざし，不合理な不平等を暴き，自然環境を尊重し，人間と社会を理解しようとする学問，それが社会学である。本書が現代社会の理解に多少なりとも役立つことを願う。

著　　者

第３版への序

本書は初版が2003年３月に発行されて以来，多くの方にお読みいただき，このたび第３版を出す運びとなった。第２版の改訂時には「地域」「家族」「教育」の３章を加えたが，今回はさらに「人口・環境」の章に「災害」の項目を追加し，「人口・環境・災害」とした。また全章の本文を大幅に改訂し，各種データをアップデートした。

この10年ほどの間の世界と日本の動きを見て痛感するのは，グローバル化が一段と進行したことだ。政治・経済に関して国境の垣根がさらに低くなり，ネット上ではSNSなどのパーソナルメディアの普及により国境がほぼ無意味化している。そんな中，国内格差の拡大が指摘される国が増え，日本もそのひとつとなっている。また国際テロ組織のテロ活動や内戦，そして大規模な事故では被害者が多国籍であることが珍しくない。水資源や食糧資源をめぐる競争も激しくなっている。日本と近隣諸国との関係も気になるところだ。その一方で外国から日本を訪れる観光客が大幅に増加し，日本各地の観光地やリゾート地が国際的な賑わいをみせるようになった。

国内的には格差の問題だけでなく，少子化と高齢化，雇用の確保，夫婦別姓問題，同性婚，学校や職場でのいじめ，地方の過疎など，多くの社会問題が存在している。これらの問題には見逃せない重要性があり，本書でも検討している。

21世紀になって自然環境の変化が体感されるようになった。地球の温暖化や熱帯暴風雨の巨大化の影響は各国で観測されている。日本の場合，ゲリラ豪雨や竜巻がしばしば発生するようになった。また日本では2011年の東日本大震災以降，次の大震災や津波被害の可能性が強く認識されている。日本列島における火山活動の活発化を懸念する声もある。その結果，原子力発電のあり方についてもさまざまな意見が出されている。

人間が共生する「社会」はどんどん変化しているが，人間は社会なくして生きられない。本書が「社会」を理解し，「社会学」を理解する一助になれば幸いである。なお本書は日本の高校卒業程度の日本語が読める人を念頭に書かれているが，日本国籍でない人も想定されている。この点は初版から一貫して変わっていない。

今回の改訂では後藤正之，玉井久之，中江加津彦の各氏にご助言をいただいた。また浅井久仁人氏をはじめ，ミネルヴァ書房の皆様に大変お世話になった。感謝申し上げるしだいである。

2016年1月30日

著　　者

第２版への序

『テキスト現代社会学』の初版が発行されたのは2003年５月だが，想像していた以上に多くの方が読んでくださった。２年ほどして編集部から改訂について打診があった。新しく「地域」「家族」「教育」の３つの章を加えてほしいとのこと。読者の方々からの要望だという。そこでこれらの章を加筆し，既存の章も統計データを入れ替え，加筆・修正するなど内容を刷新することにした。

初版発行以来数年の間に，日本でも世界でもさまざまなことが起きた。社会学的に見ると，国内ではいろいろな「格差」が問題化したことが注目される。資産や収入における格差はもちろん，地域格差，医療格差，教育格差，雇用格差，老後の格差など，さまざまな「格差」が重層的に日本社会に渦巻いているように思われる。「勝ち組と負け組」「二極化」「中流崩壊」「下流化」「ワーキングプア」「セレブ」など格差の拡大に関係する言葉もあちこちで使われるようになった。それを反映し，格差の問題はこの第２版において繰り返し現れるテーマとなっている。

国際的にはイラクをとりまく状況が泥沼化し，不安定要素がなかなか小さくならない。その一方で中国やインドの躍進がめざましい。ロシアやブラジルも豊かな資源を背景に，発言力を増している。20世紀後半に経済大国の地位を確立していた日本は今世紀どうなっていくのであろう。さらに環境問題については，われわれ人間が地球の温暖化や異常気象を実際に体験する段階に入ってしまった。このようなグローバルな変化も第２版が意識するところである。

日本は20世紀末から続いた長い不況を脱したとされるが，手放しでバラ色の未来像を描く人は少ないのではないか。明るい材料は現れたけれど，世の中の様子を慎重に見守ろう，というのが21世紀の最初の10年を終えつつある私たちの感覚かもしれない。そんな中，「社会学」の入門書であると同時に「現代社会」について学び，考えるための参考書でもある本書の改訂版が完成した。現代を生きる読者のお役に立てればうれしい。

今回の改訂作業のかなりの部分をカナダのブリティッシュ・コロンビア大学

で行なった。施設を使わせていただいた同大学，またお力添えくださった同大学心理学科のスティーブ・ハイネ教授に感謝したい。また編集の浅井久仁人氏をはじめ，ミネルヴァ書房の皆さんに大変お世話になった。重ねて感謝申し上げる次第である。

著　者

まえがき

この本は，社会学の入門書である。その特徴として，

・社会学の中のなるべく多くの分野をカバーしていること。
・英語に力を入れていること。
・読めばわかるように心がけてあること。
・社会「学」だけでなく社会「問題」も積極的に扱っていること。

などがあげられる。

なぜこのような本を書くことにしたのか，簡単にいうと，著者が大学で担当している「社会学」の授業に適切と思われる教科書が見つからなかったからである。著者はなるべく社会学の全体像を伝える方針で「社会学」の授業を行おうとしているが，ぴったりくる本がなかった。そこで自分でハンドアウト（配付資料）を作って学生に配付しはじめたのがこの本の原形となったのである。同じ社会科学の入門編の授業でも，経済学などではだいたい定番のメニューがあるし，よく使われるテキストがあったりする。ところが社会学入門の場合，少なくとも日本の大学ではスタンダード・メニューのようなものはなく，結局は担当教官が自分の専門分野について平易に語る，という場合が多いように見受けられる。アメリカ・イギリス・オーストラリアなど英語圏の国では社会学が扱うさまざまな分野について解説した総合的なテキストが数多く出版されている。この本の中でも紹介するが，イギリスを代表する社会学者，アントニー・ギデンズが書いた『社会学』(2001) はそのようなテキストの代表例といってよい。このような本を見ていると，これらの国では総合的な内容で社会学入門の授業が行われていることがうかがえる。

この本では英語に力をいれた，と述べた。わかりやすい例では，ゴシック体で表した重要語句は（　　）内にそれに対応する英語も表記しておいた。重要語句に指定していないが英語表現を並記しておいた語句も少なくない。どうしても必要だと思われる場合はドイツ語やフランス語による表記も入れておいた

が，原則として英語にしぼった。それでは英語帝国主義ではないか，とのおしかりを受けそうだが，これにはいくつかの理由があった。一つは，やはり英語が事実上の国際標準語になってきているからだ。国際社会学会（the International Sociological Association）においても学会の運営に関しては英語が標準言語となっている。英語表現を知っておいて損はない。つぎに社会学では英語で表される概念が多いという理由があった。とくに20世紀，社会学はアメリカでの発達が著しく，英語による社会学用語の比重が大きく増した。さらに，あまり（　　）内が長すぎると読みづらくなる，という理由もあった。この本を読んでくださる人の大部分は日本の教育システムで学んだ人であろうから，英語への親しみはあってもフランス語やドイツ語となると遠く感じられるかもしれない。最後に，次に述べるように，この本は英語圏への留学をしたいと思っている人に役立つようにしたいという理由もあった。

この本では留学をしたいと思っている人，留学する予定が決まっている人，また現在留学中の人も想定読者の中に入れている。具体的には英語圏の大学への留学だ。この本の原形となった授業用ハンドアウトでも重要語句には英語を並記していたが，当初はとくに大きな理由はなかった。ところが著者の「社会学」を受講したあとで留学した人たちから，このハンドアウトが留学先でおおいに役立った，とのメールが来るようになり，そのようなニーズがあることに気がついた。つまり英語と日本語の専門用語の橋渡しをしてくれる本が求められていたのである。そういえば著者も大学生時代，アメリカへ交換留学に行ったとき，持参した日本語の社会学辞典が役に立たずフラストレーションを感じたことがあった。さらにこの本では日英語の対照をするだけでなく，社会学に関する「英語コラム」をいくつかちりばめ，さらに「留学して社会学を学ぶ」という付録の章も加えたので参考にしていただくとうれしい。

しかし読者が留学するとかしないとかはこの本の中核的な問題ではない。大事なのは「読めばわかる」ように心がけたことだ。これは出版社からの要請でもあった。ときどき，学問の解説書で，結局何のことかわかりにくい本がある。これは避けようと思った。この本は大学生・社会人を中心的な読者層として想定しているから，もちろん内容的にある程度の知識レベルを前提にしているが，書き方のせいで難解にならないようにした。この本は「読めばわかる」はずだが，大学の授業のテキストとしても使いやすいように構成した。章立ては15章だが，日本の大学では４単位の授業の場合，１コマ90分で計30コマというのが標準なので，それにあわせた。２コマで１章消化すれば４単位分，という計算になる。

「読めばわかる」ようにするために，ある工夫をした。日本語のネイティブ使用者でなくても，日本語を集中的に４～５年勉強し，日本の大学で学ぶ力のある日本語上級学習者ならば，辞書を使いつつ読解できるようにこころがけたのである。著者のアメリカの大学における日本語学習者への指導経験から，どのような日本語の文章が読みづらいか，ある程度理解しているつもりなので，そのあたりに気をつかった。ちなみに，上述のハンドアウトを利用した数人の日本語学習者（英語話者および中国語話者）はこれを問題なく読破することができた。したがってこの本は日本の大学で学ぶ留学生が日本社会について学ぶときの参考書としても使えるはずである。

内容的にも，読者がすべて日本人であるとの前提に立たないよう，心がけた。本文中でも述べるように，現在，東京都や大阪府では人口の100人あたり２人以上が外国籍という時代になっている。ところが，日本語で書かれた本は読者がすべて日本人だとの前提に立つものがあいかわらず多い。しかしたとえば在日コリアン・在日ブラジル人・日本の大学で学ぶ留学生といった人たちがそのような本を読むと疎外感を感じるにちがいない。そこで日本国籍でない人が読んでも違和感を覚えないように心がけた。具体的には「われわれ日本人は……」というような表現を使わない，ということである。ただし，使用言語は日本語であるし，読者が日本社会に対して一定の理解や関心をもっている，との前提も崩していない。また読者の大部分は日本に住んでいるものと見なして執筆した。

この本では社会「学」だけでなく社会「問題」も積極的に扱っている。せっかく社会学を学んでも，理論や専門用語を習得するだけではもったいない。現実の社会問題についての知識や理解を深めないと社会学を勉強する意味が半減してしまう。そこで日本社会やグローバルな社会問題についても言及することにした。じつは，具体的な社会問題を多く扱うと，出版から時間が経つにつれてその内容が古びてくる，という問題がある。これを避けるために，具体的問題への言及をさけ，抽象度の高い書き方をしておく，という方法がある。しかし現実社会に目を向けない社会学ほどばかげたことはない。またいくら抽象的に書こうとしても執筆時の時代背景は文章の中に入り込むもので，数十年前に抽象的に書かれた本でも，高度経済成長や冷戦構造など，その時代の基本的前提が色濃く残っていることが少なくない。そこでこの本ではあえて具体的な社会問題やデータも積極的に取り込むことにした。

巻末に２つの付録の章を入れた。１つめは「IT 時代の社会学」というタイトルで，社会学の勉強や研究をするときに有益と思われる情報技術関連の情報について述べたものである。社会調査をするときのパソコンの使い方やソフトウェアの紹介，また情報源としてのインターネットについて，「検索エンジン」「図書館・文献サイト」「官公庁サイト」「社会学会サイト」「社会学サイト」「報道機関サイト」の各項目について述べてある。２つめは「留学して社会学を学ぶ」というタイトルだが，主に日本（語）で育った人が北米など英語圏の大学に留学するケースを念頭にいろいろなアドバイスを書いたものである。こちらは「学部での留学」と「大学院での留学」にわけて書いてある。「学部での留学」については，とくに留学先で社会学を専攻するつもりではない人にも参考になるように書いた。

この本の細かい部分を説明する。まず，本文中で人名が出てきたら，なるべく初出時に，わかる範囲で生没年を示しておいた。前述のように，欧米人の場合はできるだけオリジナルのスペリングを表示しておいた。日本人の人名などで読み方が難しいと思われる場合には読み方も入れておいた。次に，この本に出てくる各種の文献であるが，「引用・参照文献」と「推薦文献」とを分けておいた。「引用・参照文献」はその名のとおり，本文中で引用したり参照したりした文献のことで，そのリストは巻末部分に全章分をまとめて収録してある。文献情報の書き方は日本社会学会の専門誌である『社会学評論』のスタイルに原則として準拠したが，部分的に異なるところもある。「推薦文献」は，各章の内容に関連する推薦書や推薦サイトを，章末に紹介したものである。これらは入手しやすいもの・読みやすいものを中心にしたが，英語の本や絶版の本も多少含まれている。第３章以外の全ての章に「推薦文献」のコーナーを設けておいた。なお付録の２つの章で紹介する推薦文献は全て本文中に示しておいた。

この本はシングルオーサー，つまり一人の著者によって書かれている。著者の力不足もあるし，広い範囲をカバーした本であるため，お気に召さない部分があるかもしれない。そこでご意見・ご感想があれば編集部あるいは著者へお寄せいただきたい。著者に直接メールをされる場合は，

textbook@matsuken.com

までご送信いただきたい。

本書の執筆にあたっては，小林久高・斎藤友里子・田頭麻樹子・田中重人・都築一治・中江加津彦・Steve Heine（順不同）の各氏，その他多くの方にご助言・ご協力をいただいた。父の松田裕は校正段階で数多くの貴重な指摘をしてくれた。ここに深く感謝したい。原稿の完成には思いのほか時間がかかり，出版社のミネルヴァ書房にたいへんご迷惑をおかけした。とくに編集の浅井久仁人さんは原稿完成を忍耐強く見守ってくださった。最後になったが，妻の松田琴の叱咤激励がなければこの本は完成していなかったことであろう。また彼女と日々かわす社会問題についての議論も大きな知的刺激となり，執筆の助けとなった。感謝の気持ちをこめ，この本を彼女に捧げたい。

著　　者

テキスト現代社会学［第4版］　　目　次

英語コラム

コラム

本文中人物イラスト　浅野芳郎，きたむらイラストレーション：北村信明

第1章　社会学とは何か

「社会学」とは一体何か。「社会学」といっても，あまりイメージがわかない人もいるかもしれない。この章ではとりあえずの定義を試みたうえで，社会学が成立した背景について解説し，次に社会学に決定的に重要な影響を及ぼした3人を紹介する。そして主な社会学理論を4つ紹介したうえで，社会学と科学的方法の関係について検討する。

この章の内容

1-1　「社会学」とは

「社会学って何をするんですか。」おそらく社会学者の多くはこの質問をよく受けるのではないだろうか。心理学・経済学・法学などは，名称から研究内容の想像がつく（ような気がする）が，社会学はそうはいかないからだろう。しかしこの質問に答えるのは容易ではない。なぜなら，社会学は研究対象が幅広く，研究の視点や方法が多様だからだ。実際，社会学には経済学やマーケティングのような定番の教科書がなく，社会学入門の授業も，内容がまちまちだったりする。したがって社会学を一言で説明しようとするのは無謀ではあるが，乱暴を承知で試みると，次のような感じになるのではないだろうか。

> 社会学とは，人間関係の本質と社会の構造について体系的に探求する学問である。

補足説明をしておこう。社会とは人間が直接・間接に作用しあって生きている空間だとすると，人間関係の本質を探るのが社会学の役割だといえそうだ。小説家や脚本家も人間関係について探求するが，社会学者の場合は，知見を系統立てて整理しようとする特徴がある。さらに社会学では社会の構造的側面も重視する。社会には階層や民族意識やジェンダーや文化などさまざまな社会的「力」が作用して「社会のしくみ」を形作っている。それがここでいう社会の構造である。

とりあえずの定義が終わったところで，次に社会学という言葉の語源，社会学が出てきた背景，社会学の研究対象について述べることにする。

1-1-1 「社会学 sociology」の語源について

「社会学」は，英語では sociology，フランス語では sociologie，ドイツ語では Soziologie という。これらの語源は，ラテン語のソキウス *socius*（本来の意味は「仲間」）＋ギリシャ語のオロギ *ology*（「〜の研究」）で，そのまま訳すと，「仲間についての学問」となる。「社会学」はフランス人哲学者の**オーギュスト・コント**（**Auguste Comte**, 1798-1857）によって作られた造語なので，コントは「社会学の名付け親」として知られている。コントは社会について科学的に研究する学問として社会学を提唱した。

▶コント

さて「**社会科学（social science）**」と「社会学」の区別についても述べておこう。世の中の学問を分類するときに，人間の営みについて研究する「人文学」（humanities…文学・哲学・倫理学・歴史など）・自然現象の真理について研究する「理学」（science…物理学・化学・生物学・地学など）・理学的知識を実用に役立てる「工学」（engineering…機械工学・電気工学・化学工学など）などに分けることがあるが，「社会科学」というのは，社会について研究する学問分野をさす。経済学・法学・政治学などが含まれ，社会学もその中に含まれている。つまり社会科学はこのような学問のカテゴリーであって，特定の学問をさすのではない。社会科学という分類の中に社会学という学問が含まれるという関係だ。

1-1-2　社会学が出てきた背景について

社会学はヨーロッパで誕生した学問だが，その背景には18～19世紀のヨーロッパにおける**社会変動（social change）**がある。この時期のヨーロッパは大きな変化をとげたが，とくに２種類の革命に注目したい。ひとつは**市民革命**である。これは都市部の有力な商工業者や進歩主義的な貴族が中心となって封建制度や絶対王政を打破し，民主主義と資本主義を確立しようとした政治改革である。18世紀末のフランス革命が代表例だが，さかのぼって17世紀中頃のピューリタン革命（イギリス革命ともいう）を含めることが多い。ヨーロッパではないが，アメリカの独立革命（戦争）も市民革命の例といえる。

もう一つの重要な革命は「**産業革命（industrial revolution）**」だ。もちろんこれは18世紀にイギリスで始まった，機械生産の導入による工業生産の飛躍的発展をさす。産業革命により，かつて職人が自宅で手作りをしていた家内制手工

英語コラム 1　“revolution”

Revolution（革命）という言葉は，to revolve（回転する）という動詞からきている。ピストルの種類に「リボルバー（revolver）」というものがあるが，これは弾倉が回転式の連発ピストルのことだ。また現在の日本では事故例があって，あまり見られなくなったが，「回転ドア」は英語で “revolving door” という。つまり，revolution とは世の中がひっくり返るほどの大変革のことなのである。

業，そしてその後職人が工場で分業体制でモノ作りをしていた工場制手工業（マニュファクチュア）は下火になり，工場制機械工業の時代となった。産業革命により資本主義の発達に拍車がかかり，資本家階級が封建的特権階級にかわって富を蓄積しはじめた。その結果貧富の差が拡大した。また人びとは安定した現金収入を求め，農村から工場のある大都会へ移動するようになった。**インダストリアリゼーション**（**industrialization**，**産業化・工業化**などと訳される）とともに大規模な**都市化**（**urbanization**）が起こるなど，大規模な波及効果が見られたのである。産業革命後，近代化の進むイギリスで社会学に取り組んだのはコントの思想を取り入れた**ハーバート・スペンサー**（**Herbert Spencer,** 1820-1903）であった。彼は生物学や心理学など，諸科学の目的は「進化」についての知識を深めることにあると考え，社会学も社会の進化に関する法則を体系化する役割を持つと考えた。スペンサーは社会を生物になぞらえて考えたのも特徴的で，この考え方は**社会有機体説**（**social organicism**）として知られる。第17章で見るように，スペンサーは社会進化論で知られるようになる。

中世も絶対王政の時代も社会変動は比較的穏やかだったのに，市民革命と産業革命は大変化をひきおこした。価値観が入れ替わり，産業化と都市化は人びとに富と利便を与え，市民社会の登場をうながした。その反面，共同体意識は薄れ，労働者が搾取されて階級間の対立が深まり，自殺や犯罪が目立つようにもなった。そんな中，「社会」というものへの関心が高まった。古くからヨーロッパ思想では社会的な問題を扱っていたが，19世紀になって「社会」そのものを研究対象にする気運が高まってきたのであった。では社会学は社会の何を研究対象としているのだろう。

英語コラム 2 “-ization”

“-ization” という接尾辞は形容詞や名詞のうしろにつながって「～化」という意味の名詞をつくる。その動詞形は“-ize” だ。American という形容詞＋“ize” なら “Americanize” で「アメリカナイズする，アメリカ化する」ということで，“industrial”（「産業の」）＋“ization” なら “industrialization”（「産業化」），“urban”＋“ization” なら “urbanization”（「都市化」）といったぐあいだ。社会学用語にはこのようにして作られたものが少なくない。とくに社会変動を表すときはこの表現がよく使われる。

1-1-3　社会学の研究対象

社会学にはマクロの社会学とミクロの社会学の2種類がある，とよくいわれる。**マクロの社会学**（**macro sociology**）は**巨視的社会学**ともいい，社会全体をみわたすような視点で社会研究を行ったり，社会の構造問題を扱ったりする。例としては，社会の階層を研究する社会階層論（第6章参照）や，人口を切り口に社会を分析する人口論（第17章参照）がある。また自殺率を社会の統合力や連帯の強さによって説明しようとするような場合も社会学のマクロなアプローチといえよう。

ミクロの社会学（**micro sociology**）は，**微視的社会学**ともよばれ，小集団や対人的・対面的な状況を扱う。人と人の相互作用のしくみを分析したり，組織の研究をしたりする。例としては，産業組織（会社）におけるリーダーシップの研究とか，子どもが成長しながら世の中のルールを学習していくプロセスの研究などがあげられるだろう。

経済学の場合，「マクロ分析」は国民経済全体を見て国民所得の分析を行い，「ミクロ分析」は消費者や企業が市場の中でどう行動するかを見る，という違いがあった。最近ではマクロ経済学にもミクロ経済学の手法が取り入れられているが，そもそも方法論的な違いがあった。しかし社会学においては「マクロ」と「ミクロ」の間に明確な方法論的区別があるわけではない。またマクロの社会学とミクロの社会学をどう接続するか，という問題は社会学における重要な課題の一つとなっている。

社会学と一言でいっても，いろいろな専門がある。コントやスペンサーの時代には**総合社会学**（**synthetic sociology**）という概念があり，社会事象についてのいろいろな知識をまとめるのが社会学の役目だ，と主張する見解もあったが，社会の複雑化と専門分野の進化により，現在の社会学は細分化されている。それらの専門的な社会学は「**○○の社会学**（**sociology of ～**）」あるいは「**○○社会学**（**～ sociology**）」といった名称でよばれることが多い。下位分野に細分化された社会学を「**応用社会学**（**applied sociology**）」「**連字符社会学**（**hyphenated sociology**）」などという。たとえば，人間の社会生活の基本的要素である家族や性の問題について考える家族社会学・ジェンダー社会学，セクシュアリティの社会学，地理的な焦点を当てて研究する地域社会学・農村社会学・都市社会学，法律や政治の問題を扱う政治社会学・法社会学・犯罪社会学・開発社会学，人の経済的な営みを検討する経済社会学・産業社会学・労働社会学・組織社会学，社会の知的あるいは文化的側面について研究する文化社会学・知識社会学・科学社会学・宗教社会学・音楽社会学・文学の社会学・芸術社会学などがあり，その他にも福祉社会学・医療社会学・余暇の社会学・スポーツ社会学・観光社会学・教育社会学・環境社会学・災害社会学・数理社会学などがある。また，民族・人種問題，メディアとコミュニケーション，社会運動，社会言語学，社会変動，社会階層なども重要な研究テーマとなっている。なお社会学者共通の関心事項として，理論や方法論，社会調査法などの分野がある。

1-2　3つの人名

ここでは社会学の展開に重要な貢献をしたデュルケーム，ウェーバー，マルクスの３人を紹介する。デュルケームはフランス人で，ウェーバーとマルクスはドイツ人である。このうち，デュルケームとウェーバーは社会学の事実上の創始者といってよいだろう。彼らはほとんど同じ時期にそれぞれフランスとドイツで社会学の大学教授として活躍し，多くの著作を残した。マルクスは社会学者ではなかったし，大学人として活躍することもなかったが，著作を通じ多くの社会学者に影響を与えた。デュルケームとウェーバーは両方ともマルクスの思想をよく知っていたようだが，デュルケームとウェーバーが互いを認知していたかどうかは社会学史上の謎となっている。それぞれの著作に相手の名前が出てこないのだ。同時代にフランスとドイツの有名大学で社会学の教授として華々しい活躍をしていたのに，である。ともあれ，この３人が社会学に与えた影響は決定的で，現在でも彼らの著作は十分な意義をもっている。

1-2-1　エミール・デュルケーム

エミール・デュルケーム（**Émile Durkheim**, 1858-1917）はフランスの社会学者で，最初はボルドー大学で教え，後にパリのソルボンヌ（パリ大学）で初代の社会学教授となった。初期フランス社会学の中心に位置する人物といってよい。社会学の専門雑誌を発行し，多くの弟子を育てるなど，その影響力はとりわけ

▶デュルケーム

大きく，社会学だけでなく文化人類学にも多大な影響を与えた。彼は急速な社会変動への危機意識をもっており，どうすれば**社会秩序**（**social order**），いいかえれば**連帯**（**solidarity**, 仏 **solidarité**）を保てるか，という問題関心を強くもっていた。

デュルケームの社会学には独特の特徴がある。そのひとつは，**方法論的集合主義**（**methodological collectivism, methodological holism**）だ。デュルケームは，人びとは個人の意識だけで生活しているのではなく，社会や集団から影響を受けつつ行動していると考えた。したがって社会集団がもつ，拘束・強制作用の解明こそが社会学の研究対象だ，と考えた。これが方法論的集合主義である。デュルケームはこういった拘束・強制作用を**社会的事実**（**social facts** 仏 **fait social**）とよび，さらにそれが個人の意識に内面化され集団で共有されたものを**集合表象**（**collective representation,** 仏 **represéntation collective**）とよんだ。

デュルケームはコントの影響を受け「実証的」で客観的な社会学をめざした。「実証主義」については後述するが，デュルケームの社会学には自然科学的なスタイルが見られる。いわばサイエンスとしての社会学をめざした，といえるかもしれない。有名な著作として『社会分業論』(1893),『社会学的方法の基準』(1895),『自殺論』(1897),『宗教生活の原初形態』(1912) などがある。

1-2-2　マックス・ウェーバー

マックス・ウェーバー（**Max Weber**, 1864-1920）はドイツの社会学者で，ベルリン大学，フライブルク大学，ハイデルベルク大学，ウィーン大学，ミュンヘン大学の各教授をつとめた。ウェーバーの根本的な関心のひとつは**合理性**（**rationality,** 独 **Rationälitat**）を理解することにあった。なぜなら彼は，近代社会がヨーロッパで最初に形成された背景に「合理性」があると考えたからであった。彼の思想は巨大かつ複雑で，簡明に解説するのは困難だが，彼の思想の特徴のいくつかをあげてみよう。

ウェーバー社会学の究極目的は**理解**（understanding, 独 verstehen）にあった。

▶ウェーバー

彼は，人々が自分の行為にどのような意味づけを行っているかを理解することが社会学の役目だと考えた。したがって彼の社会学は**理解社会学**として知られている。コントやデュルケームの社会学が客観的・普遍的な理論の構築を目的とするのとは対照的である。理解社会学においては社会学者が行為者を外から観察するだけでは不適切だと考える。行為者本人がいったいどういう動機でその行為を行っているか，という，行為者自身の主観を理解するべきだ，と考えるのである。すなわち彼はデュルケームとは対照的に，**方法論的個人主義**（**methodological individualism**）の立場であったといえる。社会現象を個人の行動や動機から理

コラム 1　社会は実在する？

19世紀の社会学では「社会」が実際に存在するのかどうかという論争があった。たしかに「社会」は物質ではないので見たりさわったりできない。社会は実在せず，概念にすぎない，という立場を**社会名目論**（**social nominalism**）という。この立場をとると，社会現象を個人の動機や行為から説明する方法論的個人主義に結びつきやすい。ドイツではこの傾向が有力で，ウェーバーがその代表例だ。第２章で見るように，ウェーバーは個人の「行為」の理解を重視した。またフランス人だが社会現象を個人の心理によって説明しようとしたタルドも社会名目論の立場だった。

これに対し，たしかに社会は存在すると考えるのが**社会実在論**（**social realism**）である。コントやデュルケームがこの立場で，デュルケームは方法論的集合主義を追求し，そこにこそ社会学の本質があると考えた。なおイギリスのスペンサーは社会実在論者であったが方法論的には個人主義の立場であったのがおもしろい。

イギリスといえば，15章にも登場する元イギリス首相のマーガレット・サッチャーは，在任中の1987年に雑誌のインタビューで「社会などというものは存在しません。」（“There is no such thing as society.”）と発言した。サッチャー語録の中でも有名な言葉だが，これは社会名目論を主張したものではない。サッチャー財団のサイト（http://www.margaretthatcher.org）に再録されている同インタビューによれば，当時のイギリスで福祉に依存し働こうとしない人びとを批判する文脈で出た発言だ。人は周囲に困った人がいれば助け合うべきだが，「社会」をあてにして怠慢を決めこむのは不当だという，自助努力を重視する彼女の保守思想が表れている。

解しようとしたのだ。

価値自由（**value freedom**）もウェーバーの重要な思想で，社会学は価値判断からは自由であるべきだ，とする主張である。たとえば，社会学は人々が何を善と考え何を悪と考えているか，を研究することはできるが，社会学がものごとの善悪を判断することは避けよう，というわけである。これは学問（社会学）の中立性と尊厳を守るために必要なこころがけだ，とウェーバーは考えた。ただし，価値判断から完全に自由であることが可能なのかという疑問の声もあるし，むしろ社会学は価値判断に積極的にコミットすることを恐れるべきでない，との考え方もある。

もう一つ，ウェーバー社会学で特徴的なのは，**理念型**（**the ideal type**，独 **Idealtypus**）という概念で，ウェーバー独特の社会分析ツールである。理念型とは，観察する社会現象から純粋な要素を抜き出し，それらの関係を理論的に構成したモデルのことをいう。研究者はあらかじめ理念型を頭の中にもっておき，現実の事例と比較対照する。たとえば，ある国における資本主義の発達過程について研究する場合，資本主義の発達過程の一般的モデルをもっていればその国の特徴が浮かび上がりやすいだろう。なお理念型はモデルに過ぎず，現実の社会に理念型そのものが存在するわけではない。

ウェーバーの有名な著作には，『プロテスタンティズムの倫理と資本主義の精神』（1904-05），『職業としての学問』（1919），『社会学の根本概念』（1922），『経済と社会』（1922）などがある。

1-2-3　カール・マルクス

カール・マルクス（**Karl Marx**, 1818-83）はドイツ出身の社会主義者で，経済学者であり，哲学者ともいわれる。最初はドイツで反政府活動をしていたが，そのうち国外追放になり，人生の後半はロンドンで執筆活動を行なった。もし追放されなければドイツの大学で哲学の教授になっていたかもしれない。社会学者ではなかったが，社会学にも大きな影響をもたらした。

彼の思想は**史的唯物論**（**historical materialism**）に基づくといわれる。英語の materialism という概念は，日本語では物質主義と訳すのが普通だが，マルクス主義の文脈では唯物論という用語を使うのが慣例となっている。必要以上に

▶マルクス

難解な印象があるかもしれない。マルクスのいう唯物論とは，社会の構造はモノの生産様式を基礎にしてできあがっているので，それをまず明らかにするべきだという考え方である。彼は，経済は建物の基礎にあたる重要な部分だと考え，これを**下部構造**（**infrastructure**）とよぶ一方，政治・法律・文化などはその上に成り立っている**上部構造**（**superstructure**）として区別した。上部構造は下部構造の変化によって大きく影響されるので，まずは下部構造の研究をするのか大事だというのが唯物論である。また彼は生産様式の変化（つまり歴史）にはある一定の発展法則があると考えていた。彼は，歴史は原始共同体の時代から奴隷制の時代，封建制の時代，そして資本主義の時代へと生産様式の変化にともなって進化してきたと考えた。マルクスは資本主義社会における矛盾を解決するために，次の段階の生産様式であると彼が信じた社会主義に基づいた社会を構築するべきだと主張した。

マルクス自身は，経済的にかなり厳しい生活を強いられたが，強力な意志で近代資本主義の矛盾をあばき，公正な社会の実現を達成するべく研究を続けた。彼の思想からは社会主義諸国が誕生し，その結果第２次世界大戦後の世界では長らく冷戦構造が続いた。20世紀末，社会主義体制は破綻をきたしたが，実際に社会に影響を与えた点ではここで紹介した３人の中でぬきんでている。社会学の世界では，後述する「コンフリクトの社会学」とでもよぶべき，ラディカルな社会学にとりわけ多大な影響を与えた。

マルクスの有名な著作には，『ドイツ・イデオロギー』（1845-46），『共産党宣言』（1848），『資本論』（1867-94）などがある。

1-3　主な社会学理論

社会学では研究対象にどのようにアプローチするか，によって研究の性格が大きく異なってくる。コントが「社会学」という言葉を使って以来，多くの社会学者が研究を重ね，いろいろな主義や主張が出されてきた。ここでは４つの社会学理論を紹介する。その４つとは，機能主義・コンフリクトの社会学・交換理論・インタラクショニズムである。なお，ここでいう「理論」とは社会学をする際の「視点」といった意味と考えてよい。

1-3-1　機能主義

機能主義は19世紀末から20世紀初頭にかけて心理学，言語学，文化人類学，建築など科学や芸術のいろいろな分野で影響力をもった考え方で，分野により内容が若干異なる。**機能主義的社会学**（**functionalist sociology**）は，社会の調和状態を保つために社会の諸要素がどんな働き（機能）をしているのか，を分析するマクロ社会学の一種である。デュルケームは社会分業や自殺の研究において「機能」という概念を多用し，後の機能主義的社会学の基礎を作ったが，彼自身は「機能主義」という言葉は使っていない。

社会の各部分が全体構造の中でいかに相互連関しつつ，どう機能しているかを分析しよう，とするのが社会学的機能主義だ。これは**構造－機能分析**（**structural-functional analysis**）ともよばれる。機能主義の社会学においては，基本的に社会は調和したもので，もし調和が乱れたら，均衡（equilibrium）を取り戻そうと各部分が調整を行う，という発想がある。この考え方には現状肯定的な面があり，極論すると貧困・差別・犯罪・汚職などの社会問題も，それなりに社会の安定のために機能している，という議論になりかねない。機能主義は社会研究に明確な指針をあたえたので一時は強力な影響力を誇ったが，後に社会変動を説明する力が弱いと指摘されたり保守的であると見なされるなど，厳しい批判を受けた。

タルコット・パーソンズ（**Talcott Parsons**, 1902-79）はアメリカの社会学者で，構造－機能分析を提唱した理論社会学者として名高い。彼の主張は1950年代に世界的な影響力をもったが，1960年代には厳しい批判にさらされた。

1-3-2　コンフリクトの社会学

機能主義とは逆に，基本的に社会は争いからなりたっている，と考えるアプローチを**コンフリクトの社会学**（**conflict sociology**）とよぶ。世の中は権力関係をめぐるさまざまな矛盾や不公平に満ちており，これらの諸問題を明らかにしようとする。誤解を恐れずにいうならば，機能主義の社会学は「なぜ世の中はこんなに秩序があり安定しているのか」を問うのに対し，コンフリクトの社会学は「なぜ世の中にはこんなに矛盾や対立があるのか」を問う，という発想の違いがあるといえよう。またコンフリクトの社会学では，何らかの形でマルクスの影響を受けている場合が多い。ミクロな次元でのコンフリクトを扱う研究例もあるが，一般に社会構造におけるコンフリクトを扱う場合が多いので，コンフリクトの社会学は基本的にマクロ社会学である。

コンフリクトの社会学の中では，アメリカの社会学者である**C・ライト・ミルズ**（**Charles Wright Mills**, 1916-62）を忘れるわけにはいかない。ミルズは，『パワー・エリート』（1956）という本で，アメリカ社会では，政治・軍隊・ビジネスの3つの分野のエリートが癒着して社会を動かしている，という分析を行った。1950年代前半のアメリカには**マッカーシイズム**（**McCarthyism**）という反共産主義運動があり，政府を批判する人には左翼主義者としてのレッテルがはられ，偏見や弾圧の対象にされる状況であったが，ミルズは弾圧を恐れずにアメリカ社会の問題を鋭く指摘し続けた。なおミルズは**社会学的想像力**（**sociological imagination**）という概念でよく知られている。人びとは身のまわりで起こる問題は個人的な現象にすぎないと考えがちだが，実はそれらは社会の重要問題と密接に関係しているかもしれない。身近な問題を大きな社会的文脈に関連づける力のことをミルズは社会学的想像力とよび，重視した。著作の『社会学的想像力』（1959）は，パーソンズの文章が冗長だとして手厳しく皮肉ったことでも有名である。

1-3-3 交換理論

交換理論（**exchange theory**）はミクロ社会学の一種で，人は，対人関係においてそれぞれ自分の利益が最大になるように考えて行動している，と考える。利益というと金銭的なイメージだが，ここではむしろ感情的なものであったり労力であったり愛情であったりする。たとえば，人は複数の行為の選択肢から一つを選ぶとき，どれが自分にとって一番得か，によって選択する，と考える。それぞれの選択肢には手間，労力，時間など，何らかの**コスト**（**cost**）がかかることが予想されるが，**報酬**（**reward**）も見こまれる。報酬からコストを差し

引いた分が**利益**（**profit**）となるから，人の行為は

利益（**profit**）＝**報酬**（**reward**）－**コスト**（**cost**）

という図式で決定されていると考えることができる。人は，この図式において利益が最大になるように意志決定をしている，と考えるわけだ。たとえば遅いが乗客の少ない普通電車と早いが混んでいる急行電車のどちらを選択すべきか悩む場合，われわれは，「自分にとって」得な方を選んでいるのではなかろうか。「得」の内容は人によって違うことに留意しておこう。

交換理論は少数で明確な前提からエレガントな理論を構築しやすいという利点がある。その一方で人間は自分の利益を常に最大にしようとしているという前提に疑問が残るなど，完璧な理論というわけではない。交換理論で有名な社会学者としてはアメリカの**ジョージ・ホーマンズ**（**George C. Homans**, 1910–89）や**ピーター・ブラウ**（**Peter Blau**, 1918–2002）などがあげられる。

1-3-4　シンボリック・インタラクショニズム

他の動物にはほとんどみられない人間特有の行動特性として，シンボルの使用があげられる。**シンボル**（**symbol**，**象徴**）とは身振り，モノ，ことば，音，形などで他のモノや概念などを指し示すものをいい，人間は，いろいろなシンボルを複雑に組み合わせてコミュニケーションを行っている。シンボルに与えられた意味の問題を分析することが大事だとする立場を**シンボリック・インタラクショニズム**（**symbolic interactionism**），あるいは**象徴的相互作用主義**という。この本では簡単にインタラクショニズムとよぶことにする。インタラクショニズムはミクロ社会学の一つであり，特徴の一つとして行為者の主観を重視することがあげられる。その意味で，客観性を重視する実証主義的社会学（1-4参照）とはスタイルがかなり異なる。

インタラクショニズムの例をあげてみよう。先駆者の一人である**チャールズ・ホートン・クーリー**（**Charles Horton Cooley**, 1864–1929）の有名な概念に**鏡に映った自己**（**looking-glass self**）がある。人間は，自分の行動に人がどんな反応をするかによって自分行動への評価を知る。そうして人は世の中でやってよいことと悪いことを学んでいく。そういう意味で，人は他者（社会）という鏡

▶ミード

▶ゴフマン

に自分の姿を映し出して生きている，というのが鏡に映った自己という考え方である。このように，インタラクショニズムでは，行為者の心の内面と周囲の人びと（社会）との相互作用を分析するのが伝統的なアプローチになっている。

G・H・ミード（**George Herbert Mead**, 1863-1931）もインタラクショニズムの創始者の一人と考えてよい。ミードは，人間が成長する過程で周囲の他人と相互作用することにより自我（self）が発達していく段階を分析した。本人はこれといった著作を残さなかったが，彼の死後に弟子たちが講義のノートをもちよって本の形にまとめた『精神・自我・社会』（1934）はとくに有名である。なおクーリーもミードもアメリカの社会学者である。

インタラクショニズムに非常に近いところにいた**アーヴィング・ゴフマン**（**Erving Goffman**, 1922-82）についても触れておきたい。カナダからアメリカに移住したゴフマンは，伝統にしばられない，個性的な社会学を展開した。彼は社会を一種の劇場と見なす，**ドラマツルギー**（**dramaturgy**）的な手法を使ったことで知られる。人々の行為を「演技」としてとらえるゴフマンは**印象管理**（**impression management**）（**印象操作**ともいう）という考え方を呈示した。人びとは他者がもつ自分に対するイメージをコントロールしながら日常生活を送っているという指摘である。たとえば大学生の服装を考えると，通学時，アルバイト時，そして就職活動のときなど，状況によって服装を変えているが，これは印象管理の例といえよう。また**儀礼的無関心**（**civil inattention**）（**市民的無関心**ともいう）という概念も有名だ。もし閉鎖的な共同体に外部者が足を踏み入れたらじろじろ見られるであろうが，見知らぬ人同士が肩を接して生活している都会でそんなことは起こらない。都会ではすぐ近くに見知らぬ人がいても，お互いにまるで相手が存在しないかのように無視しあう。この場合，無視することは失礼ではなく，むしろお互いが不愉快な思いをしないための礼儀にかなっている。このような無関心をゴフマンは儀礼的無関心とよんだのである。またゴフマンは**フレーム分析**（**frame analysis**）という，人びとが周囲の状況をどう定義するかを分析する視点を打ち出し，社会学のみならずメディアやコミュニケーションの研究に影響を与えた。

1-4　社会学は科学か

はたして社会学は「科学」だといえるのだろうか。社会学の歴史を見ると，自然科学の手法が応用された例は多く，社会学は科学をめざすべきだとする考え方が有力であった。現時点では，社会学が自然科学の手法から学べるところは多いものの，自然科学とは一線を画す，と考える人が多いようである。「社会学は科学か？」という問いによって見えてくることも大きいので，検討してみよう。

「社学の名付け親」コントを思い出してほしい。彼は新しい科学的な学問として「社会学」のイメージを描いていた。彼が人間の知性の進化過程について提起した有名な説に**3段階の法則**（**the law of the three stages**，仏 **la loi des trois états**）というものがある。それは人間の知性は「原始的→中間段階→科学的段階」という3段階の進化をする，というものである。第1段階は神学的段階（theological stage）であり，この段階では人間はいろいろな現象を超自然的な力の存在によって説明しようとしたが，第2段階＝形而上学的段階（metaphysical stage）では抽象的な思考によって諸現象を説明しようとしていた，という。しかし第3段階＝実証的段階（positive stage）では諸現象を観察し，そこから法則を求める科学的な知的活動が行われる，という。そしてコントは，社会学こそがこの実証的段階で中心となる科学的な学問だ，と主張したのであった。

このように，抽象的思考を排除して経験的事実のみを認識のよりどころとし，客観的な法則を確立しようとする考え方を**実証主義**（**positivism**）という。実証主義はコントにより体系化されたことが知られているが，本書の文脈にあわせて実証主義のエッセンスを煮つめると次の2点になるだろう：「(1)学問の目的は，客観的で普遍的な理論の構築にある，と考える。(2)その理論は，データによって実証や反証ができなければならない。」このような実証主義的社会学の場合，理論を構築するのは社会現象を「説明」できるようにするためなので，いろいろな状況を客観的・説得的に説明できる理論は「説明能力が高い」として評価が高くなる。なお「データを取る」部分は**経験主義**（**empiricism**）ともよばれる。

実証主義はコントからデュルケームにより継承された。デュルケームが「社会的事実」を「客観的に」研究しようとするのはそのあらわれである。科学志向が強い伝統だといえるだろう。その後，実証主義的社会学はヨーロッパのみならずアメリカでも有力となった。たとえばオーストリア生まれだがアメリカで第２次世界大戦末期から戦後期にかけ活躍した**ポール・ラザースフェルド**（**Paul Felix Lazarsfeld**, 1901-76）は実証主義・経験主義的な手法でマスメディアや投票行動を研究し，大きな業績をあげた。その後，数量的データの分析方法が飛躍的に発展し，現在に至っている。

これとは対照的に，経験的事実を観察するだけでは社会現象の本質を見極めることはできない，とする主張もある。ウェーバーが方法論的個人主義の立場をとったのも，行為者が自分の行為にどのような意味づけをしているかを理解する必要があると考えたからであった。行為者の内面を強調するのはインタラクショニズムも同様である。このように行為者の主観を重視する立場は**解釈的社会学**（**interpretive sociology**）とよばれることがある。この場合，社会学の目的は，人びとの社会的行為の「説明」ではなく「理解」や「解釈」にある。調査方法も，客観的で数量的なデータの収集ではなく，深みのあるインタビューや観察などが好まれることが多い。

研究の進め方も実証主義的な社会学と解釈的社会学は対照的である。実証主義の場合は，理論からスタートしてトップダウン式に作業を進めることが多い。いわゆる**演繹**（**deduction**）型の研究プロセスである。この場合，ある問題について研究するとき，まず既存の知識や理論を検討し，**仮説**（**hypothesis**）を組み立てる。次にその仮説を実証的に検証する方法を考える。そしてデータを収集・分析して仮説の妥当性を検証する。データによって仮説が支持されればそれでよいし，支持されなければ既存の理論を修正する必要があると考え，理論の修正案を出す。その結果，理論は改善されたと考えられる。こういった研究を繰り返していくうちに，理論は完成度を高めると期待される。なお，このようなアプローチは**仮説演繹的モデル**（**hypothetico-deductive model**）とよばれることがある。データは数量で表されるタイプのものが使われることが多い。

他方，解釈的社会学では調査結果からボトムアップ式に，つまり**帰納**（**induction**）的に理論構築をめざす傾向がある。帰納的方法論の代表例は，インタラクショニズムのグレイザーとストラウスが提唱した**グラウンディッド・セオリー**（**grounded theory**）であろう。彼らは著作（Glazer & Strauss 1967）の中で，社会学者は既存の理論の検証をするためにデータを収集するのではなく，新しい理論を生み出すことを念頭に置きながらデータ（インタビューや観察などで得られる情報）を収集するべきだとの主張をした。つまり彼らがめざすのは理論の抽象度を高めていくことではなく，グラウンディッドな，つまり現実に根ざした理論を構築することであった。

現在，社会学的研究は実証主義的で仮説演繹的モデルを用いるタイプのものも行われているし，解釈的なタイプのものも行われている。したがって「社会学は科学であるかどうか」という問いは，一度は考えてみるべき重要問題だが，それにとらわれすぎないのがよさそうだ。むしろ，社会学においてはいろいろなタイプの研究スタイルが並存していると考えるのがよいだろう。

1-5　初期の女性社会学者

現代の社会学では女性も男性も活躍しているが，初期の社会学では男性の社会学者のみが知られている。じっさい，本書においてもここまでの人名は全て男性である。しかし19世紀にすでに足跡を残している女性社会学者もいて，今後の社会学史が修正を迫られる可能性もある。そのような人を 2 人紹介しておきたい。

ハリエット・マルティノー（**Harriet Martineau,** 1802-76，イギリス）は，デュルケームやウェーバーが著作を発表する前に他界しているので，彼らの社会学とは無縁である。彼女はその多方面な著作活動から，文学者と目されることもあるが，ここでは社会学者と考えたい。彼女の社会学に対する大きな貢献のひとつが，コントの『実証哲学講義』を英訳したことで，これによりコント思想が英語圏に伝えられることとなった。

マルティノーは1837年の著作『米国の社会（*Society in America*）』において比較社会的な方法論を用い，19世紀の米国社会が抱えていた問題の鋭い分析と批判を行っている。とりわけ，現代風に言うと人種とジェンダーの問題に強い関心を示した。彼女は同書で，アメリカは「自由と平等」という原則をうたっているにもかかわらず奴隷制を維持していることの矛盾を厳しく批判している。リンカーンの奴隷解放宣言は1863年なので，その四半世紀も前のことである。女性差別に対しての指摘も鋭い。アメリカは「自由と平等」のはずなのに，女性は，夫と対等な友人関係をむすぶことなく，夫の家庭における装飾品に成り下がり，家庭の管理人（manager）の地位に追いやられている，と彼女は述べている。

シャーロット・パーキンズ・ギルマン（**Charlotte Perkins Gilman,** 1860-1935, アメリカ）はデュルケーム・ウェーバーと同世代の著述家で，進化論の影響を受けた。社会進化論といえば前述のスペンサーだが，彼は当初は両性間の平等を支持していたがしだいに女性蔑視に傾いていった。ギルマンは，社会において両性間の性差が強調され続ける結果，究極的には女性は消費者，男性は生産者となり，また女性の抑圧が社会経済的にマイナスに働いている，と主張した。ギルマンも社会学の教育を受けたわけではないが，残した業績はきわめて社会学的である。

■この章の推薦文献■

大型書店に行くと社会学のコーナーには多数の社会学入門書が揃っている。良書揃いだ。中でも，英語だが

Giddens, Anthony, Philip. W. Sutton, 2021, *Sociology,* 9th edition, Cambridge, U.K.: Polity Press.

は明快に書かれた入門書である。著者のギデンズはイギリスを代表する社会学者で，同書は欧米の大学で授業のテキストとしてよく使われている。日本語訳は，少し前の版の訳だが，

アンソニー・ギデンズ，2009，松尾精文他訳『社会学』第５版，而立書房.

がある。なお，ギデンズのファースト・ネーム “Anthony” を「アンソニー」と表記する日本語訳が多いが，彼が学長をしていたLSE（ロンドン・スクール・オブ・エコノミックス）の広報に問い合わせて確認したところ，「アントニー」が正しい。

社会学史については，意外と少ないが，最近のものとして

大澤真幸，2019，『社会学史』，講談社.

がある。

概説書の

富永健一，1995，『社会学講義——人と社会の学』中央公論社.

はある程度社会科学の知識がある人を念頭に書かれている。

第2章　社会調査法

実証主義的立場をとるにせよ，解釈主義的立場をとるにせよ，社会学ではデータを収集して研究を行なうのが基本となっている。さまざまな社会調査の方法が開発されているので，この章ではそれらについて紹介する。

この章の内容

2-1　調査と社会学

調査は社会学においてきわめて重要な要素である。これまで社会学では，データを収集するための多様な方法が生み出されてきたし，どの国で社会学を勉強しても多少なりとも社会調査法の勉強をしなければならない。効果的な研究のためには研究目的に最適な調査方法を選択することが不可欠である。調査のしかたによって結果に影響が出てくることもあり，その現象の理解の程度が変わってくるかもしれない。社会調査法は単なる技術に終わらない奥深いものがあり，多くの専門書が出版されている。たとえ自分で調査をしなくても，社会調査の基礎知識があれば新聞記事などに出ているアンケート結果などの読み方が深くなるし，社会学文献を読むときも理解が深まることだろう。

まず，**データ**（**data**）について述べよう。データにはいくつかの種類がある。社会学の文献では量的データと質的データという区別によく遭遇する。**量的データ**（**quantitative data**）とは，端的にいうと数値で表せる情報のことだ。たとえばある集団の人びとの身長や体重や年収やテストの点数などがそうである。性別も，たとえば「男性」を「１」，「女性」を「２」という具合に数字で置き換えれば量的データとして処理できるようになる。実証主義的（仮説演繹的モデルによる）研究においては量的データが利用されることが多い。これに対し，**質的データ**（**qualitative data**）は数値に置き換えることのできない情報をいい，解釈的社会学でよく利用される。会話や手紙，日記などの内容がその例である。なお，量的データによる研究方法を**量的方法**（**quantitative method**），質的データによる研究方法を**質的方法**（**qualitative method**）という。

もうひとつ，１次データと２次データという分類もある。**1次データ**（**primary data**）というのはオリジナルのデータという意味で，基本的には研究者が自ら収集したデータをさす。**2次データ**（**secondary data**）はすでに誰か他の人が収集したものをいう。誰か他の人が収集・分析・報告したデータを，さらに別の角度から分析することを**2次分析**（**secondary analysis**）という。統計的分析方法が進んでいる現在，同じデータでも分析方法を変えると新しい発

英語コラム 3 “data”

「データ」という単語は日本語の語彙に含まれるようになったが，そもそも “data” という単語が複数形なのをご存知だろうか。単数形は “datum” である。ただし “data” は英語圏でも単数形としての誤用が定着している。厳密には，“His data are perfect.” というべきところを，“His data is perfect.” という表現が違和感なく通用している。ところで1987年から94年にかけて放送されたSF テレビドラマ *Star Trek: The Next Generation* にデータ少佐（Lt. Commander Data）というアンドロイドが登場し，人気キャラクターであった（この “Data” は固有名詞なので，もちろん単数形扱いだ！）。

見がある場合もある。社会調査の実施には費用がかかるが，既存データを利用できるならコストを削減できる。ただし既存のデータでは，研究目的と微妙に合致しない点が出てくることも考えられる。ちなみに経済学では研究者自身が調査でデータを収集することは比較的珍しく，政府や関係機関が収集する経済データを分析することが多いので，そういう意味では経済学は２次分析が基本といえよう。

次に**変数**（**variable**）という概念について検討しよう。変数とは，なんらかの特性を表す，変化しうる数字のことをいう。身長，犯罪率，内閣支持率，国内総生産，などはすべて変数の例である。これらは数値が連続的に変化する変数の例だが，性別（男または女）や宗教（たとえば神道／仏教／キリスト教など），職業（たとえば会社員／農業／公務員／主婦／学生など）などのように，対象をいくつかのカテゴリーに分類する変数もある。統計学的な手法によって変数と変数の間の関係を分析するが，その際に重要なのは，**独立変数**（**independent variable**）と**従属変数**（**dependent variable**）という２種類の変数である。これらは，独立変数の値が変化するに従って従属変数が変化する，という関係にある。統計学上，独立変数が「原因」，従属変数が「結果」として解説されることが多いが，社会現象に関しては一方の変数の変化が他方の変数の変化をひきおこす，いわゆる**因果関係**（**causal relationship**）を確認するのは困難なことが多いので，文字通り原因と結果として受け取らないほうがよい場合がある。

社会学の研究には多様なスタイルがあるが，社会調査に基づいた研究の場合，典型的な研究手順があるのでそれについて述べておこう（図２-１参照）。ここでは Cockerham（1995），Gelles and Levine（1995），Giddens（2001），Schaefer and Lamm（1997）を参考にした。

(1) 研究する問題を確定する（Define a research problem） 研究の課題を決定しなければ研究はスタートできない。各種メディアによって報道される現代の社会問題をとりあげることもあるだろうし，日常生活の観察から得られる疑問やトピックを掘り下げることも可能だ。既存の社会学理論を検証しようと考えて研究課題が決定されることもある。前に自分が行なった研究で出てきた新しい問題を追及する場合もある。なかには研究テーマがたくさんありすぎて決定す

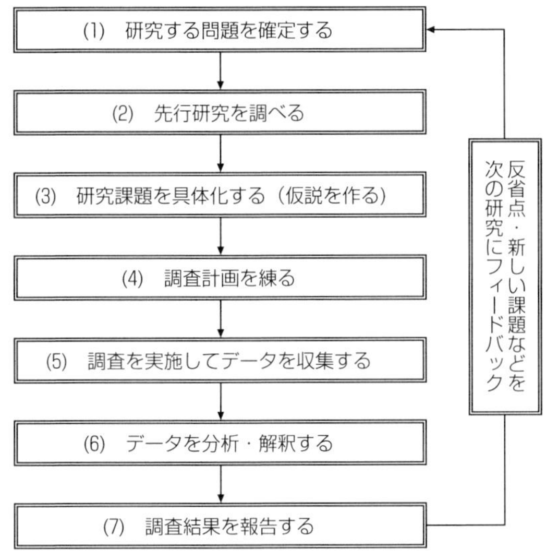

図 2－1　社会学の典型的な研究手順

るのに困る人もいればテーマを絞りだすのに苦労する人もいる。普段から現実の社会に目をむけ，なおかつ社会学の文献を読んで社会学的想像力を養っておくことが大事だろう。

(2)　**先行研究を調べる（Review the literature）**　テーマが決まったら，そのテーマに関連して過去にどのような研究が行われているかを調べ，綿密にチェックする。関連分野の学術雑誌や専門書などをあたる。図書館や各種データベース，インターネット，専門家のアドバイスなどを参考に先行研究を調べる。すでに行われた研究との重複を防ぐためと先行研究を参考にするために必要なステップである。先行研究からは該当する分野に関して何がわかっているか（あるいは何がわかっていないか），調査をするうえで留意するべき教訓，関連する主要な理論，その分野における学問上の論点などを学ぶことができる。研究論文や学会発表などでは先行研究について言及するのが基本原則になっている。

(3)　**研究課題を具体化し，仮説を作る（Make the research problem precise and formulate the hypothesis）**　仮説とはその名の通り仮に設ける説のことで，実証主義的・経験主義的な研究の場合は，変数間の関係を推測したものといえる。ただし理論的な仮説のままでは調査がしにくいので，実際の調査を念頭において作業仮説（**working hypothesis**）とよばれる仮説を作るのが一般的だ。デュルケームの『自殺論』の例で考えると，まず「社会や集団の連帯（あるいは凝集性）が弱いと自殺率が高くなる」という理論的な仮説を立てる。しかしこのままでは調査ができないのでカトリックとプロテスタントの違いに目をつける。カトリックの信仰では，教会で１週間の行ないを反省し懺悔（ざんげ）することが重要なので，日曜には必ず教会へ行く人が多い。ところがプロテスタントの場合，教会の意義はそこまで大きくない。したがって毎週日曜日に教会で地元の人びとに出会うカトリック信者はプロテスタント信者に比べ絆（きずな）が強いと考えられる。カトリック信者とプロテスタント信者の自殺率なら調べることができるだろう。そこで作業仮説は「プロテスタント信者はカトリック信者より自殺率が高い」となる。なお解釈主義的な研究や歴史社会学的研究の場合は必ずしも仮説を作るとは限らないが，やはり先行研究を参考にしながら自分の研究課題を掘り下げる。

⑷　**調査計画を練る（Work out a research design）**　調査計画はいろいろな要素を考慮に入れて練立てなければならない。社会調査法にはいろいろな種類があるし，それぞれメリットとデメリットがある。何を明らかにしたいかを軸に調査法を選定しなければならない。調査後のデータの整理や分析の方法まで考えておく必要がある。たとえば質問紙を使う場合，どのような統計分析をするのかを考え適切な質問を作る。またスケジュールを考え，予算を立て，調査をどこで実施するか，といったことも考えなければならない。さらにどんな機材が必要か，助手を雇う必要はあるのか，など全体像をえがく。いうなればこのステップは設計図を念入りに描く段階で，あとはそれを実行するだけ，というところまで練り上げておくことが望まれる。

⑸　**調査を実施してデータを収集する（Carry out the research/collect data）**　念入りに計画を作っておいても，いざ調査を実施するとさまざまな問題が出現する。新しい問題に常に適切に対応しつつ，データを正確に記録・保存していかなければならない。データ収集が終わったら，回収した質問紙の回答をパソコンに入力するなど，データ分析の準備をする。インタビューを録音した場合はなるべくパソコン上でテキスト化したい。手間はかかるが，インタビューの内容をキーワード検索できるようになるなど，利便性が増すからである。

⑹　**データを分析・解釈する（Analyze and/or interpret the data）**　研究課題について，得られたデータから何がいえるのかを厳密に検討する。もちろん仮説を検定することも含まれる。

⑺　**調査結果を報告する（Report the findings）**　研究により明らかになったことを論文・著作・報告書・学会報告などの形で報告する。報告の中では何を明らかにしようとしたのか・先行研究では何がわかっていて何がわかっていないのか・研究（調査）はどんな方法を使ったか・データの分析結果・結論などを述べるのが原則となっている。また今回の研究で出てきた問題点や新たな課題に言及し，次の研究につなげるようにするのも慣例となっている。

2-2　実　　験

社会現象に関して因果関係を確認するのは困難だと前述したが，その理由の一つは実験が利用しにくいことにある。**実験（experiment）**とは，研究対象に関するなんらかの条件を操作し，どんな影響が出るかを観察して理論や仮説の妥当性を検証することである。いいかえると，実験において研究者は独立変数を操作して従属変数の変化を観察することによって変数間の因果関係を探る。実験では研究対象を**実験グループ（experiment group）**と**コントロールグループ（control group）**に分けて比較観察する手法が一般的だ。前者はある結果を引き起こすと考えられている刺激を与えられたグループで，後者はその刺激を与えられないグループである。実験の有効性を高めるには両グループの間で，それ以外の条件が完全に同じに統制されなければならない。したがって自然科学ではさまざまな条件を統制できる実験室を用意し，厳密な比較をする。ところが社会現象を研究する場合，社会を実験室に閉じこめるわけにいかないし，社会ではさまざまな要因が複雑に絡みあっているため条件を制御することも事実上不可能だ。さらに倫理上の問題もある。人間を対象に実験をする場合，限度があって困難だからだ。結局，社会学においては実験的手法は中心的な位置を占めるにいたっていない。この本で登場する実験的手法の例として，第12章の「ホーソーン実験」と第13章の「服従の実験」があるので参照されたい。

なお社会学とは離れるが，行政の施策としての**社会実験**というものがある。

これは，もし本格的に導入したら社会への影響が大きいと思われる施策について，規模・期間・場所などを限定して導入し，その効果や弊害を調べるものだ。たとえば高速道路の割引の実験などがそれにあたる。

2-3　エスノメソドロジー

アメリカの社会学者，**ハロルド・ガーフィンケル**（**Harold Garfinkel**, 1917-2011）はいかに人びとが秩序ある日常生活を構成しようとし続けているかに着目した。人びとは日常生活で相互行為を続ける中でコミュニケーションをとり，状況に意味づけをすることによって常識や現実を生み出している。そのプロセスを会話分析などにより明らかにしようとするのがエスノメソドロジーである。

エスノメソドロジーにおいては，とくに**違背実験**（**breaching experiment**）という一種の社会実験が有名な調査法である。これは調査者がわざと常識外れの会話や行動を続け，相手の人物がどんな反応をするか，どんな発話をするかを記録し，分析することによって，いかに日常生活が構築されているかを明らかにしようとする。観察の対象とされた人物は，調査者がわざと行う一連の常識外れの言動に，困惑したり，怒りを感じたり，あきれたりするであろう。そのようなプロセスを録音・録画などで記録し，人びとが秩序だった日常をいかに生み出しているかを分析する。

2-4　質問紙調査

社会学で中心的な位置を占める調査法の一つが質問紙による調査であろう。いわゆるアンケート調査である。アンケート用紙のことを**質問紙**といったり**質問票**といったりする。日本では「**アンケート**（**enquête**）」という表現が定着しているが，これはフランス語なので英会話では通じない。英語では質問紙のことを「**questionnaire**」という。また英語では調査一般のことを「**survey**」というが，とくに質問紙による調査をさすことが多い。質問紙法の最大の利点は，多くの**回答者**（**respondent**）に対して統一的な質問ができる，ということであろう。標準化された回答は量的データとしての統計的分析がしやすくなる。

質問紙法といってもその作成のしかたや実施にはいろいろな方法がある。質問項目のタイプには，回答者にいくつかの選択肢から選んで回答してもらう**選択式回答法**（**multiple-choice question**）と，選択肢を与えず自由に答えてもらう**自由式回答法**（**open-ended question**）とがある。選択式回答法は量的データが得られ，数量的な分析がしやすくなる。ただし回答者にとっては無理やり選択肢を選ばなければならないこともあり，柔軟性に欠ける面がある。その点自由式回答法を用いると回答者がありのままに答えられるという利点があるが，得た情報（質的データ）を後でどうやって分析するかが問題となる。よく使われる方法に，自由回答をいくつかのカテゴリーに分類し，数字あるいはアルファベットなどで記号化して量的データに変換するやりかたがある。これを**コーディング**（**coding**）という。また質問紙への記入は，回答者にしてもらう方法と，調査員がする場合とがあり，状況によってどちらかの方法がとられている。

質問紙調査の場合，誰に回答してもらうかが大きなポイントとなる。たとえば研究の関心が，ある特定の組織や集団にある場合，可能ならその全員に回答してもらうのが理想だ。これを**全数調査**という。しかし研究対象の規模が大きいと全数調査は不可能になる。たとえば日本の全世帯を対象にした全数調査はただ一つしか存在しない。政府が行う国勢調査がそれである。コスト・時間・労力などの面でまず不可能だからである。国勢調査ですら5年に1回しか実施されていないのである。

そこで行われるのが**標本調査**（**sample survey**）だ。研究対象の**母集団**（**population**）から統計上必要かつ十分とされる数の**標本**（**sample**），回答者を適切な方法で選び出し，彼らにだけ調査を行う。母集団に所属する人の選ばれる確率が全て等しくなるように標本を選ぶことを**無作為標本抽出法**（**random sampling**）という。標本抽出法にはいろいろあるが，母集団の性質や調査の目的によって適切な方法を用いる。標本調査を行なう代表例が世論調査であろう。よく新聞が世論調査を行うが，その結果を報道する記事の片隅に，どの標本抽出法を用い，いつ何人の回答者に調査をしたのか，が書かれているはずなので次の機会に注意して見てみるとよい。

質問紙調査の実施方法はいくつかあるので，以下にそれらの説明をしよう。

⑴ **集合調査法**　回答者に同じ場所に集まってもらい，そこで質問紙を配付して回答してもらうやり方である。大学の教室などで行われるアンケート調査はそのよい例だ。回答を一度に集められるのが利点といえる。

⑵ **郵送調査法**　文字通り，質問票を回答者に郵送し，返送してもらう方法。コストを低く押さえられる反面，回答率が低いのが難点だ。切手付きの返信封筒を同封するのが原則だし，企業が行う調査の場合は小さいボールペンなどの粗品を同封して少しでも多くの人に回答してもらおうとするが，それほど高い回答率は得られないのが普通である。ただ回答者は時間をかけて回答することができる。

⑶ **電話調査法**　調査員が電話によって回答者に質問するものをいう。短時間に，しかも比較的低コストで実施できるのが長所だが，大規模に行なう場合はそれなりの設備や，人員の確保が必要になる。

⑷ **訪問面接調査法**　調査員が調査対象世帯に出向き，質問紙の質問をし，記録するものをいう。時間もコストもかかるが，回答者による質問の誤解や記入ミス，さらに回答漏れなどを減らすことが期待できる。

⑸ **留置式調査法**　調査員が調査対象世帯に出向いて質問紙をあずけ，しばらく日数をおいてから回収に行く方法である。国勢調査はこの方法をとっている。時間もコストもかかるが，回答者はゆっくり回答することができる。

⑹ **インターネットの利用**　現在，インターネットを利用した調査が様々な形態で可能になっている。メールを使ったり，質問に答えてもらうサイトへ回答者を誘導したり，専門業者のサイトを使ったりと，いろいろな手段が考えられるが，回答の信頼性などで注意すべき点も多々ある。

なお，質問紙の作成，とくに質問文の作成についてはノウハウが蓄積されており，参考書も数多く出版されているので，参照していただきたい。この章の末尾にも何冊か推薦図書をあげておいた。

2-5　フィールドワーク

研究関心の対象である現地へ行って直接データを収集することを**フィールド**

ワーク（**fieldwork**）または**現地調査**という。上述の訪問面接調査も，当然フィールドワークの一種と考えてよい。ここでは定型化された質問紙を使わない方法について見ることにしよう。

2-5-1　インタビュー

インタビューにもいろいろある。質問の順序や聞き方を回答者の話やその場の状況に合わせて決めていく**非構造化面接**（**unstructured interview**）をすると，回答者にとっては比較的自然な会話の形で回答することができ，無理のない調査がしやすい。もちろん質問すべきトピックをあらかじめ明確に把握しておく必要がある。特定のトピックに関して回答者にじっくり（何時間，何日間，あるいは何週間もかけて）話を聞く**インデプス・インタビュー**（**in-depth interview**）というものもある。これはケーススタディの場合によく使われる。**ケーススタディ**（**case study**，**事例研究**とも）とは研究対象を一つあるいはごく少数の社会的単位（個人・組織・コミュニティなど）に絞って調査し，深い理解をめざす手法で，標本調査とは対照的である。インタラクショニズムなどの解釈的社会学でよく用いられる。ケーススタディで得たデータを一般化することは難しいが，ケーススタディによって回答者の視点に少しでも近づけるであろうし，後に大規模な調査を行う場合はそのための洞察を得ることができるかもしれない。

通常，インタビューは，聞き手が会話のトピックを決める主導権を握っている。ちょっと油断すると聞き手の方が社会的優位にあるような話し方になってしまうかもしれない。聞き手は話し手との**ラポール**（**rapport**，仏 **rapport**），つまり友好関係を確立することが必須条件なので，気をつけるべきであろう。

2-5-2　グループ・インタビュー

グループ・インタビュー（**group interview**，**集団面接法**）は少数の回答者からなる集団を一つの場所に集め，所定のトピックについて議論してもらう方法である。調査者が司会をつとめ，話がそれないよう話題の交通整理をすることが多い。だいたい４～５人から最大でも12人ぐらいまでの小集団が理想とされる（Fiske et al. 1990）が，議題を明確にして話し合ってもらうので，こういった小集団を**フォーカスグループ**（**focus group**）という。フォーカスグループは学術目的に限らず，市場調査の世界でも頻繁に用いられている。たとえば消費者に開発中の商品を見せ，どう思うか話し合ってもらったり，特定の会社や商品の長所あるいは欠点について話し合ってもらったりしてマーケティングの参考にしている。日本の文化では見知らぬ人の前で意見をいうことに慎重な人が多いので，そのあたりは工夫が必要だろう。

2-5-3　観　　察

回答者に質問することがデータ収集の唯一の手段ではない。研究目的によっては視覚や聴覚を使って行う**観察**（**observation**）も重要な手段となる。ある地域社会についてのケーススタディであれば町の建物の特徴や道の広さ，商店街のにぎわいを見ることが重要になるかもしれない。サラリーマン文化の研究で，東京と大阪のビジネスマンのスーツの色を比べたいと思えば実際に東京と大阪でスーツの色をカウントするとよいだろう。観察といっても**統制的観察**（**controlled observation**）といって何をどう観察するかの基準を設ける場合と，**非統制的観察**（**uncontrolled observation**）といってとくに基準を設けず，自然に観察する場合とがある。どちらが好ましいかという問題ではなく，研究目的によって観察方法を選択するべきであろう。なお，目的に応じて録音・録画・写真撮影の利用も検討するとよい。

2-5-4　参与観察

上記で紹介した調査法では，調査者と調査対象が明確に分離していた。ところが**参与観察**（**participant observation**）という方法はそうではない。それは研究者が観察対象の集団・組織あるいは地域に入り込んでその一員となり，他のメンバーとの関わり合いの中から日常生活を観察する手法である。しかしこれでは客観性の確保が問題となる。

ではなぜ参与観察が使われるのだろうか。理由の一つに調査対象の人の視点から見た，いわゆる**内在的理解**ができる可能性がある，という点があげられる。客観性を重視する方法，たとえば標準化された質問紙を使う場合，研究枠組みを調査対象に当てはめる傾向がある。つまり外からの理解（**外在的理解**）を押しつけがちになる。われわれはアンケート調査に答えるとき,「この質問は,私の感覚とずれているなあ」「こんなこと聞かれても答えようがないんだけど」などと違和感を覚えることがあるが,それがこの問題である。その点,参与観察だと調査対象の人たちの習慣・経験・感覚などを彼らの視点に近いところで観察することができる。したがって参与観察はとくに解釈主義的社会学において重要な方法となっている。

研究例としては**ウィリアム・ホワイト**(**William F. Whyte**, 1914-2000)がボストンの青年ギャング集団を観察した『ストリート・コーナー・ソサエティ』(1943)や,ジャズピアノを弾きつつシカゴのミュージシャン界を観察した**ハワード・ベッカー**(**Howard S. Becker**, 1928-　)の『アウトサイダーズ』(1963)が知られている。近年では**アリス・ゴフマン**(**Alice Goffman**, 1982-　)が著した『逃亡者の社会学——米国の都市に生きる黒人たち』(2014＝2021)がフィラデルフィアの黒人街における住民と警察権力の問題に取り組み話題となったが,社会学の世界では同書への賛否両論が噴出した。なおゴフマンは,アービング・ゴフマン(第１章参照)の娘である。日本ではジャーナリストの鎌田慧(1938-　)が工場の労働現場を観察した『自動車絶望工場——ある季節工の手記』(1983)などが有名な事例である。

現在の基準では,参与観察をする場合,調査対象に対して自分が観察者であることを明言しておくのが基本である。企業や宗教団体など組織性のある団体を調査する場合は公式な許可を取るべきであろうし,私的集団や地域コミュニティの場合でも自分の観察活動についてメンバーから許諾を得るべきであろう。自分が観察者であることを公言すると,被観察者の言動が観察者を意識したものになる可能性があるが,社会学者は社会を超越する存在ではない。倫理的責任を優先させるべきであろう。過去には閉鎖的な集団や組織の調査で,いわば最後の手段として参与観察が用いられる場合があった。たしかに排他的で通常の方法では調査できない対象は存在しうる。そこで観察者であることを隠して参与観察を行う事例が過去にあったが,現在では秘密裏に参与観察を行うことは多くの学会で禁止されている。

2-6 既存データの利用

社会学の調査というと質問紙調査とフィールド調査が中心的であると思われるかもしれないが，**文献調査**（**documentary research**）も重要なデータ収集手段である。他者が収集した数量的データを利用する場合，これを２次分析ということは前述の通りだが，これも一種の文献調査である。他にも各種書籍，公文書，教会や寺院に残る各種の記録，手紙，日記，ネット上の情報などさまざまな文献を使うことが考えられる。たとえば文学作品を社会学的に考察する**文学社会学**（**sociology of literature**）の場合は文学作品が研究データであるし，社会学そのものを社会学的に考察する**社会学の社会学**（**sociology of sociology**）では社会学文献自体がデータ源となる。歴史社会学も，生存者がいる場合以外は文献調査が中心になる。また各国の政府が公開する各種統計資料を使って国際的な比較研究をする場合も，一種の文献調査といえるだろう。最近はインターネット上でアクセスできる情報が増えているので文献調査的な研究の可能性はさらに広がっている。

文献の中でも，手紙・日記・自伝など，個人の生活の一部が書き記されているものを**パーソナル・ドキュメント**（**personal document**）という。ある歴史的状況を個人がどのように生きたかが，その人の視点から書かれており，内在的理解をする助けとなりうる。なお**自伝**（**autobiography**）というと著名な人が人生を回顧するものというイメージがあるが，日本では一般市民が自分の人生を振り返って書く**自分史**に静かな人気があるので，これを利用することもできるかもしれない。自分史は著者の自費出版が一般的だったが，最近はインターネット上での発表も盛んである。インターネット時代のパーソナル・ドキュメントといえばブログ（blog）やツィッター，フェイスブックといった各種SNSが研究対象として注目される。

パーソナル・ドキュメントを使った社会学研究の古典として，**ウィリアム・トマス**（**William Isaac Thomas**, 1863-1947）と**フロリアン・ズナニエツキ**（**Florian Znaniecki**, 1882-1958）による『ヨーロッパとアメリカにおけるポーランド農民』（1918）があげられる。これはアメリカに移民したポーランド農民の手紙や日記を使って彼らのアメリカ社会への適応過程を分析した研究で，その手法は後の社会学者が大いに参考にした。

文献調査の際に留意すべきことは文献の信ぴょう性や正確さであろう。政府や官公庁が公開する統計資料などはおおむね正確かもしれないが，パーソナル・ドキュメントでは著者による事実誤認や執筆時のミスがあっても不思議ではない。新聞記事が全て信頼できるかというとそうでもない。たとえば多人数が集まる集会の参加者数推計が主催者と警察で異なることがある。新聞記者が誰の数字を引用するかによって記事の内容が変わるので，新聞記事がいつも客観的で正確な情報だけを伝えているとはかぎらない。

2-7　個人情報保護法の遵守

日本では2003年 5 月に**個人情報保護法**が成立し，公布され，2005年 4 月に全面施行された。重要なことなので検討しておこう。まず個人情報とは「生存する個人に関する情報で，その情報に含まれる氏名，生年月日その他の記述等により，特定の個人を識別することができるもの」（同法第 2 条第 1 項）をいう。したがって電話番号，メールアドレス，映像や音声など，特定の個人が識別できるものは個人情報となる。したがって，ここでいう個人情報はいわゆるプライバシー情報とは若干異なる。同法によると個人情報を扱う者（個人情報取扱事業者）は，本人（個人情報によって識別される特定の個人）に対し，個人情報を利用する目的を明示しなければならず，取得した個人情報は本人の同意なしに他の目的に利用してもいけないし，第三者に提供してもいけない。

しかし同法の第50条には同法の適用除外が示されており，「大学その他の学術研究を目的とする機関若しくは団体又はそれらに属する者」が「学術研究」のために個人情報を取り扱う場合は，個人情報取扱事業者の義務は適用されないことになっている。たとえば大学機関が学術目的で調査を行う場合などは同法が適用されないことになる。だからといって個人情報の取り扱いをいい加減にしてよいという訳では決してない。個人情報保護法の精神をよく理解して厳格な管理をするべきである。調査時に個人情報を取得したら，紙媒体であれ電子媒体であれ盗難や紛失がないようにしなければならないし，ましてや「学術研究」目的で入手した個人情報が他の目的のために流用されるなどということがあってはならない。

2-8 まとめ

この章ではさまざまな社会調査法について検討したが，調査をするときにもっとも大事なのは，何を明らかにしたいか，「問い」をはっきりさせておくことであろう。いわゆる**リサーチ・クエスチョン**（**research question**）である。これに従って適切な調査法を選び，調査計画を立てる。また，先行研究を調べることにより，何がすでにわかっていて何がわかっていないかも把握しておかなければならない。また行おうとしている調査は理論的にはどのような意味があるのかも認識しておく必要があろう。ところが学生が「なんとなく」行うアンケート調査には何を明らかにしたいのかが不明なものが目立つ。これではデータ収集後の分析にも困り，不毛な試みに終わりかねないので気をつけなければならない。

調査における倫理の問題も忘れてはならない。各国の社会学会は倫理問題に取り組んでおり，日本社会学会は，「インタヴューなどをおこなうにあたって，事前に調査の目的や意義を調査協力者に説明して納得してもらうといったことは，当然必要とされよう。あるいは，聞き取りをした生活史の詳細なデータなどを論文で使用するさいには，論文の発表に先立ってインフォーマントの了解を得るとか，氏名や地名などを匿名にするかどうかも調査協力者との相談のうえで決める，などの配慮が求められよう」（日本社会学会 1999）との見解を明らかにしている。アメリカ社会学会はかなり細部にわたる倫理規定を発行しており，同学会のホームページ（www.asanet.org）上で公開しているので参考にするとよいだろう。

■この章の推薦文献■

社会調査関係の解説書や入門書は数多く出版されている。まずおすすめしたいのは，

大谷信介他，2013，『新・社会調査へのアプローチ』ミネルヴァ書房.

である。同書は4人の著者が緊密に連絡を取り合いながら丁寧に書き上げただけあっ

て，執筆方針に一貫性がある。実際に社会調査をするためのトレーニングをする，という考え方で書かれているので，実践的なテキストである。練習問題も含まれている。大学のテキストとしても独習用としてもいい。

　　盛山和夫，2004，『社会調査法入門』有斐閣.

も定評のある入門書だ。

　統計学もぜひ勉強しておきたい。しかし大学生でもない限り，統計学の授業を受けるのは難しいかもしれない。そこで統計学の入門書を探す，ということになろうが，実に多くの入門書が出ている。ここでは

　　須藤康介他，2018，『新版　文系でもわかる統計分析』朝日新聞出版.

をあげておこう。SPSSという社会学では定番の統計分析ソフトの操作方法もまじえての解説がなされているので，SPSS が使える環境の人には特におすすめだ。

　社会調査ではないが，学問の方法論についても勉強しておきたい。ここでは教育社会学者の苅谷剛彦による，

　　苅谷剛彦，2002，『知的複眼思考法』講談社.

を紹介したい。同書は自分でものを考える方法（とくに社会学的な）について明快に論じている好著である。

第3章

行為と集団

本章では社会学概念の基礎である「行為」と「集団」，および関連概念について検討する。人の行為はどのように説明できるのか，という問題は社会学のみならず哲学・心理学・経済学・政治学など多くの分野において追究されてきた。本章の前半（3-1 から 3-6 まで）では視野を心理学にも広げて行動主義・欲求階層説・ウェーバーの行為の4類型・合理的選択モデル・ミードの I と me の5理論について検討する。後半（3-7 から 3-14 まで）では集団，組織，官僚組織，群衆，聴衆，大衆，社会，バーチャル社会について検討する。これらは全て何らかの意味で複数の人間の集合（aggregate）であるという共通点をもつ。

この章の内容

3-1 「行為」と「行動」

「行為（**action**）」と「行動（**behavior**）」という概念について考えてみよう。これらはほとんど同じ意味だが，しいていうと心理学では「行動」が使われることが多く社会学では「行為」が使われることが多い。どこが違うのかというと「行動」の場合は観察対象者の意志（will）や意図（intention）などをあえて考慮せず，人の行動を外からの刺激への反応として考える傾向があるが，「行為」の場合は行為者（actor）の意志や意図が強調されるところにあるといえよう。それぞれの特徴は心理学の「行動」の場合は，次に述べる行動主義に，そして社会学の「行為」については後述のウェーバーの理論によく現れている。

3-2 行動主義

心理学の歴史を見るとき，20世紀初頭に出現した行動主義の影響を無視することはできない。心理学は人間の心について研究する科学だが，最初から特有の難問を抱えていた。つまり研究者は人が心の中で何を考え，何を思っているかを本当に知ることはできないという問題である。実証主義的な方法（つまり科学的な方法）では客観的で信頼性の高いデータをとることが重要であるから，これは大問題であった。そこでアメリカの心理学者，ジョン・ワトソン（**John Broadus Watson**, 1878-1958）が考えたのは「意識」や「意志」といった主観的要素をあえて研究対象から排除し，客観的に観察できるもの，つまり「行動」の研究に専念することであった。これが**行動主義**（**behaviorism**）である。ことに有名なのは**刺激**（**stimulus**）**-反応**（**response**）**理論**（**S-R 理論**として知られている）で，人間の行動は，すべて外からの刺激に対する反応で説明できるとする。行動主義は1920年代から1960年頃にかけて心理学の主流であり続けたが，その後力を失った。現在では心の中身も経験的に扱おうとする**認知心理学**（**cognitive psychology**）が大きな勢力となっている。

行動主義は，どうすれば客観性を確保できるか，という問題意識で出現したが，そこに展開される人間像は，外からの刺激に自動的に反応するからくり人形のようにもみえる。切り捨てられた「主観」は人間にとってはあまりにも重要な部分だ，というのが行動主義に対する最大の批判ではないだろうか。

3-3 マズローの欲求階層説

アメリカの心理学者，**エイブラハム・マズロー**（**Abraham H. Maslow**, 1908-70）の**欲求階層**（**need hierarchy**）説は，「ふむ，なるほど」と思わせるような説得力があり，数ある心理学理論の中で一般的知名度の高い説の一つとなっている。日本でも心理学や社会学，経営学などの教材としてしばしばとりあげられている。マズローは，人間の行動は**欲求**（**need**）によってかりたてられ，その欲求は基本的なものからより高次な欲求へと階層的につみあがっていると考えた。さらに人はあるレベルの欲求を満足させると次のレベルの欲求を満足させずにはいられなくなる，と主張した（図3-1参照）。

この説によると，人間の欲求の底辺には身体が要求するもの，つまり食欲や性欲などの**生理的欲求**（**physiological needs**）があるが，その次には安全を確保したいという欲求，つまり**安全の欲求**（**safety needs**）が存在する。安全が確保されたら，人は周りの人から受け入れてもらい，愛されたい，という**所属と愛の欲求**（**belongingness and love needs**）をもち，さらには自分の人格や能力を他人から認めてもらい，自尊心ももちたいという，**承認の欲求**（**esteem needs**）が出てくるという。しかしここで終わらず，もう一段階高いレベルの欲求があるとするのがこの説の興味をそそるところで，その最高レベルの欲求を**自己実現の欲求**（**self-actualization needs**）という。それは，自分のもつ潜在的能力をフルに引き出したい，とする欲求であり，このレベルでは人は一段上の人格を目指し，最善の自己になろうとする，という。

ここに見えるイメージは，人間の欲求は常に欠乏状態にあり，人の心には自己を向上させ続けようとするメカニズムが内蔵されている，という姿である。欲求階層説は有名な「仮説」ではあるが，「真理」のステイタスをもつにはいたっていない。多くの人が追認実験を行なったが，結果は同説を支持するものも支持しないものもあって，なんともいえないからである。しかしモデルがおもしろいことや，ある意味で格調が高いことから人気を保っている。

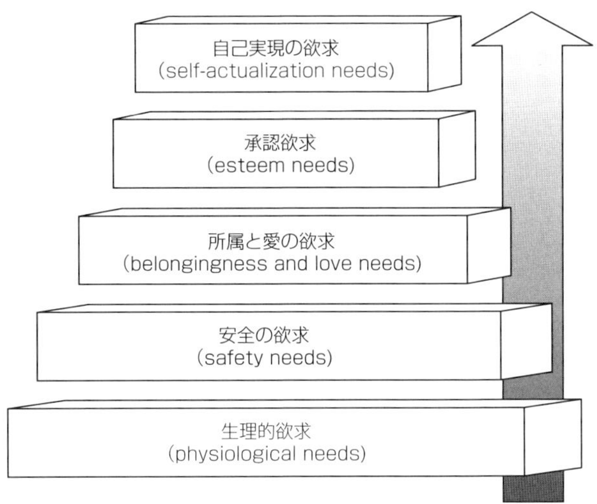

図3-1　マズローの欲求階層説

3-4　ウェーバーの行為の4類型

ウェーバーの行為理論の特徴は，行為者の意志や意図を重視していることだ。その点，行動主義と対照的である。ウェーバーの理論では人の行為は4つの類型，すなわち目的合理的行為・価値合意的行為・感情的行為・伝統的行為に分けられる。

目的合理的行為とは，将来に対してある一定の予測を立て，そこに目標を設定し，その目標をめざして一連の行為をするものをいう。英語では **instrumental action** と訳されたり **rational means-end action** と訳されたりするように，これは手段としての行為であり，ある目標を達成するために合理的に選ばれた行為である。たとえば，将来経済的に安定した生活を送るという目標を達成するために，今は働かずに大学に行く，という場合の「大学に行く」は目的合理的な行為であるといえよう。

価値合理的行為は何らかの結果を期待して行うのではなく，ある価値（宗教・道徳・芸術など）を無条件・意識的に確信することによって方向づけられる行為をいう。ある価値を信じることによって行為が決まるものをさすので，

英語では **value-oriented action** などと訳される。たとえば，生命の尊さを教義にもつ信仰に共鳴を覚える人が，日常生活でもなるべく生命を尊重しているとしよう。その人は自分の部屋で昆虫やクモを発見しても殺さず，家の外に逃がしてやることだろう。そして普段の食生活においても，しだいに肉をやめ，魚をやめ，次には卵をやめ，最後には植物でも根っこの部分は食べなくなるかもしれない。この場合，信仰（あるいは基本的な価値観）がこれらの行為の方向性を生み出しているといえよう。

感情的行為（あるいは**情緒的行為**）というのは，感動や感情につき動かされて行われる行為のことで，たとえば報復したい，快感を得たい，好きな人につくしたい，などの感情を充足するためになされる。逮捕されたら重大な罰を受ける可能性があるのに，相手に対する強い憎しみから報復行為におよぶ，といった場合がその例にあたる。英訳では **emotional action** とか **affective action** などという。

最後の**伝統的行為**は，過去と同様のことを習慣的に繰り返す行為のことで，われわれが日常生活で行っている行為の大部分はこのタイプであろう。朝，目覚めてから家を出るまでわれわれのルーティーン，たとえば，ふとんを片づける，あるいはベッドメイキングをする，歯を磨く，朝食を用意する，かばんにものをつめる，などの行為は深く考えることもなく，ほとんど自動的に行っている。こういったものが伝統的行為である。英訳では **traditional action** あるいは **customary action** などというが，とくに後者は習慣的行為，という意味であり，概念の社会学的意味を表したものであるといえよう。

ウェーバーの行為理論について解説すると，よく「じゃあこういう場合はどれになるんですか」と具体的な行為の例について質問が出るが，上記の類型はあくまで理念型であって，現実の行為がすべてこの４タイプに分類できるという議論ではない。たとえばある美的価値を信じる画家が日々の創作活動に励んでいる場合，自らの美意識を追求するという価値合理的側面と，「エアコンの頭金が欲しいから，そのためにこれを描こう」という，目的合理的側面が混在しているかもしれない。

第１章でウェーバーはヨーロッパで近代社会がもつ「合理性」に関心をもっていたと述べたが，彼にとっては，この４類型の中でもとくに目的合理的行為と価値合理的行為が意義深いものだったようである。これらの「合理的」行為の場合は行為者の「意志」とか「意図」が重要な要素になっていることにも再度注意を促しておきたい。

3-5　合理的選択理論

人は，なんらかの目的意識をもち自分に有益な結果が期待できる行為を選択している，と考える**合理的選択理論**（**rational choice theory**）である。これは経済学，交換理論，ウェーバーの目的合理的行為などの流れをくむアプローチであり，人間は合理的な存在であるという大前提をもつ。合理的選択モデルにおいて重要なのは，**オプティマイゼーション**（**最適化**，**optimization**）の概念だ。行為者は複数の選択肢から一つを選ぶとき，利益が最大になる方策を考える，というわけである。利益を大きくする方法を前述の交換理論の式

利益（**profit**）＝報酬（**reward**）－コスト（**cost**）

で考えると，報酬の大きい選択肢を選んだりコストの小さい選択肢を選んだりすればよいことがわかる。その意味でこの理論は**功利主義**（**utilitarianism**）的な発想があるといえよう。功利主義とは，快楽を最大にし，苦痛を最小にする行為を善とし，その逆を悪とする思想である。もちろんここでの報酬やコストは金銭的なものに限らず，労力や心理的・感情的なものも含まれる。

合理的選択理論では個人の行為がその場の状況に応じて，いわば法則的に決定されそれらが集まって社会ができると考える。その意味で，方法論的個人主義に基づいた理論だといえよう。合理的選択理論には個々の行為のメカニズムを説明するモデルを構築する部分と，そのような社会的行為が集まるとどんな社会的帰結が予想されるかを考える部分とがある。現代社会における環境問題を考えるうえでなにかヒントを出してくれるかもしれない。

合理的選択理論は明解な比較的少数の前提から理論を組み立てることができ，エレガントな理論を展開できるので支持者が少なくないが，批判としては，はたしてオプティマイゼーションの前提は正しいのかという指摘がある。つまり人は意図的に他人の利得を大きくするような**利他主義**（**altruism**）的な行動を

とる場合もあるので，このような**利己主義**（**egoism**）的な人間像がはたしてオールマイティなのか，ということである。たとえばこのモデルでは「自己犠牲」は説明が困難であろう。

3-6　ミードのＩと me

インタラクショニズムの草分けであるG・H・ミードは，自我にはＩと me の２つの側面があると考えて行為を説明した。このうち**Ｉ**（**アイ**）とは自我の能動的・主体的な側面をさし，**me**（**ミー**）とは受動的で他者からの期待に応え，期待される役割を演じようとする側面をさす。ミードは，人間は生まれてすぐはＩの面だけをもつが，言語習得にともない次第に me の部分が発達する，と考えた。人間は me があるからこそ社会における自分の役割を熟慮することができるようになるという。もし行為をＩだけで説明しようとしたら自分勝手で社会性のない人間像になってしまうし，me だけだと主体性のない，機械的なモデルになってしまう。またＩと me の概念は「文化」を考えるときの一つのヒントを与えてくれ，その意味でも興味深い概念である（第５章参照）。

インタラクショニズムは，言語というシンボルが人間の行為を意味づけていることや，人と人がコミュニケーションをしあう，いわゆる相互作用を重視するなど，動的な世界を展開しているのが特徴である。とくにミードの説は個人と社会をリンクして行為を説明しようとするところが注目される。

3-7　集　　団

社会学における**集団**（**group**），あるいは**社会集団**（**social group**）とは，「相互作用を行い，何らかの社会関係を保つ人々の集まり」をいう。この人びとを**成員**あるいは**メンバー**（**member**）というが，彼らはその集団に所属しているという意識を共有しており，この感覚を**帰属意識**あるいは**所属意識**（**sense of belongingness**）とよぶ。集団の成員は自分の集団のウチとソトを分ける**境界**（**boundary**）を意識していると考えられ，自分が所属する集団は**内集団**（**in-group**），それ以外の集団は**外集団**（**out-group**）という。集団の境界は，厳格なも

図3-2　日本語の敬語表現

▶日本語の敬語表現は話者による内集団・外集団の区別のうえに成り立っている。

のからゆるやかなものまで，さまざまであるし，社会によって内集団と外集団の区別が強かったり弱かったりすることも指摘されている。また通常，社会学では成員間になんらかの相互作用がないと「集団」とはみなされない。たとえば「女性」「男性」「身長165 cm 以上の人」「年収500万円以上1000万円以下の人」などというのは，単なる**カテゴリー**（**category**）であって，社会集団とはいえない。

日本は内集団と外集団の区別が強い方に属するとよくいわれ，日本語にもその特徴が表れている。たとえば，「私たち」を意味する「うちら」という言葉はもともと関西方言だが今では若年層を中心に広く使われている。これは外集団と対比した「自分たち」の意味がきわだつ言葉である。そもそも日本語の「うち」はある境界の中を意味するが，これも自分の家のことをさしたり，転じて自分が所属する集団（たとえば自分の会社）をさしたりする。日本語の敬語表現もウチとソトの区別と密接な関係がある。日本語では集団外の人との会話で内集団の成員について語る場合，へりくだった表現を用いるのが原則となっている。したがって話者が内集団と外集団の区別を認識していないと正しい敬語表現ができない*。職場の外の人（外集団の成員）に対して自分の上司について語るときなどがそうである（図3-2参照）。

＊ただし京都弁では身内の言動を外集団の人に伝える場合でも敬語表現の助動詞「～はる」をつけることが多い。例：「お母さん，買い物行かはった。」

「集団」概念で有名なものに，**一次集団**と**二次集団**の区分がある。一次集団という概念を提起したのは，「鏡に映った自己」で有名なクーリーである。**一次集団**（**primary group**）は，対面的（face-to-face）な相互作用が行われる小集団で，成員どうしの親密感が強い。家族，友人グループ，隣近所のグループなどがこれにあたる。これに対比させて後の社会学者が命名した**二次集団**（**secondary group**）は，学校，労働組合，政党などのように，なんらかの利害関係を軸に意識的に作られたもので，概して成員数が多い。さらに前者はインフォーマル，また後者はフォーマルな傾向が強い。とくに一次集団という表現は社会学でよく使われるので知っておくとよい。

古代ギリシャの哲学者，アリストテレスが「人間は社会的動物である」と言ったように，人間にとって集団はかけがえのないものだが，集団心理が判断力をにぶらせる状況も指摘されている。たとえばアメリカの心理学者，アービング・ジャニス（Irving L. Janis）は，集団の意思決定においては同意することを優先するあまり批判的思考力がにぶり，ばかげた決定をしてしまうことがあるとした。彼はこれを，**集団浅慮**（しゅうだんせんりょ）（**groupthink**）とよび，いろいろな事件を分析した（1972）。また集団が無責任を生むこともある。1964年，深夜のニューヨークの街頭で暴行・強姦事件が起こった。周辺の住人で数十人の目撃者がいたと推定されるが，通報する人はおらず，被害者は死亡してしまったという。心理学者のジョン・ダーリー（John Darley）とビブ・ラタネ（Bibb Latané）は，このような緊急事態にある人の周囲にいる人数が多ければ多いほど人びとはその状況に介入しなくなるとし，これを**傍観者効果**（**bystander effect**）とよんだ。

3-8 組　　織

組織（**organization**）とは，成員の役割と権威が正式な規則で決められていて，意思伝達の経路や手続きが正式に整えられている集団をいう。**公式組織**（**formal organization**）ともいう。上述の二次集団にあたるが，組織という用語の方がよく使われる。小集団とは異なり，大きな組織では顔見知りでない人が

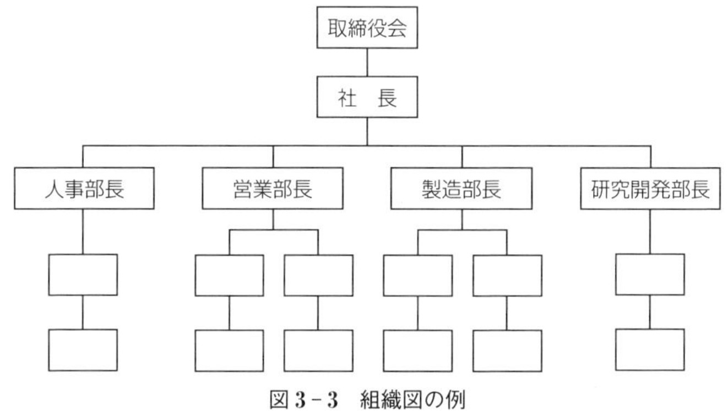

図3－3　組織図の例

▶どのような組織であってもなんらかの組織図が描けるはずだ。

多数いる場合も多々ある。また組織内の地位によって人間関係が規定される側面もある。小集団ではお互いの名前を呼びあうが，組織においては役職名でよびあうことが少なくないのはその表れである。たとえば「会社」では，社員は「山本社長」のことを「山本さん」とはよばずに「社長」とよぶ場合が多い。なお，組織における各役職の地位や意思伝達経路などを明らかにした図は**組織図**（**organizational chart**）とよばれ，広く使われている。

3-9　官僚組織

こんにち，「官僚」という言葉はすっかり日常語の中に定着している。報道では「汚職」「癒着」「非効率」など否定的な文脈で使われることもあるが，そもそも官僚制とは何なのだろうか。官僚制の研究で有名なのはウェーバーである。「官僚制」はウェーバーの造語ではないが，きちんとした意味は彼によって与えられた。合理性という視点から行為理論を展開したウェーバーは，組織運営における合理性も重視していた。彼にとって，官僚組織こそが「合理的」に運営される組織だったのである。

官僚組織（**bureaucracy**）においてはいくつかの特徴がある。それは，高度な専門化・明確な分業・権威の階層構造・公式化された組織運営の規則・書類による運営・非人格性・能力および専門知識による雇用・長期雇用・年功序列あるいは能力主義による昇進・固定給などである。目的合理的に，つまり組織が

写真 3 - 1　日本の官庁街
▶21世紀の官僚組織はどうなるのだろうか。
（写真：GYRO_PHOTOGRAPHY/イメージマート）

目標達成のため合理的に運営されるには，これらの要素がなければならないとウェーバーは指摘したのである。官僚組織が一般的になる前は物事が感情的あるいは恣意的（その場の思いつきによって，という意味）に処理されることが多かった。それでは非効率だし公正さを保つのも困難である。そこで抽象的な規則を設定し，その規則を中心に，つまり感情や人格に影響されることなく，事務的にものごとを進める組織として官僚制が整備されてきた，というわけである。

現代社会では官僚制はむしろ非効率性の象徴としてとらえられることも少なくない。組織が肥大化して小回りがきかなくなったり，各種の手続きや書類の操作が複雑になったり，つねに過去の例に照らし合わせて仕事を処理する**前例主義**におちいる結果，時代の変化に対応できなかったりする，などの問題点が指摘されている。20世紀は政府や会社組織が巨大化し，官僚化し続ける時代であったが，近年は官僚組織を分割したり縮小したりしてフットワークを軽くする試みもみられる。近年は日本でも政府や自治体の効率化やスリム化を求める議論がますます強まっているし，会社組織も従業員が多いことが会社の力を示すとは必ずしもいえなくなってきている。

3-10　群　　衆

群衆（**crowds**）とは，なんらかの共通関心をもつ人たちが，大人数で，一時的に密集している集合体をいう。有名人の葬式や政治集会，政治的な抗議活動に集まる人々などはその例である。群衆はあるはっきりした目的をもって集まる場合もあるが，ただ単になんらかの満足感をもとめる場合や，感情表現をしようとするだけの場合もある。ときには暴力化し，**暴動**（**riot**）を引き起こすこともある。この場合は**暴徒**（**mob**）と呼ぶこともある。彼らは破壊行為に走ったり商店から**略奪**（**looting**）を行ったりすることもある。集団心理がはたらく中，個人が特定されないと確信し，理性を失った個人がそのような行動に出るのであろう。

群衆に関する議論で有名なのはフランスの社会心理学者，**ル・ボン**（**Gustave Le Bon**, 1841-1931）であろう。彼の著した『群衆心理』（1895）は群衆研究の古典となっている。ル・ボンは貴族的なエリート主義の立場から群衆心理を批判した。彼は，群衆の一人ひとりは普段はまともな市民なのに，いざ群衆化すると理性を失い，扇動されやすくなり，原始的な行動に退行すると考えた。その後の研究では，群衆はル・ボンのいうことが全面的に正しいわけではなく，群衆が理性的な行動をすることがあるとの指摘もある。

個人が容易にインターネットに向けて発信できるようになった「Web 2.0」（第16章参照）の環境においては群衆のあり方が大きく変容した。まず「いつ，どこで」集まるかについて，インスタグラムやツイッター，フェイスブックなどの SNS で簡単に呼びかけられるようになった。国家権力がテレビなどマスメディアの報道に制限をかけても，人びとがネットで抗議集会や抗議活動の事を知り，行動に出るということが起こるようになった。2010年末にはじまった**アラブの春**（**Arab Spring**）では，強権的で抑圧的な政権に対し，ネットや携帯電話で連絡を取り合う反政権派の市民が大規模な抗議活動を行い，チュニジア・エジプト・リビア・イエメンなどの諸国では長期独裁政権が倒された。2012年7月に東京・代々木公園で開かれた脱原発集会は群衆というより市民「集会」であったが，参加者の中には集会の様子をリアルタイムでネットに発信する人も少なくなく，それを見て集会に参加した人もいたという。

いずれにせよ，現在は群衆や大規模集会参加者が相互に意思疎通できるようになったわけで，ル・ボンが見ていた時代とは技術環境が大きく変わっている。しかしながらネット時代の群衆がいつも理性的かというとそうとは限らない。

写真3-2　フラッシュモブ

▶あなたなら〈群衆〉をどう定義しますか？（本文参照）

ネット上では人を扇動する言動やウソが書き込まれることも頻繁にあるし，無責任に，あるいはおもしろ半分で「次の攻撃目標」を書き込む人がいるかもしれない。

またSNS時代初期の群衆行動として注目されたのが**フラッシュモブ**（**flash mob**）とよばれる現象であった。多様な形態があるが，基本的にはネットを通じて不特定多数の人びとが特定の時間・場所に集まり，ある決まった合図をきっかけにダンスなどのパフォーマンスをするものだ。多くは政治的意図がなく，参加者が楽しむために行われ，基本的に暴力性はない。2003年にニューヨークで始まったようであるが，あっという間に他国にもひろがった（*The New York Times*, August 4, 2003）。

3-11　聴衆・観客

音楽・演劇・ダンス・講演・漫才などの表現活動を享受しようと集まる人びとを**聴衆**あるいは**オーディエンス**（**audience**）といい，スポーツの観戦に集まる人々を**観客**（**spectators**）という。彼らは必ずしも一方的な受け手ではなく，演じ手との相互作用がおこる場合もある（かけ声，拍手，ブーイング，ヤジなど）。聴衆や観客は数人から数万人規模までさまざまで，10万人以上が集まる

写真3-3　観　衆

スポーツ競技やコンサートが行われることもある。しかし「大観衆」は現代社会特有のものではなく，古代ローマ時代のコロセウムという円形競技場では5万人もの人が集まったとされている。聴衆は群衆の一種とも考えられるが，より明確な共通目的をもっていることが特徴的である。

現代社会におけるオーディエンスは，物理的に1カ所に集合しているとは限らない。通信技術の発達により，好きな場所で音楽やスポーツを楽しめるようになっているからである。テレビ・ラジオなどのマスメディアの受け手や，デジタル化された音楽の聴き手や本の読者などは，空間的に散在している。じっさい，オリンピックやサッカーのワールドカップなどのテレビ中継は世界中の10億から20億の人々が見るともいわれ，地球上に散らばった巨大なオーディエンスをもっている。ここでも Web 2.0 の影響が見られ，たとえば2012年夏のロンドン・オリンピックからはネット中継が大規模に導入され，またソーシャルメディアで現場の様子を実況する観客が多くなったという。

3-12　大　衆

大衆（mass）というのは現代社会の成員を集合的にさす概念である。20世紀には国民的・あるいは世界的なスーパーヒーローやスーパーアイドルが続出したり，人びとの生活様式が類似するなどの現象が見られるようになった。似たりよったりの人びとが多数，資本主義の社会でうごめくというのが「大衆社会」のイメージだ。

第2次世界大戦後,「大衆」という概念はしばしば現代社会を批判する議論で使われた。これを**大衆社会論**(**theories of mass society**)というが,そこでの大衆批判は次のようなものであった。すなわち,現代社会の人びとはマスメディアの発達により,類似した考え方や嗜好を共有している。また給与生活・核家族・メディアの同一コンテンツ視聴など,生活様式も類似している。そこで大衆消費行動や大規模な流行が発生する。大衆は画一的で,常に受け身で行動する。その結果,世の中は低俗な文化で満ちあふれ,人びとは為政者のいいなりになる,という批判であった。

しかしメディアが一方向的で情報源も限られていた時代は終わり,テレビの多チャンネル化やインターネットのソーシャルメディア化に象徴されるように情報源は多様化した。したがって画一的で受動的な大衆社会像は再検討するべき時代に入っている。

3-13 社　　会

社会(**society**)とは,まとまった数の人が政治的・経済的・文化的な関係性を維持しつつ住んでいる空間のことをいう。社会学における「社会」は日常語で使われる「社会」と大差ないと考えてよいだろう。「社会」というと大きな広がった空間という語感があるが,ある程度限定された空間が意識されていることが多い。じっさい,「社会」が人間全体,あるいは地球上の地域全てを自動的に指示することはあまりなく,わざわざ「人間社会」とか「グローバル社会」などと表現しなければならない。事実上「社会」は「国家」をさしていることが多い。

日本語の日常的用法を見てみると,「社会では」というとき「この国では」とか「学校を卒業した大人の世界では」というイメージで使われることが多い。たとえば,「社会に出たらそんな服装では通用しないぞ」とか「時間に遅れてくるなんて社会常識のないやつだ」などの宣言は「日本の成人社会」を示唆していると考えられる。「社会人」には子どもや学生は含まれていない。ちなみに,日本語では「社会」という言葉は昔から使われていたわけではなく,明治時代に“society”を日本語に訳そうとしてできた造語なのだという。それまで「世の中」とか「世間」などの，自分の意識の届く範囲の人びとをさす言葉はあったが，抽象的な「社会」をさししめす概念はなかったという。このあたりは，柳父章（1982）や齋藤毅（2005）に詳しいので参照されるとよい。

3-14　バーチャル社会

インターネットやモバイル端末の飛躍的発展と普及に従い，地球上の個人と個人の間を大量の情報が飛び交うようになった。それにともない，ネット上の世界がひとつの社会のように認識されるようになってきた。これを**バーチャル社会**（**virtual society**）という。事実上，本物の社会に等しい，というわけである。

バーチャル社会はあらゆる分野において「本物の」社会に影響を与えるようになっている。たとえば，メールの普及により，通信に関して「国境」や「距離」はほとんど関係なくなったし，顔を見たこともない相手とネット上で親しくなることも珍しくない。会社内・会社間の連絡や業務も通信ネットワークなしでは考えられない。大学生もネット上で就職活動をする。教育においてもタブレット端末などを使い，双方向的な通信教育が行われるなど，大きな変化が起こっている。インターネット上ではモノの売買はもちろん，音楽ソフトや映像ソフトが容易に聴取・閲覧・購入できる。各種のモバイル端末が普及し，その利用価値はいちだんと高まっている。

その一方で，ネット上では匿名性（anonymity）が高いことから無責任な，あるいは悪意による発言も少なくなく，ユーザーのモラルが問われる事例も目立つ。さらにバーチャル社会では犯罪的行為も目立つ。ネット上でのストーキング・スパムメール・マルウェア（不正ソフトウェア）・詐欺行為・違法画像の配付・不法アクセスや各種の攻撃なども多く，利便性とセキュリティの両立が課題となっている。

第4章　地域社会

社会学においては，限定した地理的空間に焦点を当てて研究することがよく行なわれてきた。問題がより明確に見え，観察・分析しやすくなるからだ。最近，「地域の活性化」「地域格差」など「地域」に関する概念をよく目にする。地域の力が弱体化しつつあると言われる一方で，高校野球の大会などでは地域がもたらす連帯力の強さが見られる。この章では，地域社会学について学び，各種の「地域問題」を日本国内レベルと地球レベルとにおいて検討する。

この章の内容

4-1　地域社会学

4-1-1 「地域」と「コミュニティ」

ながらく社会学者は地域の問題について大きな関心を寄せてきた。とりわけ**コミュニティ（community）**は重要概念だが，厳密な定義は確立していない。よく引き合いに出される研究例に，アメリカの地域社会学者，**ジョージ・ヒラリー（George A. Hillery, Jr.）**が94通りの定義を集め，それらの共通点を分析したものがある（Hillery 1955）。ヒラリーによれば，コミュニティの定義は多種多様で，その全てにあてはまる共通点は「人間に関することである」という1

点のみだったという。それにも「地域（area），共通のきずな（common ties），および社会的相互作用（social interaction）」（Hillery 1955：118，著者訳）の3つが重要な要素として浮かび上がったという。コミュニティに関してしばしば指摘されてきたのは，弱体化の問題だ。進行する工業化・都市化・資本主義化などがその原因とされ，コミュニティの力が弱くなって人びとの孤立・疎外・不安の増大などの問題を引き起こす，という形だ。これまで社会学でコミュニティに関して行われてきた主な取り組みを見てみよう。

古典的なところでは，ドイツの社会学者，**フェルディナンド・テンニース**（**Ferdinand Tönnies**，1855-1936）が1887年の著書『ゲマインシャフトとゲゼルシャフト』（1887=1957）において，成員の意志のタイプによって社会のあり方が異なると主張した。テンニースは，伝統的な社会では「**本質意志**」（自然に沸き起こる感情に基づく意志）による人間関係が成り立っており，人びとは顔見知りで，相互の関係が伝統的規範によって決まるとした。彼はこのような社会状況を**ゲマインシャフト**（独 **Gemeinschaft**）とよんだ。日本語では「共同社会」，英語では“community”と訳されることもあるが，そのままドイツ語の「ゲマインシャフト」が使われることが多い。これに対し，より近代的な社会では，「**選択意志**」（目的達成のための合理的な選択をしようとする意志）に基づく人間関係が形成されており，人びとの関係は間接的・部分的となり，経済効率や政治的な配慮が重視される。テンニースはこちらを「**ゲゼルシャフト**」（独 **Gesellschaft**）とよんだ。日本語では「利益社会」，英語では“society”と訳されることもあるが，「ゲゼルシャフト」を使うのが一般的だ。なおゲマインシャフトとゲゼルシャフトは「理念型」（第1章参照）なので，実際の社会を分類するためのカテゴリーではない。社会の変化についての「ゲマインシャフトからゲゼルシャフトへ」というフレーズは社会学においてもっとも有名な表現の一つになっている。

デュルケームも，1893年の博士論文『社会分業論』（1893=1989）において，時代が進むにつれ人と人の結びつきかた（「連帯」）が変質する，と考えた。原始的な社会では，人びとは似たような知識をもち，似たような考え方をもつなど，均質性が高かったと考えられる。当時の人びとは共有する意識のもとで結びついていた，とデュルケームは考えた。このような意識をデュルケームは**集**

合意識（collective conscience, 仏 conscience collective）とよび，このような結びつきを**機械的連帯**（mechanical solidarity, 仏 solidarité mécanique）とよんだ。しかし産業化が進むと，人びとはしだいに集合意識の拘束を受けなくなる。社会における分業が適切に進むと，個人間の異質性を生かした結びつきに変わってくる。このような結びつきをデュルケームは**有機的連帯**（organic solidarity, 仏 solidarité organique）とよんだ。「機械的」という言葉は工場を，また「有機的」という言葉は自然や生物を連想させるので，名称を混同しがちだが，「機械的」は「自動的」という意味で使われていると考えればよい。伝統的社会における連帯は，主体的選択によるのではなく，自動的に輪の中に組み込まれていく，というイメージがある。「有機的」のほうは「組織的」とか「系統だった」という意味で理解するとわかりやすい。近代社会においては，効率的な社会的分業を達成するために，差異のある個人が組織的な連帯を選択する，というわけだ。デュルケームの「機械的連帯から有機的連帯へ」は，社会的分業が正常に進んだ場合の好ましいシナリオだが，デュルケームはじっさいには無規制な産業化によりヨーロッパ社会に病理的な状態が広がっていると考えた。そういう意味で，デュルケームも無秩序な近代化に懸念をもっていたといえる。

北米を中心に活躍したスコットランド生まれの社会学者，**ロバート・M・マッキーバー**（Robert Morrison MacIver, 1882-1970）は1917年に『コミュニティ』（[1917] 1920）を著した。そこで提示された「コミュニティ」と「アソシエーション」の概念は，とくに日本で重視され，広く知られている。彼の考えるコミュニティとは，なんらかの共通性や類似性をもつ人びとが共同生活をする地域のことで，人々の生活の基礎となっている。コミュニティは，村や町，地区，国（country），さらにはそれ以上の大きな地域をさすこともある。これに対し，**アソシエーション**（association）とは，コミュニティを基盤とし，特定の共通目的を達成するために結成された組織で，婚姻や教会や労働組合や国家（state）がその例として考えられる。なお北米ではマッキーバーの「コミュニティ」と「アソシエーション」の対比はさほど重視されなかったようだが，飯島（1993）が指摘するように，日本ではコミュニティ論の形成に大きな影響を残したと思われる。

近年になってからもコミュニティの弱体化を懸念する社会学者は少なくない。

アメリカの**ロバート・N・ベラー**（**Robert N. Bellah**, 1927-2013）とその共著者らも，ベストセラーとなった『心の習慣』（1985=1991）において，個人主義が進行し，自己への関心が最優先されるようになったアメリカでは，人びとが他者に語りかける言葉を失ってしまった，と主張した。著者たちは，いくつかの地域社会で調査を行い，現代アメリカ人がプライベートの殻の中に入ってしまいがちな状況を記述している。

やはりアメリカの**ロバート・D・パットナム**（**Robert David Putnam**, 1941-　）も，話題書となった『孤独なボウリング』（2000=2006）で，統計データを駆使し，1960～70年代以降，アメリカの人びとが自由意志による社会活動をしなくなってきている，と指摘した。投票率の低下，PTA 参加率の低下，地元のボーリング・リーグへの参加者減少など多くの例があるという。アメリカ人は現在でもボーリングはするが，個人で楽しむようになった，というのが書名の趣旨だ。ボランティア団体は会員数が増加しているが，その大半は会費だけ払い，後は郵便やネット上のメールで会報を送ってもらうだけ，というのが実情だろうともいう。パットナムは，このような現象はアメリカ人の**社会関係資本**（**social capital**）が縮小していることを意味する，と懸念する。社会関係資本はパットナムの造語ではないが，同書によってよく知られるようになった概念で，彼の場合，社会的ネットワークが集合的にもたらす価値や，そのネットワークを通して人々がお互いのためになにかしようとすること，といった意味で使っている。彼の考えでは，社会関係資本は民主主義の構築や維持に欠かせないのに，アメリカ合衆国では縮小しているのではないか，というのだ。

さて日本の場合，「コミュニティ」という言葉が定着したのは1970年前後ではないかと思われる。それまであまり使われることのなかったこの概念は，ある種の目的意識をもって日本に導入された感が強い。1950年代の終わりから1960年代を通じて進行した高度経済成長は都市部への人口集中をもたらした。地方からの移住者は近親者から遠く離れたところで都会生活を送っていた。また首都圏・名古屋圏・関西圏などでは居住地が足りなくなり，鉄道や道路が外縁部に延伸され，その周囲に無計画に居住地が広がっていく，いわゆる**スプロール現象**（**urban sprawl**）が発生し，新しい顔ぶれの人びとが移り住んでいった。さらに大阪の千里地区や東京の多摩地区には，大規模なニュータウンが開発された。そこでは，何の関係もなかった数万人の人びとが，ひとつの地域に住みだした。

しだいに都会の人間関係が希薄あるいは分断されている状況が見過ごせなくなり，対策を考える必要が出てきた。そこで行政機関や市民団体が注目した概念が「コミュニティ」だったのだ。研究者も1970年頃からコミュニティの問題に取り組むようになり，コミュニティ論あるいはコミュニティ研究（community studies）とよばれる学際的分野が出現した。日本語での「コミュニティ」は，外来語であるだけでなく，「コミュニティづくり」という表現からもわかるように，努力や工夫をして意識的に作るもの，というニュアンスをもつことがある。英語でも “forging a community” といった表現で，育てる対象として “community” という言葉を使うこともあるが，本来は，自然に自己形成する社会的集合体をさすことが多いと思われる。

最後に検討しておきたいのが，**バーチャル・コミュニティ（virtual community）**という概念だ。情報化社会に関する著作で知られるアメリカのジャーナリスト，**ハワード・ラインゴールド（Howard Rheingold,** 1947- ）の造語とされ，彼が1993年に著した本のタイトルがこれであった（1993=1995）。1993年というと，www（ワールド・ワイド・ウェブ）上のホームページをパソコンで閲覧するための初めてのブラウザソフト（「モザイク（Mosaic）」）が発表された年で，インターネットが爆発的に普及する前のことだ。ラインゴールドは一種のカウンターカルチャーとして1985年に出現した “WELL” というパソコン通信の団体（基本的に電話回線を利用）での経験をもとに，遠く離れた見ず知らずの人たちが，通信ネットワーク上で文字ベースのコミュニケーションを交わすことによって，一種の社会的集合体を作り出す現象に着目した。これがバーチャル・コミュニティだが，なんといっても，地理的近接性なしに成立する点が注目される。本章冒頭で紹介したヒラリーの研究では，「地域」「共通のきずな」「社会的相互作用」の3要素が数多くの「コミュニティ」の定義における共通項だとされたが，バーチャル・コミュニティでは「地域」が欠落していることになる。

2000年代に入ってからは，**SNS（ソーシャル・ネットワーキング・サービス，social networking service）**とよばれるインターネット上のサービスが人気を集めている。各種 SNS では，会員たちが動画や画像を発信したり，会員同士のメッセージサービスを利用したりしている。そこでは種々雑多なテーマに基づく「コミュニティ」も作られ，会員たちが意見や情報を交換し，親交を深めたり，ときには喧嘩したりしている。ゲームの世界でもSNSが展開しているし，TikTokやインスタグラムでは世界中のユーザーが発信と受信をくりかえして交流を続けている。なんらかの関心や共通性（出身校や趣味など）を軸に，しかし地域的限定性にこだわらない，「コミュニティ」を構築しつつあるようにも見える。「地域」性はなくなっても「共通のきずな（common ties）」と「社会的相互作用」を求める人びとがネット上でコミュニティを作っているのがバーチャル・コミュニティだともいえそうだ。

4-1-2　都市社会学

社会学にとって，都会はつねに重要な研究フィールドであり続けてきた。都会は近代化を象徴する存在で，そこでは様々な新しい現象が繰り広げられてきたからだ。社会階層，エスニシティ，文化，逸脱，産業や労働などにおける諸問題は，異質なものがぶつかり合う都会でこそ先鋭化してきたのだ。

いわゆる**都市社会学（urban sociology）**の発達をふりかえるとき，**シカゴ学派（the Chicago School）**の貢献を抜きに語ることはできない。1915年頃から1935年頃まで，シカゴ大学社会学科の教授陣とその学生たちは，このアメリカ第2の都会（当時）をフィールドにした研究を展開して黄金期を築いた。彼ら，およびその研究スタイルをシカゴ学派という。方法論上の特徴は，インタビューや参与観察，エスノグラフィーなどの，質的方法を駆使したことだ。理論的にはシンボリック・インタラクショニズムを育てたことが特筆されるべきであろう。インタラクショニズムの創始者の一人，G・H・ミードも，キャリアの大部分をシカゴ大学哲学科の教授として（1894年から1931年まで）過ごしたし，もう一人の創始者，**ウィリアム・I・トマス（William Issac Thomas,** 1863-1947）もシカゴ大学で活躍した。トマスはポーランド人の社会学者，**フローリアン・W・ズナニエツキ（Florian Witold Znaniecki,** 1882-1958）との全5巻からなる大作『ヨーロッパおよびアメリカにおけるポーランド農民』（1918～20）で知られる。これはシカゴのポーランド人社会に焦点をおき，手紙・新聞記事・日記などを分析した実証研究で，シカゴ学派の色彩が強い。

シカゴ学派の中心的なリーダーは何といってもロバート・E・パーク（**Robert Ezra Park**, 1864-1944）であった。彼は後輩のアーネスト・W・バージェス（**Ernest Watson Burgess**, 1886-1966）と『社会学というサイエンスへの入門』（1921）というテキストを書いた。彼は社会学を科学としてとらえ，学生たちに，自分の目で正確に観察することの重要性を訴えた。また彼は**人間生態学**（**human ecology**）という概念を編み出し，人間社会（都会）も自然界のように，資源をめぐる競争と相互依存からなる微妙な均衡の上に成立している，という議論を展開した。ドイツ生まれのルイス・ワース（**Louis Wirth**, 1897-1952）が書いた論文「生活様式としてのアーバニズム」（1938）は都市社会学に残る古典とされており，彼のシカゴ大学での博士論文を本の形にした『ザ・ゲットー』（1928）はシカゴに住むユダヤ系移民たちが直面する差別問題をとりあげた意欲作となっている。さらに「シンボリック・インタラクショニズム」という名称を考案したとされるハーバート・ブルマー（**Herbert Blumer**, 1900-1987）も，都市の問題にエスノグラフィックな手法で取り組んでいる（Blumer 2000）。

都市社会学のさまざまな概念の中でもとりわけ広く知られているものに，**ドーナツ現象**（**the donut effect**）がある。現代の都市問題を考える上でその関連概念は重要なので，検討しておこう。ドーナツ現象とは，上述のスプロール現象により郊外の定住人口が増え，都会の定住人口が減少する様子をいう。とりわけ都心と郊外の中間にある中心市街地を**インナー・シティ**（**inner city**）地区というが，この部分で人口減少や住宅環境の悪化が起こりやすい。先進諸国の大都市で見られ，日本でも東京や大阪などでその傾向が見られたことがある。日本ではインナー・シティのスラム化は見られないが，欧米では，郊外に移住する資金力のないマイノリティ人口や貧困層がインナー・シティに偏在していることが多く，政治的な問題につながることも少なくない。

20世紀末あたりから，先進諸国の大都市において，人口の都市部への回帰が見られる。都心部やインナー・シティ地区の再開発が行なわれるようになったためだ。一時はスラムとなった地域の大改造を行なってミドルクラスの人々が住みやすくすることを**ジェントリフィケーション**（**gentrification**）というが，その地域に住んでいた住民を追い払って行われることも多く，都市における貧困問題そのものが解決されるわけではない。またイギリスなどでは**アーバン・**

ビレッジ運動（**urban village movement**）といって，住む場所・仕事場・買い物をする場所を一カ所にまとめよう，という運動が起こっている。スプロール現象のように長時間をかけて通勤するのではなく，なるべく自給自足度を高め，環境にやさしいコミュニティを作ろうという運動である。ちなみに，イギリスではインナー・シティ部分が再開発されて賑わいをとりもどすことを，中央部にジャムが詰まったイギリス風のドーナツになぞらえ，イギリス式に "the doughnut effect" とつづって「（イギリス版）ドーナツ現象」とよぶこともあるようだ。イギリスの経済雑誌，*The Economist* がイギリス第２の都市，バーミンガムにおいてそのような現象が見られると伝えている（*The Economist*, January 17, 2002）。日本でも都心の開発が進み，都心の高層・超高層マンションが人気となっており，人口の都市回帰現象が見られる。

4-1-3　農村（村落）社会学と地域社会学

農村（村落）社会学（**rural sociology**）には社会学そのものと同じくらいの伝統があるといってよいだろう。社会学が成立した背景には市民革命や産業革命などによる近代化があった。したがって社会学は都会的なものへの関心を強くもっていたが，同時に，対極的な存在としての農村も当初から研究してきた。農村社会の分析には，古き良き社会への郷愁や都市化への拒否反応も見られた。古くはテンニースのゲマインシャフトがその一例であるし，より新しいところでは，アメリカの**ロバート・レッドフィールド**（**Robert Redfield**, 1897-1958）の議論にその傾向が見られる。シカゴ学派の一員とみなされるレッドフィールドは，メキシコ社会の現地調査などを通じて，**民俗社会**（**folk society**）という理念型を展開した。民俗社会とは，比較的小規模で孤立した社会で，文字に頼る必要がなく，人々の連帯感が強い。宗教が優越していて，伝統や慣習の力が大きくはたらく，そんな社会であるという。レッドフィールドは人類学者だったが，この概念はその後の農村社会学に影響を与えた。

海外の農村社会学における近年の研究で目立つのは**アグリビジネス**（**agri-business**）に関するものだ。アグリビジネスとは農業に関連した産業のシステム全体をさす。ハーバード大学ビジネススクールで教鞭をとっていた**ジョン・デイビス**（**John H. Davis**, 1904-1988）と**レイ・ゴールドバーグ**（**Ray A. Goldberg**,

1926- ）による造語で，共著『アグリビジネスの概念』（Davis and Goldberg 1957）で広く知られるようになったとされる。通常，農業というと，農産物を生産する営みを連想するが，現代社会では，農業に関する活動の全体像を見ると，農家による種の買い付けから，消費者の食卓に料理が並ぶまで，大規模で複雑な構成をなしている。そこで前述の「民俗社会」のように，村落を伝統的で閉鎖的な社会として単純化することは不適切と考えられるようになり，最近では農村社会についても大きな市場経済の文脈の中に位置づけて考えることが珍しくない。

日本の社会学の世界では，農村社会学の存在感は大きかった。日本における社会学は欧米からの輸入学問としてスタートしたが，日本国内で社会学を実践すると，一度は「日本社会の特質」について考えざるをえない。日本社会の特質を追求するとき，日本の農村にその本質を探そうと考えるのはけっして不自然ではあるまい。

じっさい，日本で第２次世界大戦前から指導的な立場にあった社会学者は農村社会の研究に積極的に取り組んだ。たとえば**鈴木栄太郎**（すずきえいたろう）（1894-1966）は，農村の研究を進め，代表作の一つである『日本農村社会学原理』を1940年に著した。とくに近代化の前から続いてきた「**自然村**（しぜんそん）」と，自然村を集めて行政単位化された「**行政村**（ぎょうせいそん）」の類型はよく知られている。また**有賀喜左衛門**（あるがきざえもん）（1897-1979）も日本各地をまわって調査を続け，本家や分家が連合して構成する，同族集団の研究を行った。家族の章でも見たように，日本の家族制度では一人の子（長男の場合が多い）に相続が集中していたので，本家－分家関係が発生しやすかった。本家から分かれた分家，さらにそこから分かれた分家などの集団が，一族の安全と繁栄のため，本家を中心として結束する現象は農村社会だけではなく，武家や商家など，日本社会のあちらこちらに見られた。現在でも「総本家○○」という商号を使っている古い商店があるが，総本家というのは，本来，本家の本家，という意味である。

日本では都市社会学と農村社会学は総合して**地域社会学**（**regional sociology**）と呼ばれることが多くなっている。地域社会学という名称の背景には，都市社会のみ，あるいは農村社会のみの諸問題を論じるのでは不十分で，両者を対比させたり，両者の関係を見たりする必要性が認識されてきたこと（女性学や男性学からジェンダー研究へ視点が移動した状況と少し似ている）が考えられる。

それに実際の市町村すべてを「都市」か「農村」のどちらかに分類するのも無理な話だ。大都会から過疎の集落まで，さまざまな形態があると考えたほうが実情に近いといえよう。そのようなわけで，特定の地理的範囲に研究の焦点を合わせた社会学の分野を地域社会学とよぶようになってきた。なお英語圏では"urban sociology"や"rural sociology"という分類が消滅したわけではない。しかし都市化が進行している地域から農村地域まで連続しているのが実態であるとの認識から，**都鄙**（とひ）**連続体**（**urban-rural continuum**）という概念も提唱された。したがって"regional sociology"や"community sociology"という分類も目立つようになってきた。

海外の地域社会学の分野では**ピティリム・ソローキン**（**Pitirim Alexandrovich Sorokin**, 1889-1968）の名前をあげておこう。ロシア生まれの彼は，ロシア革命に参加，1919年からサンクトペテルブルグ大学初代の社会学科長となったが，国外追放の目にあい，最終的にはアメリカに落ち着き，1930年，今度はハーバード大学で初代の社会学科長の座についた。都市や農村の問題に実証的にとりくんだ彼のスタイルは現在の地域社会学に通じるものがある。彼は著作をたくさん残していること，輝かしい職歴であったこと，またハーバード大学社会学科でパーソンズ（第1章参照）と激しく対立したことで知られるなど，波乱に富んだ社会学人生を送った人物であった。

地域社会学と農村社会学に共通する大きな特徴は，都市社会学と同様，実証研究志向が強いことだろう。フィールドワークにおけるインタビューや観察などによる質的データを駆使し，数量的データも多用するタイプの研究業績が多い。なかには，「農村社会学はつねに経験主義的でデータ至上主義であった。理論化を志向しないことがしばしばだったと言っても間違いではないだろう」（Falk and Lyson 2007，著者訳）と指摘する声もある。たとえその通りであったとしても社会調査法に関する功績は大きいし，地道なデータ集積の意義は大きい。

4-2　地域に関する諸問題

4-2-1　日本国内

工業化・都市化・資本主義化が進行すると，必然的に都市部と村落部の経済力に大きな差ができてしまう。日本の場合，バブル経済が終わりを迎えた1991年頃から長期の不況の影響もあって地域格差が目立つようになった。たとえば，国土交通省の基準地価による「地価」の動きをみると，バブルの終わる1991年頃から全国平均が下がり続けたが，2006年，東京・大阪・名古屋の３大都市圏で住宅地・商業地ともに上昇に転じた。その後2009年にリーマン・ショックを受け全国的に急落したが，３大都市圏は2010年頃から再び上昇に転じた。しかし地方圏の多くでは1991年以来下落傾向が続いている。都会ではオフィスビル・高層マンション・商業施設というかたちで再開発が進むいっぽう，地方ではシャッターを下ろした店舗が目立つ駅前商店街もある。

日本では間違いなく少子高齢化が進行しているが，その度合いには地域差があり，大都市圏，とくに首都圏とそれ以外の地域で大きなへだたりができている。表４－１は2000年から2019年までの関連指標を都道府県別にまとめたものだ。最上段は日本全体の数字で，分かりやすいように首都圏（東京都と埼玉・千葉・神奈川の各県）を太線で囲んである。まずＡ列を見ると，この20年で日本の人口はおよそ0.6％減少した。18.8％減の秋田県など，激減した地域もある。しかし首都圏はかなり増加しているのだ。

では首都圏は子だくさんかというと，そうではない。Ｂ列の合計特殊出生率（2019年）を見ると，首都圏は全国平均よりも，また大部分の他府県よりも低い。つぎにＣ列を見よう。この20年間に他府県から引っ越してきた人数である。首都圏へは合計で227万人が転入した。その間，北海道・青森県・福島県・新潟県・長崎県からそれぞれ10万人以上が転出している。この表からは分からないが，首都圏に移動する人は学生や比較的若い層が多いので，Ｄ列にあるように，首都圏の高齢化は比較的抑制される一方で地方の高齢化が一気に進んでいる。

問題はそれだけではない。Ｅ列の財政力指数とは地方公共団体の財政力を表す指数で，1.0を下回ると赤字状態であり，国から地方交付税が支給される。2019年現在，1.0を上回り，地方交付税を受けていないのは東京都のみである。高齢化が進むと，財政的には厳しくなる。住民税は収入にリンクしているからであり，働き手世代が転出したあとに残された高齢者がおさめる住民税の金額はそれほど多くない。また人口が減ると不動産の価値が下がり，その結果，固

表４－１　人口構造などの都道府県比較

	A. 2000～2019年 人口増減比	B. 2019年 合計特殊出生率	C. 2000～2019年 転入超過数合計(人)	D. 2019年 高齢化率	E. 2019年 財政力指数
全　国	-0.6%	1.36	0	28.4%	0.52
北海道	-7.6%	1.24	-208,947	31.9%	0.45
青森県	-15.6%	1.38	-122,239	33.3%	0.35
岩手県	-13.3%	1.35	-87,965	33.1%	0.37
宮城県	-2.5%	1.23	-32,887	28.3%	0.63
秋田県	-18.8%	1.33	-87,353	37.2%	0.32
山形県	-13.3%	1.40	-74,667	33.4%	0.37
福島県	-13.2%	1.47	-156,814	31.5%	0.54
茨城県	-4.2%	1.39	-67,825	29.5%	0.66
栃木県	-3.5%	1.39	-29,951	28.6%	0.65
群馬県	-4.1%	1.40	-40,213	29.8%	0.65
埼玉県	5.9%	1.27	216,399	26.7%	0.77
千葉県	5.6%	1.28	223,425	27.9%	0.78
東京都	15.4%	1.15	1,439,437	23.1%	1.18
神奈川県	8.3%	1.28	391,732	25.3%	0.90
新潟県	-10.2%	1.38	-111,526	32.4%	0.47
富山県	-6.9%	1.53	-27,004	32.3%	0.48
石川県	-3.6%	1.46	-27,750	29.6%	0.51
福井県	-7.4%	1.56	-38,603	30.6%	0.41
山梨県	-8.7%	1.44	-38,395	30.8%	0.41
長野県	-7.5%	1.57	-56,458	31.9%	0.52
岐阜県	-5.7%	1.45	-84,604	30.1%	0.56
静岡県	-3.3%	1.44	-76,983	29.9%	0.73
愛知県	7.2%	1.45	161,920	25.1%	0.92
三重県	-4.1%	1.47	-42,500	29.7%	0.61
滋賀県	5.3%	1.47	25,820	26.0%	0.57
京都府	-2.3%	1.25	-48,750	29.1%	0.59
大阪府	0.0%	1.31	-87,751	27.6%	0.79
兵庫県	-1.5%	1.41	-45,103	29.1%	0.64
奈良県	-7.8%	1.31	-74,617	31.3%	0.43
和歌山県	-13.6%	1.46	-65,509	33.1%	0.33
鳥取県	-9.3%	1.63	-28,140	32.1%	0.28
島根県	-11.5%	1.68	-34,267	34.3%	0.26
岡山県	-3.1%	1.47	-32,389	30.3%	0.53
広島県	-2.6%	1.49	-67,192	29.3%	0.62
山口県	-11.1%	1.56	-72,430	34.3%	0.46
徳島県	-11.7%	1.46	-37,279	33.6%	0.33
香川県	-6.5%	1.59	-23,246	31.8%	0.49
愛媛県	-10.3%	1.46	-64,048	33.0%	0.44
高知県	-14.3%	1.47	-40,439	35.2%	0.27
福岡県	1.8%	1.44	75,692	27.9%	0.65
佐賀県	-7.1%	1.64	-39,608	30.3%	0.35
長崎県	-12.5%	1.66	-124,476	32.7%	0.34
熊本県	-6.0%	1.60	-63,141	31.1%	0.42
大分県	-7.0%	1.53	-40,283	32.9%	0.39
宮崎県	-8.3%	1.73	-61,062	32.3%	0.35
鹿児島県	-10.3%	1.63	-80,666	32.0%	0.35
沖縄県	10.2%	1.82	8,655	22.2%	0.37
備考	2000年の人口を100%とした増減比	1人の女性が一生の間に平均して何人の子どもを産むかを示す，女性1人あたりの平均出産数	転入者数-転出者数	65歳以上が人口に占める割合	地方公共団体の財政力を示す指数で，基準財政収入額を基準財政需要額で除して得た数値の過去3年間の平均値。1.00未満は赤字の状態。
出典	国勢調査（2000年），人口推計（2019年）	人口動態統計	住民基本台帳人口移動報告	人口推計	総務省調べ

定資産税の税収も減少する。しかし高齢者が多いと医療や介護関係の出費が増え，地方公共団体としては厳しい財政運営を迫られる。ちなみにこの表の高齢化率と財政力指数の相関係数を計算してみると-0.76であり，強い負の相関が認められる。

このように，人口の減少と社会の高齢化の波は，地方で先に押し寄せてきているといえる。そのため，地方では税収の確保が困難なのに，高齢者のための福祉行政などに費用がかかり，財政的に厳しい状況が生じている。さらに，同じ県内でも都市部と過疎地域で同様の格差が出てきている。なかでもきわめて困難な状況にある地区を，地域社会学者の**大野晃**（おおのあきら）（1940-　）は**限界集落**と名づけた（大野 2005）。限界集落とは「65歳以上の高齢者が集落人口の50％を超え，独居老人世帯が増加し，このため集落の共同活動の機能が低下し，社会的共同生活の維持が困難な状態にある集落」（大野 2005：22-23）のことで，いずれ消滅してしまう可能性も考えられるという。また大野は65歳以上の高齢者が人口の50％を超える地方自治体のことを，**限界自治体**と定義づけている。

このような状況下，21世紀初頭に地方政治に関する大きな出来事が起こった。ひとつは小泉純一郎内閣（2001-06）における**三位一体**の改革であった。小さな政府を目指した小泉内閣では，地方分権をすすめ，国に対する地方の財政依存を減らそうとした。国から地方への補助金の削減・国から地方への税源移譲・地方交付税の見直しの３改革を同時にすすめようとした。しかしその実行は難航し，トータルで見ると税源移譲より補助金の削減額が大きく，地方交付税も縮減される結果になった。もうひとつは，いわゆる**平成の大合併**であった。地方分権をすすめ，また厳しい財政状況に対応するため，1990年代半ばにはじまった，地方自治体の合併促進策である。総務省によると1999年３月31日時点で全国に3232あった市町村は，2018年10月には1718になった。

4-2-2　地　　球

さて，地域の問題について，世界に目を移すと，とくに目立つ問題がふたつある。グローバル化と，国際的な地域格差の問題だ。まずグローバル化について考えてみよう。**グローバル化**（**globalization**）とは，政治・経済・文化・情報・技術など，社会生活のさまざまな面で国境が無意味化し，世界中がリンクされていくことをいう。この用語は1980年代なかばから目立ちだしたが，国際的な物流は古くからあった。15世紀以降を見ても，西欧諸国がアジア・アフリカ・アメリカの各大陸に航海し，各地を植民地化した歴史があり，経済のグローバル化の下地を作ったと考えられる（Smith 1991）。その後産業革命を終えた西ヨーロッパ諸国は19世紀末から20世紀前半にかけ，原材料と製品市場を植民地において確保する帝国主義の政治形態をとり，これに続いて日本やドイツも植民地獲得政策をとった。この時期には世界各地の経済は密接に連動するようになった。1857年以降，ほぼ10年前後に１回の割合で恐慌が世界的に連鎖発生するようになったのはその表れといえるだろう。とくに1929年，ニューヨークの株価暴落に始まった大恐慌は規模が大きく，日本でも主力輸出品であった生糸と綿糸が大暴落し，困窮する農村家庭が続出するなどの影響がでた。

第２次世界大戦後，多くの植民地が独立した。それでも西ヨーロッパ諸国・アメリカ合衆国・日本の経済成長はめざましく，各国の貿易量はさらに拡大した。世界は資本主義陣営と社会主義陣営が対立する冷戦時代を経験するが，1991年にソビエト連邦が崩壊し冷戦が終結した。旧社会主義国では資本主義が流入し，経済の市場主義化が進行した。グローバル化が強く認識されるようになったのは冷戦終結後であろう。

これにともない，社会学でも，世界全体をひとつの地域として見る「グローバル社会学」的な視点が出現してきた。たとえばシカゴ大学の社会学者，**サスキア・サッセン**（**Saskia Sassen,** 1949-　）はグローバル化の進行の中で金融センターとして存在感を高めつつあったニューヨーク，ロンドン，東京の３都市を「グローバル都市」（global cities）と位置づけて分析を行い，注目された。これらの都市はそれぞれの所在国の重要都市であるだけでなく，周辺諸国にとっ

英語コラム４　“local”は「地方」か？

日本語では「ローカル」という言葉は田舎とか（都会に対しての）地方という意味で使われている。たとえば「ローカル線」「ローカル鉄道」「ローカル局」といった具合だ。しかし英語の“local”という単語にそのような意味はない。「地元の」とか「その地方特有の／限定の」といった意味である。したがってニューヨークやロンドンのような都会でも“local news”は放送されているのだ。

ても抜きんでた存在で，世界への影響力が大きいという。またアメリカの社会学者，**ジョージ・リッツアー**（**George Ritzer**, 1940-　）は世界が急速に**マクドナルド化**（**McDonalization**）している，と指摘した（1993=1999）。ウェーバーが，西欧社会の近代化の際に合理化のプロセスが進行した様子を分析したように，リッツアーは，現在，グローバル化とともに，徹底したマニュアルによって効率的なサービスを行うマクドナルド方式の経営・消費文化が世界各国に広がりつつあると指摘し，世界の文化が同質的になってしまうことを懸念している。

さて，よく言われるように，グローバル化にはプラス面とマイナス面がある。まずプラス面から検討してみよう：

【グローバル化のプラス面】

- 各国がそれぞれ得意とする産業を伸ばすことにより，効率的な国際分業を進めることができる。
- 労働力が安い発展途上国はそれを武器に経済成長をはかり，経済発展をとげることができる。
- グローバル化の中で生き残るためには創造性・経営力・コスト管理などで勝負せざるをえず，企業力が強化される。
- グローバルな競争は品質の向上につながる。
- 安価な輸入品が流通し，消費者は出費を抑えることができる。
- 人の交流が活発になり，情報通信が発達することにより，国際的な相互理解が深まる。
- 人々が地球市民の意識をもつことにより，環境問題に対する国際的な意識が高まる。

グローバル化のプラス面を強調する考えは，アダム・スミス的な自由市場主義思想を地球規模に拡大したものだ。各国の関税や規制を撤廃し，個人や企業が国境を越えて利潤を追求できるようにすれば，世界経済におけるムダがなくなり，努力と才能には正当な対価が支払われ，健全な「やる気」をはぐくみ，世界はさらに繁栄する，という図式である。

利潤追求を求める資本の論理は，拡大しつづけようとする強力なエネルギーをもっている。それは地球規模では飽き足らず，地球を飛び出る力を持っているようだ。アメリカのオバマ大統領は2010年に国家宇宙政策を発表したが，そこでは宇宙の商業利用の推進がその柱のひとつになっているし，各国の私企業でも宇宙開発に携わるところは少なくない。

ではグローバル化のマイナス面はないのだろうか。グローバル化に懸念をもつ人も多く，たとえば次のような議論がある：

【グローバル化のマイナス面】
- 国際的な経済格差が拡大する。
- 国際資本（商品や企業活動）の侵入によってローカル企業が打撃を受ける。
- 労働力の安い国に仕事を奪われる結果，ローカル産業が衰退し，失業者が増える。
- 安い輸入品が存在する分野では産業が育たない。
- 強大な国際資本に支配・搾取されてしまう。
- 各種のローカル文化が衰弱する。
- 無制限な経済開発は天然資源を浪費し，環境破壊を加速してしまう。

グローバル化のマイナス面を危惧する声は，一言でいってしまえば，資本主義がもつ荒々しい破壊力への懸念である。日本でもグローバル化のマイナス作用は働いている。たとえば，日本国内最大のタオル生産地は四国（とくに愛媛県）だが，今治タオル工業組合によると，1990年にはタオルを生産する企業数は390社（同組合加盟社数），総従業員数は6533人（同人数）であったが，安価な輸入タオルの増加により，2020年には106社・2480人にまで減少したという。消費者が歓迎する安価な輸入品の陰には国内の失業者がいるかもしれないのだ。

「グローバル化」という言葉が使われ出す前から，国際的な経済格差を問題視する理論枠組みが存在していたが，中でも**世界システム分析**（**world-systems analysis**）が有名である。アメリカの社会学者，**イマニュエル・ウォーラーステイン**（**Immanuel Wallerstein**, 1930-2019）は3巻からなる大著『近代世界システム』（1974=2006, 1980=2006, 1989=1997）において，従来は別々に扱われていた西欧圏の経済発展と発展途上の国々の経済発展の歴史を，世界的分業という視点から総合的に分析した。ウォーラーステインの枠組みでは，近代世界は中心（core zone）・半周辺（semiperipheral zone）・周辺（peripheral zone）の３層構造をなしている。北西ヨーロッパ等の「中心」諸国では富・軍事力・技術力が蓄積され，安定した民主体制が維持されている。これに対し，いわゆる第三世界（Third World）に相当する「周辺」諸国の場合，天然資源を「中心」諸国に買ってもらい，「中心」諸国からの資金援助や技術供与に依存せざるをえない構造になっており，政治状況が不安定になることが少なくない。「半周辺」諸国はその中間に位置する国々である。「中心」諸国の繁栄と平和は「周辺」諸国に対する搾取の上に成立している。「中心」諸国の労働者は自由を享受し生活水準も高いが，「周辺」諸国の労働者は貧困の中で厳しい労働を強いられる。

たしかに発展途上国の多くは経済基盤がぜい弱で，先進国に輸出できるような商品がある場合でも国際資本の前には価格交渉力が弱く，不当に安い価格での輸出を余儀なくされることが多い。その結果，底辺労働者に対する搾取がひどくなるケースがあり，その最たるものは**児童労働**（**child labor**）であろう。国際労働機関（International Labour Organization, ILO）によると2020年現在，世界で５歳から17歳の児童労働者数は１億6000万人おり，そのうち危険有害労働に従事する児童の数は8500万人にのぼったという。とりわけカーペットの製造や，コーヒー・カカオなどの収穫などでは児童労働が起こりやすいとされる。カカオはチョコレートの原材料で，コーヒーと共に先進国には旺盛な需要がある。先進国による発展途上国の搾取的状況を少しでも緩和するため，現地の生産者や労働者に有利な条件で商品を取引しようとする**フェアトレード**（**fair trade**）という考え方があり，日本でもそのようなルートで輸入されたフェアトレード商品が販売されている。ただし先進国におけるフェアトレードは，規模が小さく最終消費者価格が一般商品価格より高くなりがちで，必ずしも品質が一般商品と同等とは限らないので，国際的な搾取状況を取り除くまでにはいたっていない。

さらにグローバル化がもたらすマイナス要素として，生活の安全の低下が考えられるかもしれない。各国におけるテロ活動の活発化を容易にしている背景には人々や情報がほぼ自由に世界中を動くようになっている状況が考えられるし，犯罪のグローバル化を指摘する声もある（Findlay 1999）。

しかしグローバル化は，大局的には明らかに進行しつつある。社会学を学びつつ日常の生活を行っている我々も，グローバル化の影響を肌に感じる。いっぽうで，コミュニティの力が弱くなっている，との指摘もよく聞く。その反面，ボランティア活動や，趣味の活動などにより，コミュニティの力を再興しようという動きもある。現在は情報技術の発達により世界中の個人と個人，個人と組織，組織と組織が網の目のようにコミュニケーションを維持できるようになっており，「地域」という概念を根本的に考え直す時期に来ているのかもしれない。

■この章の推薦文献■

「地域社会学」の紹介書としては，

森岡清志編，2008，『地域の社会学』有斐閣.

が地域研究の課題について多角的な視点から編さんされており，読みやすい一冊だ。

「都市社会学」に関しては，たとえば

松本康，2014，『都市社会学・入門』有斐閣.

が平易で読みやすいだろう。都市社会学の歴史についても簡潔にまとめられている。

「グローバル化」に関しては，おびただしい数の書籍が発行されているが，ここでは

Friedman, Thomas L., 2005, *The World is Flat*, Holtzbrinck Publishers（＝2006，伏見威蕃訳『フラット化する世界』日本経済新聞社.）

を紹介しておこう。ジャーナリストの著者，フリードマンは，21世紀の地球社会がひとつの連続体になっている様子を雄弁に語っている。細かい議論には首をかしげたくなる部分もあるかもしれないが，面白い読み物になっている。この本の強みは，著者が実際に世界各地で行なった取材をもとにしている点であろう。

「社会関係資本」については

辻竜平・佐藤嘉倫編，2014，『ソーシャル・キャピタルと格差社会』東京大学出版会.

が最近の日本における社会関係資本の研究例をわかりやすくまとめている。

第5章 文化と比較社会

この章では文化とそれに関連する社会学的概念について検討する。「文化」という概念にはいろいろな意味がある。「国民性」に近い意味で使われる場合もあるし，映画・音楽・絵画・文学・演劇などの表現活動をさして使われる場合もある。ここでは文化を行為との関連でとらえ，どのような文化研究がなされてきたかをふりかえる。

この章の内容

5-1 規範，サンクション，逸脱

文化について考えるにあたり，まず規範とサンクションという重要概念から検討することにしよう。**規範**（**norm**）とは社会学の基礎概念の一つで，社会あるいは集団の成員が共有する行為の指針や規則のことをいう。社会の規範なのか，集団の規範なのかを明示するときは**社会規範**（**social norm**）とか**集団規範**（**group norm**）などとよぶこともある。そして規範とほとんどペアで使われる概念が**社会的サンクション**（**social sanction**）（あるいは短く**サンクション**）である。サンクションとは社会あるいは集団の成員を規範に従わせるための賞罰のことである。規範があってもサンクションがなければその規範を守る者がいなくなり，その規範は存在しないのと同じことになってしまう。したがって規範があるところにはたいていサンクションも存在しているといえよう。

社会学では**プラスのサンクション**（**positive sanction**）と**マイナスのサンクション**（**negative sanction**）を区別する。プラスのサンクションとは**賞**（**reward**）のことで，マイナスのサンクションは**罰**（**punishment**）のことである。ただし日常英語では“sanction”という単語は，「罰」の意味で使われることがほとんどなので注意しておいてほしい。たとえば国際政治に関する記事で“economic sanctions”（「経済制裁」）というような表現をしばしば見かけるが，これは関税をかけたり貿易を停止したりして，ある国に（軍事的でなく）経済的な罰を与える，という意味をもつ。さらにサンクションには**フォーマルなサンクション**（**formal sanction**）と**インフォーマルなサンクション**（**informal sanction**）という分類もある。フォーマルなサンクションはきちんとした手続きによって規定されたサンクションをさし，インフォーマルなサンクションは自然発生的に行われるサンクションをさす。「プラスとマイナス」，そして「フォーマルとインフォーマル」という2つの軸を組み合わせると4種類の分類ができる。表5-1を参照しつつ実例を考えてみよう。

フォーマルなサンクションから見ていこう。フォーマルでポジティブなサンクションは，組織や社会において，望ましいと見なされる行為を奨励するため正式に規定されるもので，営利組織の場合なら，たとえば営業成績の優れた従業員に対し昇給したり臨時ボーナスを出す，という例が考えられるし，公的機関が一般市民に表彰を行う場合もそうだ。フォーマルだがネガティブというのは，その逆で，組織や社会にとって望ましくない行為については正式に規定されている罰則のことである。次に，インフォーマルのサンクションを見てみよ

英語コラム 5 “normal”

「ノーマル」も日本語の語彙に入っている単語で，「正常な」という意味で使われている。英語の“normal”は“norm”（規範・標準）の形容詞である。つまりnormalとは規範に合致している状態のことをさすのだ。何らかのパターンや決まりに従っているものをnormalというわけである。逆に，「異常な」という意味の「アブノーマル（abnormal）」は規範から逸脱している状況をさす。英語でも日本語でもアブノーマルは悪い意味で使うことが多いが，本文で述べたように，社会学では規範から逸脱することを必ずしも「悪いこと」とは見なさない。

表５-１　社会学的サンクション

	positive（賞）	negative（罰）
formal	表彰，昇給　等	罰金，禁固　等
informal	周囲の笑顔　等	仲間はずれ　等

う。何か望ましいことをした人に対しては周りの人が微笑んだり，称賛したりするものだが，これはポジティブなインフォーマル・サンクションだ。逆に，ネガティブでインフォーマルなサンクションは，その集団や組織や社会にとって好ましくないことをした人に対して罵声をあびせたり，仲間はずれにしたりするものなどが含まれる。

サンクションは**社会秩序**（**social order**）を維持するうえで欠かせない存在であるといえよう。サンクションが効かなくなると規範が無意味化し，崩壊すると考えられるが，そのような状況をデュルケームは**アノミー**（**anomie**）とよび，恐れた。社会規範や集団規範に反する行為を**逸脱**（**deviance**）という。「犯罪」や「非行」がそのわかりやすい例だ。ただし社会学上の「逸脱」は分析的な概念なので，「悪い」とか「不道徳」などの価値判断は含まれていない。たとえばある学校の生徒が暴力をふるうのも逸脱行動（校則からの逸脱）であるし，プロの犯罪者集団のメンバーの一人が改心して警察に自首するのも逸脱行動（集団規範からの逸脱）である。逸脱行動については第10章で詳しく検討する。

5-2　社 会 化

社会で生きていくにはその社会の規範・価値・言語・習慣・技術などを修得することが不可欠である。これらを**内面化**（**internalization**）していくプロセスを**社会化**（**socialization**）という。もちろん子どもの時に受ける社会化は重要だが，社会化は子どものときだけ起こる現象ではない。それは一生続き，人生のいろいろな局面でおこるプロセスなのである。

社会化にはいろいろある。たとえば，**職業的社会化**（**work socialization**）とは職業に関する社会化で，職業人として必要な規範や技術や用語を学習するプロセスをいう。**政治的社会化**（**political socialization**）というのは政治に対する態度や価値観などを学ぶプロセスのことで，大人になってからも経験する。また，きわめて特異な状況として，**洗脳**（**brainwashing**）あるいは**マインドコントロール**（**mind control**）とよばれるものがある。これらは対象者の思想や知識や行動を強力に変更していくことをいい，心理的操作のみならず薬物や機器も利用される場合があるという。政治的・宗教的な目的で行われるケースが目立つ。

社会化はその社会や集団に所属してはじめて始まるものとは限らない。人は実際に集団に所属する前に，その集団についての情報を得て，その集団の規範などを前もって学習することがあるが，これを**社会化の先取り**（**anticipatory socialization**，**予期的社会化**とも）という。たとえば，就職活動を始めた大学生が，教師に対して敬語表現を多用するようになったり，約束の時間を厳守するようになったりする例が考えられる。

集団や社会によって社会化の内容が異なってくるのは当然だ。政治的社会化を例に考えれば，意見を言うことを奨励する社会とそうでない社会では人の育ち方が違うだろうことは容易に想像がつく。またジェンダーの例では，社会によって「男らしさ」や「女らしさ」の意味するところがちょっとずつ異なっており，男らしさや女らしさについて学ぶことが少しずつ違ったりする。社会化を行なう人や組織のことを**社会化のエージェント**（**agent of socialization**）というが，多くの人は，まず家族から社会化を受けるわけで，家族が社会化のエージェントとして果たす役割は大きい。ただし現代社会では，かつて家族が果たしていた諸機能の多くが外に流出しており，保育園・幼稚園・学校などが社会化のエージェントとして大きな存在になってきている。また現代社会では社会化においてマスメディアの果たす役割も無視できない。そこで国によっては子ども向けのテレビ番組の内容に規制をくわえているところもある。

5-3　アイとミー，地位，役割，準拠集団

人間は社会化を受けるだけのロボットのような存在ではない。人びとは世の中のことを学ぶだけではなく自分自身の意志や感情によっても行動している。このあたりのことを，インタラクショニズムの代表的存在であるG・H・ミー

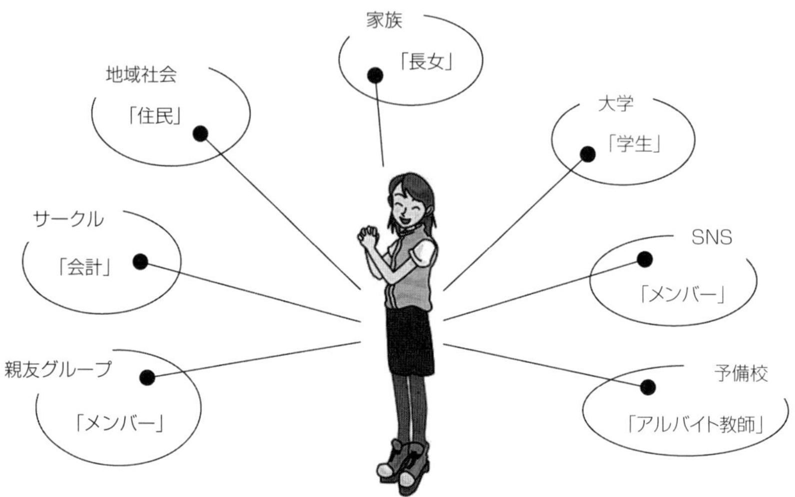

図 5－1　地位と役割

▶現代人はいろいろな集団に属し，それぞれの集団で何らかの地位を占めている。そしてその地位に期待される役割を遂行している。

ドは，自我を能動的な I と受動的な me の 2 つの部分に分けて考えたことは前章で説明した。このうち me は，自我の中の，他者からの自分に対する期待に応えようとする側面であるから，自我の社会化を受ける部分だといえる。これに対し，I は自我の中の，衝動的・創造的・自然発生的な部分である。ミードは，自我はこのアイとミーの相互作用によって成り立っているとした。このモデルは人間の内面と外界がダイナミックに関わり合っており，社会学の大きなテーマである「個」と「社会」の関係について一つの解答を示しているといえるだろう。

I と me の考え方では**役割**（**role**）が重要な要素になっている。世の中にはいろいろな**地位**（**status**）があり，それぞれの地位にある者にはそれにふさわしい役割を果たしてもらいたいという期待がある。これを**役割期待**（**role expectations**）といい，それにこたえることを**役割遂行**（**role performance**）という。たとえば母親なら母親という地位に対する役割期待があるし，社長という地位，警察官という地位，先生や生徒という地位についても一定の役割期待が存在している。この意味では社会規範とはその社会における役割期待が集まったもの，と考えることもできる。

子どもが小さいうちは両親や兄弟と相互作用するだけだが，成長するにつれ行動範囲が広がり，近所の友人，幼稚園や学校の友人などともつきあうようになる。これと並行して，所属する集団の数がどんどん増えてくる。たとえば日本の小学生の場合を考えてみると，所属集団としては家族，近所の友達集団，学校のクラス，学校のクラブ，塾，スポーツクラブ，などがあるかもしれない。このようにいろいろな集団に身をおいていろいろな役割を遂行することが社会化の重要な側面だが，困ったことに自分の所属する集団の間で規範が異なり，板ばさみになってしまうことがある。集団Aで自分に課せられる役割期待と集団Bでの役割期待が矛盾するような場合だ。たとえば家では「素直でいい子になっておくれ」という期待がある一方，高校の親友の間では「親のいいなりではなく自分の好きなようにする奴がかっこいい」といわれ，悩むような場合だ。このように，複数の所属集団のあいだで役割期待に矛盾が生じる状態を**役割葛藤**（**role conflict**）という。また個人が自分の態度や行動を決定する際にきわめて大きな影響を及ぼす集団を**準拠集団**（**reference group**）という。個人はこの集団を参考とし，そこには大切な相談相手がいたり，見本となる人がいたりする。通常，個人にとって準拠集団の数はそう多くはなく，せいぜい一つか二つであろう。家族や親友，プロフェッショナルなつきあいなどに見いだせることが多い。

5-4　文　　化

上記のように考えると，文化は社会化の内容であるといえそうだ。つまり**文化**（**culture**）とは，ある社会の成員が共有する，社会生活についての理解や社会生活に必要な知識の総体であるという理解も成り立つ。これには信念，価値，規範とサンクション，シンボル，言語，技術などが含まれると考えられ，社会化によって次の世代へうけつがれる。

これらの文化の諸要素について考えてみよう。**信念**（**beliefs**）とは世界がどのようなしくみでなりたっているか，についての共有された考え方をいう。たとえば宗教や科学がその例である。このようになんらかの世界観を呈示したものが信念であるが，体系的な信念もあればそうでない信念もあるし，強い信念もあれば弱い信念もある。教義の整った宗教は体系的な世界観を示すが，「猿も木から落ちる」「早起きは三文の徳」などのことわざは体系的とはいえない。いっぽう**価値**（**value**）とは何が正しい（よい）ことか，またものごとはどうあるべきか，といったことについての抽象的な基準をいう。信念も価値も社会や集団のメンバーに共有されているが，全員がそれを信じているわけではない。信念は「どうなっているか」を考えるもので，価値は「どうあるべきか」をとなえるものだ，ともいえる。

規範，サンクション，シンボルについては前に述べたが，**言語**（**language**）については触れる機会がなかった。言語とは，話したり書いたりするシンボルが一組になっているものだが，それらのシンボルは人びとによって共有されており，そこにはそれらを有意義に組み合わせる規則（文法）が存在する，という特徴がある。文化において言語がとくに重要なのは，人びとは，言語によって文化を学び，蓄え，伝え，変えることができるからである。

技術（**technology**）も文化の重要な要素である。これは実用的な知識や，それを有形化したものをさす。技術はしばしば目に見える形で社会のあり方を変える。たとえば蒸気機関の発明は社会の産業化と都市化をうながす重要な要因になった。20世紀後半には新しい技術によっていろいろな社会の変化がおこりつづけており，現代人は，社会とは常に変化するもの，という認識さえもつようになっている。

新しい技術や文化はどのようにして社会に出現するのだろう。まったく新しい知識や技術が誕生することを**革新**（**innovation**）というが，これには２通りあって，ひとつは**発見**（**discovery**），もうひとつは**発明**（**invention**）という。発見とはそれまで知られていなかった事実や真理を明らかにすることであり，発明とはすでに存在する知識やモノを組み合わせて，それまで存在しなかった知識やモノを作ることである。新しく生まれた技術や文化が，個人から個人へ，また集団から集団へ，あるいは社会から社会へとひろがっていくことを**伝播**（でんぱ）（**diffusion**，**普及**とも）といい，革新と並び，新しい技術や文化が出現する代表的パターンとなっている。

なおモノや技術に関する文化は物質文化とよばれ，人間の精神の範囲に存在する文化は精神文化とよばれるが，物質文化は精神文化に比べてはるかに変化しやすい。そのため技術がどんどん進化していく現代社会においては社会のさまざまな局面で精神文化との間にギャップが生じている。たとえば遺伝子操作をはじめとする生命科学・医学分野における技術の発展はすばらしいものがあるが，それにともなって必要な倫理面や法制面の整備は後追い状態となっている。

5-5　文化の関連概念

社会には１種類の文化が存在しているのではなく，いろいろな文化が形成されている。たとえば日本社会の中にも男の文化と女の文化があるし，若者の文化，都会の文化，「ヤンキー」文化，サラリーマン文化など，数多くの文化がみられる。これらを**下位文化**あるいは**サブカルチャー**（**subculture**）という。また下位文化のうち，中心的な文化に対抗的なものを**対抗文化**あるいは**カウンターカルチャー**（**counterculture**）とよぶ。

なじみのない文化に遭遇したときに経験する混乱した感覚やストレスのことを**カルチャーショック**（**culture shock**）という。外国を訪問したときに起こりやすいが，国内でもじゅうぶん起こりうる。国内に住む外国人コミュニティを訪れたときとか，男性だけの世界や女性だけの世界に遭遇したとき，また引っ越ししたときなどに体験する可能性がある。なお異文化に適応したあと，自文化に帰った人が再適応しようとしてカルチャーショックを受けることがある。これは**逆カルチャーショック**（**reverse culture shock, counter culture shock, return culture shock**）という。本来慣れていたはずの自文化だが，外の文化に慣れ親しんだことにより，以前は気づかなかったことに驚き，衝撃を受けるものである。

自分の所属する民族や文化が世界で最高のものだと考え，他を見下す態度のことを**エスノセントリズム**とか**自民族中心主義**（**ethnocentrism**）などという。残念ながらエスノセントリズムは世界中に広く見られ，民族差別や民族紛争の源泉になっていることが多い。また最近ではこれとは逆に**ゼノセントリズム**，つまり**他民族中心主義**（**xenocentrism**）という心理的態度を指摘する社会学者もいる。これは自分自身の文化に自信がもてなかったり好きになれなかったりして外の文化を崇拝する態度をいう。極端な輸入品崇拝などはこの好例といえよう。

エスノセントリズムにひたっていると世界の諸民族はお互いに理解することができないので，**文化相対主義**（**cultural relativism**）という考え方が強くなった。これは諸文化に優劣の別はなく，ある文化を理解するためにはその文化の文脈で理解しなければならない，という考え方である。ただし現在では「過剰な」相対主義への批判が出されることもある。とくに特定の「文化」において「基本的人権」が侵害されているのではないか，と外部から指摘される状況が目立ってきており，21世紀の国際社会における重要テーマの一つになりそうである。

21世紀となった現在，**グローバル文化**（**global culture**）の行方も注目される。これは世界規模で普遍的に共有される文化のことだが，そのような文化はたしかに確立しつつあるようだ。これはメディアの発達，英語の世界共通言語化，そして市場メカニズムによる経済のグローバル化と密接に結びついている。国際的大事件は瞬時に世界中で報道され，世界中の人びとがほぼ同時に知るようになっているし，CNN や BBC は全世界で放送されている。インターネットを利用する場合，国境の意味がすでに失われているのは周知の通りだ。またこれにともない，英語が事実上の世界共通言語としての地位を確実にしつつある。音楽の歌詞・映画・情報通信用語・学術活動・国際政治・国際商取引などの分野で英語が中心的な言語になっている。さらに世界中の人に認知されている企業や商品は数多い。マクドナルド・コカコーラ・トヨタ・アップル・サムスンなどの名前を聞いたことがない人が果たしてどれほどいるだろうか。つまりグローバル文化の確立は，各国の消費社会化の進行と密接に関係しているのである。そこでは西欧と北米の市場経済システムで生まれた文化，とりわけアメリカ文化の影響力が強く，これに反発を感じる勢力も大きくなりつつある。反グローバル化の傾向はイギリスの EU 離脱や，アメリカのトランプ政権時の対外政策，それにヨーロッパ各国に見られる一部の市民運動などに現れている。21世紀はグローバル文化の拡大と，それを阻止しようとする勢力の両方が同時進行していくのかもしれない。

5-6　比較社会学について

すでに述べたように，社会学では，自然科学のように厳密な実験をすることができない。代わりに考えられるのが社会と社会を比較する方法である。デュルケームも基本的に社会学とは比較をする学問である，と述べている。他と比較していないつもりであっても，よく考えてみれば比較の試みをしていることが多いことに気づくだろう。たとえば，「日本は調和の精神を尊ぶ」とか「日本社会では年功序列が重要だ」などというステートメントは，一見日本社会についてのみ言及しているようだが，実はそこには比較する姿勢が入っている。つまり，「日本社会では」といった瞬間に，多少なりとも比較をしているのである。同様に，「男性は」とか「若い人は」といった瞬間に比較対照をしている。このような意味で社会学は比較の学問だ，といえよう。なお，**比較社会学**（**comparative sociology**）という用語があるが，これは，ある専門領域を示しているわけではない。むしろ社会学の一つの方法論や視点をさし，比較という作業を意識的に行うことによって社会学的な知を深めようとするアプローチだと理解したほうがよい。

社会間の比較を行う場合，方法論上の問題がいろいろある。たとえば**分析単位**（**unit of analysis**）の問題がある。２つの物体の長さを比べるのに，一方はセンチメートルで計り，他方はインチで計っていたのでは比較にならない。同様に社会現象を研究するときには何を分析単位としているのかをはっきりと自覚する必要がある。たとえば社会全体を一つの単位としているのか，組織や集団を一つの単位としているのか，それとも個人なのか，ということである。日本とアメリカの国内総生産を比較する場合は国が分析単位だが，日本の会社100社とアメリカの会社100社に出したアンケートの結果は組織が分析単位になっている。また日本人１万人とアメリカ人１万人に対するアンケート結果の比較，という場合は個人が分析単位となっている。比較する社会間で分析単位が違っていると問題があるのはいうまでもない。

類似した問題として，比較項目をはっきりさせなければならないことも指摘しておく。さもなくば，「アメリカの自動車と日本の自動車を比較すると，アメリカの自動車は大きいものが多く，日本の自動車は白いものが多い」というような議論になりかねないからである。この悪例においては，比較項目が，自動車の「サイズ」になったり「色」になったりして混乱している。

言語の異なる社会の比較調査を質問紙法で行う場合，**翻訳**（**translation**）の問題が出てくる。直訳的になってもいいから厳密に同一のアンケート内容をめざすのか，厳密性を犠牲にしてでも自然な訳文をめざすのか，というジレンマが出てくるし，ある言語（社会）では自明のことでも他言語（社会）では自明でないため補足説明が必要になり，その結果アンケートの分量が増えることもありうる。これらの問題について決まった解決方法はなく，ケース・バイ・ケースで最良の策を練るしかない。何を比較したいのか，何を明らかにしたいのか，によって決定するべきであろう。

さらに**指標**（**indicator**）の問題もある。仮に次のような質問項目があったとしよう。

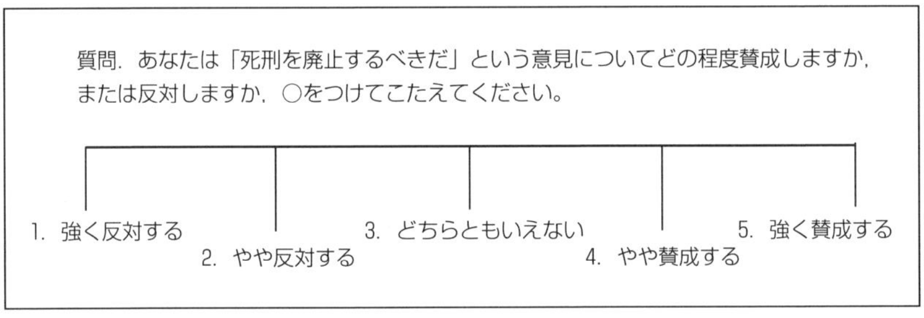

図5-2　尺度を使った質問項目の例

▶特定の事柄に関する意見や気持ちの強さを点数化して回答してもらうときに使われる。

このような5点尺度を用いたアンケートでは，たとえばアメリカ社会では1や5などの極端な選択肢もどんどん選択されるが，日本を含むいくつかのアジア諸国では，2，3，4の中央よりの選択肢に回答が集中する傾向があるという指摘がされている。とすると，たとえば「2　やや賛成する」という回答がアメリカと日本で同じものをさすのかどうか，という問題が生じてくる。このように回答パターンが文化に影響される場合もあるので，注意が必要である。なお，このように，尺度をつかった質問項目では，東アジアなどの文化の回答者は尺度の中央付近の選択肢を選ぶ傾向があるが，これを英語で **moderacy**

bias という。日本語での定訳が見当たらないので，著者はとりあえず**中庸志向性バイアス**と訳している。

「比較文化」という概念におどらされる結果，社会と社会（あるいは文化と文化）を比較する際に相違点だけを強調してしまう危険性も指摘しておきたい。マスメディアなどでしばしば日本社会とアメリカ社会の比較が行われるが，そこでは日米の相違が指摘されることが多い。たとえば「日本は集団主義だがアメリカは個人主義」「日本人はものごとをあいまいにしておくのが好きでアメリカ人は白黒をはっきりさせるのが好き」「日本は格式張ったことが好きでアメリカはカジュアルなやり方が好き」「日本はきめが細かいがアメリカではなにごともスケールが大きい」など，枚挙にいとまがない。ところが，世界にある200弱の国家群の中では日本とアメリカは多くの共通点ももっている。たとえば，両国とも「間接民主主義により政治を行っている」「基本的に言論の自由がある」「固定電話の普及率が高い」「ビデオゲームで遊ぶ子どもが多い」「約束の時間を守る人が多い」「妥当なお金を払えばそれに見合う商品やサービスを手に入れることができる」「野球が大好き」などの点である。ふだん日米の相違点ばかり聞かされていると，この２つの社会は世界の中で両極端である印象をもちかねないが，それは正しいとは限らないのである。

5-7　文化の研究

社会学やその関連分野においては文化の研究がさまざまな形で行われてきた。文化の研究には地域や時代によって特色があるので，研究が行われてきた地域ごとに見ていこう。

まず古いところでは第１次世界大戦後のドイツに発展した**文化社会学**（独 **Kultursoziologie**）があげられるだろう。ドイツの文化社会学は，その前に優勢だった**形式社会学**（**formal sociology**, 独 **formale Soziologie**）を批判するものであった。形式社会学というと，表面的な社会学と誤解されるかもしれないが，これは有名なドイツの社会学者，**ゲオルク・ジンメル**（**Georg Simmel**, 1858-1918）が提唱したもので，社会学史上，一つの重要な位置を占めるものである。それはさまざまな社会関係の根底にある「**形式**（**form**）」を分析することに社

▶ジンメル

▶マンハイム

会学が専念すべきだと主張するものであった。たとえば競争，模倣，分業，などがここでいう形式にあたる。競争を例にあげると，スポーツの大会においても市場においても政治の世界においても共通して存在する社会関係の形式である。しかし形式社会学では抽象化が行われるので，その際に個々の社会事象の歴史的特殊性が捨て去られてしまう。そこで内容としての文化をもっと重視するべきだと考えたのが文化社会学の立場だった。文化社会学の提唱者たちは政治・法律・経済等の分野における具体的な文化の内容を見るべきだと主張した。文化社会学の中では**マックス・シェーラー**（**Max Scheler**, 1874-1928）や**カール・マンハイム**（**Karl Mannheim**, 1893-1947）が名を残している。彼らは文化の中でもとくに「知識」に着目し，人間の知識と社会の関係を究明する**知識社会学**（**sociology of knowledge**, 独 **Wissenssoziologie**）を構想した。なお日本で「文化社会学」というと，以前はこのドイツの文化社会学をさすことが多かったが，近年はそうとは限らなくなってきた。

ドイツといえば，1930年代から第２次世界大戦後にかけて大きな影響力をもった**フランクフルト学派**（**Frankfurt School**, 独 **Frankfurter Schule**）も文化の研究を積極的に行ったことで特筆すべき存在である。フランクフルト学派とは，フランクフルト大学に関係する「社会研究所」で研究を重ねた社会科学者集団をいう。なかでも**テオドール・アドルノ**（**Theodor Wiesengrund Adorno**, 1903-69），**ヴァルター・ベンヤミン**（**Walter Benjamin**, 1892-1940），**エリッヒ・フロム**（**Erich Fromm**, 1900-80），**マックス・ホルクハイマー**（**Max Horkheimer**, 1895-1973），**ヘルベルト・マルクーゼ**（**Herbert Marcuse**, 1898-1979）などが知られている。フランクフルト学派はマルクス主義の伝統を引き継ぎつつ，現代社会を鋭く批判した。彼らの多くはユダヤ人だったので，第２次世界大戦中はナチスの迫害から逃れ，亡命先のアメリカなどで研究を続けた。権威主義的パーソナリティ（第13章参照）の研究で知られ，作曲の素養もあったアドルノは音

▶ハーバーマス

楽社会学的な研究を進め，商業主義や画一的文化がはびこる大衆社会の批判を行った。繊細な感受性をもつベンヤミンは多方面での著述を残し，アメリカへ亡命するため旅行中だったスペインで没した（自殺説と他殺説がある）が，なかでも有名な『複製技術時代における芸術作品』(1936) においては写真の技術が，オリジナルとなんら変わることのない大量のコピー作品を生み出せるようになったことに着目し，現在のコピー文化論や映像論の先駆けとなる議論を展開した。アドルノらが他界した後もフランクフルト学派の伝統は次の世代の研究者たちによってひきつがれているが，その中ではオープンで抑圧されないコミュニケーションの重要性を訴える**ユルゲン・ハーバーマス**（**Jürgen Habermas**, 1929-　）がよく知られている。

社会学者ではないが，マルクス主義的な文化研究に多大な理論的影響を与えたイタリア人として，**アントニオ・グラムシ**（**Antonio Gramsci**, 1891-1937）の名前をあげておくべきであろう。グラムシはイタリア共産党の創立者の一人だが，ファシスト政権が共産党を非合法化するや逮捕され，亡くなる直前に釈放されるまでの11年間を刑務所で過ごした。彼が残した功績で特筆すべきものに**覇権**（**hegemony**，ヘゲモニーとも訳される）の概念がある。マルクスの考えでは，文化はいわゆる上部構造に含まれるものであるから，下部構造すなわち経済の領域に依存的に存在しているとされた。したがって古典的なマルクス主義では，文化については一種の**経済決定論**（**economic determinism**）が成立していた。つまり，文化現象は究極的には経済的要因によって引きおこされる，との視点から文化を扱うのが一般的であった。これに対しグラムシは覇権の概念によって文化の重要性を強調した。

社会の支配階級は，その支配的立場を維持する必要がある。武力を行使する可能性をちらつかせて支配する**強制**（**coercion**）という手段もあるが，これは不安定で長続きしない傾向がある。むしろ被支配階級の考え方に影響を与え，支配階級による支配を正当なものとして受け入れさせたほうが省力的で効果的である。そこで支配階級が文化やイデオロギーを操作して自らの支配を正当化するしくみが登場するが，これをグラムシは覇権とよんだ。またそうやって維持されている支配そのものを覇権ということもある。この視点から文化を研究すると，覇権のメカニズムがいかに文化の中に埋め込まれているか，が究明すべきテーマとなる。このようにして覇権の概念は後の文化研究者，とりわけマルクス主義の立場の人々に大きな示唆を与えた。

第２次世界大戦後に多くの社会科学者が文化研究の領域でさまざまな活躍を見せたのはフランスである。文化人類学者の**クロード・レヴィ＝ストロース**（**Claude Levi-Strauss**, 1908-2009）は親族や神話に隠された構造を見い出そうとする**構造主義**（**structuralism**, 仏 **structuralisme**）を生み出した。やはり構造主義で哲学者のミシェル・フーコー（**Michel Foucault**, 1926-84）は精神病院や刑務所の研究をとおして近代西欧社会の権力が「排除」を制度化してきた様子を究明した。社会学者ではボードリヤールとブルデューの貢献が大きい。**ジャン・ボードリヤール**（**Jean Baudrillard**, 1929-2007）は消費社会の研究で知られる。生産のみを重視していた古典的マルクス主義を批判し，現代社会では消費文化の解読が重要になっていることを訴えた。現代ではモノ自体の効用ではなく，モノにあたえられた記号的な意味が消費の対象になっていることを指摘した。たしかに高額なブランド品が売れる現象はボードリヤールの視点を採用すると説明がつきやすい。

ピエール・ブルデュー（**Pierre Bourdieu**, 1930-2002）はまず教育社会学の分野で世界的に有名になった。彼を有名にしたのは**文化資本**（**cultural capital**, 仏 **capital culturel**）の概念であった。ブルデューによると，ミドルクラスの子どもは両親から高い言語能力や文化的素養を授けられる。学校では言語能力や文化的素養が高い生徒の方がよい成績を取りやすいため，彼らはワーキングクラスの子どもより学校で成功しやすい。しかし学校では客観的に成績がつけられていると一般に考えられているので，子どもの成績は彼らの能力がそのまま評価されたものと考えられ，子どもたちの序列化が正当化される。このように，人びとがたくわえている知識や概念の集合体を文化資本といい，人びとは社会生活（学校や仕事場などでの生活）に参加するときにそれを使う。文化資本はちょっとした礼儀作法から芸術作品の鑑賞能力までいろいろなものが含まれるが，文化資本が大きければ大きいほどその人は社会で成功する可能性が高くな

▶ブルデュー

るというわけである。ブルデューは，階層構造の再生産において文化資本は経済資本に負けないほどパワフルな存在であると考えた。ブルデューの概念でもう一つ，よく知られているのは**ハビトゥス**（**habitus**）であろう。ハビトゥスとは人が他者との相互作用の中で獲得する，思考・行動・好みなどのパターンの集まりをいう。ハビトゥスは日常生活の中で習慣化され，意識されることはないという。ブルデューは社会構造と個人の行為の関係を分析するための概念としてハビトゥスを重視した。なおブルデューは，1990年代には反グローバル化の論陣をはり，注目をあびている。

イギリスでは，文化の研究は**カルチュラル・スタディーズ**（**Cultural Studies**，以下 **CS** と略す）とよばれる，幅広い学問領域として展開している。バーミンガム大学（University of Birmingham）の現代文化研究センター（Centre for Con-

コラム 2　ミュージシャンの社会学者

社会学者には音楽をたしなむ人が少なくない。マックス・ウェーバーはピアノが上手で，よく自宅に友人の学者や芸術家を招いて，自分でピアノを弾きながら音楽談義をしたという。ちなみに，彼の社会学上の最重要テーマのひとつは西洋文明における合理化の過程を理解することであったが，西洋音楽における合理性の問題についても著作を残している。権威主義的パーソナリティーの研究で有名な，セオドア・アドルノも音楽に大変詳しかった。彼はオーストリアの作曲家アルバン・ベルクについて作曲を勉強したこともある。アドルノの作品はペーターズ出版社から楽譜が出ている。ラベリング理論で知られるハワード・ベッカーも，シカゴ大学の大学院生時代，プロのジャズ・ピアニストとしてアルバイトをしていた。ベッカーは，ジャズバーでバイトをしながらジャズミュージシャンの参与観察をし，論文を書いた。のちにこの論文などを含めて発展させた本が名著『アウトサイダーズ』だ。機能主義的社会学の批判や古代ユダヤ教の研究で知られるアービング・ザイトリンはクラリネットの名手で，彼も大学院生の頃，クラリネットでアルバイトをしていたという。ちなみに有名なアメリカ人バイオリニスト，ジョシュア・ベルは彼の甥にあたる。また日本の吉田民人も音楽に造詣が深く，ピアノがたいへんお上手だ，と聞く。

temporary Cultural Studies, 1964年開設，2002年閉鎖）で始まったCSは当初はイギリスの一部の大学院生が研究するにすぎなかったが，今では世界各地の大学で開催されている。CSは社会学・経済学・文学批評など，人文学から社会科学までの幅広い分野との接点があり，中心的な理論や共通した方法論があるわけではない。CSは折衷的で多様性があり，さらに変化しているのでその全容を把握するのは困難だが，文化現象を民族・人種やジェンダー，社会階層，政治と権力といった文脈の中で読み解いていく特徴があるといえよう。**レイモンド・ウィリアムズ**（**Raymond Henry Williams**, 1921-88）やかつて同センターの所長をつとめた**スチュワート・ホール**（**Stuart McPhail Hall**, 1932-2014）などがとくに著名である。両者ともマルクス主義の流れをくむが，古典的マルクス主義の経済決定論的な見方をしりぞけ，文化の重要性を主張している。とくにホールはグラムシの覇権理論を応用して若者文化やメディアの研究を展開した。

最後に，アメリカの社会学における文化研究を見てみよう。アメリカでも第２次世界大戦後，文化について多くの社会学的研究がなされた。アメリカ社会学においては1950年代には機能主義理論が優勢であったが，1960年代・1970年代に機能主義は保守的であるとして厳しい批判が続出し，衰退した。その後中心的な理論枠組みは登場しておらず，文化社会学においても中心的理論というものはとくに見られない。ただしアメリカにおける文化社会学の特徴は量的方法にせよ質的方法にせよ実証的研究が多いという特徴があり，この点で上述のヨーロッパ大陸における文化研究と強いコントラストを見せている。またヨーロッパ大陸における文化研究者は，知識層全体あるいは広く一般に向けて著作活動を行なうことが多いが，アメリカの文化社会学者は同様の関心をもつ研究者を相手に学会報告をしたり専門学術雑誌への投稿をしたりする傾向が見られる（Smith 1998）。さらにアメリカの社会学は研究対象によって細分化される傾向があるので，メディア・芸術・教育・ポピュラーカルチャーなど，領域ごとに実証的研究が続けられてきたという経緯も指摘しておきたい。1980年頃から文化に対する社会学的関心が高まり，アメリカ社会学会では1988年に文化部門が設けられた。上述のヨーロッパ大陸における文化理論やイギリスのCSの影響も大きいと見られる。たとえばハワード・ベッカー（ベッカーについては第10章を参照のこと）らは，アメリカで発展したインタラクショニズムの社会学は CS との融和性が高く，生産的な結びつきが期待できると主張している (Becker and McCall eds. 1990)。このように，今後はアメリカの社会学とヨーロッパ系の文化研究が理論的・方法論的に相互影響していくことが期待される。

■この章の推薦文献■

「文化」の社会学について書かれた本は数多いが，広く浅く文化社会学のテーマについて触れてみたいというのなら，

井上俊・長谷正人編著，2010，『文化社会学入門――テーマとツール』ミネルヴァ書房.

はいかがだろうか。文化社会学の多様なテーマについて解説されており，好きなところから読み始められる気楽さがある。

CS の解説書には

上野俊哉・毛利嘉孝，2000，『カルチュラル・スタディーズ入門』筑摩書房.

がある。イギリスを中心として発達した CS の全体像はわかりにくい面があるが，同書では身近な例を使いつつ難解な理論も平易に解説している。さらにもう少し詳しく CS の理論展開を知りたければ

グレアム・ターナー，溝上由紀他訳，1999，『カルチュラル・スタディーズ入門――理論と英国での発展』作品社.

がよいだろう。複数の訳者による翻訳本だが，こなれた訳になっており読みやすい。

第6章 社会階層

社会には裕福な人もいれば，中流の人も，貧困にあえぐ人もいる。また強大な権力をもつ人もいればなんの力ももたない人もいる。このように社会にはなんらかの区分による上下の重なりができあがっている。これを社会階層とよんだり，社会階級とよんだりする。この章では社会階層の諸理論と実態について検討する。

この章の内容

6-1 社会階層のいくつかの例

6-1-1 アメリカ社会（社会階層）

「自由と平等の国」として知られるアメリカ社会にも階級的要素がある，というと違和感をもつ人がいるかもしれないが，アメリカ社会では主に経済力の格差により，階層構造ができあがっていると考えてよいだろう。アメリカの社会階層の分類や名称には諸説があるが，一般には5つのカテゴリーで考えられることが多い。それらは，富裕な層から順に，アッパークラス，アッパーミドルクラス，ミドルクラス，ワーキングクラス，そしてロウワークラスである。

アッパークラス（**upper class**）は，アメリカ社会の中でも例外的な資産家・大金持ちをさす。これに対し**アッパーミドルクラス**（**upper-middle class**）は医者，弁護士，会計士などの専門職や大会社の管理職など，高収入を得ている人々の層をいう。アメリカ社会で半数以上をしめているのが**ミドルクラス**（**middle class**）で，オフィスワークやサービス業などに従事し，給与生活をしているものが多い。**ワーキングクラス**（**working class**）は，製造業などで肉体労働に従事するものである。一般にミドルクラスはホワイトカラー，ワーキングクラスはブルーカラー，という分け方であるが，ホワイトカラーより収入が多いブルーカラーの職業もあるので，一概に収入的な階層になってはいないといえよう。**ロウワークラス**（**lower class**）は，極端な貧困層を含む。アメリカでは生活保護の目安として家庭の収入が**貧困境界**（**poverty thresholds**）を設定している。アメリカの国勢調査局（U. S. Census Bureau）によると，2013年現在で，18歳未満の子が２人いる４人家族の場合，年収２万3624ドルが貧困境界とされている。この層の人びとはさまざまな困難に直面しているが，職業につくための技術や読み書きの力に乏しい場合も多く，貧困から抜け出るのは容易ではないという。

アメリカの社会階層は経済階層としての特色が強いので，階層間の移動が可能である，と一般に信じられている。「アメリカン・ドリーム」という言葉に

コラム３「アメリカン・ドリーム」の映画

ハリウッド映画には人生における経済的成功や転落をテーマにしたものが少なからずある。マイケル・J・フォックス主演の『摩天楼はバラ色に』（1987）やウィル・スミス主演の『幸せのちから』（2006）はどん底の状態からビジネス界でチャンスをつかむ典型的なサクセスストーリーだ。また成功の後に問題に見舞われる展開のものに，オーソン・ウェルズ監督の『市民ケーン』（1941）やF・スコット・フィッツジェラルド原作で何度も映画化された『華麗なるギャツビー』（たとえば2013年のレオナルド・ディカプリオ主演のものなど）がある。『クィーン・オブ・ベルサイユ大富豪の華麗なる転落（Queen of Versailles）』（2012）はその副題通り，大富豪の夫婦が巨額の借金を抱えるようになるまでのドキュメンタリーは，「実話を題材にする」のではなく，この夫婦の実際の姿をカメラで追ったものである。

集約されているように，個人の才能と努力により貧困層あるいは移民層からスタートして富を獲得するサクセスストーリーは実例・小説・映画などで枚挙にいとまがない。その反面で経済的な転落の事例も多々ある。また人種的要因などの影響も考えられ，個人の実力だけで経済階層が形成されていると考えるのは早計であろう。

6-1-2　インド社会（カースト制）

インド社会というとすぐ**カースト**（**caste**）制度のことを思い浮かべる人もいるかもしれない。カースト制度は複雑で地域による違いも大きいが，世襲的に身分が決まること，宗教的な色彩が強いこと，そしてカースト間の移動がほとんど不可能なことが大きな特徴である。カースト制度の歴史的源泉は，紀元前1500年頃にインド大陸を征服したアーリア人が残した身分制度の**ヴァルナ**（**varna**）にある。肌の色が白いアーリア人は肌の黒い先住民を統治するためバラモン・クシャトリア・ヴァイシャ・シュードラの４つのヴァルナを作り，これが現在のカースト制度の基本的な枠組みになっているという。**バラモン**は宗教的儀式を取り持つ司祭階級で，英語では**ブラフマン**（スペリングは**Brahman**，**Brahmin**など）という。**クシャトリア**（**Kshatriya**，**Ksatriya**など）は王族や武士階級のことである。ヴァイシャはいわゆる庶民で，農民・商人・職人などが含まれる（**Vaishya**，**Vaisya**など）。そして**シュードラ**（**Shudra**，**Sudra**など）は上の３つのヴァルナに隷属的に仕える人びとで，アーリア人に征服された先住民やアーリア人以外の人びとがこの身分にさせられた。上のヴァルナは清い存在とされ，下のヴァルナになるほどけがれていると信じられてきた。それぞれのヴァルナには**ジャーティ**（**jati**）とよばれる身分の細区分がある。個人が他のヴァルナに移動することはほとんど不可能だが，あるジャーティ全体がヴァルナの中で上の階位に上昇することはまれにあるという。

４つのヴァルナのさらに下に，激しい差別を受けてきた層がある。**ダリット**（**Dalit**）とよばれたり，政府による**指定カースト**（**scheduled caste**）という呼称でよばれたりする。2011年のインド国勢調査（早計値）によると国民のおよそ16.6％を占めているという。彼らは上記のけがれ思想により不可触民（untouchables）とよばれていたこともある。またインド独立運動の父，ガンジーが彼らのことを神の子だという意味で**ハリジャン**（**Harijans**）とよんだが，現在では差別的なニュアンスを帯びるようになったとされ，あまり使われない。

インドでは1947年のイギリスからの独立後，カースト制は非合法となった。しかし現実にはその慣習が残存している。都市部では社会生活においてカーストをあまり気にしない人も増えているが，農村部ではそうもいかないようである。社会学では，ある一定の集団やカテゴリーや地域の内側で配偶者を見つけ結婚する，あるいはしなければならないことを**内婚**（**endogamy**）といい，逆に外側での結婚を**外婚**（**exogamy**）というが，インドでは同じ身分上の内婚が一般的であるため結果的にそれぞれの身分カテゴリーが維持されてしまうという面もある。

最近では社会情勢が変わり，カースト制度による制限を飛び越える人びとも出てきている。政治の世界では指定カースト出身の大統領（インドの大統領は象徴的存在ではあるが）や国会議員が選出されるようになっているし，IT 産業がひっぱる経済分野でも個人の努力や能力を背景に，さまざまなサクセスストーリーも出現している。カースト制度には根強いものがあるが，以前と比べると若干流動性が見られるようになったといえそうだ。

6-1-3　中世ヨーロッパ社会と近世以降の日本社会（身分制）

中世から近代初期にかけてヨーロッパ社会には**身分制度**（**estates**）が存在していた。時代や地域によって多種多様であったが，基本的には**貴族**（**nobility**）・**聖職者**（**clergy**）・**市民**（**commoners**）の３つの身分からなっていた。身分ごとに義務と権利，またその身分にふさわしいエチケットが細かく決められていた。当初は人々が私的に主従関係を結んでいたものが次第に固定化し，制度化していったという。その流れを簡単に追うと次のようになる。中世ヨーロッパにおける権力者は領主，すなわち大土地所有者であった。彼らは自分に忠誠を誓う武士に領地を配分し，そこを守らせた。武士は軍事的奉仕を誓う代わりに領主からの庇護（ひご）を得た。さらにこの武士は自分に忠誠を誓う別の武士に，自分の領地を再配分した。このように領地が細かく分けられ，複雑な主従関係の層ができていった。土地の権利は次第に親から子へ相続されるようになり，身分が固定化していったという。

身分制度という点では，上述のインドの例と類似しているように思えるが，カースト制度が宗教的な制度であったのに対し，中世ヨーロッパの場合は法律・政治上の制度であった点が異なる。また身分は世襲的であったが，個人が自分の身分を変更する例も皆無ではなかったという。たとえば聖職者の身分を見るとインドでは世襲制であったのに対し，フランス革命以前のフランスでは世襲によって決められていたわけではない。そもそもカトリック教会の場合，聖職者は結婚が禁じられているので世襲ということ自体が起こらない。

身分制度は日本にも存在した。というとすぐ思いつくのは江戸時代の**士農工商**であろう。士農工商制は武士階級が自らの支配的立場を確立するため政治的に作り上げた制度で，それぞれの身分は原則として世襲的に決定される。士農工商といえば「江戸時代の４つの身分」と考えがちだが，それは必ずしも正しくない。武士階級は室町時代後期から自らは農業生産から手を引き，年貢を取り立てる立場を確実なものにしようとし，いわゆる**兵農分離**の諸政策を展開していた。織田信長や豊臣秀吉も武士と農民の差別化を徹底したが，とくに豊臣秀吉の刀狩（1588年）は農民の武装解除であり，それは武士階級による武器の独占を意味した。兵農分離により武士は城下町に集中して住むようになり，彼らに仕える形で職人層や商人も城下町に住み，町人層を形成した。士農工商は兵農分離の流れの上にあるので，農・工・商民の間が厳密に序列化されていたわけではなく，農・工・商民はまとめて平人として認識されていたようである。また穢多(えた)・非人(ひにん)とよばれる被差別階級に対しては，士農工商の「四民(しみん)」から外れた身分として厳しい身分統制が行なわれた。

士農工商制は明治維新による四民平等政策で廃止されたが，それによって日本から身分制が姿を消したわけではない。明治政府は新たに華族・士族・平民の３つの身分（皇族も数えると４つの身分）を導入し，中身の変更された身分制が続いた。最終的に身分制が廃止されるには1947年の日本国憲法施行を待たねばならなかった。それ以後日本では法律上の身分制度は解消したが，被差別部落出身の人びとに対する就職差別や嫌がらせなどの差別が残っている。

6-2 社会階層の理論

6-2-1 マルクスの階級理論

マルクスの思想体系においては階級理論がきわめて重要な要素になっている。彼の考える階級は経済的要因によって形成されるもので，資本主義社会は基本的に２つの階級から構成されている，とした。他に地主階級や小農民（小作農）階級も存在することを認めていたが，これらは資本主義の発展とともにやがて消滅する存在だと考えていた。

マルクスの考えた階級理論は次のようなものである。産業が発達し工業化が進行し，工場が都会に出現すると，人びとは安定した現金収入を求め，工場で働きはじめた。工場で働くため農村から都会に移動する人も多かった。彼らは労働を時間ぎめで提供することにより**賃金**（**wage**）という現金報酬を受けていた。彼らを，マルクスは**プロレタリアート**（**the proletariat**）＝**労働者階級**とよんだ。彼らを雇っていたのは，少数の**ブルジョワ階級**（**the bourgeoisie**）＝**資本家階級**とよばれる人びとだった。ブルジョワ階級の人びとは資本を使って工場を作り，労働者階級を雇い，利益をあげて資本を増やす。そして増えた資本をまた新しい事業に投資し，さらに裕福になる。その間，生活するのが精いっぱいのプロレタリアート階級の人びとは毎日，汗にまみれて労働し続ける。このように，マルクスは資本主義の発展とともに社会は二極化していく，と考えた。

またマルクスは，ブルジョワ階級はプロレタリア階級に支払うべき報酬を低めにして**搾取**（**exploitation**）している，と考えた。労働者が生み出した価値は資本家が支払った賃金よりも大きいが，その差をマルクスは**剰余価値**（**surplus value**）とよんだ。そして剰余価値が存在する限り，労働者の生活は楽にならないと考えた。当然，賃金を下げておきたいブルジョワ階級とより高い賃金を求めるプロレタリア階級の利害がぶつかり，**階級闘争**（**class struggle**）はさけられない，とマルクスは考えた。工場などの**生産手段**（**means of production**）が資本家に独占されているかぎり労働者は幸福になれないから，生産手段をみんなで（社会的に）共有するための革命を起こすべきだ，とマルクスは主張した。生産手段を労働者で社会的に共有して運営していこう，という考え方を社

会主義（socialism）あるいは**共産主義**（communism）という。マルクスを中心とする社会主義／共産主義の考え方は世界に大きな影響を与え，20世紀にはソビエト連邦共和国・中華人民共和国・東欧諸国・その他の社会で社会主義政権が樹立された。

マルクス主義の階級理論に異論を唱えたものに，近代化理論がある。**近代化理論**（modernization theory）とは20世紀中頃のアメリカ社会科学において有力であった考え方で，第２次世界大戦後の北米・西欧諸国の飛躍的経済発展を背景とし，インダストリアリゼーションの進行を肯定的にとらえていた。この立場からは「近代化とともに階級間格差は次第に平準化し，階級対立は静隠化し，さまざまな側面において階級間の差異は消失もしくは減少していく」（原・盛山 1999：12）との主張がなされた。たしかにこの主張に合致する現象も観察され，マルクスの予想した通りにはならない状況も出現した。たとえば社会階級が二極化するかわりに，アメリカなどの資本主義社会においては**中流階級**（**middle**

コラム４「世界の工場」

もともと「世界の工場」とは "the workshop of the world" の訳語で，19世紀には産業革命により世界最高水準の工業力を達成したイギリスのことをさしていた。同世紀はイギリス製の優秀な工業製品が世界に輸出されていた。しかし20世紀になり，アメリカやドイツなど他国の工業化が進行し，植民地が独立すると，イギリスの優位性は目立たなくなる。

第２次世界大戦では参戦国のほとんどが爆撃などの戦禍により工業力が衰えた。しかしアメリカはハワイの真珠湾における被害を除くとほとんど無傷で，唯一，強力な工業力が温存された形で終戦を迎えた。そこで戦後はアメリカが世界の製造業をリードすることになった。

ところが戦後10年ほど経った頃から日本が急速に製造業を復活させ，世界に向けて工業製品の輸出を行った。その結果，日本製の工業製品が世界各地に浸透するようになった。政府主導の輸出型加工貿易，少なくて済んだ軍事予算，効果的な日本的経営法，勤勉を重んじる日本文化など，さまざまな要因が絡み合っていたと考えられる。

さらに20世紀末には安価な労働力を背景に，中国からの工業製品が爆発的に世界へ輸出されるようになり，21世紀初頭は中国が「世界の工場」の位置を保持している。しかしその中国も人件費がじわじわと上がり，アジアの後発諸国が少しずつ工業生産を伸ばしている。

class）が出現した。ホワイトカラーの仕事が増え，大量生産された品物が大量消費される，中流階級を中心とした大衆社会が出現したのである。また多くの国ではマルクスが予想したほど労働者が窮乏することはなく，プロレタリアートとブルジョワの間に敵対心が蓄積されることもそれほどなかった。さらにマルクス主義理論は，1990年の東西ドイツ統一，1991年のソビエト連邦の崩壊などに代表される社会主義システムの破綻によって理論的求心力を著しく弱めた。ただし近代化理論の方も，発展途上国の先進諸国への経済的依存構造，近代化理論が西洋文化を前提にしたモデルであること，インダストリアリゼーションが引きだす環境問題が深刻化するにつれ，その楽観的展望が疑問視されるようになった。

6-2-2　社会階層の諸概念

社会階層に関する基本的概念をみることにしよう。まずとりあげたいのが人々の社会的位置づけの決定原理としてのアスクリプションとアチーブメントである。**アスクリプション**（**ascription**，**帰属原理**と訳される）とは個人が生まれつきもっている属性や，本人が自分で変更することのできない属性によって，その人の社会的位置づけが決められる原理のことをいう。他方，**アチーブメント**（**achievement**，**業績原理**と訳される）とは個人がもっている能力や，その人が何を達成してきたかによってその人の社会的位置づけが決められる原理のことで，日常語でいうところの「実力主義」や「能力主義」に近い概念である。例を考えてみよう。アスクリプションの例としては，家柄や家系，性別，人種・民族などで就職や結婚などに影響がある場合が考えられる。本人がコントロールできない，という意味では年齢もアスクリプションの一種として考えられる場合もある。アチーブメントの例としては，学校での成績，営業活動での売上高，無遅刻無欠勤を何年続けたか，を見る場合などがあげられる。

前述のカースト制度や士農工商制度においては個人の身分は原則として世襲的に決定される。したがってそこで働く原理はアスクリプションであり，個人の能力や業績によって身分が変更されることはほとんどない。こういう階層システムを**クローズド・システム**（**closed system**）という。逆に人びとが階層間を移動できる階層システムを**オープン・システム**（**open system**）という。

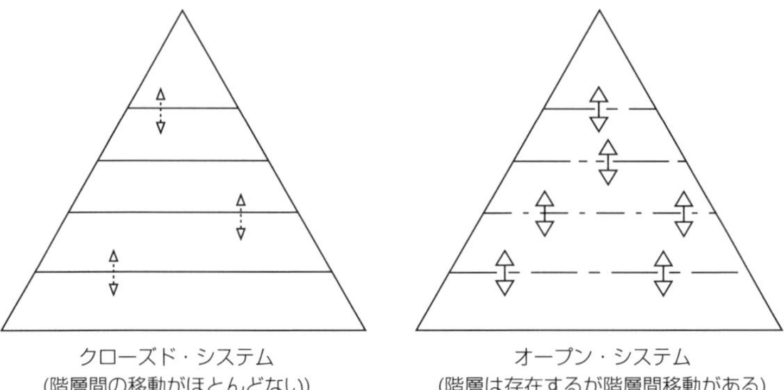

図6－1　クローズド・システムとオープン・システム

人びとが社会階層システムの中で移動することを**社会移動**（**social mobility**）という。社会移動には異なったレベルの階層間を上下に移動する**垂直移動**（**vertical mobility**）と，同一レベルの階層の中で別のポジションに移動する**水平移動**（**horizontal mobility**）とがある。また社会移動には個人が生涯のうちにどのように階層間を移動していくかをみる**世代内移動**（**intragenerational mobility**）と，親・子・孫など異なる世代の間での社会移動をみる**世代間移動**（**intergenerational mobility**）とがある。

社会移動の様子を調べることによってその社会の階層システムがいかにオープン（開放的）であるかどうかを知ることができる。日本では社会学の研究者グループの手によって**SSM 調査**（**Social Stratification and Social Mobility Survey**）という大規模な調査が第1回の1955年以来10年ごとに行われている。ちなみにこの調査は日本の社会学の世界でもっとも規模の大きいプロジェクトである。

次に何が社会を階層化するかについて考えてみよう。もっとも重要なのは経済要因で，要するに「金持ちかどうか」ということだが，厳密に考えてみると単純なものではない。経済要因に関しては，**所得**（**income**）と**財産**（**property**）の区別をしておく必要があるだろう。所得というのはなんらかの生産活動に対してもたらされる金銭的収入のことで，そこにはおカネの流れ（キャッシュ・フロー）がある。賃金，給与，利子，株などの配当金，賃貸料収入，事業所得などがある。これに対し，財産というのは個人や法人が所有する土地，家屋，金銭，有価証券などの富（wealth）をいう。所得の高さと財産の大きさはおおむね比例するが，収入が多いからといって土地などの資産をもっているとは限らないし，逆に親から譲り受けた資産をもっている人が必ずしも高収入をあげているとは限らないので注意が必要だ。

職業威信（**occupational prestige**）も社会階層を考えるうえで重要な要因だ。職業威信とは，人々が職業にあたえる望ましさの位置づけのことをいう。統計的手法に基づいて質問票調査を行い，回答者にいろいろな職業について評価してもらい，100点満点で職業ごとの平均点数を算出する。職業威信は所得のランキングではないので，所得がそれほど高くないのに威信が高い職業もあるし，その逆のパターンもある。職業威信が高いと社会的勢力が強くなり，他者への影響力が増す傾向があると考えられる。1965，75，95年の SSM 調査では職業威信のデータが収集されている。1995年のSSM 調査では56の職業についてデータが収集された。その算出結果（都築 2000：40）をスコアの高い順に並べかえたものが表6－1である。なお職業威信スコアのリストを見るときに注意しておくべきことは，それが職業の価値を意味するものではないことである。これらの数字は回答者の主観的な意見に基づいたもので，一つの調査結果にすぎない。

職業威信の値は，調査が行われた場所（国）や時点にあまり左右されないという。「測定された時点や地域が異なっても，職業威信スコア同士の相関係数はきわめて高く，その値は通常の社会学的なデータ分析の水準をはるかに超えており，しかもその傾向は安定している，ということが分かっている」（都築 2000：41）という。参考として，アメリカの有力な調査研究機関であるナショナル・オピニオン・リサーチ・センター（NORC）によるアメリカでの職業威信スコア（Nakao 2000；Nakao and Treas 1994）を表6－2に掲げておく。

日本においてもアメリカにおいても職業威信の値が高い職業にはホワイトカラーで専門教育を要するものが集中していることがわかる。

教育も社会階層を考えるうえできわめて重要な要素だといえよう。階層移動がオープンな社会では教育が社会移動の重要な決定要因になるからだ。ある人がどのような教育（学歴）をもっているかはその人の生活に大きく影響するが，少し考えてみるとわかるように，教育には業績主義的な面と帰属主義的な面が共存している。ある人の学歴は本人が自分で獲得したという面もある（業績主

表6－1　SSM 調査による日本の職業威信スコア

職業名	職業威信スコア	標準偏差	職業名	職業威信スコア	標準偏差
医師	90.1	14.8	卸売店主	52.9	11.1
大会社の社長	87.3	16.7	家具職人	52.1	13.5
裁判官	86.9	16.9	レストランのコック	51.6	13.3
大学教授	84.3	17.1	小売店主	51.3	11.2
パイロット	82.5	17.9	電車運転士	51.3	10.7
高級官僚	77.5	21.2	大企業の機械組立工	51.1	14.3
国会議員	74.9	22.7	電気工事人	50.4	13.1
建築士	72.0	16.2	理容師（理髪師）	49.7	11.5
公認会計士	70.8	16.1	銀行の窓口係	49.4	10.0
スチュワーデス	70.0	17.2	バス運転手	48.9	11.5
プロスポーツ選手	69.0	19.8	鉄道の駅員	47.8	11.0
中小企業の経営者	68.9	15.8	自動車セールスマン	47.2	11.9
音楽家	66.6	16.0	中小企業の事務員	47.0	10.6
自動車設計技術者	66.3	15.7	自動車修理工	46.8	11.9
薬剤師	65.7	15.1	中小企業の機械組立工	46.7	14.5
服飾デザイナー	64.6	15.3	漁業者（漁師）	46.5	16.2
小学校の教諭（先生）	63.6	15.6	郵便配達人	46.2	12.0
大会社の課長	63.2	14.6	農業	45.6	17.6
寺の住職	60.3	18.2	パン製造工	44.6	13.2
看護婦	59.7	17.0	保険の勧誘員	44.3	13.8
警察官	57.9	15.3	印刷工	44.0	13.7
大会社の営業担当社員	57.4	14.2	商店の店員	42.4	14.0
市役所の課長	56.9	13.3	食品かんづめ工	42.2	13.7
土木・建築の現場監督	56.7	13.7	紡績工	42.0	15.1
銀行員	56.4	12.9	守衛	39.9	16.1
中小企業の課長	56.1	12.9	道路工夫	39.0	17.6
大工	53.1	15.4	ウェイトレス	38.1	15.5
保母	52.9	13.0	炭坑夫	36.7	19.0

義的）が，親の収入や教育への理解度などによって影響を受ける面もある（帰属主義的）。日本では一度有名大学を卒業すると，それが肩書きとなって一生ついて回るので，その後本人が努力をしなかったり業績をあげなかったりしても高い収入や職業威信を維持できる場合がある（帰属主義的）。なお学歴によって人物を評価することを**学歴主義**（**credentialism**）という。

以上のほかにも，人びとが社会的な位置づけを考える際に目安とするものに「家柄」や「生活様式」なども考えられ，決して経済要因だけが働いているわけではない。社会的地位には複数の次元が並立していると考えると，たとえば教育や職業威信は高いが所得は低い，というようなケースが出てくる。このよ

表6-2　NORC によるアメリカの職業威信スコア

職　業　名	（英　語　名）	職業威信スコア
医　　　師	Physician	86
州政府局長	Department head in a state government	76
弁　護　士	Lawyer	75
大学教授	College professor	74
化　学　者	Chemist	73
病院管理者	Hospital administrator	69
正看護婦	Registered nurse	66
会計士	Accountant	65
公立小学校教師	Public grade school teacher	64
製造業の工場長	General manager of a manufacturing plant	62
警　察　官	Policeman	59
建設現場監督	Superintendent of a construction job	57
飛行機の整備士	Airplane mechanic	53
農場主・農場経営者	Farm owner-operator	53
電　気　工	Electrician	51
スーパーのマネージャー	Manager of a supermarket	48
秘　　　書	Secretary	46
簿　記　係	Bookkeeper	46
保険外交員	Insurance agent	46
配　管　工	Plumber	45
銀行出納係	Bank teller	43
溶　接　工	Welder	42
郵便局員	Post office clerk	42
旅行代理人	Travel agent	41
理　容　師	Barber	36
文書整理係	File clerk	36
組立ライン工	Assembly-line worker	35
個人の家の家政婦	Housekeeper in a private home	34
住宅のペンキ塗	House painter	34
レストランのコック	Cook in a restaurant	34
スーパーのレジ係	Cashier in a supermarket	33
バス運転手	Bus driver	32
き　こ　り	Logger	31
家具屋の販売員	Salesperson in furniture store	31
大工手伝い	Carpenter's helper	30
靴屋の販売員	Salesperson in shoe store	28
ごみ収集人	Garbage collector	28
バーテンダー	Bartender	25
個人の家の掃除婦	Cleaning woman in private home	23
農場労働者	Farm worker	23
清　掃　人	Janitor	22
電話による勧誘人	Telephone solicitor	22
ガソリンスタンドの店員	Filling station attendant	21
レストランのテーブル清掃係	Table clearer in restaurant	21

（注）「職業名」は著者が訳出した。

うな場合，**地位の非一貫性**（**status inconsistency**）があるという。自分の地位について非一貫性を感じる人は，評価のシステムあるいは社会のあり方に不満をもち，社会変動を期待することがあるといわれる。

6-3 日本の社会階層

6-3-1 身分制から一億総中流まで

士農工商制度は明治時代の四民平等政策によって廃止されたが，入れ替わりに皇族・華族・士族・平民という呼び分けが登場し，それらは第２次世界大戦終了時まで残っていた。このうち士族は明治時代はじめに特権を失い，大正時代はじめには戸籍への身分記載がなくなったが，世の中では「士族」という呼称は残っていた。富永健一は，明治から第２次世界大戦終了までの日本は理屈のうえでは四民平等であっても社会移動の起こりにくい，身分制度的な階級社会であったと考えている（富永 1990）。富永はこの時期，日本には８階級あったと考え，それらは，貴族階級・資本家階級・新中間階級・地主階級・農民階級・都市旧中間階級・労働者階級・都市下層階級の８つであったという（富永 1990：351-357）。しかし第２次世界大戦終了後，日本国憲法の制定によって身分制は法的に完全撤廃された。また占領軍の方針により実施された農地改革や財閥解体などの政策も戦前の日本社会の階級的な要素をかなり取り除いた。とくに農地改革は地主制を解体させた。教育の普及や大学／短大進学率の向上，男女共学の推進など教育面での改革も機会の平等をもたらすのに大きな役割を果たしたといえよう。

では20世紀後半の日本における社会階層の動きはどうだったのだろうか。1960年頃から1973年まで続いた高度経済成長は所得の向上をもたらし，極端な貧困層が劇的に減少した。サラリーマン層が増加するに従い，東京・大阪・名古屋の３大都市圏への人口集中が進んだ。この時期に国民の幅広い層に「中流」意識が浸透していったのではないかといわれる。中流意識が広まったことを示す根拠としてよく使われるデータに，政府による「**国民生活に関する世論調査**」というものがある。これは1958年に始まり，1960年からはほぼ毎年行われている調査である。その質問項目のひとつに「お宅の生活の程度は，世間一般からみて，どうですか」というものがあり，選択肢は「上」「中の上」「中の中」「中の下」「下」の5種類（「わからない」を入れると6種類）である。調査結果を見ると「中の上」「中の中」「中の下」の合計は，1958年と1960年は70％台であったものの，1965年から2018年にかけて90％前後を推移してきた。この数字は，日本人のほとんどが中流意識をもつことを示していると解釈されることが多かった。

この頃に確立したと思われる「典型的な」サラリーマン家庭の生活様式はおよそ次のようなものである。都市部の家族は夫婦とその子どもからなる核家族が中心的な形態となり，一家の稼ぎ手である父親は満員電車で会社へ通勤して長い残業時間をこなし，家庭のことにはあまりタッチしない会社本位主義的な生活を送る。女性の多くは結婚を機に退職し，その後は家事と育児に専念し，子どもの手が離れるようになればパートタイムで働くものが目立った。各家庭にはテレビ，エアコンなどの家庭電器や自家用車（「マイカー」とよばれた）が普及し，これらの製品は家庭での物理的利便性を高めた。テレビは人気の番組・芸能人・商品を生み出し，視聴率競争のもと，全国の視聴者は同じような情報を共有するようになり，娯楽やファッション，飲食などの消費行動においても均質的な特徴が顕著になった。大企業の社員，国家公務員，医師などは高い社会的地位と安定した高い収入が見込める職業とされ，羨望された。よりよい就職をするためにはよりよい大学へ，そのためにはよりよい高校へ，という受験戦争が激化し，子どもたちは試験の成績による選別競争にさらされるようになった。

しかし高度経済成長は1973年の石油ショックによって急ブレーキがかかり，安定成長の時代に入る。おそらくこの頃から「一億総中流」という表現がメディアをにぎわすようになった。日本にいる人のすべてが中流だ，との視点である。「国民生活に関する世論調査」で「中の上」「中の中」「中の下」の合計が安定して90％を占めるようになってほぼ10年，少なくとも人びとの意識の上では均質的な中流社会が形成されていたと考えられる。

様子が変わったのは1980年代後半からのバブル経済の時期だろう。1985年，先進国間での「プラザ合意」により円高が進むと，日本経済が壊滅的な打撃を受けるとの予想とは裏腹に，金融市場が活況を呈した。不動産価格や有価証券が急騰し，大きな資産格差が生まれるようになった。1994年の『経済白書』は，バブル期においては地価と株価が突出して高騰したが，不動産や株の所有は高所得者に集中しており，これら「持てるもの」は土地や株の売買でさらに利益をあげる，という形で所得格差・資産格差が拡大したと指摘している。

6-3-2　格差社会論

1990年代に入るとオフィスビルやマンションなどの供給過剰が目立ち，株価と地価が下降しだした。バブル経済の終焉である。1991年ごろからは「平成不況」「失われた10年」あるいは「失われた20年」とまでよばれる長い不況が続き，倒産やリストラで失業したり生活苦におちいる人が続出した。高くなっていた日本の賃金水準では，後発開発国の製品にコスト面で太刀打ちできなくなった。その結果，製造業では生産拠点の海外移転が進み，日本は「世界の工場」ではなくなる。経済の活性化のため「規制緩和」や「競争原理の導入」などが進められた。その結果高い収入を得る個人が現れるようになった。

バブル経済から長期不況へ経済が移行するにつれ，所得格差や資産格差の少ない「総中流社会」は崩れつつあるのではないか，との指摘がなされ，日本も階層社会へ移行するのでは，あるいはしつつあるのではないか，という見解が1990年代末から目立ち始めた。**格差社会論**の到来である。格差の拡大を指摘する経済学者や社会学者が出現し，格差問題を扱う新聞報道やジャーナリズムも目立つようになった。「格差」以外にも「二極化」「勝ち組と負け組」などの表現が散見されるようになった。

経済学者の**橘木俊詔**（1943-　）は格差社会論のきっかけを作った一人である。橘木は1998年，『日本の経済格差――所得と資産から考える』という著書で種々の経済データを分析し，日本の所得分配において不平等が拡大する傾向にあると指摘した。橘木が使用した分析ツールの一つはイタリアの統計学者**コラード・ジニ**（**Corrado Gini**, 1884-1965）が考案した**ジニ係数**（**Gini coefficient**）であった。ジニ係数とは，ある社会である資源（たとえば所得や資産）がどの程度の不平等度で分配されているかを示す数字で，完全平等の時に0となり，不平等度が増すにつれて数字が大きくなり，理論上の完全不平等のときに1となる。橘木がジニ係数を使って日本における「所得」分配の不平等度の変化をみたところ，第２次世界大戦後20〜30年ぐらいは平等度が高かったのに，1980年ごろから不平等さが増したという。たとえば，課税前所得のジニ係数を見ると，1980年は0.349であったが1992年には0.439になったという。橘木は「短期間のうちにこれだけ不平等度の高まった国はさほどない」（橘木 1988：5）と述べている。さらに1990年代前半の先進諸国と日本を比較すると，日本が最大の不平等度を示したという。アメリカと日本の課税前所得を比較しても，1989年の場合，アメリカの0.40に対し日本は0.433であった。「資産」分配については，日本の不平等度は他の先進諸国より低かったものの，国内的にはバブル期に不平等度が拡大したという。

社会学者の**佐藤俊樹**（1963-　）も格差社会論の口火を切った一人と見なされている。佐藤は2000年の著書『不平等社会日本――さよなら総中流』で，高度経済成長期の日本は「努力すればナントカなる社会」だったのが，しだいに社

コラム５「一億」

日本の人口がほぼ１億人であることから，「日本国民すべて」を表すためにこの数字がしばしば使われてきた。日本に住む日本人の人口が１億人を突破したのは1967年頃だが，そのかなり前から使われている。

新聞の過去記事を検索すると，1939年あたりの記事や紙面広告に「一億国民」や「一億一心」といった表現が見えはじめる。1931年の満州事変から続く日中戦争を背景に，国民を鼓舞する表現として使われていたようである。1940年時点での日本の人口は約7200万人なので１億にはかなり遠いようにも思える。統治下にあった台湾や朝鮮半島の人口も算入していたのだろうか。

1941年12月の真珠湾攻撃直後には，「進め一億火の玉だ」の文字が各社広告に見られる。しだいに「一億総…」という形も増え，全国民を戦争に動員するスローガンとして利用される。戦況が悪化するにつれ「一億総進軍」「一億総突撃」「一億総玉砕（ぎょくさい）」と，悲惨さを増す。「玉砕」とは玉が美しく砕け散るように，いさぎよく死ぬことである。

しかし1945年８月の敗戦直後には，一転，国民は「一億総懺悔（ざんげ）」して戦争について反省するべきだとの意見が目立った。これは行動指針を訴えている点で，戦前の用法と共通している。戦後社会の展開と共にそのような用法は姿を消すが，「一億総〜」の表現は残る。均質性の高い日本の大衆社会状況を表す決まり文句になったのだ。「一億総ツーリスト」「一億総カメラマン」「一億総うつ」など枚挙にいとまがない。そしてその代表格に「一億総中流」があったといえよう。

会移動が硬直しているのではないか，と主張した。佐藤は日本社会における職業を，6カテゴリーにおおざっぱに分類し，1955年から1995年までのSSM 調査データを使ってさまざまな分析を試みる。その結果，学歴も収入も職業威信も高く，いわば最上位の「ホワイトカラー雇用上層」カテゴリーにおいて世代間の再生産が高まっていることがわかったという。佐藤は「日本社会は60年代後半から80年代前半までは次第に開かれていったが，80年代後半以降，逆に閉じつつある」（佐藤 2000：76）と述べている。

橘木や佐藤の見解に対しては，分析手法に関する諸批判が出され，上記の分析がすべての専門家に受け入れられたわけではないが，格差の拡大を懸念する声は少なくない。たとえば教育社会学者の苅谷剛彦が1995年に著書『大衆教育社会のゆくえ』で第2次世界大戦後の日本では社会階層などの社会的要因が子どもの学業成績に及ぼす影響が見えにくい構造になっていたと指摘し（第11章参照），教育格差の問題をとりあげた。さらに社会学者**山田昌弘**（1957-　）の『希望格差社会』（2004）も世間の注目を集めた。山田は，学校卒業後も親に生活を依存しながら楽な生活を送る若者たちを「**パラサイトシングル**」と名づけ，日本の若者の一部に存在する依存的な行動様式について警鐘を鳴らしたことで知られる（山田 1999）。山田は，日本では社会生活のさまざまな面においてリスク化と二極化が進行しており，「負け組」になったばあいの絶望感が大きくなってきている，と指摘した。日本社会において実際に格差が拡大しているのかどうかについてはさまざまな認識がある（「中央公論」編集部 2001）が，これらの書籍が引きがねとなり，各種の出版物が刊行された。その結果，日本社会では格差が拡大しているという論調がかなり支配的になった。

政治の世界では，2001年4月に発足した小泉首相内閣が，高い支持率を背景に，5年5カ月の長期政権となった。行政改革と郵政民営化，そして労働者派遣法の改正によって派遣労働の規制を緩和した同内閣は，格差拡大を引き起こした，としばしば指摘された。さらに2012年12月に発足した第2次安倍晋三政権は7年8カ月続き，憲政史上最長であった。「アベノミクス」とよばれる，経済成長を目標とする経済政策を展開して，じっさい株価は著しく上昇した。しかしその恩恵にあずかったのは富裕層のみであり，低所得層との格差は拡大したとの意見も見られた。

アメリカのジャーナリスト，デイビッド・シプラー（David K. Shipler, 1942-　）が著した『ワーキング・プア』（2004=2007）は同国で注目を集めた本である。**ワーキング・プア**とは，直訳すれば勤労貧困者ということになるが，働いても働いても「貧困線」（第15章参照）を超えることのできない貧困層のことをさす。この概念を日本国内で広めたのはおそらくテレビの力であったと思われる。2006年にNHKが日本国内のワーキング・プア問題を扱ったドキュメンタリーを紹介したり，アメリカのドキュメンタリーを放送したりしたことで，この概念の認知度が一気に高まったと思われる。

厚生労働省の『国民基礎調査』により2000年と2018年の世帯所得の分布状況を比較してみると，まずこの18年間で世帯の「平均」所得金額は626万円から552万3000円に下がった。所得の代表値としてより実感に近い「中央値」（全世帯を所得の額によって並べたときに真ん中に位置する金額）は2000年は506万円だったのが，2018年は437万円に下がった。上述の「平均」所得金額以下の世帯の割合は，2000年が61.2%，2018年が61.1%で，ほとんど変化していない。所得が減少した世帯が多いことがわかる。つまり日本でもワーキング・プア的な状況にある人が少なくないことが示唆されている。

日本の若者は格差に関する状況をどう認知しているのだろうか。日本財団が2020年に日本の17～19歳の男女，1000人を対象にインターネット上で行った調査では，回答者の72.3%が「世界的に様々な格差が拡大していると思う」と答え，57.6%が「日常生活の中で経済的な格差を感じることはある」と回答した。さらに61.6%が「格差は今後さらに拡大する」と回答している。日本の若者が格差の拡大を肌で感じている様子がわかる。

均質イメージの強かった20世紀後半とは様相が変わり，21世紀初頭の日本では格差の拡大が多くの論者により指摘され，それを示唆するデータや意識調査もある。「格差」という概念の曖昧さや多義性（多様な意味が含まれること）もあり，実態の正確な把握は困難だが，格差は拡大しつつあると一般に認識されているのではないだろうか。

■この章の推薦文献■

日本の「社会階層」の実態については，社会学者による SSM 調査が大規模な研究で知られている。2015年の SSM 調査研究の内容については，『2015年社会階層と社会移動（SSM）調査研究会』というサイトで公開されている。

日本社会の中流が崩壊しつつあるのかどうかという議論を紹介した

「中央公論」編集部編，2001，『論争・中流崩壊』中央公論新社.

も興味深い。

多様なデータを駆使しながら，日本は「階級社会」になりつつあるとの議論を展開するのが，

橋本健二，2018，『新・日本の階級社会』講談社.

である。

文学者が中流崩壊のテーマに取り組み，話題を集めた例として

林真理子，2013，『下流の宴』文藝春秋社.

があげられる。テレビドラマ化された。

石田衣良，2009，『親指の恋人』小学館文庫.

も格差社会を背景に展開する小説だ。

経済格差を懸念する著作物は国際的にも見られる。

トマ・ピケティ，山形浩生他訳，2014，『21世紀の資本』みすず書房.

はフランスの経済学者による世界的ベストセラーだ。同書では資本主義経済においては，資産運用が生み出す利益は，長期的に見れば，働いて得る所得より大きいという議論をしている。すなわち資産のある人とそうでない人の格差は拡がる一方だ，ということになり，注目された。

第7章 エスニシティ

しばしば日本は「単一民族社会」であるといわれてきたが，日本に在住する外国籍の人の人口は増加傾向にある。都会に限らず，日本中で外国籍の人を目にするようになった。また世界ではグローバリゼーションが進み，国境を越えた人の移動や接触が頻繁になっている。いっぽう人種・民族・宗教的対立からあちこちで紛争やテロ行為も繰り返されている。21世紀は人種・民族という問題を避けて通れなくなっているといえよう。この章では，人種・民族の関連概念と，日本におけるエスニシティについて概観する。

この章の内容

7-1 人種と民族とネーション

日常生活レベルの日本語においては「人種」という言葉と「民族」という言葉が必ずしも厳密に区別されていない。社会学でこれらの用語を使うとき，基本的には，**人種**（**race**）は肌の色や体格・髪の毛の特徴など，外から見た身体的特徴に関するカテゴリー，**民族**（**ethnic group**）は同じ文化・宗教・言語などを共有する人びとをさすのが一般的だ。いいかえると，人種は先天的要因と生物学的差異に，また民族は後天的要因と文化的／社会的差異に注目するものともいえよう。

社会学では人種的差異によって人の行為が説明できるとは考えられていない。また「純粋な○○人種」などというものは存在しないことが通説になっている。人種の純粋性を追及するのは科学的に根拠がないばかりか，危険なことでもある。そのような試みが生んだ最悪の結末の一つはナチス・ドイツによるユダヤ人の大量虐殺であった。ヒトラーのナチス党は，「純粋なアーリア人」が世界で最高の人種だからその血を守らなければならないが，「劣った人種」であるユダヤ人は地球上から抹殺すべきだと主張し，これを実行にうつしたのである。その一方で身体的特徴共通点のある人びとが同じ地域に住んでいたり，同じ身体的特徴をもつ者どうしが結婚することは頻繁に起こるし，身体的特徴の見た目（つまり人種）によって差別問題が発生することもよくあるので，人種は社会現象を理解するうえで見逃すことのできない要素である。

「民族」もよく考えてみると複雑な概念だし「純粋な○○民族」というものも考えにくい。しかし「民族的問題」としかいいようのない社会現象も多々あるし，そもそも人は宗教や言語，その他の文化を共有する人びとと密接な関係を保っていて，一つの民族的勢力が国家や政治勢力を形成することすらある。したがって民族も社会現象の理解に欠かすことのできない概念である。人種と民族はどちらも分析的概念であって，実際には人種と民族がオーバーラップして認識される場合もある。つまりある共通した人種的風貌をもつ人びとが，同一の言語や宗教を共有していることは少なくない。このように，「人種」や「民族」は慎重に扱うべき概念であるといえよう。

上記では，「民族」に対する英語を「エスニック・グループ（ethnic group）」としたが，場合によっては「**ネーション**（**nation**）」のほうが適切なこともある。日本語で英語教育を受けた人は，“nation”は「国家」とか「国民」という意味で学んだと思われるが，「**国民国家**」または「民族国家」と訳される“**nation-state**”の構成員としての“nation”は「民族」という言葉で理解したほうがわかりやすいかもしれない。近代ヨーロッパでは同一の文化や言語をもった人びと（しばしば同一民族を意味する）が政治的共同体をもち，国家を形成しようとする動きがあった。このような国家を国民国家というわけである。国民国家では国民主権や権力分立といった民主主義の基本原則がうちたてられ，シンボルとして国旗や国歌などが制定された。要するに，近代ヨーロッパではそれぞれの国家は，文化的に同質的な人びと（たとえば「フランス人」「イギリス人」「ドイツ人」といった人びと）が他の国家と競合しつつ，自主的に国家を運営するものとして形成されたので，その際の「国民」は「民族」に近似したものであった。これら国民国家は民主主義を生み出した反面，後述の植民地政策や奴隷売買もひきおこした。したがって，「民族」といっても，ある文化的同質集団が一つの近代的国家を形成している場合は “nation” の用語がふさわしく，ある国家の中に複数の文化的同質集団が存在している場合やある文化的同質集団が国境を越えて存在しているような文脈では “ethnic group” がより適切だと考えられる。

「マイノリティ」と「マジョリティ」の概念についても考えておこう。**マイノリティ**（**minority**）は少数派とか少数民族，**マジョリティ**（**majority**）は多数派などと訳されることが多い。どの社会でもマイノリティの成員は社会的に弱い立場にあることが多い。ただし必ずしも**数量的マイノリティ**（**numerical minority**）が差別を受ける側とはいえない。たとえば南アフリカ共和国では数量的マイノリティである白人が大多数の黒人を支配していた。マイノリティというと，**民族的マイノリティ**（**ethnic minority**）をさす場合が多いが，そうでない場合もある。マイノリティを，「ある社会的カテゴリーに属すというだけの理由により，なんらかの不都合や不利益をこうむったり，差別や迫害を受ける，そのような社会的カテゴリー」と定義すると，ゲイやレズビアンなど同性愛の性的傾向をもつ人々や，なんらかの障害をもつ人も広義のマイノリティということができる。

7-2　民族関係のパターン

これまで人類は地球上のさまざまな土地に展開しながらいろいろな民族を生み出してきた。彼らは互いに接触を重ね，いろいろな民族関係が生まれてきた。

写真7－1　外国人の七五三参り
（写真提供：読売新聞社）

一口に**民族関係**（**ethnic relations**）といっても，いろいろなパターンがありうるので，それらについて検討してみよう。

人種や民族が言語や文化を共有し，結婚を重ねてとけあうことを**融合**とか**融和**（**amalgamation**）という。混血という言い方をする場合もある。図式的に表してみると，A＋B＋C＝D（A，B，Cはそれぞれ別の人種または民族集団，Dはそれらがとけあって新しくできた人種または民族集団をさす）といった形になる。多人種・多民族国家のことをしばしば「人種のるつぼ」と表現するが，これは「人種の融和」の概念にひとしい。そもそも「るつぼ（melting pot）」とは複数の金属を高温で溶かし，合金を作るのに使うつぼをいう。融合は理屈としては理解しやすいが，実例はどうだろうか。異人種や異民族の間で大規模に結婚が重ねられて全く新しい人種／民族集団が形成された例というのはなかなか思いつかない。しいていうならば，アフリカ系アメリカ人は，本来は身体的特徴からしても言語や宗教からしても多様な人びとがアフリカから奴隷労働力としてアメリカに強制移住させられ，結婚を重ねて厳しい搾取状況を生き抜き，次第に独特の言語文化や音楽・芸術文化，宗教的特徴を作り上げ，共有するようになったので，融合の例といえなくはない。またブラジルやオーストラリアなども異人種・異民族間での結婚が珍しくないが，全社会規模で新しい人種／民族が形成されつつあるわけではない。

融合より頻繁に観察されるのは**同化**（**assimilation**）あるいは**文化的同化**（**ac-**

culturation）とよばれる現象である。これはマイノリティがまわりの文化に吸収されていくことをいう。マイノリティの人びとに同化へのプレッシャーがはたらき，意に反して同化する場合もあるし，少数者自身が自ら希望して同化していく場合もある。同化の概念は人種的なものではなく，あくまで文化的な範囲の現象をさす。式で表してみよう。Aを支配的文化（dominant culture），bとcを新入者あるいはマイノリティの文化だとすると，A＋b＋c＝Aとなる。アメリカへの移民やアメリカの大学に留学する学生の中にはアメリカ人らしく見えるよう，アメリカ人の服装やしぐさをまねたり，アメリカ英語をマスターしようとする人がしばしば見受けられるが，これは同化の力が働いている例といってよいだろう。

国家がマイノリティに対して同化「政策」をとる場合もある。ヨーロッパの諸民族は世界に植民地政策を展開したが，植民地に住んでいた**先住民**（**indigenous people**）に対し，強力な同化政策を行い，先住民の文化や言語を抑圧した。アメリカ合衆国のネイティブ・アメリカン（native Americans）やカナダのファースト・ネイション（First Nations）（「インディアン」），オーストラリアのアボリジニ（Aborigine），ニュージーランドのマオリ（Maori）など，数多くの例があげられる。日本政府もマイノリティに対しては長い間日本語・日本文化への同化をおしすすめる政策をとっていた。そのいい例が対アイヌ政策であろう。もともと「和人」はアイヌの人びとに対し略奪的で敵対的な関係をもつことが多かったが，明治時代以降も日本の政府はアイヌの人びとに差別的で抑圧的な姿勢で接し，言語や文化における同化を強力におしすすめた。その結果アイヌ語とアイヌ文化の継承は難しいものとなってしまっている。アイヌ民族に対する同化政策は近年では緩和され，1997年にはアイヌ民族に対する差別撤廃とアイヌ文化についての研究や啓蒙を目的とするアイヌ文化振興法が成立している。

なお単に便宜上の理由のためマイノリティの人びとがまわりの文化，習慣や言語にあわせている状況を**適応**（**accommodation**）として区別することがある。またマイノリティの人々が支配的文化に同化しようとせず，周囲の文化的価値と競い合っている状態を，**競合状態**（**competition**）とよぶことがある。

いろいろな人種や民族が自分の文化，言語，習慣などを維持しながら一つの経済・政治制度の中で共存するという考え方もある。これを**多元主義**（**pluralism**）という。A＋B＋C＝A＋B＋Cというイメージで考えるとよいだろう。ただし，平等主義の多元主義とそうでない多元主義がありうる。平等主義の例としてはスイスがあげられよう。スイスにはドイツ系（75％），フランス系（20％），イタリア系（４％），およびごく少数のロマンス系の人びとがいるが，どの民族が優位というわけでもなく，平等に共存しているとされている。ベルギー，ブラジル，ハワイ諸島，などの社会も比較的平等な多元主義が実現している社会だといわれる。逆に不平等な多元主義の例としては，1991年に崩壊したソビエト連邦共和国が考えられる。ソビエト連邦は15の共和国からなり，100以上の民族が居住していた。ソビエト連邦は多民族の多元主義をかかげてはいたが，ロシア人が圧倒的な力をもち，言語・文化・政治・経済などあらゆる分野で他の民族を支配するのが実情であった。近年では多元主義にかわって**多文化主義**（**multiculturalism**）という言葉がよく用いられるようになった。多文化主義の場合は，単に異民族の共存を容認するのではなく，異文化を尊重し，文化的差異を肯定的に認識していこうというニュアンスがある。社会の成員がお互いの文化を学びあうことが奨励されるので，多文化主義の文脈においては音楽・小説・映像・絵本などによりさまざまな文化が紹介されている。

7-3　緊張した民族関係のパターン

支配的立場にある人々が，マイノリティの人々の労働に正当な報酬を与えず，経済的成果を絞り取る人種・民族的**搾取**（**exploitation**）の状況は頻繁に発生する。その極端なケースは**奴隷制**（**slavery**）であろう。いうまでもなく奴隷は人格や自由を認められず，他者に「所有」される人びとをいう。債務の代償や刑罰として奴隷にさせられる場合もあったので，奴隷の全てが人種的・民族的な発想に基づいたものとは限らないが，戦争の捕虜を奴隷にしたり，人身略奪によって奴隷を確保したりする場合，特定の人種・民族が奴隷にされることがある。16世紀から19世紀ごろまで続いた大西洋奴隷貿易（the Atlantic slave trade）ではヨーロッパ人がアフリカ人を奴隷として獲得，大規模に売買した。アメリカ合衆国では1776年に独立宣言が出されてまもなく北部諸州で奴隷制が廃止された。しかし南部諸州では奴隷に白人家庭の家事労働をさせたり彼らをプランテーションや農場で使役することが続き，南北戦争が終了した1865年，リンカーンが２年前に出していた奴隷解放宣言（Emancipation Proclamation）にもとづいて憲法が修正され，ようやく全米で奴隷制が廃止された。

他国の**植民地化**（**colonization**）も搾取の一種であるといえよう。15世紀の末にはスペインとポルトガルが，後にはイギリス・オランダ・フランスが，南北アメリカ大陸・アジア大陸・アフリカ大陸などに進出し，次々と領土を獲得し，植民をすすめていった。これらヨーロッパ諸国は現地の人びとを安価な労働力として酷使し，天然資源を入手し，本国で作った商品を販売するなど植民地に対し略奪的な関係を樹立していった。ヨーロッパ各国には植民地政策によって莫大な富がもたらされ，ヨーロッパの貿易業と製造業が発達し，ヨーロッパにおける資本主義の形成に大きな役割を果たした。このように，軍事力を使ってでも植民地を獲得したり他国を併合したりして領土を拡張しようとする政策を**帝国主義**（**imperialism**）というが，19世紀末以降にもロシア，日本，ドイツ，イタリアなどの後発の帝国主義国家が現れ，軍事的領土拡張をこころみた。

ドイツ出身だが各国で活躍してきた経済学者，**アンドレ・フランク**（**André Gunder Frank**, 1929-2005）らが構築し，とくに1960～70年代に注目された**従属理論**（**Dependency Theory**）においては，発展途上国の開発が進まないのは先進諸国による経済支配のためであると考えられた。当時先進国で優勢であった近代化理論（第５章参照）の視点では，発展途上国においてもインダストリアリゼーション（産業化・工業化）さえ進めば経済も発展するにちがいないと単純に想定されていたが，これに対する批判として従属理論が提唱されたのであった。従属理論はアメリカの社会学者，ウォーラーステインによって継承され，経済的な従属の構造はもはや先進「国」や発展途上「国」といった国家レベルの話ではなく世界レベルの状況になっているとの考え方が出されている。いわゆる**世界システム理論**（**world-system theory**）であるが，そこでは西欧や北アメリカを中核地域（core regions）に，それ以外の国々を周辺（periphery）として中心が周辺を搾取する世界的規模の資本主義体制ができあがりつつあると考えられている（第４章を参照）。

人種的マイノリティが搾取される状況では，彼らがマジョリティ社会から物理的に排除される**人種隔離**（**segregation**）が行なわれることがある。南アフリカ共和国で行われていた**アパルトヘイト**（**apartheid**）はそのいい例であろう。アパルトヘイトにおいて住民は当初，白人・黒人・有色人種（混血の人をさす）の3種類，後からこれにアジア人（インド人とパキスタン人をさす）が加わり4種類の人種カテゴリーに分けられ，居住区域・就業できる職種・教育などの面において隔離政策がとられていた。白人は他人種を搾取していたが，白人以外は国政に参加することが許されず，アパルトヘイト撤廃を求める思想は弾圧された。しかし国内での反乱やストライキが激しくなり，また国際的な批判や経済制裁もあって1990年から91年にかけてアパルトヘイトの関連法が撤廃されるにいたった。ちなみにアパルトヘイトとはアフリカーンス語（南アフリカ共和国のオランダ系住民の言語）で「離れていること」を意味する。

アメリカ合衆国に目を転じると，奴隷解放宣言の後も黒人に対する厳しい経済的搾取が続き，人種隔離的な政策が行なわれた。たとえば解放後，黒人は教育を受けることができるようになったものの，白人とは別の学校に通わされ，隔離教育が行われた。1896年の「プレッシー対ファーガソン判決」においては「隔離すれども平等（separate but equal）」の原則が出され，設備さえ同等ならば人種隔離教育は違憲でないと見なされるようになった。日常生活においてもレストラン，公共交通機関，トイレなどで黒人は隔離され，政治的権利も厳しく制限される状況が続いた。これが大きく改善されるのは1964年に公民権法（Civil Rights Act）が制定されるのを待たなければならなかった。

自分の民族（あるいは人種）が世の中で最高のものだとする考え方は世界中のいたるところでみられる。これを自民族中心主義とかエスノセントリズムな

英語コラム 6　ジム・クロウ（Jim Crow）法

アメリカのエスニシティに関する本や記事を読んでいるとジム・クロウ法（“Jim Crow laws”）という表現をしばしば見かける。これはアメリカ，とくにアメリカ南部のアフリカ系アメリカ人に対する差別的な法律のことをいう。これらは奴隷解放の後に南部諸州で成立した人種隔離の法律であり，奴隷解放後の制度的差別の根拠となった。アフリカ系アメリカ人用の列車は“Jim Crow car”とよばれたりした。

どといい，しばしば悲惨な暴力的状況を生む源泉となっていることは第4章でもふれた。エスノセントリズムが領土問題や経済問題にからむと**民族紛争**（**ethnic conflict**）に発展することが多い。民族の地理的分布により，国内での**内戦**（**civil war**）の形態になる場合もあるし国家間の戦争となる場合もある。

民族紛争においては民族全体をターゲットにした**大量虐殺**（**genocide**）が行なわれることがある。彼らの**完全抹殺**（**extermination**）が目的である。20世紀でもっともよく知られている例は第2次世界大戦中，ナチスによって行なわれたユダヤ人の大量虐殺，すなわち**ホロコースト**（**the Holocaust**）であろう。ナチスはヨーロッパ中のユダヤ人を組織的に探し出し，強制収容所に連行し，過酷な労働やガス室で命を奪った。アウシュビッツの強制収容所では1日に1万2000人をガス室で殺し，さらにその遺体を焼却する能力を備えたという。結局，600万人といわれる人々が殺りくされたとされている。

また**民族浄化**（**ethnic cleansing**）といって，標的とする民族を武力を使ったり脅迫したりして特定の地域から強制的に排除しようとすることもある。1990年頃からのユーゴスラビア危機においては住民のセルビア人，クロアチア人，ムスリム（イスラーム信者のこと。この地方ではかつてトルコが支配したときにイスラームへの改宗が進んだ）のあいだで三つどもえの内戦や民族浄化が続いた。とくにコソボ地方ではセルビア人とアルバニア人（ムスリム）の間で激しい民族浄化が行なわれた。最初はセルビア人がアルバニア人への民族浄化を試み，後にはアルバニア人がセルビア人に対する民族浄化を行った。ユーゴスラビアでの民族浄化の際には強制移住や追放だけではなく，集団殺害・強姦・強奪・放火・強制収容などの残虐行為が続けられた。

民族浄化によって居住地域を追われた人びとは**難民**（**refugee**）となって集団で他の地域や他国をさすらうことになる。難民は自然災害・環境破壊・政治的圧迫などでも発生するが，米ソの冷戦構造が崩壊してからは世界中で民族紛争が多発し，それによる難民が増加している。さらに，一つの地域に住んでいた民族がいろいろな場所へ移住し，離散する状況を**ディアスポラ**（**diaspora**）とよぶことがある。ディアスポラは本来ユダヤ民族の離散を意味する用語だが，もっと一般的な意味でも使われるようになっている。アフリカ系アメリカ人が彼らの民族的アイデンティティを再確認するため**アフリカン・ディアスポラ**

（**African Diaspora**）という概念を用いることがあるのはその例である。

エスノセントリズムや民族問題は，日常生活において牙をむくこともある。たとえばテロリズムである。ほんらい，**テロリズム**（**terrorism**）とは，政府に反対する立場の者が，何らかの政治的目的を達成しようとして社会に恐怖状態を作りだすことをいう。人混みの中で爆発を起こしたり，旅客機に爆弾をしかけたり，重要人物を誘拐・暗殺するなどいろいろな手段が用いられる。20世紀後半には世界各地で民族の解放や独立を求めるテロが増えた。また一般市民を無差別に巻き込むテロが目立つようになり，阻止が困難な自爆テロも頻発するようになっている。

少数者に対して行われる暴力行為が**ヘイト・クライム／憎悪犯罪**（**hate crime**）とよばれる場合がある。ヘイト・クライムとは，ある個人または集団に対し，彼らが特定のカテゴリーや集団に属している，というだけの理由で憎悪心から危害を加える行動をいう。人種・民族的な動機による場合が目立ち，その場合，加害者の心理には，**ゼノフォビア**（**xenophobia**）――「外国人嫌い」「外国人恐怖症」と訳される――が働いていると考えられる。それら以外にも，性的少数者（同性愛者など）や宗教的少数者に対して行われることも少なくない。

ゼノフォビアを背景とするヘイト・クライムの例としてはドイツにおけるネオナチ（neo-Nazi）のメンバーによる移民や難民への暴行があげられるし，日

英語コラム 7 “international” と “global”

どうも日本では「インターナショナル／国際的（international）」と「グローバル（global）」が混同されているきらいがある。「インターナショナル（international）」というのは，inter＋national だから，between nations，つまり「国と国の間の」ということだ。これに対し「グローバル（global）」は「地球（globe）」の形容詞形なので，要するに「地球の」ということになる。したがって，「インターナショナル」というときは，いろいろな特色をもつ国々の人びとが国境を越えて連絡したり協力したりする，というイメージだ。いっぽう「グローバル」というときは，地球という惑星を眺めている感じなので，国籍や国境の存在感は希薄になる。「インターナショナル」と「グローバル」は互換的に使える場合もあるが，使えない文脈もあるので注意しよう。

本で1980年代・90年代に通勤電車の車内やホームで頻発した「チマ・チョゴリ」事件も一つの例だ。当時，朝鮮半島に関連する政治的事態が発生するたびに，在日の朝鮮人学校に通う女子中学生や女子高校生が通学電車内でチマ・チョゴリ風の制服をナイフなどで切られるケースが頻発したのがそれだ。さらに，日本でときどき発生する，ホームレスに対する殺傷事件もヘイト・クライムの一種と考えられるケースがある。被害者に対する個人的恨みはないのに，ホームレスであるというだけで暴力をふるったり殺害したりする場合である。いずれにしても，ヘイト・クライムは社会的弱者に対する激しい憎しみが暴力につながるという点で共通している。

7-4　日本のエスニシティ

7-4-1　日本人と日本の外国人

日本列島に住む人びとはいろいろな場所から移ってきた人びとの子孫だと考えられている。諸説が存在するが，たとえば埴原和郎（はにはらかずろう）（1927-2004）は自然人類学の立場から出土人骨と歯を分析し，もともとは東南アジア系であるという縄文人と，北東アジアが起源であるという弥生時代の渡来人がそのルーツであり，琉球人と北海道のアイヌには渡来人の影響が及ばず，縄文人の特徴が残っているとする，いわゆる「**二重構造仮説**」を展開している（埴原 1997）。また古代以降も，中国や朝鮮半島から渡来人がやってきており，その数は限られていたかもしれないが日本の文化に大きな影響を残している。とりわけ政治・宗教・手工業・農業技術・芸術など，渡来人は広い分野にわたって貢献したと考えられている。

ところが現代の日本では「日本人は単一民族だ」という言説を耳にすることがある。いわゆる**日本人単一民族説**である。この表現が表しているのは，日本の住民は「日本人」が基本で，その「日本人」は日本語を話し，日本語を理解する人びとである，だから意思疎通がしやすい，という信念のようなものである。実際には外国人も居住している認識はあるのだが，日本に住む外国人は一時的な存在で，いつかは本国に帰るもの，という思い込みがあるのではないだろうか。また日本では内戦や紛争，難民などの民族問題は日本からは遠い現象と捉える傾向があるが，これも「単一民族意識」と無縁ではないだろう。日本人の単一民族意識は明治以降，富国強兵や昭和の軍国主義の形成過程で広まった考え方のように思えるが，小熊英二の研究（1995）によれば，じつは第２次世界大戦後に一般化したものらしい，という。

後述のように，21世紀に入ってからは日本に在住する外国人や外国にルーツをもった人びとの数が増加し，とりわけテニス・バスケットボール・陸上競技・ラグビーなど，スポーツの分野における活躍が目立つようになった。また短期の訪日外国人旅行者（いわゆるインバウンド）の数も2010年代に急激な増加を見せ，2019年には年間3200万人近い人が日本を訪れた。その後コロナ禍により激減したが，日本社会における外国人の存在感が一気に増した。

つぎに日本に居住している外国籍の人の数字を見てみよう。法務省によると，2020年末の在留外国人数は288万7116人であった。同時期の日本の推計総人口は１億2571万人だったので，総人口に対する比率は約2.3％であった。1965年の比率は0.67％であったから，かなり増加したことがわかる。Covid-19の影響がなくなれば，増加基調に戻る可能性が高い。外国人住民数がいちばん多い自治体は埼玉県川口市で，約60万7000人の人口のうち，３万9300人，つまり約6.5％が外国籍である。

国籍別に見ると，最多は中国（台湾を除く）で在留外国人の約27.0％を占め，第２位がベトナム（15.5％），第３位が韓国（14.8％），第４位がフィリピン（9.7％），そして第５位がブラジル（7.2％）であった。後述するように，20世紀後半は「日本在住の外国人」というと，ほぼ在日コリアンを指していたので，そのような状況からは大きく変わったことになる。

300万人弱の在留外国人の在留資格は，「永住者」（日本に原則10年以上継続して在留しており，永住資格を認められた人や日本人の配偶者となった人など）がもっとも多く28.0％，「技能実習生」（技能研修を受ける目的で在留資格が認められた人で，実質的には外国人労働力としての色彩が強いともいわれる）が13.1％，「特別永住者」（第２次世界大戦が終わる前から日本に住んでいる韓国・朝鮮・台湾籍の人びととその子孫）が10.5％となっている。

日本国籍だが外国にルーツをもつ人びともいる。外国籍を離脱して日本国籍を取得した（帰化した）人びとがそれにあたる。帰化許可者数は2020年の１年間で9079人。1952年から2020年までの累計でおよそ57万7000人である。この数にはすでに亡くなった人も含まれているので，健在な帰化者数は不明である。しかしこの人たちの子孫も国籍は日本だが，何らかの形で外国の文化を引き継いでいる場合が珍しくないはずだ。

日本国籍をもつが，父母のどちらかが外国籍の場合もある。一般に「ハーフ」といわれる人びとである。『人口動態調査』によると，2019年，日本の出生総数は86万5239人で，そのうち「父母の一方が外国人」が１万7403人であった。比率は2.0％となる。つまり日本で生まれた赤ちゃんの50人に１人は父母のどちらかが外国籍であったことになる。

是川夕（2018）の試算によると，在留外国人数に帰化人口と国際児（外国籍の親を持つ子）の人口を加えた「外国に由来する人口」は，2065年には1076万人になると推計できるという。これは，総人口の12.0％に相当するという。

日本の５大エスニック・マイノリティ，つまり在日中国人，在日ベトナム人，在日コリアン，在日フィリピン人，そして在日日系ラティーノの各グループを見てみよう。かれらが日本に在住するようになった経緯には様々な政治的・経済的状況がある。また複数の世代にわたり，日本に長く住んでいる外国人を**オールドカマー**，比較的新しく到着した外国人を**ニューカマー**と呼び分けることもある。在日コリアンにはオールドカマーが多く，在日ベトナム人はほとんどがニューカマーだ。在日中国人はオールドカマーもいるが，比較的最近来た人が多い。

7-4-2　在日中国人

在日中国人は2020年末で77万8112人（現在の法務省統計では台湾を含まない）で，日本の在留外国人の３割近くを占め，人数的にナンバーワンの地位にある。1984年の中国人登録者数（台湾を含む）は６万3920人であったのと比べると，大幅に増加したことがわかる。東京・千葉・埼玉・神奈川の首都４都県に55％が集まっている。年齢層は20歳から39歳までの働き盛りが多く，こちらも55％ほどを占めている。

日本と中国には長い人物交流の歴史があるが，ここでは近代以降に的をしぼることにする。よく知られる**華僑**（**overseas Chinese**，華人ともいう）とは中国本土から世界各地に移住し，地縁や血縁を利用して強力な商業ネットワークを形成している中国人のことで，幕末から明治初頭にかけて日本へも移住する人たちがいた。華僑は世界中に**チャイナタウン**（**Chinatown**）を作り，日本でも横浜，神戸，長崎に築いた。鎖国中も中国人が居住を許されていた長崎，1859年に開港した横浜，そして1868年に開港した神戸には外国人居留地が設けられて中国人が集住し，現在の中華街に続いている（山下 2000）。職業的には商業の他に中華料理店，理髪店，洋服仕立業などの職人技で生計を立てる人が多かった。1900年頃には横浜と神戸に中国人子弟が通う中華学校も設立された。中華学校の卒業生ではないが，神戸市出身の陳舜臣（1924-2015）などは中国系オールドカマーの代表的存在であろう。

20世紀前半には日本で中国人が肉体労働につく状況も見られた。日清戦争（1894-95）終結後，日本は中国大陸における勢力を拡大し，1932年に満州国を成立させ植民地化したが，しだいに日本内地での労働力不足が深刻になり，中国人を日本内地で労働させる事業が出てきた。中には労働状況が過酷な事例も少なくなかったという。1945年には秋田県の花岡鉱山で中国人労働者が蜂起し鎮圧される**花岡事件**が発生した。過酷な労働状況と虐待のため，1944年８月から1945年11月までの間に，中国人労働者986人のうち418人が死亡したという（野添 1996）。なお労働力として日本に来た中国人の多くは戦後，帰国したと考えられる。

また戦争に深い影響を受けたケースとして，**中国残留邦人**についても触れておきたい。1945年の第２次世界大戦終了時，中国東北地方（当時の満州国）に居住していた日本の軍人，軍関係者，民間人やその家族は日本への帰国を急いだが，終戦直前のソ連参戦もあり，混乱した状況の中，中国の養父母に預けられた子どもや，中国に残らざるをえない人もいた。その数は数千人とも数万人ともいわれている。孤児たちは中国で中国語を話しつつ育った。日中両政府の話し合いにより1981年以降，彼らの肉親捜しの調査が行われ，希望者およびその家族には日本への永住帰国の道が開かれた。厚生労働省によると，2021年８月現在，永住帰国者の総数は6724人，それに家族を含めた総数は２万911人である。彼らは高齢化が進んでいるが，日本に住む彼らの子孫は日本人と中国人の血をひき，両文化を受け継ぐ人も多いはずだ。

中国系のニューカマーについては，1972年の日中国交正常化，1979年の台湾における出国自由化，日本におけるバブル景気，2008年の「留学生30万人計画」などがきっかけとなって日本を目指す中国系の人が増加した。1990年代には密航による不法入国事件も目立った。留学生，技能実習生，日本人の配偶者など，在留資格はさまざまである。また法務省の発表をもとに計算すると，2001年から2020年までの20年間に日本国籍への帰化が許可された中国系の人は７万5276人であった。中国残留邦人やその子孫にしても，帰化者にしても，まさに「中国系日本人」といえる存在だと考えていいだろう。

7-4-3　在日ベトナム人

現在もっとも人数が増加している在留外国人はベトナム人である。2011年は４万4444人であったが，2020年には44万8053人となり，10年でちょうど10倍に増加した。

ベトナム政府は政策として海外に労働者を送り出している。同国は2020年で約9762万人の人口を有するが，海外での働き口を求め，受け入れ先の韓国・台湾とともに日本へも労働者が送り出されてきた。日本は少子高齢化などによる労働人口の減少があり，慢性的な労働力不足があるので，送り出し側と受け入れ側のニーズがマッチした形になっている。

在日ベトナム人はニューカマーの代表的存在だといえる。ベトナムでは日本企業や，日本ブランドの商品をよく見かけることから日本への親しみがあるといい，優しく真面目な国民性は日本文化と適合性が高いともいわれる。しかしベトナム人技能実習生の中には受け入れ先企業から「**失踪**(しっそう)」するケースが目立つようになっており，対策が急がれる。

ベトナム人が外国に出稼ぎに出るためには国内の送り出し機関に登録・依頼しなければならないが，中には悪徳業者がいて，法外な手数料を取り，それが払えない場合は借金をさせる形にして海外に送る場合が多々あるという。日本に着いたあと，それが重荷になる場合がある。受け入れ先企業も，きちんとした扱いをしていない場合があり，セクハラやパワハラ，残業代の未払いなどに耐えきれず失踪するベトナム人技能実習生もいるという。このような状況は，回り回って日本のイメージ低下につながりかねないし，働き手が日本ではなく

写真７-２　コリアタウン
（大阪市生野区）
（写真：GYRO_PHOTOGRAPHY/
イメージマート）

他国を選ぶことにもなりかねない。

7-4-4　在日コリアン

本書では在日の韓国籍の人びとと朝鮮籍の人びとを総称して**在日コリアン**とよぶことにする。在日コリアンは戦後長らく「日本在住の外国人」の代名詞的存在であった。後でも解説するが，朝鮮籍とは「朝鮮半島出身者及びその子孫等で，韓国籍をはじめいずれかの国籍があることが確認されていない者」（法務省）のことで，北朝鮮籍という意味ではない。

在日コリアンの地域分布を見ると大阪圏への集中度が高い。2020年末の韓国・朝鮮籍の合計をみると，大阪府が９万8748人で第１位，東京都は９万4656人で第２位である。とくに大阪市生野区は2021年３月時点で，区の総人口12万6930人に対し在日コリアンが２万397人と，16.1％を占めている。世界各地で韓国系移民が集住する地域を**コリアタウン**（**Koreatown**）というが，同区にはコリアタウンとして知られる商店街がある。東京でも新宿区の新大久保駅周辺に「コリアンタウン」という名称で知られる，韓国のファッションや飲食，音楽やアイドルを扱う店が集積している。大阪市生野区はオールドカマー，新大久保はニューカマーのイメージがある。

明治維新後，日本は朝鮮半島への進出を強め，1910年には韓国を併合した。その後戦争により労働力の補充が必要になった日本は朝鮮人や中国人を徴用し，日本内地や占領地の鉱山・炭鉱・建設現場などで使役した。強制性の程度については議論があるし，自分の意思で日本内地に移った人もいるが，厳しい生活状況が背景にあったことは考慮しなければならない。

朝鮮人への差別や蔑視は激しく，1923年の関東大震災では流言により，数千人とも言われる在日朝鮮人が虐殺される悲劇も起きた。1945年の終戦時は約230万人の朝鮮人がいたとされるが，およそ４分の３が本国に戻り，残りが日本にとどまった。戦時中は日本国籍だった彼らは，1947年の外国人登録令により外国人として登録するよう義務づけられ，1952年のサンフランシスコ講和条約の発効とともに日本国籍を喪失した。大韓民国の国籍を選択した人は日本の国内法で「韓国籍」，選択しなかった人は「朝鮮籍」とされた。

日本の国籍法は血統主義に基づくので，原則として両親のどちらかが日本国籍でないと国籍が与えられない。戦後の日本では韓国式の本名では差別を受けやすく，在日コリアンのアイデンティティを隠さざるをえない人が少なくなかった。日本式の通称を使うことは珍しくなく，自分は日本人だと思って育つ子どももいたが，近年では学校でも本名を名乗りやすくなっている。日本生まれ・日本育ちで日本で納税し，日本語しか話せない世代であっても選挙権が与えられていないことを問題視する声もある。

在日コリアンはオールドカマー系の人が多いが，もちろん韓国から日本の大学に留学している韓国人や，仕事の関係で日本に居住している韓国人およびその家族もいる。法務省のデータ上ではすべて韓国籍の在留外国人になるが，いろいろな人が含まれている。在日コリアンにおいても少子高齢化が進み，帰化する人が増えており，在日コリアンは実数においても相対的な比率においても少なくなりつつある。しかし帰化して日本国籍になった場合でも，その人の在日コリアンとしての文化が消失するわけではない。家族・親戚・友人関係や食事・慣習などいろいろな面で在日コリアン性は残ると考えられる。先述の「中国系日本人」と同様，彼らも「コリアン系日本人」として理解するのが妥当ではなかろうか。

7-4-5　在日フィリピン人

2020年末現在，在日フィリピン人の数は27万9660人であった。2011年の20万3294人から10年間で約1.4倍の増加である。2020年の人数のうち，70%が女性という特徴がある。かつて在日フィリピン人女性は「興行ビザ」で入国し，遊興施設で歌手やタレントとして働く人が目立ったが，現在は介護関係の職につく人が多い。また日本人の配偶者として在留資格をもつ人も2万1802人と，中国（2万7663人）についで多い。

ベトナムと同様，フィリピンも政府が国民に海外就労を奨励している。海外で働くフィリピン人はOFW（Overseas Filipino Workers）とよばれ，彼らからの本国宛の送金額はGDPの約1割に達するという。大統領直属の専門委員会（the Commission on Filipinos Overseas）のデータによると，1981年から2019年までのOFWの累積人数は合計250万人ほどであるが，日本はアメリカ（60.3%），カナダ（20.3%），についで第3位（6.2%）だという。

7-4-6　在日ブラジル人

日本とブラジルの間には，移民をめぐる長い歴史がある。鎖国がなくなった明治時代以降，日本人の中には，海外での成功を夢見たり，国内での経済的困難から脱却するため，海外へ移民する人びとがいた。1900年頃まではハワイへの移民が多く，しだいにアメリカ本土への移民が増えたが，1924年にアメリカで排日移民法が成立し，日本人の移民は禁止された。そこで日本からの海外移民はブラジルなどのラテンアメリカ諸国に進路を変えた。第2次世界大戦中はブラジル方面への移民は途絶えていたが，戦後に再開された。現在，ブラジルの日系人人口は推計で約150万人であるという（アマード 2007）。

ではなぜ日本にはブラジル人が多く居住しているのだろうか。日本では1980年代後半にバブル経済が始まり，深刻な労働力不足が発生した。とくに「キツイ」「キタナイ」「キケン」の「3K」といわれる製造ラインや建設現場では日本人が就労したがらず，これを埋める形でイラン，イラク，パキスタン，バングラデシュ，フィリピンなどからの不法就労者が増加した。彼らの中には犯罪行為に手を染める者もいるとの声があがり，1990年，日本政府は入国管理法を改正して，不法就労者の一掃をはかった。かつての日系移民の子孫であれば，来日して就労できるようにしたのだ。ブラジルでは経済状況が悪かったこともあり，来日する日系ブラジル人の数が急増した。彼らの地域分布は東京や大阪に集住していないという特徴がある。愛知県，静岡県，三重県，群馬県，岐阜県の5県にブラジル人の62.5%が住んでいる。自動車産業や電子部品産業などの製造業の拠点近くに住む人が多い。

このように，日本はいろいろなエスニック背景をもつ人々が共存する社会になりつつある。戦後の日本社会の諸制度は日本に住むのは日本国籍者のみという基本前提で整備されてきたので，地方自治レベルでの選挙権を永住・定住する外国人に認めるかどうかといった問題や，外国籍の人に教員を含めた公務員への採用を認めるかといった問題，また一般に外国籍の人に対する人権問題など，制度的な課題は多い。経済的グローバル化が進行する中，先進諸国の大都市とその周辺へは各国から人の流入が続くことが考えられ，日本もその例外ではない。今後日本では多文化共生社会を構築する取り組みがさらに必要になってくるであろう。

■この章の推薦文献■

日本の在留外国人の多様化や増加を背景に，民族や人種問題に関する社会学の本は増加傾向にある。たとえば，

梶田孝道，2005，『新・国際社会学』名古屋大学出版会.

は人種・民族問題のスペシャリストである著者（故人）が人種・民族問題にゆれる現在の世界をどのようにとらえればよいのか，社会学的視点を提供してくれる。

日本に在住する外国人についての書籍も多いが，

田中宏，2013，『在日外国人――法の壁，心の溝』第三版，岩波書店.

あたりが手頃で読みやすい。また技能実習制度が抱える問題と移民受け入れの問題を扱った

NHK 取材班，2017，『外国人労働者をどう受け入れるか――「安い労働力」から「戦力」へ』NHK 出版.

は今後の日本が避けて通れない問題を取りあげている。

在日コリアンについては，アメリカで話題作となった文学作品を紹介したい。

ミン・ジン・リー，池田眞紀子訳，2020，『パチンコ』上・下　文藝春秋.

朝鮮，大阪，横浜と舞台を変えながら，4世代にわたる在日コリアン一家の苦闘を語る長編小説だが，キャラクターの設定も明確で，読み応えがある。2022年にはネット配信でドラマシリーズ化が行われている。

第８章　セックス・ジェンダー・セクシュアリティ

私たちは出会った人の名前や顔を忘れることはあっても，その人の性別は覚えている場合が多くないだろうか。どうも人間には性別を強く認識する特質が備わっているようだ。もちろん性は生殖に関わることであり，生物としての人間にとってきわめて重要であることは間違いない。いっぽう「性のありかた」について，以前は当然視されていた認識が様々な問題を引き起こしていると考えられるようになり，解決法が探られつつある。大きく分けると「性別による差別や格差」の問題と「性的マイノリティ」の２つの問題群があり，それらは密接に関係しあっている。

この章の内容

8-1　ジェンダーの認識

従来，「人はかならず男性か女性のどちらかに生まれ，男性は男らしく，女性は女らしくなり，男性は女性を，女性は男性を好きになる」との認識が圧倒的であったし，現在も根強い。このような考え方を**ヘテロセクシズム**（**heterosexism**）という。この記述にあてはまらない人びとは多くの社会で受け入れられず，差別されたり，黙殺されたり，排除されたりしてきた。

性別の要素としてよく指摘されるものに**セックス**（**sex**），つまり生物学的・身体的な性と，**ジェンダー**（**gender**），つまり心理的・社会的な性がある。前者は生殖器官や生殖機能などの身体的特徴に基づいて出生時に割り当てられる。後者はおおむね，行動の傾向や好み，などに関係している性別だ。人口の過半数はセックスとジェンダーが一致し，恋愛や結婚の対象として異性を意識する人びとなので，その点において違和感を感じることは少ない。これらの人びとは**性的マジョリティ**を構成しており，彼らのみの存在を前提として多くの社会が形成されてきた。

人びとの行動面における，いわゆる**女らしさ**（**femininity**）や**男らしさ**（**masculinity**）は遺伝子情報が作用する生物学的な部分もあるだろうし，社会生活の中で形作られたり強化されたりする社会的な部分もあるだろう。赤ん坊が産まれると，女の子はピンク色のブランケット，男の子はブルーのブランケットにくるまれ，親はSNSで「元気な女の子が生まれました！」とか“It's a boy!”などと発信する。それ以降，女らしさと男らしさに関する規範（「男らしくしなさい」や「彼女は女子力が高いね」などの言説に見られる）や文化（「女性の好む色合い」や「男っぽいデザイン」などの言説に見られる）が人びとを取り囲む。このようにして，ジェンダーに関する文化や規範が個人に内面化されていくプロセスを，社会学では**ジェンダーの社会化**（**gender socialization**）という。

ジェンダーの社会化という概念は，初期の社会学にはなかった。女らしさや男らしさは生物学上の性別に基づいて自動的に生成される，と想定するのが当時の常識で，そこを疑問視する発想はなかったからである。しかし20世紀になると女らしさや男らしさの内容は必ずしも普遍的ではない，との認識が登場した。その呼び水となったもののひとつにアメリカの文化人類学者，**マーガレット・ミード**（**Margaret Mead**，1901-78）の研究がある。彼女は著書『三つの未開社会における性と気質』（1935）で，ニューギニアの3つの部族における，男性の気質と女性の気質についての研究結果を発表した。ミードによると，最初の部族では，男性も女性もアメリカでいう「女らしい」パーソナリティ，つまり優しく思いやりがあり，受動的な人が理想とされていた。次の部族にいくと男性も女性も，アメリカでいうところの「男らしい」パーソナリティ，つまり活発で，断定的（assertive）で，独立心があり，性的にもアグレッシブな人がよしとされた，という。3つめの部族では，近代西洋社会の逆パターンが見られたという。つまり女性は現実的で，有能で，断定的で，質素な服装をする一方で男性はこまごましていて虚栄心があり，うわさ好きで，着飾っていたというのだ。この研究は世間の関心をよんだが，後の研究者から調査の信頼性について批判され，ミードが残した記述の内容は現地での追跡調査でも確認できなかった。しかし「女らしさ」と「男らしさ」の普遍性に疑問符をうった点は大きな功績であろう。女性と男性の行動特性の差異は，文化によって異なる可能性があると示唆した点，ということは，その差異は生物学的に（遺伝的に），いわば自動的に現出するとは限らない，と考えうることがもうひとつの注目点である。

社会が女性と男性に振り分けるさまざまな役割のことを**性役割**（**gender roles**）という。家の外でフルタイムで働き収入を家に持ち帰るのは男性で，家事と育児を一手に引き受けるのが女性の役割といった，性別による役割配分は多くの場合，「自然のさだめ」と見なされ，その結果，異論の余地がない強力な社会規範として人びとを圧迫してきた。この状態に疑問が生じるためには，生物学的な性とは別に社会的性，つまりジェンダーが認識される必要があった。

8-2 性別による不平等への視点

歴史上，多くの社会では**男性支配**（**male domination**）が浸透し，女性は周辺的かつ従属的な位置におかれてきた。その背景として，フェミニズムではそのような社会の核心部に**家父長制**（**patriarchy**）的な権力構造があると考える。これは男性の家長（かちょう）が家族内の権力と財産の継承権を独占し，他の家族員を支配する制度をいう。育児や家事などの**家事労働**（**domestic labor**）は妻に専業的にあてがわれるが，金銭的報酬はあたえられない。家庭外での就労は困難なので独自の経済力を獲得しにくい。

フェミニズム（**feminism**）という言葉は多義的であるが，広い意味では女性を男性支配から解放する運動として解釈することができる。歴史上のさまざまな点でフェミニズム的活動が行われてきたといえるが，ここでは産業革命・市民革命以降，ある種のまとまりをもって展開してきた女性解放の動きを見ることにする。フェミニズムの歴史においては，２つの波があった，とよく言われる。**第１波のフェミニズム**（**the first wave feminism**）とは，19世紀後半から20世紀前半あたりにかけての，各国における女性による選挙権獲得運動のことをいう。市民社会の成立と表裏一体である選挙制度は，当初，参政権が身分・財産・納税金額・学歴・エスニシティなどの条件により制限されていたが，次第に撤廃され，一定の年齢以上の男性全員に選挙権が与えられるようになった。これは**普通選挙**（**universal suffrage**）として知られる，しかし性別による制限は残されたので，これを撤廃しようとする運動が展開され，1893年のニュージーランド，1902年のオーストラリア，1906年のフィンランドなどで成果を結んだ。

日本の場合はというと，1890年から規定の納税額をみたす男子に選挙権が認められていたが，1925年に普通選挙法が成立し，満25歳以上の男子全員が選挙権を有するようになった。市川房枝（1893-1981）や平塚らいてう（1886-1971）をはじめとする運動家が，婦人参政権の獲得を目指して新婦人協会という団体を1920年に設立後，運動を展開し，1930年頃には大きなうねりとなったが女性の参政権獲得は達成できなかった。結局，日本で女性の参政権が認められるには，第２次世界大戦が終わった1945年に選挙法が改正されるのを待たなければならなかった。

第２波のフェミニズム（**the second wave feminism**）は1960年代後半から70年代にかけて世界各国で盛り上がりを見せた**女性解放運動**（women's liberation）のことをいい，当時，これを日本では**ウーマン・リブ**とよんでいた。第１波のフェミニズムの焦点は参政権の制度的（法的）獲得にあったが，第２波のフェミニズムでは経済・社会・文化のあらゆる面に複合的・構造的に存在する女性抑圧のしくみから女性を解放することが主眼となった。

第２波のフェミニズムに影響を与えた著書を２冊あげたい。その１冊はフランスの作家，**シモーヌ・ボーヴォワール**（**Simone de Beauvoir**, 1908-86）の『第二の性』（1949=97）である。ボーヴォワールはいう：「人は女に生まれるのではない，女になるのだ。社会において人間の雄がとっている形態を定めてい

写真 8 - 1　G20サミットの記念写真（2019年，大阪）
▶元首が女性である国は少数派である。（写真出所：外務省HP）

るのは生理的宿命，心理的宿命，経済的宿命のどれでもない」（Beauvoir 1949=1997b：11）。つまり彼女は，女性として生まれた人は，社会が女性に与えるさまざまな不合理や不都合を「女なんだからしかたがない」と受け入れることがないよう，訴えたのである。性差は宿命として固定されたものではなく，人為的に構築されたものだ，との主張である。同書は世界中で読まれ，多くの人を啓発した。

もう 1 冊はアメリカの指導的フェミニスト，**ベティー・フリーダン**（**Betty Friedan**, 1921-2006）が著した『新しい女性の創造』（1963-2004）（原著名は *Feminine Mystique*）である。『第二の性』にも影響を受けつつ書かれたこの本は，アメリカ文化における性差別主義的な側面を批判した。当時のアメリカでは，女性は妻および母としてしか人生の達成感を得ることができないと決めこむ傾向が強く，これを批判した。この本もアメリカを中心にベストセラーとなり，その後のフェミニズム運動に影響を与えた。フリーダン自身，全米女性機構（the **National Organization of Women**）の設立（1966年）に関わり，1970年まで初代会長をつとめた。**NOW**（ナウ）の略称で知られる同機構は，アメリカにおけるフェミニズム運動の実践的・中核的存在の一つとなった。

フェミニズムの影響は，学問の世界では性別役割分業や，家父長制などの諸問題を研究する**女性学**（**women's studies**）として展開した。社会学関連ではマルクス主義／唯物論の視点から女性が被支配階級的な立場に置かれているとしたフランスの社会学者，クリスティーヌ・デルフィ（Christine Delphy，1941-　）らの業績の影響が大きい。女性学は社会学だけでなく歴史学・文学・哲学・人類学・心理学などを含む学際的領域となっている。その後，社会における男性性や，男性に対する抑圧構造を中心に研究する**男性学**（**men's studies**）も登場した。さらに，女性と男性の関係性やジェンダー構築のありかたなどをとりあげる**ジェンダー研究**（**gender studies**）・**ジェンダー関係論**（**gender relations**）とよばれる視点も展開されている。

8-3　主として女性が被害を受ける犯罪的行為

主として女性が被害を受ける犯罪行為としては，**性犯罪**（**sex offense**）がすぐに考えられるかもしれない。日本の刑法は13歳未満の人に対し性交などの行為をすること，また13歳以上の人に対し，暴力や脅迫によって性交などの行為をすることを**強制性交等罪**とし，禁じている。同様にわいせつな行為をすることを**強制わいせつ罪**としている。また人の心神を喪失させるなどして（酒や薬物を摂取させるなどして）わいせつ行為や性行為におよぶことも**準強制わいせつ罪**，**準強制性交等罪**として禁じている。ただこれらの犯罪は，実際の発生件数に比べ，報告される数がかなり少ないと考えられる。2020年の１年間を見ても，警察庁が日本全国で認知した強制性交等罪・準強制性交等罪の認知件数は，合計1,332件にすぎなかった。かつて性犯罪は**親告罪**とされ，被害者が告訴しないと警察が動かない規定であったため被害者に過重な精神的負担があったが，2017年の刑法改正により親告罪ではなくなった。ただし改正直前，2016年の認知件数は989件であったので，数字が劇的に増加したわけではない。

家庭内暴力（**DV**）やデートレイプ（**date rape**）などに見られるように，被害者が加害者と顔見知り，あるいは恋人・婚姻関係であるなど，親しい間柄である場合が珍しくない。近年ではこれらを総称して**近親者間暴力**（**intimate**

partner violence）とよぶこともある。相手との関係の維持や，世間体などを考慮して周囲の人や警察への相談をためらう場合が多いと推察される。その結果，表面化しにくいのみならず，身体的暴力・性的暴力・心理的暴力が渾然一体となっている場合が少なくない。

性被害では聞き取り，捜査の内容や方法に配慮が足りないと被害者がさらに傷つく可能性がある。また被害者が被害にあったことを開示すると，周囲から，あるいはSNS上で心ない言動が浴びせられ，いわゆる**二次被害**（**secondary damage**）を受けることがある。**セカンド・レイプ**（**second rape**）ともいう。なかでも被害者が被害にあった原因は，本人の服装や言動にあった，として被害者を責めることを**被害者（犠牲者）非難**（**blaming the victim**）という。そのような発言は被害者へのダメージが大きいだけでなく，加害者の犯罪行為がかすんでしまい，悪質だといえる。

性的暴力の被害者は女性に限らない。NHK（2021）がWEB上でアンケートを行ったところ，292人から回答があり，痴漢・自慰の強要・レイプなど，多岐にわたる被害が報告されたという。回答者の52.7％が10代のときに被害に遭っており，加害者の70.5％が男性であったといい，回答者の約7割が誰にも相談していない，という。性犯罪は被害者が男性の場合であっても表面化しづらいことがうかがえる。

特定の個人に執ようにつきまとう，**ストーキング**（**stalking**）は異性間で起こりやすい行為だが，被害者が女性であることが多い。警察庁によると2020年，警察に寄せられたストーカー事案の相談等件数は2万189件で，そのうち被害者の性別は男性が12.4％，女性が87.6％であった。1999年には女子大学生が元交際相手の男とそのグループからストーカー被害にあい，殺害される事件が起こり，これがきっかけとなって2000年に**ストーカー規制法**が施行された。その後も，通信技術の進化に対応した改正が行われてきた。2012年の改正では電子メールの連続通信が，また2016年の改正ではSNSやブログへのしつこい書き込みがつきまとい行為に追加された。さらに2021年からはGPS等の技術を使って相手方の承諾なしに位置情報を取得することが規制されている。なお警察庁の調べによると，2019年に寄せられたストーカー事案の相談等件数は2万912件で，そのうち被害者の性別は女性が88.0％，男性が12.0％であった。

男性による女性への暴力の原因が，**ミソジニー**（**misogyny**）という概念で説明される場合もある。ギリシャ神話に由来するとされ，一般に**女性嫌悪**と訳されるこの言葉は，1970年代からフェミニストやフェミニスト社会学者らによって，家父長制における男性による女性への抑圧を読み解くキーコンセプトのひとつとして議論されてきた。社会学者でもあり精神分析家でもある，ナンシー・チョドロウ（Nancy Julia Chodorow，1944-　）は，ミソジニーを消し去る唯一の方法は，男性が乳幼児の育児に完全参加することだと主張している（Chodorow 1978）。

8-4　セクシュアル・ハラスメント

ジェンダー関係用語には海外から移入されたカタカナ語が多いが，「**セクシュアル・ハラスメント**（**sexual harassment**）」，略して**セクハラ**，もその１つである。直訳すると「性的嫌がらせ」となる。もともと性的言動により嫌な思いをさせられる事象は日本でも日常茶飯事であったが，個別の現象としてしか認識されていなかった。たとえば女性社員にスリーサイズやボーイフレンドについて聞いたり，ボディタッチをする男性上司はあちこちにいたであろうが，それへの反応は「あのスケベジジイ」とか「また触られた」などのヒソヒソ話や，せいぜい「うちの会社にもそういう奴がいる」といった友人間の会話にとどまり，広く共有される概念とはならなかった。しかしこれらの言動にセクハラという名前が与えられると，あたかもぼやけた画像の焦点がはっきりしたごとく，「それはセクハラではないか」と認識されるようになった。ただし言動によってセクハラに該当したりしなかったりというよりも，その言動を受けた相手がどう感じるか，が重視される点は注意しておくべきだろう。

セクハラには「対価型（quid pro quo）」と「環境型（hostile environment）」の２種類があるとされ，前者は加害者が優位な力関係を背景に，被害者に性的な要求を行うもので，後者は職場にヌード写真を貼ったり，性的な冗談やからかいなどの言動で相手の職務遂行を妨げることを含む。企業のみならず，スポーツ界や教育界など，どんな分野で事例が発生しても不思議ではない。セクハラは刑法犯ではないが，**男女雇用機会均等法**（1986年施行）の2007年改正版では男女を問わず，事業主が雇用管理上の対策を講ずるよう定められている。

セクハラにおいても男性が被害者になりうる。「男のくせに……」という発言や男同士でのわい談や性風俗利用の強要など，多くのパターンが考えられるが，他者への相談がはばかられ，顕在化しにくい可能性がある。ちなみに日本労働組合総連合会（連合：2021）が2021年に全国の20代～50代の1000人を対象にインターネットで行った調査では，職場でセクハラを受けたことがあるとした人の比率は，女性で11.8％，男性で5.2％であった（同資料を元に著者が計算）。性的マイノリティの人に対するセクハラにも留意が必要である。当事者が性的マイノリティであることを開示していてもいなくても，性的な言動により嫌な思いをするケースはある。

セクシュアル・ハラスメント以降，「～・ハラスメント」という言葉がいろいろ編み出されてきた。その中には和製英語のものもあるので，ジェンダーの話題から少し離れるが，整理しておきたい。いずれも力関係を背景に，強者が弱者に嫌がらせをする構造がある。「パワー・ハラスメント（パワハラ）」は，職場の上司が部下をいじめたり，同僚の中でいじめが発生したりする場合をいう。これは和製英語であり，英語でこれに近いのは “abuse of power”（権力の濫用）あるいは “workplace bullying”（職場いじめ）だろうか。職場では上司が部下を指導する必要も出てくるので，パワハラの認定においては言動を受けた人の不快感だけでなく，職務遂行上，許容される範囲について線引きをする必要もあるだろう。「**マタニティー・ハラスメント（マタハラ）**」は妊娠中，あるいは出産後の女性ワーカーをターゲットとした嫌がらせで，労働能率の低下，産休や育休を取ることへの皮肉などが含まれる。厚生労働省が非農林業の女性労働者を対象に，2015年に行った大規模調査によると，妊娠・出産した派遣社員の48％が，また正社員の21％がマタハラを経験したことがある，と回答したという。マタハラも和製英語で，英語では “pregnancy harassment” とか “pregnancy discrimination” という概念がこれに相当する。男性バージョンもあり，「**パタニティー・ハラスメント（パタハラ）**」というが，やはり和製英語である。もう1つ，「ケア・ハラスメント（ケアハラ）」という和製英語が使われることもあり，介護をしながら働く人に対するハラスメントのことをいい，たとえば育児介護休業などの制度を利用しようとするワーカーに嫌がらせが行われることをいう。

「アカデミック・ハラスメント（academic harassment）」は，れっきとした英語表現である。日本語では「アカハラ」と略されるが，これは教育界，とくに大学や大学院において，優位な立場にある人物が他者に嫌がらせをするものである。典型的な例では，大学院指導教授が，成績の決定・就職先の世話・推薦状の執筆などでの影響をちらつかせ，院生を服従させる，といった例が挙げられる。日本語で未使用だがこれから使われるようになるかもしれない表現に，“racial harassment”（人種的嫌がらせ），“sexuality-based harassment”（性的指向に関する嫌がらせ），“age-based harassment”（年齢に関する嫌がらせ），などがある。日本の雇用環境では定年が設けられているのが普通だが，オーストラリアやアメリカ合衆国など，定年は年齢差別だとして非合法とされる国もある。

8-5　日本における性別役割分業の諸問題

世界各地で家父長制のもとでは社会における女性の活躍が大きく制限されてきた。成人男性は家の外で金銭的報酬のある仕事をするいっぽう，女性は男性の家長に服従・奉仕し，家事と育児を担当してきた。その結果，女性は経済的・政治的に不利益を被りやすくなっている。日本では憲法第14条において性別による差別が禁止されているはずなのに，さまざまな項目において男女間の格差は大きいままである。

世界経済フォーラム（World Economic Forum，WEF）は2006年から各国のさまざまな男女格差，いわゆる**ジェンダー・ギャップ**（**gender gap**）を数値化し，『世界男女格差レポート（Global Gender Gap Report）』として発表している。2021年版における総合スコアランキングでは，日本は調査対象国156カ国中120位と非常に低い評価であった。先進国の中で最低で，韓国や中国よりも低い。「経済参加と機会」指標では117位，「政治的地位の向上」指標では，何と147位であった（WEF 2021）。

日本では**男女の経済力格差**が大きい。厚生労働省の賃金構造基本統計調査によると，2019年の数字で男性を100とした場合，女性の賃金（ここでは平均月

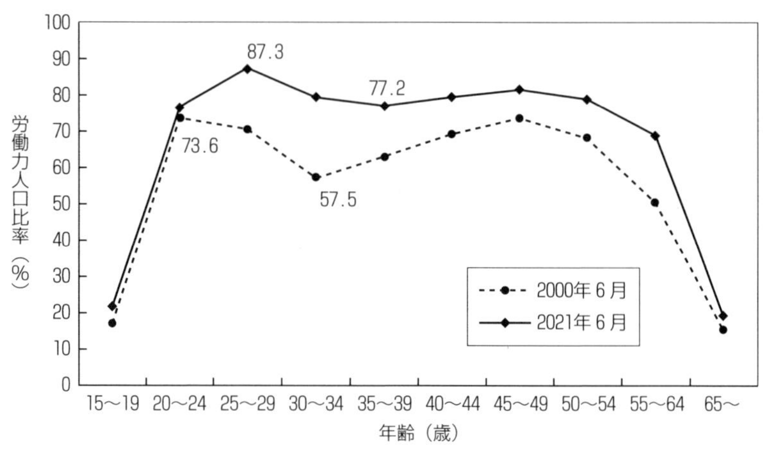

図8-1　M字型カーブ

（出所）総務省『労働力調査』を元に筆者作成。

収のこと）水準は74.3%であった。背景を考えてみたい。第2次世界大戦後の日本社会における，女性のライフコースは次のような典型をもっていた。つまり女性は学校教育を終えると何年か働き，結婚を機に「寿（ことぶき）退社」する。その後は専業主婦として家事を担い，子どもを出産したら育児も担当する。子どもの手が離れたらパートやアルバイトで働く。親の介護が必要になったら，それを引き受ける，といった具合である。日本の女性の就業率を年齢階級ごとに見ると，おおよそ25〜30歳代の，いわゆる子育て世代において就業者の比率が下がる，いわゆる「**M字型カーブ**」が見られる。図8-1は2000年6月と2021年6月の総務省『労働調査』データから作図したものである。この21年間でM字形カーブはかなり浅くなったものの，完全な解消は見られていない。

就業者の正規雇用・非正規雇用の比率も男女の経済力格差の一因となっている。図8-2は『労働力調査』の2021年6月のデータから作図したもので，女性と男性の就業者に占める年齢階級ごとの非正規雇用の比率を表している。まず全年齢階級において，女性労働者のほうが男性労働者より非正規雇用の比率が高いことに気づく。その反面，男性の非正規雇用は，25〜64歳まで，すなわち，おおよそ大学卒業から定年までの間，1〜2割程度にすぎない。

専門職や金銭的報酬の高い職種における男女比をみると，女性の比率が低く，

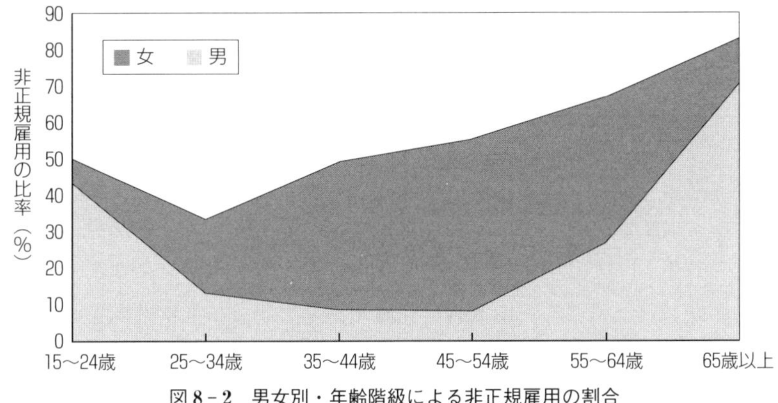

図８－２　男女別・年齢階級による非正規雇用の割合

（出所）　総務省『労働力調査』2021年６月現在のデータより筆者作成。

男女の経済力格差を広げる要因になっていることがわかる。たとえば医師数に占める女性医師の割合は，厚生労働省の調べでは，2018年末時点で21.9%であった。その医学界では10大学の医学部入試において，受験生への公正さが守られていなかったことが2018年に判明したが，そのうち４大学では，女子受験生が不利な扱いをされていた。女子受験生を一律に減点するなどして，合格ラインであったはずの女子受験生が不合格になるなどの不正が行われていたのである。また女性研究者は，2020年の総務省の『科学技術研究調査』によると大学・企業を併せた研究者総数，約89万人のうち，約16.9%であった。企業に目を移すと，女性役職者の割合は，2020年で係長級21.3%，課長級11.5%，部長級8.5%となっており，上位に行くほど女性が少ない。

日本における**女性の政治参画**も低調である。内閣府『男女共同参画白書』2021年版によると，2017年10月の衆議院総選挙における当選者のうち，女性の割合は10.1%，2019年の参議院通常選挙では22.6%であった。国家公務員は，2020年４月１日時点で，国家公務員採用試験からの採用者に占める女性の割合は36.8%であった。これは1986年の6.4%から比べると，かなり増加したといえる。専門性が高い司法分野に目を向けると，裁判官が22.6%（2019年12月現在），検察官が25.4%（2020年３月31日現在），弁護士が19.1%（2020年９月30日現在）である。

日本の行政や立法も無策ではなく，さまざまな対応がなされてきた。よく知られる**男女雇用機会均等法**（正式名称は『雇用の分野における男女の均等な機会及び待遇の確保等に関する法律』）が1985年に制定，翌1986年に施行された。その後，複数回の改正を経て，「性別を理由とする差別の禁止」「婚姻，妊娠・出産等を理由とする不利益取扱いの禁止」「セクシュアルハラスメント及び婚姻，妊娠・出産等に関するハラスメント対策」「派遣先に対する男女雇用機会均等法の適用」「母性健康管理措置」などが盛り込まれている。また内閣総理大臣の諮問に応えるべく，内閣官房長官が議長を務める**男女共同参画会議**が1997年に設置され，1999年には**男女共同参画社会基本法**が施行された。1994年に男女共同参画室が設置され，そして2001年には内閣府の**男女共同参画局**に改組されるなど，一連の取り組みが続いている。

一般に**ジェンダーフリー**とは「従来の固定的な性別による役割分担にとらわれず，男女が平等に，自らの能力を生かして自由に行動・生活できること」と定義される。しかしこの言葉は性差を否定したり人間の中性化を目指したりするのでは，などの誤解が一部で生じ，男女共同参画局は2006年，地方公共団体などに対しこの用語の不使用通知を行った。ちなみに英語では “gender-blind” あるいは “gender-neutral” がこれに近い言葉であろう。英語でも “gender-free” は使われるが，服飾などの分野で「ユニセックス」と同等の用例が多いようである。

しかし「従来の固定的な性別による役割分担」はそう簡単に崩せていない。2019年に内閣府が実施した「男女共同参画社会に関する世論調査」では，「夫は外で働き，妻は家庭を守るべきである」に反対する人は男女合わせて59.8%で，男性だけを見ても過半数の55.6%が反対であった。しかし社会保障・人口問題研究所が2018年に実施した「第６回全国家庭動向調査」によると，妻が家事に使った時間は平日で１日あたり263分に対し夫は37分であり，休日でも妻が284分，夫は66分であった。実態としては家事労働の大部分を女性に頼っている，という現状は残っており，引き続き社会全体で問題に取り組む必要がある。

8-6　多様な性

本章の冒頭で述べたように，ヘテロセクシズムとは「人はかならず男性か女性のどちらかに生まれ，男性は男らしく，女性は女らしくなり，男性は女性を，女性は男性を好きになる」という固定観念のことであった。しかし性のありかたが多様であることが明らかになってくると，そのような理解では説明できないことが多々あることがわかってきている。ここでは性の４つの次元として，身体的性，性自認，性的指向，そして性表現について考察する。

まず**セックス**，あるいは**身体的性**（**sex**）は男女の解剖学的・生物学的な性差を指す。その中核にあるのは生殖機能に関する違いであろう。すなわち成人男性の身体は精子を作り出すいっぽう，成人女性の身体は卵子をはぐくみ，妊娠する。男性と女性は性器の形状や機能が異なり，また体格や体脂肪率が異なるなど，さまざまな身体的差異が観察される。注意しておきたいのは，「女は○○，男は□□」といった具合に二分法で性を認識するのは必ずしも正しくない場合があることだ。たとえば体脂肪率・筋力・身長などをみると，多くの男性より筋力が強かったり背が高かったりする女性も存在する。つまり身体的性差は平均値の違いとして現れる場合もあるので，性の領域をバイナリー（binary）な視点で認識するのは必ずしも正確ではないということだ。

妊娠してすぐの胎児には性差が見られないが，染色体のはたらきにより，しだいに内性器（体の中の性器）や外性器（体の外の性器）が形成される**性分化**（**sexual development**）とよばれるプロセスがあり，やがて思春期・青年期を経て女性あるいは男性の身体が完成する。性分化では性染色体が重要な役割を果たすが，まれに何らかのトラブルがあり，典型的な性分化が進行せず，内性器や外性器が十分に発達しないなどの状態が起こることがある。すると出生時の性別の判別が困難になったり，誤った性別に判断してしまったりすることも起こりうる。このような現象を総称して **DSDs**（**Differences of Sexual Development**，あるいは **Disorders in Sex Development**）という。これは昔から知られている現象で，インターセックス・間性・半陰陽・両性具有などの言葉があり，医学用語の性分化疾患という名称もあるが，これらの語には差別感や違和感があるなどの理由から，本書では英語の医学用語の略称である**DSDs**という名称を使用する。

DSDsについて注意すべきことがいくつかある。まず近年，複数形を示す"s"が名称の末尾につけられるようになったが，多様なパターンが包括されている点を確認したい。DSDsのなかにはまだメカニズムが解明されていないパターンもあり，個々のケースに応じた医学的対応が必要である。当事者やその家族が専門家と連携することが望まれ，日本では日本小児内分泌学会が取り組んでいる。またDSDsは多くの場合，性自認の問題とは別の事象であることも認識しておきたい。当事者は女性あるいは男性のアイデンティティを持って生活している場合が多いからだ（ただし出生時に判断された性別が，成長した当事者が持つ性自認とは異なる場合がまれにあり，その場合は当事者が自分に与えられた性別に違和感を持って生活するため，後述のGDと似た経験を生み出すことが考えられる）。

性自認（**gender identity**，ジェンダー・アイデンティティ）とは，自分の性をどのように認識しているか，である。多数の人は自分の性別を女性か男性のどちらかに認識しているが，そうではない人もいる。まず**アイデンティティ**（**identity**）概念だが，これはアメリカの精神分析学者**エリック・エリクソン**（**Erik Homburger Erikson**，1902-94）が着想したもので，しばしば自己同一性と訳されるが，かなり多義的に使われ，エリクソン自身による定義も複数存在するようである。社会学などにおけるの大まかな意味あいは，次のようになる。つまりアイデンティティとは，人が他者とは別の，独特な存在であることを示す個性・独自性・経験等の特質の集合体，である。自分らしさが依拠している特質の集合体といってもよいだろう。たとえば性別・体格・性格・人種や民族・国籍・教育・仕事や経験してきたことなどで，人生とともに重層的に蓄積していくが，安定性が高い。性別はほとんどの人にとって，「自分」を構成する重要な要素の1つであろう。

性別は個人のアイデンティティの最重要なもののひとつと考えられている。出生時に医師により判断された性別（通常，外性器の形状により判断される）は法的に記録され，人はその性別で育てられ，学校教育を受け，社会生活を送る。多くの場合，出生時に与えられた（身体的）性と性自認が一致しているので，人が自身の性別について疑問を持つことはない。しかしこれらが一致しない人びともいて，広く**トランスジェンダー**（**transgender**）と呼ばれる。中には出生時からの性別に強い違和感を覚える人もいて，大きなストレスを感じたり，自分の身体を自分の性自認に一致させたいと願ったりする。このような，トランスジェンダーの人びとが抱える違和感を **GD**（**Gender Dysphoria**）という。日本語では**ジェンダー・ディスフォリア**といったり**性別違和**と訳したりするが，本書ではGDということにする。なお「性同一性障害」という名称はアメリカ精神医学会の診断・統計マニュアル（DSM-Ⅳ）で使われていた“Gender Identity Disorder（GID）”の訳語であるが，この英語名称だと「障害（disorder）」という単語が当事者にスティグマを与えてしまうとの配慮から，同マニュアルの2013年版（DSM５）から名称が変更されている。また同マニュアルでは「ジェンダーの不一致（gender non-conformity）そのものは精神障害ではない」と明記されるようになっている。

GDを感じ，医学的対応を求める当事者には，日本や欧米の国々では本人の意思を尊重した対応がなされる。GDは精神障害ではないので，当人の性自認を身体的性に合致させるよう矯正をこころみることはしない。本人との相談を続けながら，GDに起因する精神的苦痛を和らげるため，さまざまな方法が取られる。たとえば名前の変更や，代名詞の変更（he/him や she/her など。they/them を好む人もいる），持ち物や服装の変更がある。医療的対応としては，思春期の第二次性徴の進行を遅らせたり，ホルモン治療を行ったり，という方法がある。強く希望する人には性別適合手術（かつて性転換手術とよばれていたが，正しくない表現である）の道もあるが，希望しない人もいる。法律上の性別変更が可能であれば，それも選択肢に入ってくる。日本でも「性同一性障害」による戸籍上の性別変更は可能ではあるが，複数の必要条件があり，とくに性別適合手術を終えていることが必須なのでハードルが高く，改善を希望する声がある。

性自認という概念そのものも，当初は「男女どちらかしかない身体的性」と，「男女どちらかしかない性自認」からできる４通りの枠組みの中で理解されていたが，しだいにその中には入りきらないケースがあることが認識されるようになった。そこで性別に関するさまざまな概念が登場している。たとえば日本

表8-1　英語による性自認概念のいろいろ

英語名	日本語	説　明
agender	エイジェンダー，アジェンダー	とくにジェンダーをもたないこと（接頭辞 “a-” は「—がない」という意味）
cisgender man	シスジェンダー・マン	身体的性，あるいは出生時に与えられた性別と性自認が一致している男性
cisgender woman	シスジェンダー・ウーマン	身体的性，あるいは出生時に与えられた性別と性自認が一致している女性
gender fluid	ジェンダー・フルイド	固定したジェンダーをもっていないこと
genderqueer	ジェンダー・クイア	旧来の性別分類では捉えられない性自認のありかたを包括的にとらえる概念
nonbinary	ノンバイナリー	女性・男性の二者択一では性自認が表せない場合をいう，包括的な概念
questioning	クエスチョニング	自分のジェンダーについて疑問をもっている状態で，“unsure” ということもある
trans man	トランス・マン	出生時に与えられた性別は女性だが性自認が男性である人
trans woman	トランス・ウーマン	出生時に与えられた性別は男性だが性自認が女性である人

では，**Xジェンダー**という言葉がある。複数の意味で使われているようだが，おおむね，性自認が男性にも女性にもあてはまらないと考えること，あるいはその人びとを意味する。英語の世界ではかなり多くの性自認概念が登場しているので，表8-1にまとめておく。なおこれらのカテゴリーは必ずしも相互背反的なものではない。

シスジェンダーのシス（cis-）はトランス（trans-）の反意語である。シスジェンダーという表現は，多数派であるヘテロセクシスト的な性自認が絶対的なものではなく，他のタイプの性自認との相対的な位置づけで表せることを示唆している。

8-7　性的指向と性表現

もう１つ重要な性の要素に**性的指向**（**sexuality, sexual orientation**）がある。これはどのような相手に恋愛的および性的な魅力を感じるか，という要素である。歴史上，各地で**同性愛**，**ホモセクシュアリティ**（**homosexuality**）に関する数多くの記述が神話や伝承文学などの形で，あるいは記録として残されている。またアンディ・ウォーホル，ピョートル・チャイコフスキー，ジャン・コクトー，キース・ヘリングなど多様な分野の芸術家が，またティム・クックやマーク・ジェイコブスらの実業家が**同性愛者**，**ホモセクシュアル**（**homosexual**）として知られている。

アメリカ精神医学会の診断マニュアルは1952年発行の初版では同性愛を性的逸脱として扱っていたが，1968年の第２版では精神障害の病名として記載するようになった。当時，ほぼ全米で同性愛の性交渉は非合法でさえあった。しかし1969年，ニューヨークのゲイバーでの警察の立ち入り捜査に客の同性愛者が一斉に抵抗したのをきっかけに，1970年代には全米で同性愛者解放運動が高まり，同性愛を精神障害と考えない精神科医たちの働きもあって，1973年にはこの項目が削除された。

欧米や日本を含む多くの国では，同性愛を精神障害とは見なさないようになっているが，社会の一部には**同性愛嫌悪**（**homophobia**，ホモフォビア）が根強く残っており，同性愛者をはじめとする性のマイノリティの人びとが差別されたり，暴力の被害にあったりする事案はめずらしくない。また中東やアフリカ地域などには同性愛にきわめて不寛容な国々もある。なお同性愛者のすべてがシスジェンダーであるとは限らない。性別違和を感じている人が自分の性自認のジェンダーと同じジェンダーの人に魅力を感じることはありうる。

ヘテロセクシュアルでない恋愛・性的指向は同性愛だけではない。たとえば**バイセクシュアリティ**（**bisexulality**）がよく知られ，その傾向を持つ人を**バイセクシュアル**，あるいは短く**バイ**（**bi**）という。訳語では**両性愛**とされる。名称からして「男性と女性の両方に魅力を感じること」という意味に飛びつきたくなるが，その理解ではバイナリーな性別以外の人が除外されてしまう。しかしバイセクシュアルの当事者，およびその人の恋愛・性的対象がシスジェンダーとはかぎらない。そこで本書ではバイセクシュアリティとは「複数のジェンダーに恋愛的および性的魅力を感じること」と考えることにする。

ノンセクシュアルという言葉もある。和製英語と考えられ，性的欲望を抱かない状態，あるいは人をさす。恋愛感情を抱くことはあっても性欲を感じない，といった意味合いで使われることが多い。これは英語概念の **“asexual”** と似た概念である。カタカナ表記は**エイセクシュアル**，または**アセクシュアル**であるが，前者の方が英語発音には近い。接頭辞の “a-” は「〜がない」の意味である。**エイセクシュアリティ**（**asexuality**）はいろいろな意味で使われるようであるが，おおむね，性的欲望そのものをほとんど，あるいは全く感じず，その結果，性的行為にほとんど，あるいは全くおよばないことを指す。性的指向は意図的に変更できるものではなく，安定性も高いので，一時的／意図的に性行為におよんでいない場合はエイセクシュアルな性的指向があるとはいえない。さらに**全性愛**，**パンセクシュアリティ**（**pansexuality**）という性的指向は，男性や女性といった身体的性やジェンダー区分にかかわりなく，全ての人を恋愛・性的欲望の対象としてとらえることである。

最後になったが，**異性愛**，あるいは**ヘテロセクシュアリティ**（**heterosexuality**）は性自認と異なるジェンダーに恋愛的および性的魅力を感じる性的指向で，多数派である。一般に異性愛者はすべてシスジェンダーである，と想定されるからだが，身体的な性別違和を感じつつ異性愛をもつケースも考えうる。したがってここでも身体的性，性自認，そして性的指向を区別して認識することが重要である。

さらに4つ目の性として検討したいのが**性表現**（**gender expression**）である。これは他者の前でどのようなジェンダーを表現したいかという側面で，服装・メイク・髪形・話し方・しぐさ・持ち物の色や形など，言動の多岐の次元にわたる。それは行動面の現象である点に特質がある。トランスヴェスタイト（transvestite）という言葉もあり，服装倒錯などと訳されていたが，否定的なニュアンスがあり，使われなくなった。代わりに**クロスドレッサー**（**cross-dresser**）という言葉がよく使われるようになった。「クロス（反対側の）」は性自認との対比だけでなく，身体的／出生時に与えられた性別との対比で使われることがあるので，混乱が生じやすい。

いくつか例をあげて考えてみよう。たとえばシスジェンダー（身体的性と性自認が一致している）かつ異性愛者の男性で，週末だけ家族に内緒で女性の服装を楽しむ人がいるとする。その人の性自認が安定的に男性であれば，週末限定のクロスドレッサーということになるだろう。しかしもし男性として生きていることに違和感があり，女性の服装をするほうが自然だと当人が感じるなら，クロスドレッサーという表現はふさわしくないだろう。たとえばトランスジェンダーの女性が女性服を着用する場合だ。それでも周囲からすれば「あの人はクロスドレッサーだ」と認識されるかもしれない。トランスジェンダーの女性が女性服を着用している場合，クロスドレッシングとはいえないのではないだろうか。

ドラァグ・クイーン（**drag queen**）は，典型的にはパフォーマンス目的で派手な女性服を身にまとう，シスジェンダーで同性愛・両性愛の男性（いわゆるゲイ）のことをさす。まれにシスジェンダーで異性愛の男性や，シスジェンダーの女性が行う事例も出てきているようだ。クロスドレッサーは日常において自分が自然に感じるジェンダーを生活者として表現する人のことだが，ドラァグ・クイーンはあくまでパフォーマーの側面があるところが大きく異なる。

上記のように，性表現は服装に限らず，日常生活における言動の面も含まれるので，じつに多様な世界が広がっている。シスジェンダーで異性愛の男性が女性的なしぐさをする場合もあるし，シスジェンダーで異性愛の女性で男性的な振る舞いをする人もいる。

8-8　“LGBT…”？

LGBT（Lesbian, Gay, Bisexual, and Transgender）という概念がいつから使われはじめたのかについて，参考程度であるが，複数の手法で文献検索すると，この言葉が生まれたアメリカの新聞におけるもっとも古い使用例のひとつは，1994年１月11日の『インディアナポリス・スター』紙の記事のようである。有名紙では『ニューヨーク・タイムズ』紙の2002年９月11日（奇しくも大規模テロの１年後）の死亡欄が初出である。エイズでなくなった人の追悼式が市内の

「LGBT センター」で行われる，という有料告知記事であった。

日本では，『朝日新聞』で2004年，『読売新聞』で2008年に初出例が見られるが，そのあと年間ゼロ，あっても１～２桁という状態が続く。2013年には両紙とも２桁を数えるようになり，『朝日新聞』は2015年から，『読売新聞』は2016年から３桁となる（年間おおよそ200～400未満）。この頃から急速に LGBT という言葉が日本社会で認知されたのがわかる。

LGBT 概念は，同性愛者，両性愛者，トランスジェンダーといった枠組みをこえて性のマイノリティを包括的に表す意図のものであったが，多様な性のマイノリティをじゅうぶんに包摂できていないとして，いろいろな少数者の頭文字を追加することが行われてきた。LGBTQ，LGBTQIAP＋，…といったように。これらの頭文字が何を表すのか，確認しておきたい。

まず最初に追加された “Q” は，**クイア**（**queer**）または**クエスチョニング**（**questioning**）をさす。クイアは1980年代以降，アメリカの思想界で使われるようになった**クイア理論**（**queer theory**）から来ており，もともと「風変わりな，いかがわしい」という侮蔑的な意味を含んでいたが，さまざまな性のマイノリティの連帯を象徴する，前向きの言葉となった。また総称的な言葉でもある。いっぽう，クエスチョニングは，自分の性自認や性的指向に疑問をもっている，あるいは決まっていない，決めていない，といった状況をさす。さらに “I” はインターセックス（I）で，医学用語の DSDs に相当する。“A” はエイセクシュアル（アセクシュアル），“P” はパンセクシュアル（pansexual）を示し，末尾にプラス記号 “＋” がつけられる場合は，「その他，それ以外すべて」をふくむことを意味する。総称としては，あまり長くならないように “LGBT＋” あるいは “LGBTQ＋” とすることもある。

SOGI（**Sexual Orientation & Gender Identity**）という概念も使われている。ソギまたはソジと読み，「性的指向および性自認」の意味であり，「性的マイノリティ」の意味で使うのは誤用である。

では性のマイノリティは人口の中でどれ位の比率を占めるのであろうか。まだ確定的なことは言えないが，電通が2012年以来，複数回にわたって実施している「LGBT 調査」の結果がよく知られている。2020年からは名称が「**LGBTQ＋調査**」になった。一貫して調査規模が大きいため，調査結果はしばしば引用・参照されている。2020年版の場合，日本国内20～59歳の計６万人を対象としている。調査はインターネット上で実施されている。2020年の調査結果によると，LGBTQ＋層と想定できる人の割合は回答者のうち8.9％であったという（電通 2021）。

アメリカでは世論調査で有名なギャラップ社の調査があり，2020年の調査では18歳以上の１万5000人以上のアメリカ人へのインタビューが行われている。“LGBT”のどれかである，と回答した人の割合は5.6％であったという。「ヘテロセクシュアルあるいはストレート」とした回答者が86.7％，そしてこの質問での無回答率は7.6％だったので，“LGBT”以外のマイノリティは無回答を選んだ可能性があるので，上記の電通調査と矛盾するものではない。

ヘテロセクシズムから決別し，全ての性のあり方を排除しないための工夫は人権上も欠かせない。パスポートや各種の公式書類に性別を示す欄がある。シスジェンダーの人は問題ないが，女性か男性かを選ぶのが毎回，苦痛に感じる人もいる。トランスジェンダーの人を含め性別違和（GD）のある人，DSDs で出生時に与えられた性別に違和感がある人，自分の性について疑問をもっている人，あるいは男でも女でもないと認識している人，など様々であろう。性別適合手術をした人，したくない人，するのを待っている人などもいるだろう。そこで日本語ではXジェンダー，英語では agender，nonbinary，questioning，gender fluid，gender queer などの言葉が使われるようになったのであった。この人たちが少しでも苦痛を感じずに性別欄にチェックを入れられるように，カナダでは2017年から“X”というチェック欄が追加された。同時に旅行関係書類，国籍証明書，永住権カードなどにも同様の措置が取られた。

類似の措置はアルゼンチン，オーストラリア，デンマーク，アイスランド，インド，ネパール，パキスタン，ニュージーランドなどのパスポートでも取られている。アメリカ合衆国はトランスジェンダーの人がパスポート上の性別を変更するには性別適合手術を受けたという医療証明書が必要であったが，女性・男性ではない３つ目の選択肢を導入する意向である。インド，ネパール，パキスタンなど南アジアの国々では古くから**ヒジュラー**とよばれる，男でも女でもないとされる人びとが認識されている。DSDs のケースが多いようであるが，この人たちによる裁判の結果，「第３の性」が法的に認められたいきさつがある。日本は戸籍制度があるので，戸籍上の性別記載がそのままパスポートに反映される。前述の通り，戸籍上の性別変更には性別適合手術済の証明が必要である。

ただし性別欄に「第３の選択肢」を追加することは「女・男・第３の性」の３つの性があると考えることを意味するわけではない。じっさい，上記の南アジアの例を別にすると，DSDs 当事者や関係者は社会に対し第３の性を認めろ，と主張するよりは，なるべく出生時には手術をしないで，既存の性別のどちらかを与えておき，成長とともに本人の性自認と向き合いたい，という気持ちが強い人が少なくないと考えられる。性が多様であることが明らかになった時代を生きるに当たって，寛容性と理解力はもちろんだが，すべての個人の内面を尊重する姿勢が問われるようになってきている。

第9章　家族と社会

人間社会にとってもっとも基本的な集団は何かと問われたら，多くの人々は「家族」をあげることだろう。多くの人にとって家族は育った場所であり，帰る場所であり，次の世代を育てる場所でもある。研究対象としての「家族」はけっして単純なものではなく，奥が深い。この章では家族社会学による家族研究の取り組みを概観し，日本の婚姻の歴史や現代日本の家族問題について検討する。

この章の内容

9-1 家族に関する概念

9-1-1 結婚と離婚

結婚は，すべての時代と社会になんらかの形で存在してきた，人類にとってもっとも普遍的な制度のひとつといってよいだろう。**婚姻**（**marriage**）とは，基本的には一組の男性と女性に，長期的な結合関係を法律的・社会的に認める制度である。一夫一婦による**単婚**（**monogamy**）制度を取る社会が多いが，複数の配偶者を認める**複婚**（**polygamy, plural marriage**）も存在する。**一夫多妻**（**polygyny, polygamy**）の場合と**一妻多夫**（**polyandry**）の場合がある。英語のpolygamyは複婚という意味だが，複婚は一夫多妻が圧倒的に多いことから，一夫多妻の意味で使われることも多い。一夫多妻が存在する例としてよく知られているのはイスラーム社会だが，複婚が認められるのは経済力のある男性だけなので，複数の妻がいることは社会的名声を意味するようである。一妻多夫の実例はごく限定的にしか存在しないという。

配偶者の選定は，何らかの社会規範に影響されることが珍しくない。一定の集団，社会，あるいはカテゴリーの中で結婚相手が決まる，あるいは決めなければならない場合がよくあるが，これを**内婚**（**endogamy**）という。内婚のルールがはっきり存在する場合もあるし，結果として内婚的状況が発生する場合もある。交通機関が発達する前は多くの社会で地理上の内婚が通常であったと思われるし，現代でも言語・宗教・人種・民族・国籍に関する内婚はごく一般的であるといえよう。内婚には社会変動をおさえる一面がある。身分制社会では身分による内婚が身分制度を維持する一因になりうるし，身分制のない社会でも社会（経済）階層に関する内婚率が高ければ世代間社会移動を妨げる要因になりうる。なお志田他（2000）によると，第２次世界大戦後の日本では，階層内婚の傾向が著しく小さい反面，学歴に関する内婚率は一貫して高いという。

内婚とは対照的に，配偶者が一定の集団や社会やカテゴリーの外部から選定される場合を**外婚**（**exogamy**）という。外婚の場合は，はっきりとルールが存在していることが多い。外婚は近親相姦を防ぐためのものとする考え方が有力だが，その視点からすると，家族は外婚の最小単位ともいえる。いうまでもなく**近親相姦**（**incest**）とは，近い親族同士が性的関係をもつことだが，人類学的知識によればすべての社会でタブーとされているようだ。文化によっては同姓の相手との結婚を抑制する規範がある（朝鮮半島やかつての中国など）が，これは外婚の一種であるし，村落が外婚の単位となっている地域外婚（geographical exogamy）の例も世界各地で見られる。

婚姻の成立のしかたについては，いくつかの基本的な考え方がある。ひとつは**形式婚**（**formal marriage**）といって，ある形式を満足させることで婚姻が成立するという考え方で，これには宗教的な儀式を済ませることを条件とする**宗教婚主義**と，法律的な手続きを済ませることを条件とする**法律婚主義**がある。日本の場合は，戸籍法に定められた届け出により婚姻が成立すると定められているので法律婚主義である。形式婚主義と対照的なのは**事実婚**（**de facto marriage**）といって，実質的に夫婦としての生活を送っていれば婚姻状態にあると認める法律上の考え方である。日本では，実質的な夫婦として共同生活を送っていても，婚姻届を出していなければ**内縁**関係とよばれる。日本の裁判所は内縁関係にある者を，法的な婚姻関係にある者とほぼ同様に扱う傾向にあるが，配偶者相続権は認められないなど，法的に不利な部分が残っている。

男女が一緒に住むことを**同棲**（**cohabitation**）ともいう。同棲は単に男女が一緒に住んでいる状態，内縁は両者が実質的に夫婦関係にある状態，と区別されることが多いが，その違いはかならずしも明確ではない。人によっては「同棲」は未婚の若年者カップルが共同生活をするイメージ，「内縁」は中高年のカップルが何らかの理由により法的手続きをせずに夫婦関係を続けているというイメージで使い分けているかもしれない。なお英語の“cohabitation”という言葉は，たとえばアメリカ社会の場合，未婚の男女が共同生活することは珍しくなくなったので，わざわざ使われることはあまりなくなった。

夫婦が婚姻を解消することを**離婚**（**divorce**）という。厚生労働省の人口動態統計によれば，2020年の日本における婚姻件数は52万5490件，そして離婚件数は19万3251件であった。離婚件数を婚姻件数で割ると36.8%となり，10組に４組近くが離婚する，と考えそうだが，ある年に結婚するカップルが離婚するかどうかは，この数字からは読み取れないので注意が必要だ。1950年の離婚件数は８万3680件，1990年は15万7608件であったので，増加傾向にあることは間違いない。なお統計上の**離婚率**とは，千人あたりの年間離婚件数をいう。2020年，日本の離婚率は1.57であった。国際比較ではロシアの離婚率が高く，同年，3.9であり，世界でもっとも高い部類に入っている。

9-1-2　家族の構造

よく家族は社会の基本だという。では家族とはいったい何か，考えてみると実はなかなか難しく，定義するのは困難である。家族の定義を考えるときにまず思いつくのが構成員によって家族を規定する方法だ。そこで家族の構造について考えてみよう。現代の日本に住む人は，家族構成の基本パターンを問われれば，父親と母親と子どもという，いわゆる核家族を連想する人が多いかもしれない。子どもの数は１人か２人，多くてせいぜい３人までというのが想像しやすい範囲だろう。**核家族**（**nuclear family**）とは，アメリカの人類学者，**ジョージ・マードック**（**Murdock, George Peter**, 1897-1985）が著書『社会構造』（1949）で展開した概念で，マードックの定義では一組の夫婦と未婚の子からなる家族をいう。欧米社会ではこのような家族類型が主流を占めてきたとされる。彼は核家族は人間社会に普遍的に見られる基本的な単位であると主張した。マードックの議論が世界中に大きな影響を与えた結果，「子どものいない家族」や「ひとり親と子どもの家族」に対して否定的なイメージが付与されることもあったが，現在ではそのような認識は不適切と見なされている。ちなみに，下でも述べるように，日本政府の統計上の分類では，「核家族」に「夫婦のみ」「夫婦と子」「ひとり親と子」の世帯類型が含まれている。

マードックは，子どもが結婚後も親との共同生活を続けるなどして，複数の核家族がオーバーラップしながらひとつの集団を形成するものを，**拡大家族**（**extended family**）とよび，核家族と対比させた。老夫婦が子・孫と同居するなど構成員が世代方向に，タテに拡大する場合もあるし，成人した子ども家族が兄弟とともに住むなどヨコに拡大することもありうる。タテに拡大する場合の例としては，日本のは，**直系家族**（**stem family**）考えられる。家系の跡取りの家族だけが同居していく形態でえある。これについては「イエ」の概念として，後述する。ヨコに広がる拡大家族の例としては，インドに見られる**合同家族**

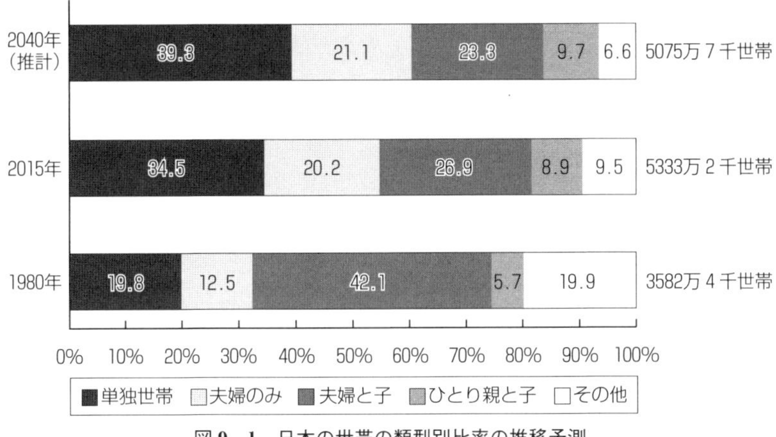

図９－１　日本の世帯の類型別比率の推移予測

（出所）　国立社会保障・人口問題研究所『人口統計資料集』をもとに作成。

(**joint family**)（**複合家族**，**共同家族**ともいう）がある。合同家族とは，両親と複数の息子たち，その妻たち，孫たちがともに暮らすもので，大人数になることも珍しくない。ただしインド都市部では核家族化が進行しており，合同家族は減少しているという。中国でも一部に同様の家族形態が見られるというが，やはり核家族化の進行により激減したようである。

世帯（**household**）という言葉もよく耳にするが，こちらはひとつの住居に一緒に住む人々の集団をさす概念で，血縁関係は問わない。構成人員から「家族」を定義するのはほぼ不可能なので，統計や行政では家族に近似した概念として使われている。

日本の家族形態はどのように変化しているのだろうか。国立社会保障・人口問題研究所は５年ごとに日本の世帯数の将来推計をしており，図９－１は，2018年の公表結果をもとに作成したものである。ここでは一般世帯の類型ごとの比率の推移が予測されている。**一般世帯**とは国勢調査用語で，「住居と生計を共にしている人の集まり，一戸を構えて住んでいる単身者，間借り・下宿などの単身者，会社などの独身寮の単身者」をいい，学校の寮などに起居している人は除く。1980年には42.1％と最大比率を占めていた「夫婦と子」型の核家族世帯は，2040年には23.3％まで縮小するだろうという。「その他」世代も19.9％から6.6％へと縮む。「その他」には３世代が同居する拡大家族が含まれている。逆に大きく増えそうなのが「単独世帯」で，19.8％から39.3％まで拡張するという。「単独世帯」つまり一人暮らし世帯は，2015年段階で既に最大カテゴリーとなっている。「夫婦のみ」および「ひとり親と子」も増えることが予測されている。

「夫婦のみ」という類型は，まだ子どもがいない比較的若い夫婦だけでなく，子どもが巣立っていった後に残された，いわゆる**エンプティ・ネスト**（**empty nest**）の世帯も多く含まれていると考えられる。「ひとり親と子」の類型についても，未婚・離婚・死別・別居などの理由により，母親あるいは父親がひとりで子育てを続けるいわゆる**単親世帯**（**一人親世帯**，**シングルペアレント世帯**ともいう）だけでなく，老齢になって配偶者と死別した親が子どもと住む場合もあると考えられる。このように，それぞれの類型の中でもさらに多様な状況が存在すると考えられるのである。

図９－１の右方にある，各年の総世帯数を見ると，1980年から2015年にかけて増加したことに気づく。日本の総人口は既に減少しつつあるので，世帯の規模が小型化していることになる。2040年の平均世帯人員は2.08人になるだろうという。20世紀後半，日本で家族問題を語るとき，「核家族化の進行」という表現がよく使われていた。これは３世代が同居する世帯が減少していることを意味していた。しかし現在では「夫婦と子」世帯の比率はどんどん下がっているので「核家族化」という表現は正確ではないかもしれない。むしろ「家族構成の多様化」と「世帯の少人数化」が現在の特徴といえるのではないだろうか。

9-1-3　家族の機能

このように，家族にはいろいろな形態があり，「構造」から家族を定義するのは難しいので，視点を変えて家族がはたす「機能」について考えてみよう。**家族の機能**については，パーソンズが機能主義的社会学の立場から唱えた説がとりわけ有名であろう。パーソンズは，究極的には子どもの社会化と，大人の情緒安定化のふたつが家族の基本的な機能だと考えた（Parsons and Bales 1956）。しかしパーソンズは家族内の役割について考察し，男性（夫）は家の外，女性（妻）は家の中という性別分業を当然視していた節がある。これでは家族は，家の外で収入を稼ぐことで権力を握る男性と，家の中で家事や育児サービスを無報酬で提供し続けなければならない女性の役割を再生産し続ける装置でしかない，としてフェミニスト社会学の立場からの批判が出たこともある（Barrett and McIntosh 1982）。このような批判的な立場からすると，家族の「機能」は誰にとって都合がよいのか，またこれらの「機能」を果たすための労力を誰が提供しなければならないのか，などが問われることになる。

家族機能の縮小もしばしば指摘される。かつて家庭は人びとが生産活動を行なう場でもあった。家族をあげて農作業を行なったり，子どもが家の商売を手伝ったりすることが珍しくなかった。しかし現在，仕事は家の外でする人の方が多い。また家族で行なう活動には「食事の準備，食事，食事の後片づけ」「睡眠，昼寝，休息」「娯楽」「掃除と住居の補修」「洗濯，衣料の製作や保管」「育児，子どものしつけと教育」「勉強」「傷病の治療や癒し」など多くのことが列挙できる。ところが現代社会では，これらは家の外で行なわれたり家の外の力が入っていたりするものが多い。食事に関していうと，外食だけでなく，調理済みの食料を購入して家で食べる，中食（なかしょく）も増加しているという。娯楽もテレビやゲーム機，レンタルビデオ，各種娯楽施設など，家族以外の部分に依存する度合いが高い。育児や教育も保育園・幼稚園・学校・塾・予備校など，家の外で行われる部分が大きい。家族はしだいに生産の単位から消費の単位へと移行しているともいえるだろう。

ただし家族機能は縮小する一方かというと，そうでもない。いったん家族の外へ出た機能が家庭に戻ってくる現象も起こっている。そのひとつが**ホームスクーリング**（**homeschooling**）だ。これは，親が家で子どもを教える在宅学校のことだ。基本的に，子どもは学校へ通わない。国公私立学校への就学が徹底している日本ではあまりなじみがないが，1980年代半ばから，アメリカでは全ての州で認められるようになってきた。アメリカの教育省によると，2016年，全米の5歳から17歳までの生徒の約3.3%がホームスクーリングであったという。近年は社会のデジタル化とネットワーク化が進み，**在宅勤務**（**homeworking**）の可能性も広がった。とくに2020年からのコロナ禍では感染抑制のため，各国でリモートワークが多くの職場に導入された。ただそれが今後どの程度定着していくかは不明である。

構造面から考えても，機能面から考えても，家族を普遍的に定義するのは困難なので，近年の社会学では家族概念の定義には特にこだわらなくなってきている。しかし社会学にとって家族の研究がきわめて重要な部分であることに変わりはない。現在の社会学では，どんな集団を家族と規定するかを考えるのではなく，むしろ多様な家族のあり方をそのまま受け入れ，研究が進められている。

9-1-4　ライフサイクルとライフコース

家族の中で展開される人々の一生は，幼年期，児童期，青年期，中年期，高年期などを経て死亡にいたる一連のプロセスとして見ることができる。同様に，ひとつの家族が出現してから消滅するまでは，核家族の場合，夫婦の結婚，新婚時代，子どもの出産，育児期，子どもの独立，残された中高年の夫婦だけの生活期，そして夫婦のうち一方の死（さらに残ったもう一人の死）という一つの典型的プロセスがあると考えられる。このような生活周期のことを**ライフサイクル**（**life cycle**）といい，それぞれの段階のことを**ライフステージ**（**life stage**）という。こういった考え方は，もともとは生物の生態を分析するための概念であったが，社会科学において，また行政が政策を立案する際にも，さらにビジネスにおける商品開発においても利用可能性が高く，広く応用されてきた。夫婦の結婚による（核）家族の出現→子どもの誕生による拡大→子どもの独立による縮小→夫婦どちらかまたは両方の死による消滅，という周期で家族の変化をとらえると，家計における所得と消費の問題や，家族が必要とする住宅のタイプや広さ，家族成員が分担する役割などをより動的に把握できるようになる。

家族や個人の一生を発達段階によってとらえるライフサイクルの考え方は，多くの研究を開花させたが，ある「標準的な」人生周期を想定するので，家族形態が多様化している現状には対応しにくくなっている。日本でも単親世帯や単身世帯などが増加傾向にあり，離婚・再婚により家族構成が変化する例も増えている。いわゆる「できちゃった婚」も，同棲や内縁も，ライフサイクル論の想定外である。そこでより注目されることになったのがライフコースという視点だ。**ライフコース**（**life course**）の考え方では，個人の人生を，その人が通り抜けていく一連の社会的役割の連続体として見る。人生についての抽象的かつ標準的なモデルを作る，といったことを目標としない。むしろ，個人の人生が，社会における歴史的出来事や文化的要因とのかかわりをいかにもつか，といったことに関心が払われる。アメリカの家族社会学者，**グレン・エルダー**（**Glen Elder,** 1934-　）がこの視点を先導的に開発した。たとえば『大恐慌の子どもたち』（1974=1997）においてエルダーは，アメリカのいろいろな年齢層（下記の「コーホート」）の子どもたちが，1929年の大不況をどのように受けとめたのか，またその経験が彼らの後の人生にどう影響したのか，等について詳しい分析を行っている。ライフコースというと，家族というより個人の人生に焦点が当たるように思えるが，人の人生において家族での経験はきわめて重要な意義をもっており，そのような意味でもライフコースは家族研究に大きな影響を与えている。

ライフコースの考え方を質的方法によって展開させたものに，**生活史**あるいは**ライフヒストリー**（**life history**）がある。調査者が，深みのある聞き取り調査によって，調査対象である生活者の人生について聞き出すという手法が取られることが多いが，手紙や日記の分析という手段が使われることもある。生活者自身の主観を重視する方法である。ライフコースの展開の仕方は多種多様であるが，それを量的に把握するときの有力な観点が**コーホート分析**（**cohort analysis**）である。コーホート（cohort）というのは，人びとを年齢集団別に分けたときの，同年代集団をいう。コーホートによってライフヒストリーがどのように展開する傾向にあるのかを明らかにする。

なお，家族研究からはやや遠ざかるが，コーホート分析の延長上にあって一般になじみが深いのは**世代論**で，日本でも「団塊の世代」「新人類」「団塊ジュニアの世代」「新人類ジュニア」「ゆとり世代」「さとり世代」など，社会・経済・文化環境や歴史的出来事などの共有体験から人びとの行動様式や価値観を説明しようとする考え方がある。

9-2　日本における結婚と家族

9-2-1　結婚相手の選定

日本における結婚は，「昔は見合い結婚が多かったが，最近は恋愛結婚が主流だ」と認識している人が多いのではないだろうか。そのため，恋愛結婚を現代的な習慣として理解している人がいるかもしれない。しかし平安時代までは，夫婦の共同生活を嫁方で始める，いわゆる**婿入り婚**が一般的であった。男性が女性のもとへ通う**妻問婚**（つまどいこん）も，広い意味では婿入り婚の一種である。妻問婚において，男性が夜に女性のところへ通う行為をよばいといった。婿入り婚は当人同士の自由な恋愛感情に基づく婚姻で，村の中で相手を見つける**村内婚**が基本であった。「婿入り」婚といっても一定期間がたつと夫の住居へ移動することが多かったので，当時の日本が母系社会だったわけではない。ただし関口ら（1998）によると，貴族層などでは10世紀初頭，一般庶民では11世紀後半から12世紀初頭にかけて家父長制家族および夫が妻を支配する単婚が成立するまでは，妻の性は夫以外の異性に閉ざされておらず，婚姻関係は気の向いている間だけ継続していたのだという。

鎌倉・室町の武家社会になると，武家社会を中心に，村の外から嫁を迎える**嫁入り婚**が増えた。家柄・家格・財産などを考慮して，親や親族が配偶者を探すので，嫁入り婚は**村外婚**が中心となる。当人の意思はあまり反映されなくなり，婚姻の時まで相手の顔を見ない場合もあったという。江戸時代になると，婿入り婚は支配層からは姿を消し，嫁入り婚は庶民の間でも珍しくなくなった。

明治時代になると，1898年施行の民法によって，妻は婚姻によって夫の家に入ると規定され，嫁入り婚が公式な婚姻形態とされるようになり，同時に親（戸籍上の戸主）による承認のない婚姻は認められなくなった。未婚男性が未婚女性のところへ通うことは前近代的で不道徳な行ないと位置づけられ，よばいの習慣はすたれた。その結果，大正・昭和初期は見合いによる嫁入り婚が主流となった。しかし第２次世界大戦後の新憲法が婚姻を「両性の合意のみに基づいて成立」すると規定し，それにともなって民法も改正された結果，当事者の意思によってのみ婚姻がなされるようになった。

見合い結婚と恋愛結婚の比率については，国のデータにより1930年代以降の変化を見ることができる。図９-２は，出生動向基本調査のデータをもとに作成したものだ。これを見ると，1930年代には見合い結婚が約７割を占めていたが，その後恋愛結婚の比率が増え続け，1965〜69年頃には恋愛結婚の比率が見合い結婚を上回った。比率の逆転が高度経済成長の真っ只中に起こったことは

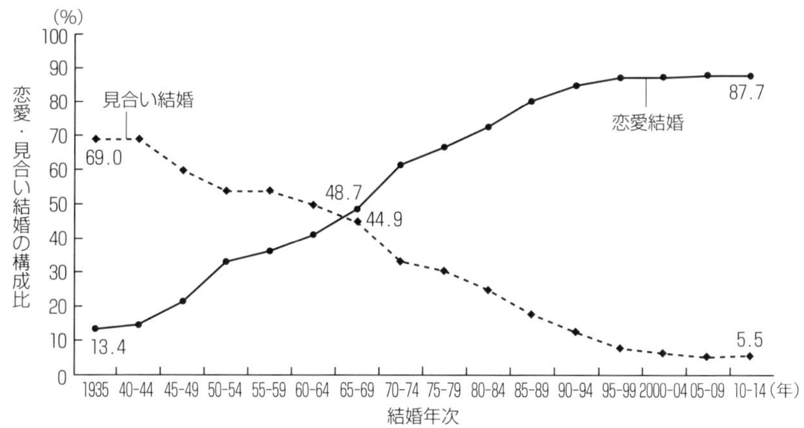

図9－2　恋愛結婚と見合い結婚の推移

（出所）厚生労働省「出生動向基本調査」。

興味深い。1995年以降の見合い結婚は，1割以下に減少している。この1割弱の「見合い結婚」の人々も，親に決められた結婚をしているわけではない。

現代の「見合い」は，第三者を介した配偶者探しという意味合いに変わってきている。知り合いや親戚のネットワークや，ネットやイベントを活用する商業サービスで相手を紹介してもらうことが現代の「見合い」である。このような配偶者捜しの活動を，家族社会学者の山田昌弘（1957-　）は**婚活**と名づけた（2007）（ただし「結婚活動」という表現そのものは，1993年6月2日朝日新聞朝刊の記事に登場している）。かつての結婚は家柄や家格などを問い，家と家の間でなされる面が濃厚であったが，現代の結婚では法制度上も実態として個人同士の結婚という色彩が強くなっているといってよいだろう。

9-2-2　イエ制度と戸籍

主に江戸時代に形成された日本の家族形態を**イエ制度**とよぶ。典型的には家長（かちょう）夫婦と跡継ぎになる子の夫婦の2世代，そして孫がいれば3世代が同居するもので，マードックのいう拡大家族の一種ともいえる。イエの最大の使命は家名を永続させていくことであり，家長はイエの中で強力な権力を握り，家名を継ぎ，財産を集中的に相続した。この点，すべての子どもに平等に財産が相続される中国とは対照的といえよう。また，跡取りとなる子の夫婦だけが親と同居を続ける点も前述の合同家族と異なっている。イエにおける跡取りは必ずしも長男とは限らず，能力的に優れた弟が選ばれることもあったし，跡取り娘に婿を迎えてその夫婦に継がせることもあった。父系－長男のラインで家名を続けることが好ましかったが，それが絶対原則というわけではなかった。

明治時代になると，1898（明治31）年に民法が施行されて日本の家族のありかたに変化が生じた。すぐ上で江戸時代の家族形態を「イエ制度」と表記したが，本書ではこれが明治民法によって若干変容したものを「家制度」と書き分けることにする。家長は，家制度においては**戸主**とよばれるようになり，その強力な権限と権力が法的に規定された。たとえば財産については，イエの場合，連続していくイエそのものが集合体として保有し，家長はそれを管理するというニュアンスがあったが，明治民法においては戸主が家の財産を個人として保有することが規定された。結婚に関しても，両家の戸主の同意がなければ成立しないこととされた。戸主はひとつの家に一人とされ，戸主権の相続は長男が最優先されることが明確に規定された。また家制度における戸主は家族の扶養だけでなく，徴税や徴兵など，行政の末端も担当した。このようにして家制度は国家が国民を統制する手段となり，やがて日本が軍国主義化するのにともない，全国民を戦争に動員するための有力な道具として使われた。第２次世界大戦後は日本国憲法が制定され，民法も改正され，家制度は完全に廃止された。

明治後半から第２次世界大戦敗戦までの女性に対する教育（いわゆる「女子教育」）においては，家事や育児を高水準で遂行できる女性を育成することが理想とされた。いわゆる**良妻賢母**の考え方である。良妻賢母思想は，女性の役割を家の中におしこめ，その行動を道徳的に束縛した。さらに深谷昌志（1998）

英語コラム８　見合い結婚

和英辞典では見合い結婚のことを “arranged marriage” としている場合が多い。しかしこの表現には注意が必要だ。他者がアレンジした結婚，つまり「親によって決められた相手との結婚」というニュアンスが強いからだ。武家社会の嫁入り婚であればこの表現はぴったりだが，本文中で述べたように，第三者の紹介（“match-making”）により相手と出会うことをさす現代日本社会の「見合い結婚」の場合は不適切と考えたほうがよいだろう。

のように，国粋主義が進行する日本において，良妻賢母としての生き方は，国家的な重要な責務として位置づけられた，と指摘する見解もある。

日本の**戸籍**制度についてもふりかえっておこう。もともと戸籍は中国で作られたといい，人民を登録する台帳であった。日本では670年に作成された**庚午年籍**が全国的規模で作成された最初の戸籍であったとされている。戸籍は11世紀には廃絶したが，江戸時代に登場した**宗門人別改帳**は戸籍に類似した台帳と考えられる。時代によってその性格は変化したが，基本的には為政者が人民を統制するためのデータベースであったことに変わりはない。明治維新後，1872年には**壬申戸籍**として戸籍が全国規模で復活する。1898年に施行された戸籍法では，同じ戸籍に記載された者がひとつの「家」を構成することが規定され，同年施行の民法とともに，家制度の法的基盤をかたちづくった。

第 2 次世界大戦後にできた新しい戸籍法においては，1 組の夫婦と，**氏**を同じくする未婚の子で戸籍を編成する原則が採用され，3 世代以上が一つの戸籍に入ることはなくなった。現在の戸籍制度は個人の身分関係（親族関係）を明確にするための公文書でしかないが，医師・看護師・教職・栄養士などの公的資格の免許申請時や，パスポート申請などに戸籍の事項証明書（戸籍の電子化以前は謄本や抄本などとよばれた）が必要であり，重要な制度であるとの認識が国民に広くいきわたっている。家制度が廃絶された現在も，戸籍制度の存在は，日本人が抱く「家族」や「結婚」のイメージに大きな影響を与えている。法的な婚姻手続をすることを，日常語で「籍を入れる」「入籍する」，また離婚手続きを取ることを「籍を抜く」と表現するのはそのあらわれであろう。また夫婦とその未婚の子によって戸籍が形成される場合が多いので，核家族が標準的な家族形態であるというイメージが強調されている可能性もある。なお，1990年代はじめからの俗語表現で離婚 1 回経験者のことを「バツイチ」とよぶが，これはかつて戸籍上の記載が抹消されるときに当事者の名前に×印が記入されたことに由来している。現在の戸籍業務は電子化が進されており，×印は使われてない。なお日本国民にとって戸籍制度はなじみが深いが，日本と同種の戸籍制度が運用されているのは韓国と台湾だけ，とされている。中国にも戸籍はあるが，農村人口の都市部への移住を制限するのがその主な運用目的である。

9-2-3　核家族／専業主婦モデル

家名の存続を最重視し，しばしば数世代が同居し，家長が絶大な権限をもち，長男が優先的にその権限を相続する，日本の伝統的家族形態は，憲法・民法・戸籍法などの法的環境が一変したことや，社会情勢の変化により，第２次世界大戦後は急速にすたれていった。かわりに台頭したのが核家族であるが，その背景には日本の高度経済成長があった。

戦後の日本は加工貿易型の経済発展をするようになり，製造業を中心に労働力の需要が高まった。その結果，農村の若年人口が都市に流入して人口の都市集中（および農村の過疎化）が起こった。都会ではさらに建設・運輸・商業・各種サービス業など各分野において人手を必要とし，人口集中に拍車がかかった。都市部では住宅開発が進むが，住宅事情は悪く，大人数の同居自体が困難になった。いっぽうで「欧米型」と考えられた核家族は旧来の日本の風習から脱却した近代的な家族モデルととらえられ，都会に住む夫婦たちは「マイホーム」や「マイカー」を手に入れることを目標とするようになった。

核家族が理想モデルとして想定されるなか，男性の場合は，就学期間中はなるべく偏差値の高い大学をめざす選別システムの中で競争し，ローンで購入したマイホームから都心の職場へ通勤し，家事と育児を妻にまかせ，ひとつの就職先（とくに大会社の場合）でサラリーマンとして定年まで働く，というパターンが典型的ライフコースと考えられるようになった。女性の場合は，学業を終えた後数年間企業などで勤めたあと退職して結婚し，家庭に入ってからは専業主婦として家事と育児に専念し，その後パートタイムで職場復帰するパターンがひとつのモデルとなった。

会社のため献身的に働くサラリーマン男性には，「モーレツ社員」「企業戦士」「会社人間」などのレッテルがはられるいっぽう，女性にもステージに応じてさまざまなレッテルが用意された。周辺的かつサポート的な仕事を担当する若い女性は，「OL」という和製英語でひとつのカテゴリーとみなされた。また彼女たちは職場の男性たちから集合的に「女の子」とよばれる（「ウチの女の子」「女の子の仕事」などの用法）ことも珍しくなく，「職場の花」として扱われる風潮もあった。彼女たちが結婚を理由に会社をやめることは「寿退社」として祝福される反面，結婚せずに会社に残り続けるOLは「お局さん」として煙たがられる風潮も出現した。

なお，核家族世帯や単身世帯が増加することにより，３世代が同居する拡大家族世帯は減少しているが，1975年に，ある住宅メーカーが二世帯住宅を商品化し，その後他メーカーもこれに追随した。二世帯住宅は一軒の家の中で老夫婦と若年夫婦家族がそれぞれ独立性を保ちつつ住めるよう設計がされており，現在の日本では住宅選びの選択肢の一つとして定着している感がある。直系家族の伝統もあるが核家族志向も強い日本の特色が出た住居形態といえそうだ。

9-3　多様化する家族

9-3-1　国際結婚

国籍の異なる人どうしが結婚することを**国際結婚**（**international marriage**）という。世界的に国際結婚は増加していると推測できるが，ここでは日本人の国際結婚の現状を見る。日本人の国際結婚というと，都会の日本人女性と欧米人男性の結婚を連想する人もいるだろうが，実はこれは代表的なパターンではない。

表９－１は，厚生労働省のデータをもとに，1965年・2000年・2019年における日本人（ここでは日本国籍者という意味）の国際結婚の状況をまとめたものである。1965年は第１回東京オリンピックの翌年で，高度経済成長の真っ只中であった。日本人の婚姻総数のわずか0.4％が国際結婚であった。合計4000組強であるが，その４分の３が日本人女性と外国人男性の結婚であった。日本人女性の結婚相手は半分以上がアメリカ人男性であった。ここに「日本人の国際結婚」の原型イメージがあったといえる。

その後高度経済成長と冷戦，バブルの時代などを経た2000年は経済の足踏み状態が続いていたが，日本人の年間婚姻件数は晩婚化や非婚化の影響もあり，1965年の約95万組から約80万組へと減少した。しかし国際結婚は９倍近くまで増えた。しかも注目すべきはその内訳で，「夫が日本人で妻が外国籍」の割合が８割近くであったことだ。相手の出身は韓国／朝鮮，中国，フィリピン，タイなどのアジア諸国が約９割を占めていた。そして2019年。これは日本がコロナ禍に見舞われる直前の年である。年間婚姻総数はさらに減少して約60万組で

表9－1　夫婦の国籍別に見た婚姻件数の推移

年		1965年	2000年	2019年	
日本人の婚姻総数		954,852	798,138	599,007	
日本人の国際結婚総数		4,156(0.4%)	36,263(4.5%)	21,919(3.7%)	(　)内は婚姻総数に対する比率
夫は日本人で妻が外国籍		1,067(25.7%)	28,326(78.1%)	14,911(68.0%)	(　)内は国際結婚総数に対する比率
妻の国籍	韓国・朝鮮	843(79.0%)	6,214(21.9%)	1,678(11.3%)	(　)内は夫日本人の国際結婚数に対する比率（以下同様）
	中国	121(11.3%)	9,884(34.9%)	4,723(31.7%)	
	フィリピン	…	7,519(26.5%)	3,666(24.6%)	
	タイ	…	2,137(7.5%)	986(6.6%)	
	アメリカ	64(6.0%)	202(0.7%)	286(1.9%)	
	イギリス	…	76(0.3%)	52(0.3%)	
	ブラジル	…	357(1.3%)	318(2.1%)	
	その他の国	39(3.7%)	1937(6.8%)	3,202(21.5%)	
妻は日本人で夫が外国籍		3,089(74.3%)	7,937(21.9%)	7,008(32.0%)	(　)内は国際結婚総数に対する比率
夫の国籍	韓国・朝鮮	1,128(36.5%)	2,509(31.6%)	1,764(25.2%)	(　)内は妻日本人の国際結婚数に対する比率（以下同様）
	中国	158(5.1%)	878(11.1%)	917(13.1%)	
	フィリピン	…	109(1.4%)	265(3.8%)	
	タイ	…	67(0.8%)	37(0.5%)	
	アメリカ	1,592(51.5%)	1,483(18.7%)	989(14.1%)	
	イギリス	…	249(3.1%)	233(3.3%)	
	ブラジル	…	279(3.5%)	332(4.7%)	
	その他の国	211(6.8%)	2,363(29.8%)	2,471(35.3%)	

（出所）「人口動態統計」データを元に作成。

あった。そのうち国際結婚は3.7%であった。やはり「夫が日本人」の組み合わせが過半数を占め，アジア人女性が結婚相手の大部分であった。なお日本人の国際結婚数がいちばん多かったのは2006年で，４万4701組であった。同年の婚姻総数は73万973組であったから，6.1%を占めていた計算になる。

日本人男性がアジア国籍の女性と国際結婚するケースが多い，という現象の要因の一つが，「嫁不足」といわれる現状である。簡単にいうと，過疎化の進む農村（漁村や離島も）からいったん都会に出た若い女性は田舎に帰りたがらない。しかし男性は，少子化のため，一人っ子や長男が多く，家の農業を継ぐ立場にある。そのため結婚相手を探すのが困難な農家の未婚男性は少なくない。さらに遠因として人口学的背景も考えうる。第17章に示した日本の人口ピラミッド（図17-3）を見てもわかるように，日本の総人口は女性の方が男性より多い。これは女性の平均寿命が男性より長いためだが，人間の出生時の男女比は，日本に限らず一般に105：100程度で，男児の方が多いとされる。そのため，日本では50歳前後までの年齢層においては女性がやや少なく，男性にとって結婚に不利な環境となっているのだ。

9-3-2　同性婚

多様化する家族形態の中でも各国で社会の反応を二分しているものに**同性婚**（**same-sex marriage**）がある。長い間，結婚は異性間で行なわれるものとの前提があり，そこに異議がはさまれることはまずなかった。しかし1960～70年代以降，欧米を中心に同性愛者の人権が確立されてくると，しだいに同性愛者間での婚姻を認めてほしいとの声も高まってきた。パートナーとの安定的で長期のコミットメントを自他共に認める，結婚という制度から排除されていることへの不満が強くなったのである。また一般に，結婚すると税制上の優遇措置を受けられたり，結婚相手の遺産の相続権が発生したりする国が多いが，同性愛者はそれらの権利を享受しにくい現状も指摘されてきた。しかし同性婚には強い違和感を覚える人々もいるし，宗教界からの反発も強い。キリスト教の場合，カトリックは同性婚に反対の立場だが，プロテスタントの中でも反対派と容認派があり，意見が分かれている。

世界で最初に同性婚が合法化されたのはオランダで，2001年のことであった。その後，合法化された国が増加し，2021年現在，全国あるいは一部地域で合法化されている国や地域は，ベルギー，スペイン，カナダ，南アフリカ，ノルウェー，スウェーデン，ポルトガル，アイスランド，アルゼンチン，デンマーク，ブラジル，フランス，イングランドとウェールズ，ウルグアイ，ニュージーランド，スコットランド，ルクセンブルク，グリーンランド，アメリカ，アイルランド，コロンビア，フィンランド，マルタ，ドイツ，オーストラリア，オーストリア，台湾の29か国で，スイスがこれに加わろうとしている。

また「パートナー法」や「シビル・ユニオン法」などの名称により，異性間の婚姻と区別したうえで事実上の同性婚を認める制度をもつ国や地域もある。イスラエル，キプロス，ギリシャ，などである。

現在の日本では同性婚は認められていない。同性婚の合法化を求める声は存在するが，それが政治的なうねりをもって国会を動かすまでにはいたっていない。また憲法の結婚に関する規定は第24条にあり，「婚姻は，両性の合意のみに基いて成立」するとされており，異性婚が前提となっている。したがって同性婚を合法化させるには憲法改正が必要になる可能性が高く，ハードルが高いといえる。性同一性障害者特例法（性同一性障害の性別の取扱いの特例に関する法律）においても「現に婚姻をしていないこと」が，性別変更の条件に含まれている。これは結婚している人が性別変更すると，同性同士の婚姻状態が発生するためで，日本における法体系が同性婚を認めていないことがよくわかる。2015年３月31日に東京都渋谷区議会が同性カップルに対して「パートナー」であることの証明書を発行する条例が可決され，注目された。証明書を持つ同性カップルは夫婦と同様の扱いをするよう同区内の不動産業者や病院に求めるなどするという。ただしこの証明書に法的な効力があるわけではなく，憲法上の婚姻とは別の制度だとされている。

同性婚は，夫婦と家族についての伝統的な認識について考え直すことを余儀なくさせる。従来の家族社会学では，親の目から見た**生殖家族**（**family of procreation**）と，子どもの目から見た**定位家族**（**family of orientation**）というふたつの基礎概念が使われてきた。よく「人は一生の間にふたつの家族を経験する。ひとつは自分が生まれ育った定位家族，もう一つは自分が結婚して子どもを産み育てる生殖家族である」というような説明がなされてきた。定位（orientation）とは「方向づけ」という意味で，人は自分が生まれ育った家族において基本的な社会化を受けるので，ものの考え方や価値観，生活習慣などの基礎的な行動の傾向がそこで決定される，と考えられている。また定位家族という概念には，人はどの家族の一員として生まれてくるかを選択できないが，どの家族の一員として生まれてくるかは後の人生に大きな影響を与える，というニュアンスがある。

同性婚に関しての反対論者の中には，同性婚カップルが子ども（実子の可能性も養子の可能性もある）を育てることへの反対を表明する人もいる。彼らは同性婚の家族で育った子どもは同性愛者になるのではないか，との懸念を表明することが多い。これは家族の定位機能に着目した懸念だといえよう。ただしこの懸念について実証的な確証があるわけではない。

9-3-3　選択的夫婦別姓問題

選択的夫婦別姓問題（あるいは単に**夫婦別姓問題**ともいう）とは，結婚した男性と女性が，それぞれ結婚前の名字を名乗ることを認めるべきかどうかについての論争をいう。現在の日本では，民法上，結婚したカップルは夫婦どちらの姓を名乗ってもよいが，どちらか一方の姓を選択しなければならない。「選択的」夫婦別姓というのは，夫婦別姓を原則とするわけではなく，希望する場合は別姓を認めようとする考え方である。

夫婦別姓を要望する理由としては，社会で活躍し認知されている女性が，結婚して姓が変わると仕事の上で不都合が生じる場合がよく引き合いに出される。なかには，もとの姓に愛着がある場合もあるかもしれない。反対意見としては，統一された姓は家族のきずなであり，それがなくなると家族の一体感が消え，家族が崩壊する，との意見や，個人主義が過度に助長される，などの意見がある。

1996年には法制審議会が選択的夫婦別姓制度を導入するよう答申したことがある。この答申は，夫婦は婚姻の際に同姓か別姓かを選択できるようにし，別姓夫婦の子どもは，全員，婚姻時に決めておいたどちらか一方の姓を名のる，などの内容であった。しかし自民党内を中心に，強い反対意見もあり，国会への法案提出は見送られた。法制審議会というのは法務省が設置する審議会で，法律関係の諸問題について専門家を招き，調査・審議してもらう機関だが，その答申は尊重されることが多い。その法制審議会の答申が結果的に廃案になったのは，選択的夫婦別姓の導入に対する反対意見も強いことを意味する。

他国の情勢を見ると，アジア諸国では，中国と韓国においてはもともと結婚によって妻が改姓する習慣がなく，伝統的に夫婦別姓が普通とされる。また欧米諸国においては法的に夫婦同姓が義務づけられている国はあまりない。したがって選択的夫婦別姓問題は，基本的に国内論争の色彩が強い。

9-4　家族における諸問題

9-4-1　家事・育児に関する問題

家事や育児は家族生活の重要な要素だが，仕事と両立させようと思うと大変だ。日本では家事や育児の大部分を妻／母親が分担しているのが現状だ。総務省が５年に１回行っている「社会生活基本調査」の，2016年度調査結果によれば，10歳以上の人が家事関連（家事，介護・看護，育児，買い物）に費やす時間は，女性は１日あたり３時間28分，男性は44分で，大きな開きがあった。同年，夫婦の家事関連時間を日米で比較すると，日本では夫が１時間23分，妻が７時間34分であるのに対し，アメリカでは夫が３時間25分，妻が６時間１分と，かなりの隔たりがある。もっとも日本の男性の全てが家事や育児を嫌がっているとは限らず，勤務時間や通勤時間の長さが影響しているケースもあるだろう。もしコロナ禍が収まって在宅勤務の時間が増えれば，もう少し日本の男性も家事や育児に参加するかもしれない。

育児について考えると，本章で見てきたように家族形態は多様化しているが，共働きで子どものいる夫婦，あるいは子どもを望む共働きの夫婦，シングルマザーやシングルファーザーなどにとって，それぞれ仕事と育児の両立は切実な問題である。かつて日本社会では同居の，あるいは近くに住む祖父母が子どもを預かったり，近所で子どもを預けあったりすることが珍しくなかった。しかし３世代同居が減少し，地域コミュニティの弱体化も指摘される現在，そのようなことは困難になりつつある。そこで保育所に子どもを預けようとする人が多いのだが，なかなか保育所の定員に入りきれない。いわゆる**待機児童**の問題である。もともと保育所（一般には保育園ともいう）とは，保護者が就労などの理由で子どもの保育ができない場合，０歳からの子どもを対象に一日原則８時間の保育を行う「児童福祉施設」である。利用申し込みがあれば，市町村は原則として応じなければならないことになっている。厚生労働省によると，保育所の総定員数の増加などの施策により，2020年４月１日時点での待機児童数は減少したものの，１万6772人という状況であった。翌2021年４月１日には5634人と著しい減少が見られたが，これはCovid-19の感染に対する不安から，多くの人が子どもを預けることを控えたことの影響だと考えられる。また仕事を失い，子どもを預けることも諦めた人がいる可能性もある。

いっぽうの幼稚園はどうだろうか。稚園は満３歳からの子どもを対象に１日に４時間を標準とした教育を行う「学校」なので，性格が異なる。おそらく少子化と保育所利用者のダブルパンチを受け，幼稚園の利用は減少し続けており，閉園も目立つ。2001年４月には全国で国公私立あわせて１万4375園あったのが2021年４月には9421園となり，20年でおよそ３分の２に減少した。

幼稚園は定員が充足できず，保育園は定員が足りない状況を受け，厚生労働省（保育所を管轄）と文部科学省（幼稚園を管轄）は幼稚園と保育園の機能をあわせもった「**認定こども園**」という総合施設を展開している。2015年に1943園がはじめて開園し，その後順調に増加して2021年４月には6269園になっている。

働く男女が，育児や介護のために仕事を休めるよう立法化されたのが育児・介護休業法（育児休業，介護休業等育児又は家族介護を行う労働者の福祉に関する法律）である。1991年に育児休業法として成立して以来，改正を重ね，育児や介護のための休業がしやすいようになっている。ただし制度を利用するのは女性が多く，男性の利用者は少数である。厚生労働省の雇用均等基本調査によると，2017年10月１日から翌９月30日までの１年間に，在職中に出産した女性のうち，2019年10月１日までに育児休業を開始あるいは申出をしている人の割合は83.0％であった。これに対し，同時期に配偶者が出産した男性は7.4％にすぎなかった。男性が育児休業をとらない理由として，育児を女性に任せがちな男性の意識もあるが，職場や同僚に迷惑をかけたくないという気持ちや，復帰後に立場が悪くなるのではという懸念もあると考えられる。さらに有期契約労働者（契約社員）の取得率は，出産した女性が77.5％，配偶者が出産した男性が3.07％で，一段と低く，労働・育児・介護環境が厳しい状況がうかがえる。

育児に関しては，**児童虐待（child abuse）**の問題も深刻である。厚生労働省のとりまとめによると，全国の児童相談所によせられる児童虐待の相談件数は，1990年に約1100件であったが，2019年には19万3780件に激増している。2000年には児童虐待防止法（児童虐待の防止等に関する法律）が施行されたが，残念ながら児童虐待の数が減る状況にはない。これらの数字は相談件数だが，被害実数はそれを上回る可能性がある。ひとつひとつの虐待事例には個々の背景があるが，児童虐待の増加という事実には，日本社会において困窮する家族，機能しきれなくなっている家族，そして孤立する家族の存在が見え隠れしている。

9-4-2　格差／高齢化社会における家族・家族のこれから

格差の拡大が指摘される日本だが，それは家族にもあてはまりそうだ。20世紀後半の日本で作られ，維持されていた家族像は，すべての家が裕福というわけではないが，とりわけ貧乏でもなく，似たりよったりの消費生活を送っている，という均質感の漂うものだった。21世紀初頭，これが少しずつ崩れつつあるように見受けられる。

数字を見てみよう。まず家族レベルでの格差拡大を物語る指標のひとつに，生活保護の被保護世帯数の増加がある。国立社会保障・人口問題研究所の計算によれば，1992年以降，被保護世帯数はほぼ毎年増加し続けている。1992年は約58万6000世帯であったが，2018年は約163万7000世帯であった。これは全世帯数の3.2％に相当するという。なお前年は約164万1000世帯で，戦後の最高値であった。また金融広報中央委員会が実施する「家計の金融行動に関する世論調査」によると，2020年の調査では「金融資産を保有していない世帯」（運用のためもしくは将来に備えるためのお金を保有していない世帯）は16.1％であったという。経済的苦境に立たされている世帯が少なくない，というのが今の日本社会の実態と言わざるをえない。

高齢者世帯の増加についても確認しておきたい。表９－２は厚生労働省の，2019年度の国民生活基礎調査のデータから作成したものである。この間，世帯の小規模化が進行したので世帯総数が約1.4倍に増えているが，「65歳以上の者のいる世帯が世帯総数に占める割合」は1.9倍に増えている。しかしその内訳をみると，三世代世帯は激減しており，単独世帯（つまり独居老人）や夫婦のみ世帯の比率が増加しているのがわかる。

地域社会の人間関係の希薄化もあって，家にこもりがちな独居老人も少なくない。2010年には NHK が単身世帯・孤独死・無縁墓などが増加しつつある日本社会を「**無縁社会**」と称し，制作したドキュメンタリーが注目を集めた。

家族をめぐる状況はどんどん変化している。世帯の少人数化や世帯構成の多様化も当分の間は進行するだろうし，家族の機能は縮小し続けるように見える。

表９－２　高齢者世帯の割合

	世帯総数	65歳以上の者のいる世帯が世帯総数に占める割合	65歳以上の者のいる世帯の内訳					
			単独世帯	夫婦のみ	親と未婚の子のみ	三世代世帯	その他	65歳以上の者のみの世帯
1986年	3,754万４千世帯	26.0%	13.1%	18.2%	11.1%	44.8%	12.7%	23.9%
2019年	5,128万５千世帯	49.4%	28.8%	32.3%	20.0%	9.4%	9.5%	58.1%

（出所）　厚生労働省「2019年　国民生活基礎調査の概況」より作成。

医療技術の発達による影響も大きい。たとえば人工授精の技術について考えてみると，この技術は，不妊治療の方法の一つとして利用されるだけでなく，「精子バンク」などで第三者が提供する精子による受精も可能にした。人工授精によるシングルマザーはアメリカなどでは認められているし，死亡した男性の凍結精子から子どもが誕生する，ということも技術的には可能だ。また医学的理由により妊娠できない女性の卵子と配偶者の精子を体外受精させ，受精卵を第三者の子宮で妊娠させてもらう，「代理母出産」の技術も存在する。医療技術の著しい発達により，生物学的親子関係と社会的・法律的親子関係が必ずしも一致しなくなってきており，より一層の議論が望まれる。

家族をめぐっては，ドメスティック・バイオレンス，虐待，しのびよる貧困など，問題も山積している。しかし現代社会において，家族が人びとにとってきわめて重要な存在であることに変わりはない。家族は多くの人にとって人生の出発点であり，帰る場所でもある。家族像は変容していくかもしれないが，社会の基礎であり続けることだろう。

■この章の推薦文献■

家族社会学の入門書に関しては，たとえば

井上眞理子編，2010，『家族社会学を学ぶ人のために』世界思想社.

があり，「家族」について社会学的な理解を深めるのに適している。

英語のウェブサイトで，

Kearl's Guide to the Sociology of the Family

というものがある。これは米国テキサス州のトリニティー大学の Michael Kearl 氏が運営しているもので，家族社会学に関する基本的な項目を多岐にわたってカバーしている。検索エンジンで "kearl's guide" と入力すればすぐ出てくるはずだ。

第10章 社会的逸脱論

すべての人がすべての決まりをいつも守る社会など存在しない。誰もが何かの決まりを破ったことはあるはずだし，人がよく守る決まりもあれば無視されがちな決まりもある。人びとが決まりに忠実だと秩序は維持しやすいかもしれないが，変化は生まれにくく，社会は停滞してしまうかもしれない。かといって無秩序状態では社会は成立しない。このような意味で社会的逸脱の研究には重要な意義がある。社会的逸脱論は社会学の中でも歴史のある分野で，欧米の大学では社会学系統の授業の中で人気科目の一つとなっている。

この章の内容

10-1　逸脱という概念について

逸脱（**deviance**）とは規範を破ること，あるいは規範から外れることをいう。規範という概念は第4章に出てきたが，単に「決まりごと」という意味をもつだけでなく，なんらかの「標準」という含意がある。すなわち逸脱にはなんらかの標準から外れる，というニュアンスがある。当たり前のようだが，逸脱のあるところ，必ず標準があるわけだ。ただし社会学でいう逸脱とは，必ずしも

「統計的に見て例外的に少ない」ことを意味するわけではない。大学生にとって，努力を重ねて卒業生代表に選ばれるのは例外的なことであるが，これはふつう逸脱行動とは見なされない。いっぽう授業をさぼる行動はそう珍しくないが，これらは逸脱行動だと考えられる。あくまでその行動が規範にそっているのか，あるいは規範から外れているのかが問題なのである。

規範は社会（文化）によって異なるので，同じ行動でも社会（文化）によって逸脱と見なされたり見なされなかったりする。たとえば非合法ドラッグ使用についての許容度は国によって異なる。シンガポールでは一定量以上の麻薬の所持や密売・密輸に関しては原則として死刑が課せられ，基本的に減刑しない方針が貫かれている。いっぽう大麻（マリファナ）の使用が違法ではない国や地域も存在している。さらに同じ社会であっても，かつて逸脱と見なされた行動が時間の経過とともに逸脱的と見なされなくなる場合もある。このように，逸脱について考えるとき，それが文化的・社会的文脈に密接に関連していることに注意を払っておくべきであろう。ただし，「違う」ということに対してマイナスのイメージが付与されると場合が多い点も付記しておきたい。同質性が高いとされる日本社会では異質なものを排除しようとする力が強いとされることから，これを「日本独特の」現象であると決めてかかる人もいるが，これはどの社会でも多かれ少なかれはたらいている力である。社会学においては逸脱という概念にとくにマイナスの価値をつけるものではないことは第4章で述べたが，社会学における逸脱研究の大半は犯罪の研究であることはつけくわえておこう。

10-2　逸脱研究の変遷

社会的逸脱現象については，これまで社会学を含めいろいろな角度から研究が行われてきた。ここではそれらの中から内因論的説明，アノミー，分化的接触理論，ラベリング理論，そして被害者学について検討する。

10-2-1　内因論的説明

逸脱の研究は，犯罪者の研究からスタートしている。つまり「どんな人が犯罪を引き起こすのか」という問題意識から，犯罪者についての研究が行われた。そして，刑務所などに通い，囚人の容貌を観察したり頭がい骨を測量したりして犯罪者の生物学的特徴を見いだそうとしたのはイタリアの**チェザーレ・ロンブローゾ**（**Cesare Lombroso**, 1835-1909）である。ロンブローゾは犯罪者は遺伝的に決定されると考え，「未開人」的な血筋を引く家系では隔世遺伝的に犯罪者が発生するとした。ロンブローゾの理論は広く受け入れられたわけではないが，それを支持する人もいた。頭がい骨などを実測するアプローチは当時の犯罪研究では画期的な試みで，実証的犯罪研究の草分けとしてロンブローゾの名前は今日に残っている。

同様に遺伝的要因を重視したが，家系に焦点をあてたのはアメリカで活躍した**リチャード・ダグディル**（**Richard Louis Dugdale**, 1841-83）である。彼は刑務所の囚人の間で血縁関係の者が多いと考え，ニューヨーク州のある大きな親族集団を「ジューク家」と名づけ，彼らを調べたところ通常よりも犯罪者が多かった，との結論に達した。ダグディルがこれを本で紹介したところ（Dugdale 1877）大反響をよんだ。ダグディル自身は以下に説明する優生学の立場にはなく，社会的環境も犯罪の原因の一つだと考えていたようだが，彼の研究は後の優生学論者にもてはやされることとなった。

犯罪者は生物学的・遺伝的に決定されるという考えは**優生学**（**eugenics**）の思想に結びつく。イギリスの遺伝学者，**フランシス・ゴールトン**（**Francis Galton**, 1822-1911）は進化論を確立したダーウィンのいとこにあたるが，ゴールトンは進化論を人類に応用するべきだと最初に考えた人物の一人である。ゴールトンは人類という種を肉体的・精神的に改良するため優良な遺伝子を残し，劣悪な遺伝子を淘汰するべきだと主張した。優れた遺伝子をもつ者同士を配偶者としてあてがい，科学的に人類の種の改造に取り組む学問として優生学という言葉を作ったのである。優生学は「不良な遺伝子」をもつと見なされた人間に不妊手術を施す法律，「断種法」を生み出し，断種法は1907年におけるインディアナ州をはじめとしてアメリカの多くの州で成立し，ナチス・ドイツにも広がった。優生学・断種法的発想は障害者に対する差別をさらに劣悪なものにしてしまった。日本でも，1948年に成立・施行された優生保護法においては，その第１条に「この法律は，優生上の見地から不良な子孫の出生を防止する（中略）ことを目的とする」とあったように，優生思想の影響を受けていた。1996年には同法は大幅に改正された。この部分は削除され，障害者に対する差別規定もすべて削除され，母体保護法とよばれるようになっている。

精神医学・心理学では反社会的な傾向を含むパーソナリティ障害の存在が認識されている。破壊的な行動をとり，感情がとぼしく，暴力を楽しむようなパーソナリティを**サイコパシー**（**psychopathy**）（あるいは精神病質）といい，そのような人物を**サイコパス**（**psychopath**）とよぶ。**ソシオパス**（**sociopath**）（あるいは**社会病質者**）という概念もある。サイコパスとソシオパスの違いについては諸説あるが，ほぼ同義として使われることも多い。冷酷無比の凶悪犯がサイコパスであると想定する映画が制作されることがある。『羊たちの沈黙』シリーズのレクター博士や，『ダークナイト』のジョーカーがその著名な例だ。現在，サイコパシーは精神疾患とは見なされておらず，サイコパシーの診断を受けた人の大部分は正常な生活を送っているのでこの概念の取り扱いには注意が必要だろう。

凶悪犯罪をサイコパスで説明する視点は，特殊な内因的要因を強調するという意味で，前述のロンブローソやダグディルの視点と共通するものがある。しかし全ての犯罪を内因的要因で説明するには無理があるし，なんらかの内因的要因をもつ者のすべてが犯罪者になるわけでもない。そこに内因論の限界があるといえよう。

10-2-2　アノミー

デュルケームの社会学概念の中でもよく知られている**アノミー**（**anomie**）とは，急激な社会変動が社会規範の崩壊・混乱・弛緩をひきおこし，人々の欲求が無規制状態になることであることをいう。デュルケームは，自殺についての初めての体系的な研究とされる『自殺論』（1897）で自殺を4種類に類型化して分析し，そのうちの一つをアノミー的自殺とした。それは次のようなものである。経済の好況が続いたりして社会変動が急激に起こると人びとの欲望が押さえきれないほどに増大してしまう。本来その欲望を抑えてくれるはずの社会規範は社会変動のため効力を失ってしまい，人びとの欲求は暴走する。その結果，欲求不満や焦燥感にかられ，なかには極度の精神的苦痛から自殺をする者が出てくる，というものである。

そもそも個人的な行為である自殺を社会学的に解明するということ自体，挑戦的な試みであるが，そこにはデュルケームの方法論的集団主義がよく現れている。彼のアノミー的自殺の説明では，自殺という逸脱行動を外的な（つまり社会の）要因から分析しており，その点が内因論的説明と大きく異なっている。

コラム 6　自己成就的予言

人が何らかの行為をするとき，想定していなかった結果を招くことがある。これを「意図せざる結果（unintended consequences）」とか「予期せざる結果（unanticipated consequences）」などという。ラベリング理論が指摘する「逸脱の増幅」のメカニズムはそのいい例であるといえよう。

さらにいうと「逸脱の増幅」はロバート・マートンが定式化（1957=1961）した，有名な自己成就的予言（self-fulfilling prophecy）の一種であるともいえる。自己成就的予言とは，ある（正しくない）信念が言語化されることにより社会になんらかのメカニズムが発生し，そのとおりのことが現実におこってしまう現象をいう。予言が自己成就する状況はしばしば発生する。マートン自身の例では，1932年にあるアメリカの銀行が支払い不能におちいったケースがある。その銀行は比較的健全な資産状況で，いつでも現金支払いに応じることができていた。ところが一部の顧客がその銀行の支払い能力に問題があると誤って認識し，自分たちの預金を引きだした。そして同じ噂を聞いた人がどんどん銀行にやって来て取りつけ騒ぎに発展し，結局その銀行は実際に支払い不能になってしまったという。他の例として，試験をひかえた学生が試験ノイローゼになり，不安で悶々とすることで時間をとられ，試験準備が不十分になり，結局満足のいかない答案を提出するという例や，戦争は不可避だと信じる２国間で軍備拡張競争がはじまり，本当に開戦してしまうケースなどがマートンによってあげられている。

日本で予言が自己成就して大騒ぎになったケースとして，1973年秋，トイレットペーパーが極度の品薄状態になった「トイレットペーパー事件」をあげておこう。この年は10月に原油価格の引き上げがあり，いわゆる石油危機の年だったのだが，世の中には先行きに対する不安感があった。そのような中でトイレットペーパーが品不足になる，という噂が日本社会をかけめぐり，人びとが買い占めたり，一部の店では売り惜しみをした結果，実際に日本中の店頭からトイレットペーパーがなくなった。大阪・千里ニュータウンのスーパーでトイレットペーパーを買う人が行列を作ったのが引き金になったという説もある。このあと洗剤などにも同様の現象があり，消費者の間に品薄パニックが起こった。

▶マートン

なおデュルケームは『社会学的方法の基準』(1895=1979) で，犯罪のない社会など全くありえず，そういう意味で犯罪が起こるのは正常だ，としている。デュルケームはまた逸脱現象の「機能」を考察しており，逸脱にはプラス面もあることを指摘している。たとえば，逸脱はそれまでの社会になかった，新しい変化の方向性を示す可能性があるということ。そして人々は共通の敵に対して力を合わせて闘うので，犯罪は人々の連帯や凝集力を強めることも示唆している。

アメリカの社会学者，**ロバート・マートン** (**Robert K. Merton**, 1910-2003) はアノミーの概念をさらに拡張し，逸脱の理論を構築した (1957=1961)。マートンは，文化によって規定された目標 (文化的目標 = culture goals) と，その社会で制度として存在する手段 (制度的手段 = institutionalized means) を区別して考えた。制度的手段より文化的目標を強調する社会では，人びとはその目標を達成するのに一番手っ取り早い手段を使うようになる，と考えた。たとえ非合法的手段であっても目標達成のためにはその手段を用いるというわけである。たとえばアメリカにおいては富を築くことや個人の成功という目標 (いわゆるアメリカンドリーム) が強調されるが，上方への社会移動を達成する合法的手段 (勤勉に働くことや教育を受けること) は限定的なものである。そこで犯罪という手段に訴える者が出てくる，というわけである。マートンは文化的目標と制度的手段の間にギャップがある場合にアノミー的な犯罪が起こりやすいと考えたのである。

10-2-3　分化的接触理論

社会学の逸脱理論で有名なものに，**分化的接触** (**differential association**) **理論**がある。これは簡単にいうと，「逸脱は学習されるもの」との考え方である。アメリカの社会学者**エドウィン・サザーランド** (**Edwin Sutherland**, 1883-1950) は，人は犯罪傾向のある人々と親しく相互作用していると，その人は次第に犯罪を肯定的にとらえるようになりやすい，と考えた。人は犯罪者集団を第一次集団にもつと犯罪的な規範を習得しがちになるというわけである。分化的接触

▶ベッカー

理論は内因論的説明とは対照的である。内因論的説明においては犯罪は「異常者」が引きおこすと考えがちだったが，分化的接触理論では「誰でも」犯罪に関与する可能性が潜在的にあることになる。この理論はとくに職業的犯罪者の理解を深めるためにはおおいに役立ったといえる。サザーランドはシカゴ学派であり，シンボリック・インタラクショニズムの影響を受けている。

10-2-4　ラベリング理論

1950年代から1960年代にかけて社会学の逸脱研究は**ラベリング理論**（**labeling theory**）が登場することにより新たな展開を見せた。ラベリング理論を整理し，広く人に知らしめた**ハワード・ベッカー**によると，「逸脱行動は周囲の人びと（社会）が逸脱というレッテルを貼りつけるから逸脱行動とされる」という。つまり，ビンに「酒」のラベルが貼られたり，「醬油」のラベルが貼られたりすることによってそれが酒ビンになったり醬油ビンになったりするのと同様，社会はある特定の行動に「逸脱」とか「犯罪」「異常」とかのラベルを貼りつけている。それらの行動が逸脱だとされるのは，社会がそうよぶからにすぎない，というのである。したがって，研究の関心は，それまでの「なぜAという人間が逸脱行動をするのか」から「なぜA'という行動は社会で逸脱と見なされるのか」に移行している。

ラベリング理論においては，ラベリングは逸脱行動を強化することがある，という指摘もなされた。人は周囲（社会）から逸脱者とのレッテルを貼られることによって２回目以降の逸脱行動を引き起こす可能性がある，というのである。これは**逸脱の増幅**（**deviance amplification**）として知られるメカニズムだが，それは図10－1のようにして起こる。

このような図式の例としては，初めてものを盗んでしまった人が警察に捕まった場合，「おまえは泥棒だ」という扱いをうけ，本人が，「ああ，おれは泥棒なんだ」と考え，その後常習的にものを盗むようになる，というパターンが考えられる。同様な図式が，学業不振に悩む「劣等生」や，学校を休みがちに

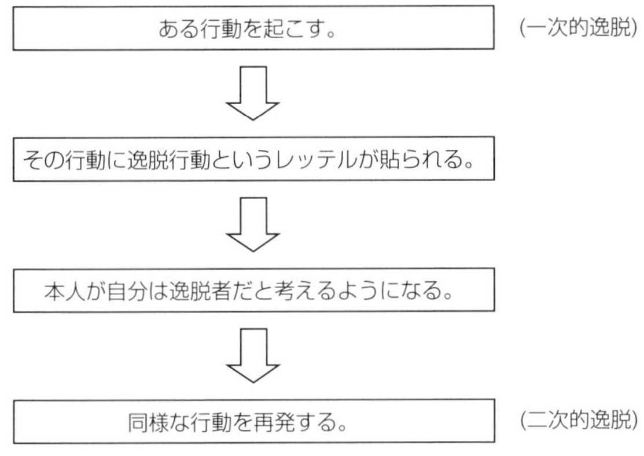

図10－1　逸脱の増幅

なる「不登校」の学生に当てはまる場合もあるかもしれない。

ラベリング理論に対する批判としては，とくに犯罪研究の場合，被害者の視点が欠けていることが指摘されている。また逸脱の増幅メカニズムについても，二次的逸脱（2回目以降の逸脱）をある程度説明することはできても一次的逸脱（最初の逸脱行動）については説明できないことが指摘されている。

10-2-5　被害者学

以上のアプローチにおける研究関心は主に犯罪者にあった。ラベリング理論の場合も，社会がある行動を逸脱と見なすプロセスに注目していたので，広い意味では逸脱者（犯罪者）を取り巻く状況に焦点をあわせていた。ところがアメリカでは1980年代から犯罪の被害者についても考えるべきだとの視点が有力になり，一つの学際的研究分野が出現している。これを**被害者学**（**victimology**）といい，アメリカのみならず日本を含めた各国でその重要性が認識されている。

被害者学では犯罪の被害にあった人についての調査をすすめ，被害経験の理解を深めたり，被害に遭うことがその人にどのような影響を及ぼすのかを明らかにしたりする。場合によっては，どのような人が犯罪を「誘発」して被害をうけやすいのかという研究テーマもある。この種の研究テーマは犯罪の予防という観点で語られるのだが，へたをすると被害者が犯罪にあうのは被害者本人の責任だという，いわゆる**被害者非難**（**blaming the victim**）になりかねない。

たとえば性犯罪被害者は服装に問題があったとか，加害者に対して思わせぶりな行動をとったのが問題だったという論法である。もともとの意図は，「だから被害にあわないよううな行動をしましょう」ということなのだろうが，考えようによっては性犯罪の責任が被害者に転嫁されかねない。そのような意味で，被害者の研究には慎重さが要求される。性犯罪においては，勇気を出して警察に被害を訴えた女性の被害者に対し，取り調べの際，男性係官の質問により，思わぬ心理的被害を受けることがある。これを性犯罪の**二次被害**（**secondary victimization**）というが，このような現象の認識も被害者への理解を深めるうえで重要である。

近年では日本でも犯罪被害者やその遺族のネットワーク活動が盛んになっており，性犯罪・少年犯罪・殺人事件などの被害者とその関係者が被害者に対する公正な救済を求める活動を行っている。法制度面では，欧米では公的基金によって犯罪の被害者に補償をする制度が1960年代から設立されている。日本で

コラム 7 「被害者なき犯罪」

アメリカの社会学のテキストの逸脱の章に必ずといっていいほど登場する概念に「被害者なき犯罪（victimless crime）」というものがある。これは文字通り，法的には犯罪行為であるが被害者がいない行為のことをさす。被害者がいないというのは，その人がその行為に関係したのは自分の意志であった，という意味であったり，民法でいうところの損害が発生しない，という意味であったりする。たとえば違法ギャンブル，自主的売春，非合法ドラッグの使用などが被害者なき犯罪の例としてよくあげられる。法体系によっては資本主義国の雑誌を読むこと，同性愛，公共の場所でアルコール飲料を飲むこと，あるいはアルコールの摂取そのものが犯罪とされるかもしれないが，目立った被害者はいないように思われる。

上記の例を見てもわかるように，同じ行為でも国によって犯罪と見なされたり見なされなかったりする。つまり刑法は普遍的な基準に基づいているわけではなく，それぞれの国の文化的・法的文脈において規定されているものなのである。

「被害者なき」犯罪といっても，行為によっては社会全体が被害を受ける場合もあるだろうし，社会の道徳や倫理が傷つく場合もあるだろう。そういう意味で違法ギャンブル，自主的売春，非合法ドラッグの使用などは無規制にしておくと社会への悪影響が懸念される。非合法ドラッグに関する犯罪についても，多くの国で非合法ドラッグの「使用」よりも「販売」のほうが重罪とされるのは社会全体への影響を重視してのことである。

は1980年に同様の制度ができた。2004年には「犯罪被害者等基本法」が成立し，2008年には「犯罪被害者等給付金の支給等による犯罪被害者等の支援に関する法律」に名称が改められ，その後もたびたび制度の修正が行われている。

10-3　犯罪のタイプと日本の犯罪

日本の刑法犯罪の動向を見てみよう。警察庁によると，2019年の刑法犯（交通関係の業務上過失致死傷罪などを除く）の認知件数（発生件数ではない）は74万8559件であった。これは，第２次世界大戦後の犯罪統計における最小値であった。図10－2は警察庁のデータから刑法犯の認知件数と検挙率の推移をグラフ化したものであるが，認知件数は1980年頃まで年間おおむね130万件程度で推移していたが，1982年に年間150万件を超えている。その後，長期の不況を経験した1990年代は激増したことがわかる。2002年には犯罪統計史上最多数の，年間285万4061件となるが，その後連続して件数が減少している。当然ながら検挙率の増減は認知件数とほぼ逆の動きを見せており，認知件数が多いと検挙率は低く，認知件数が少ないと検挙率は上昇している。

強姦は被害者の泣き寝入りが考えられ，実際の発生件数は認知件数よりかなり多いことが推測できる。なお性犯罪は2017年に刑法の改正があり，それまでは被害者の告訴を必要とする**親告罪**であったが，告訴がなくても起訴が可能になった。名称も強姦罪から強制性交等罪に変更され，被害者も女性に限定されなくなるなど，大幅な見直しがあった。

図10－3のグラフは，警察庁の犯罪統計データをもとに，1989年から2019年までの，刑法犯で検挙された人の年齢構成の推移を図化したものである。２つの点が注目される。１つ目は20歳未満の，いわゆる少年犯罪が1989年には半分を超えていた（52.9％）が，その後現象を続け，2019年には10.6％まで下がったことである。少年犯罪はマスコミで報道されることが多く，注目されやすいが，検挙される少年（女子を含む）の比率は下がっているのが実情である。２つ目の点は，対照的に，65歳以上の比率が増大しつつあることだ。1989年には最小グループ（2.1％）であったのに，2019年には21.7％にまで膨らんでいる。2019年の40歳以上が占める構成比を計算すると56.7％と半分以上を占めており，

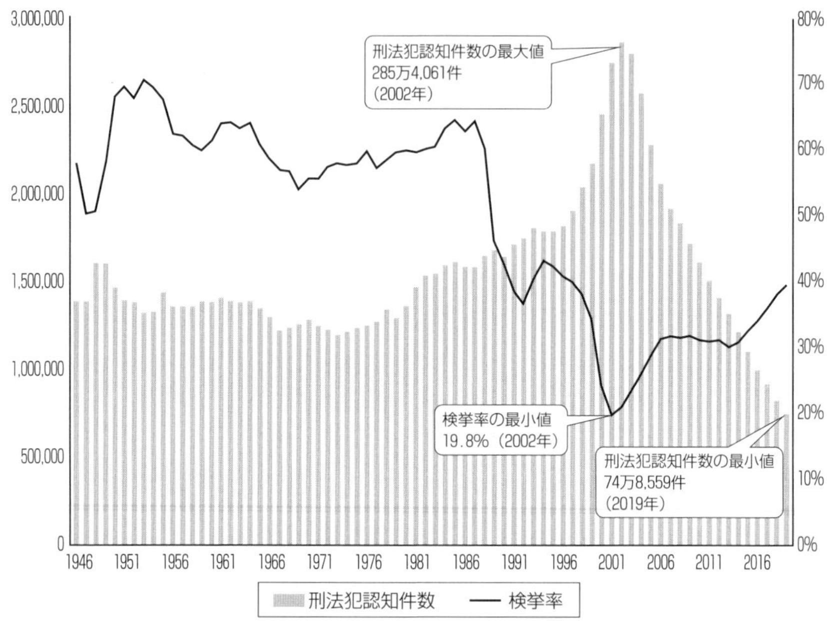

図10－2　戦後日本における刑法犯認知件数と検挙率の推移

（出所）　警察庁資料より作成。

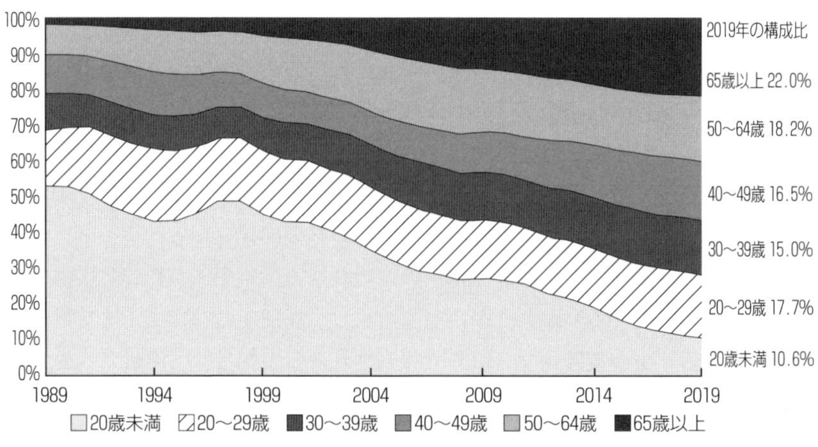

図10－3　検挙人員の年齢層別構成比の推移

（出所）　警察庁資料より作成。

1989年の20歳未満とちょうど逆転した形になっている。このグラフは大人，とくに高齢者の犯罪が確実に増加していることを物語っている。

▶サザーランド

犯罪を犯すのはいかにも犯罪者風の人間ばかりではない。逸脱研究の世界では，いわゆる**ホワイトカラー犯罪**（**white collar crime**）とよばれるものがある。これは先にのべた分化的接触理論で有名なサザーランドが使い始めた用語だとされる。1939年，アメリカ社会学会の会長であったサザーランドは，同学会でホワイトカラーの犯罪性について演説を行い，犯罪といえば貧困層・低階層の者がおこすものと考えがちな常識に疑問を投げかけ，企業人として社会から尊敬される人びとが起こす不正行為を「犯罪」として認識しようという訴えをした(Sutherland 1940)。彼はその中でホワイトカラー犯罪の例をあげている：

> ビジネスにおけるホワイトカラーの犯罪性がもっとも頻繁に露呈するのは，会社の財務報告書の粉飾，株取引における操作，商取引に関するワイロ，有利な契約や立法を直接・間接的に手に入れるため役人に払うワイロ，広告や販売方法における不当表示，資金の着服と不正使用，商品の重さと分量の不足および品質のごまかし，脱税，財産管理や破産状況における資金の不正使用などの形においてである。これらはアル・カポネ*が「合法な詐欺」と呼んだものに相当する。これらのもの，またそれ以外のたくさんのものがビジネスの世界にはたくさん存在するのだ。
>
> ＊Alphonso Capone, 1899-1947, アメリカのマフィア史上もっとも有名な首領。
>
> (Sutherland 1940：2，著者による日本語訳)

これらの事例がそっくりそのまま現代の日本に当てはめられそうなのに驚かされる。しかしホワイトカラー犯罪はいわゆる凶悪犯罪とは違って凶暴さや残忍さが感じられず，人体が傷つけられることもほとんどないので世間一般では「犯罪」として認識される度合いが低いかもしれない。

金銭をだまし取る犯罪で，近年の日本で目立つのが**振り込め詐欺**である。多様な変種があるが，警察庁では「面識のない不特定の者に対し，電話その他の通信手段を用いて，預貯金口座への振込みその他の方法により，現金等をだまし取る」詐欺のことを総称して**特殊詐欺**とよんでいる。トラブルに見舞われた肉親（息子の場合が多い）になりすました犯罪者が高齢者に電話をかけ，金を指定の口座に振り込ませたり，現金を手渡しさせたりする手口が有名だが，アクセスした覚えのない有料サイトの使用料が請求される架空請求詐欺などがあり，振り込め詐欺以外にも金融商品などの取引やギャンブル必勝法の伝授をよそおった詐欺などがある。

情報通信技術の進化は社会に大きな利便をもたらしたが，技術を悪用したさまざまな犯罪も発生している。このような犯罪を**サイバー犯罪（cyber crime）**とよぶ。古典的なところでは，金融機関がコンピュータを導入した当時，「サラミ切り（salami slicer）」といって，プログラム改変を行い，小数点以下の小額の金額を多数の口座からすくい取る手口が出現し，世の中を驚かせた。これは独立したコンピュータ・システム内での犯罪であったが，その後，世界中のパソコンが接続されるインターネット時代となってからは，多種多様なサイバー犯罪が地球規模で発生するようになった。よく知られたところではコンピュータ・ウィルス（computer virus）や不正アクセス（unauthorized access）がある。読者の中にはウィルス感染の経験がある人もいることだろう。ウィルスの一種で，パソコンの中に入り込んでパソコンやネットワーク内の情報を外部に送信するスパイウェア（spyware）や，パソコンを遠隔操作し不正アクセスの踏み石にするなどのボット（bot）などがある。被害者が被害を受けている自覚がなかったり，知らないうちに加害者になってしまったりする可能性があるので，注意が必要だ。

経済的被害をもたらすサイバー犯罪も目につく。メールなどで金融機関のウェブページそっくりのサイトへユーザを誘い込み，ID やパスワードを入力させて口座の金を盗み取るフィッシング（phishing）や，入金だけさせて商品を送らないネット上の架空オークションなどによる詐欺被害が発生している。それ以外にも，ネットを利用した児童買春や児童ポルノ犯罪も後を絶たない。警察庁の調べでは，各種のサイバー犯罪の検挙件数の合計は2001年には1339件だったが，2020年には9875件となり，急増している。

サイバー犯罪は，不特定多数の人に被害が及びやすく，犯罪者の痕跡をたどるのが難しく，さらに法的対応が遅れがちだ。日本では1987年に刑法が改正されて電磁的記録の不正作出などに関する処罰が規定され，2000年には不正アクセス禁止法，また2011年に「情報処理の高度化等に対処するための刑法等の一部を改正する法律」(通称「サイバー刑法」) が施行されるなど法律面での対応が実施されつつある。ただしそれだけでは不十分で，ハイテクに精通した法律専門家や警察関係者などの育成が急務である。なおサイバー犯罪は国境を越えて発生するが，国際的にはサイバー犯罪条約 (Convention on Cybercrime) によって対応しようとする動きがあり，日本も2004年に国会がこれを承認し，2012年から同条約が発効している。

21世紀初頭の日本では犯罪認知件数が減少しているが，犯罪の脅威は他人事ではない。日本では2009年から**裁判員制度**が始まっている。これは，国民が「裁判員」として刑事裁判に参加し，被告人が有罪かどうか，また有罪の場合はどのような刑にするかを裁判官と一緒に決める制度である。従来は裁判官3人で行っていたものが，3人の裁判官に6人の裁判員が加わって裁判を行う。ただし裁判員は，すべての刑事裁判に参加するわけではなく，地方裁判所で行われる重い犯罪（殺人や放火など）の刑事裁判に参加する。この制度は，国民の司法への理解を深め，法律の専門家と裁判員がそれぞれの知識や経験を判断に生かせるように，との趣旨のもとに導入された。

■この章の推薦文献■

犯罪社会学の参考書としては，

岡邊健編，2020，『犯罪・非行の社会学　補訂版』有斐閣.

が網羅的でよい。

犯罪統計の調べ方や読み方については，

浜井光一編著，2013，『犯罪統計入門――犯罪を科学する方法　第2版』日本評論社.

がある。日本の犯罪に関する統計を見たければ，

法務省サイト（**http://www.moj.go.jp**）および警察庁サイト（**http://www.npa.go.jp**）にいくとよい。

第11章　教育と社会

教育の重要性は，いくら強調しても強調しすぎることはないだろう。ある程度の教育がないと社会生活に支障をきたすかもしれないし，学校で頑張れば人生のチャンスが広がる可能性があるかもしれない。社会学にとって教育は重要な研究対象であり，さまざまな研究が行われてきた。教育社会学という，かなり独立性の高い学術分野が成立しているほどである。格差が広がりつつあるとされる現在の日本社会では教育をめぐる問題が多岐にわたっており，それらの現状把握と分析，そして解決策を考えていく必要がある。

この章の内容

11-1　教育・教育学・教育社会学

11-1-1　近現代における教育

教育の重要性を疑う人はほとんどいない。個人にとっても，社会にとっても，適切な教育がなければ深刻な結果が待っていることは容易に想像がつく。なかでも産業革命・市民革命以後の近代（現代）社会において教育が果たしてきた役割は大きい。そのひとつに，民主主義の基盤づくりがあげられよう。市民の識字能力が低かったり，政治や人権などについての理解が乏しかったりすると，市民の，市民による，市民のための政治を推進するのが困難となる。選挙制度すら成立しないだろう。また教育を普及させようとする考え方は基本的人権思想ととも結びついており，民主主義は，国家が，公教育（義務教育）を普及させることを基盤にしてきた。

さらに教育は「社会格差の平準化装置」としても機能してきた。つまり教育は格差を小さくする役割を果たしてきた，ということだ。教育の普及によって多くの人が産業革命の波に乗ることができ，より高い収入をあげることが可能になったし，「下層」とされる階層に生まれた個人も，学校でがんばることで上方への社会的移動を果たす道が開いた。教育はライフチャンスの機会均等を実現する，おそらくもっとも確実な手段として位置づけられてきた。

11-1-2　近代的教育学と教育社会学

人は古くから教育についての試行錯誤や議論を重ねてきたと考えられるが，17〜18世紀のヨーロッパにおける啓蒙思想の時代あたりに，教育について体系的に考える近代的教育学が成立した。そこでカバーされるのは，主に「何を教えるべきか」「どうやって教えるべきか」などの問題であった。規範形成的で実践的・技術的な性格が強かったといってよいだろう。「理念」と「方法」が教育学の重要なテーマに含まれることは現在も変わらない。

教育を客観的な社会的事象としてとらえ，社会的文脈における教育の問題や，教育と社会の関係などを実証的に把握する必要性も認識されるようになり，社会学的に教育の諸問題に迫る**教育社会学**（**sociology of education**）が重視されるようになってきた。また社会学の側から見ても，教育は社会階層論や人種・民族・ジェンダー問題，産業化や福祉の問題などと切り離すことのできない重要変数（「変数」の概念については第１章を参照）であり，教育社会学の意義は深い。

このようなことから，教育社会学における重要テーマに，社会格差と教育の関係や，社会において公教育が果たす役割の分析などが見られる。教育社会学ではそれら以外にも，生徒や学生・教師や保護者たちの関係をミクロ社会学的手法によって観察したり，学校をひとつの組織と考え組織論の観点から分析したりと，さまざまな社会学的手法が応用されている。

11-2　教育社会学の主な理論

11-2-1　デュルケーム

教育に対する社会学的アプローチにはどんなものがあるのか，見てみよう。社会学の創成期において，とりわけデュルケームは教育に強い関心をもっていた。大学人としての彼は，社会学と同時に教育学も講義していたほどで，彼にとって社会学と教育は切っても切れない関係にあった。デュルケームは社会がアノミー状況（第10章参照）に陥るのを防ぐためには人の心をつなぐことが必要で，その重要な役割をになうのは宗教と教育だと考えていた。彼は教育改革の必要性を痛感し，カリキュラムの研究会や，哲学教育の活性化や，教員への教育方法の教授などに関心をもっていた。デュルケームの社会学においては教育は「社会的事実」（第１章参照）のひとつと考えられ，教育という社会事象を客観的に眺める発想が提供されたことも重要だ。教育に社会学的に近づこうとした最初の一人としてもデュルケームの名前は残っているのである。

11-2-2　機能主義的教育社会学

デュルケームの発想を受け継いで発展した機能主義的社会学においては，社会の正常な姿とは，社会内の諸力のあいだに均衡が保たれ，スムーズで秩序ある状態だと考えられた（第１章参照）。そして社会学者が解明すべき問いは，秩序を維持するために，社会の各部分がどんなはたらき（機能）をしているかを明らかにすること，とされた。機能主義的社会学の代表者，パーソンズ（第１章参照）は，社会の秩序を維持するうえで，学校は家族と並んできわめて重要なものと考えた。パーソンズの見解では，学校では**実力主義**（**meritocracy**）が作用しており，子どもたちは自分の能力と努力によってのみ評価される。したがって子どもたちは平等に扱われ成功する機会も平等に与えられている。やがて資質に恵まれ努力する子どもたちは実力に応じて選別され，社会に出ていくと考えた。こうして教育は機会均等や，学業や仕事の達成が重要な価値であることを社会に知らしめる機能があるとした。また教育は**役割配分**（**role allocation**）の機能も果たしているとした。つまり教育は，社会に対して適材適所の人材選別を行う機能も果たしていると指摘した（Parsons 1959）。

▶パーソンズ

パーソンズの理解では，教育は民主主義的な思想が実現した場所だと考えられた。しかしこの解釈には理想主義的なところがあり，子どもの学業成績には本人の実力以外の部分，たとえば親の資力，なども無視できない影響があることがその後の実証研究でしばしば示されてきた。理論的な問題点もある。たとえば，実証データが，人種／民族マイノリティや，経済的下層階級や，被差別地域の子どもたちの学業成績が他と比べて低いことを示した場合，機能主義モデルによる説明だと，それは本人の実力が表れた結果ということになってしまい，現状を改善しようとする力に結びつかないし，教育における差別を認識しにくくしかねない。

11-2-3　コンフリクトの教育社会学

コンフリクトの社会学は，権力関係から発生するさまざまな矛盾や不公平について分析する社会学である（第1章参照）が，教育社会学においても同様の視点が存在し，重要な問題提起を続けている。本書ではコンフリクトの教育社会学，とよんでおこう。たとえばアメリカの教育社会学の基礎を築いたとされる**ウィラード・ウォーラー**（**Willard Waller**, 1899-1945）は，子どもは意思に反して学校へ行かされており，したがって学校教育は基本的に抑圧的な制度であると考えた。教科書より友達や課外活動に興味をもつ子どもたちを前に，教師たちは服従と学習を強制させざるをえない，と考え，1932年に初版が出版された『ティーチングの社会学』（1961）はその後の教育社会学に影響を与える古典となった。なおウォーラーの教育社会学はマルクス主義的な色彩はあまり見られないが，教室をコンフリクトの空間としてとらえたところに斬新さがあった。

20世紀後半で著名な研究成果のひとつに，アメリカの経済学者，**サミュエル・ボウルズ**（**Samuel Bowles**, 1939- ）と**ハーバート・ギンタス**（**Herbert Gintis**, 1940-2023）の『アメリカ資本主義と学校教育』（1976=1986）があり，教育社会学においてよく知られた業績となっている。ボウルズとギンタスは，学校教育は，子どもたちが将来，会社の上下関係の中で文句をいわずに自分の役割を果たすよう社会化し，働く大人のルールに従う準備をさせる作用をしている，とした。また上層の家庭の子どもは受ける教育においてもその後の人生においても有利であることを示した。さらに著者たちはアメリカの学校教育は，民主主義的な理想が次第に実現されてきたというより，雇用や労働の形態が変化するにつれて大企業オーナーたちの意向が反映されるという歴史をたどってきた，と分析した（Bowles and Gintis 2001）。当時の彼らは，教育の諸問題は社会の経済的権力構造が引き起こしているので問題解決には社会の根本的大改造が不可欠と考えていた。その意味で彼らは，古典的マルクス主義に見られる「経済決定論」（第4章参照）の立場から教育を見ていたと考えてよいだろう。なお理論的には，教育は子どもを職業人としての将来に向けて社会化したり選別したりする機能をもつと考えていた点が機能主義的で，当時のアメリカの社会科学において機能主義がまだ大きな影響を残していたことがうかがわれ，興味深い。

社会におけるコンフリクトに焦点を当て，教育問題の研究に大きな貢献をしている，現代の社会学者としてアメリカのコリンズとフランスのブルデューの業績も見ておきたい。**ランドル・コリンズ**（**Randall Collins**, 1941- ）は社会学の思想史に深い洞察をもつと同時に，現代社会の分析にも鋭い手腕を発揮する社会学者だ。彼はウェーバーの社会学に最も深く共鳴するが，マルクスとデュルケーム，さらにミクロ社会学のゴフマンの思想も取り入れて独自のコンフリクト社会学を展開した（Collins 1975）。ウェーバーは，マルクスのような経済決定論者ではない。社会を支配する者は，被支配者を強制的に服従させるのではなく，さまざまな手段を用いて自らの支配が正当なものと信じ込ませる，と考えた（第13章参照）。たとえば近現代における官僚組織による支配は整備された法体系や手続きの網の目の上に成立しており，支配と服従の関係はむき出しの対立関係とはならない。社会は表面的には平穏でも，その裏にコンフリクトが渦巻いているとウェーバーは見ていた，とコリンズは考え，彼自身のコンフリクトの社会学の参考にしたのである。

コリンズはこの視点から教育社会学的問題に取り組み，代表作の一つ，『資格社会』(1978=1984) を発表した。彼によれば，社会の高学歴化が進み，かつては高卒で十分とされていた職種でも大卒の資格が要求されるようになったのは，機能主義的説明がいうような，職場におけるテクノロジーの進化にともなう変化ではなかったという。もともと社会における高い地位は数に限りがあり，これをめぐる競争が存在する。かつては高等教育まで受けることが困難だった層が少しずつ大学に進学し出すと，支配層はさまざまな専門職につくための資格条件を高くすることで彼らを排除しようとしてきた，とコリンズは分析した。結局，学校教育は，個人の能力に応じて人材を適正に配分する機能ははたしておらず，支配層が自らの既得権益を守るために他の層に対して高いハードルを課すためのものになっており，「資格社会」の世の中になってしまった，とした。

コンフリクトの視点にたったもう一人の分析者，ブルデューの主張についても見ておきたい。第5章で触れたように，フランスの現代社会学の旗手ブルデューは文化資本 (cultural capital) の概念により教育社会学に大きな影響を残した。文化資本とは，人々が蓄えている知識や概念の集合体のことで，それが大きいほど社会で成功しやすいという。ブルデューがこれを単に「文化的知識」とか「教養」といわず，文化「資本」とよんだのは，文化資本は経済資本のように交換したり継承したり蓄積したりできる性質があることに着目していたからだ。大きな文化資産をもつ親のもとに生まれた子どもはそれを受け継ぎ，その結果，社会で成功しやすくなる。これが文化や社会階層の再生産を生み出し，いわば階層の固定化につながるというわけだ。なおブルデューは文化資本には2つの種類があって，ひとつは人びとの行動習慣の中へすり込まれていく「ハビトゥス」(第5章参照) で，これには礼儀作法や言語スタイルが含まれ，もうひとつは芸術・書物・クラシック音楽・科学概念などに関する知識を含む，「文化資源」がある，とした。

学校文化はミドルクラスの文化を前提にしがちなので，ワーキングクラスの学生は気がつかずに不利な競争をしいられる。しかし成績は客観的につけられていると一般に信じられているので，成績による序列化が正当化されてしまう，とブルデューは考えた。結局，文化資本がないと社会で成功するのは困難であり，階層構造の再生産においては，経済資本に匹敵するほどの力で文化資本が影響している，と考えた。

もうひとつ紹介しておきたいのがバーンスタインの言語コード理論だ。イギリスの社会言語学者，**ベイジル・バーンスタイン**（**Basil Bernstein**, 1924-2000）は，通常，コンフリクト理論家とはみなされないが，彼の説にはブルデューの考え方と類似したところがあるのでここで取り上げたい。バーンスタインは，人々が話す言葉には社会構造，とりわけ社会階級が大きく影響していると考えた（Bernstein 1971）。彼が展開した言語コード理論によると，人が話す時，限定コード（restricted codes）と精密コード（elaborated codes）のどちらかが使われるという。限定コードとは，知識や体験を共有する人々の間で使われる話し方で，多くの省略や圧縮が生じる。親しいもの同士など特定の文脈でないと通じず，他人には理解しづらいが，短い発話で伝わり，効率的なコミュニケーションができる。これに対し，精密コードは，内容の省略が行われず，すべて明確な形で伝えられる話し方で，知り合い同士でなくても理解できる。新しい知識や抽象的な内容について話すときは，精密コードが使用される。

バーンスタインが研究したところでは，ワーキング・クラスでは主に限定コードが使用されていたが，ミドル・クラスでは限定コードと精密コードの両方が使用されていたという。学校や大学においては，共有体験や共有知識を超越した新しい知識が伝授されるので，精密コードが使われざるをえない。ところがワーキング・クラスの子どもは精密コードに慣れていないため，不利になるという。バーンスタインの説は，ブルデューの議論と共通点もあるが，階層による言語の違いに焦点を当てたところに特徴がある。

11-2-4　インタラクショニズムの教育社会学

シンボリック・インタラクショニズム（第1章参照），とくに「自己成就的予言」や「ラベリング理論」は教育社会学においてさまざまな研究を生み出してきた。自己成就的予言とは，第10章（社会的逸脱論）で紹介したとおり，ある（正しくない）信念が言語化されることにより社会になんらかのメカニズムが発生し，そのとおりのことが現実に起こってしまう現象をいうのであった。ラベリング理論においては，周囲から逸脱のラベルが貼られることにより，逸脱が増幅してしまう「逸脱の増幅」というメカニズムも同章で紹介された。このような図式は教育のフィールドにおいても確認されてきた。

たとえば，心理学者**ロバート・ローゼンタール**（**Robert Rosenthal**, 1933-　）とその協力者ジェイコブソンの研究（1968）は，教育心理学の分野における業績だが，これは教育におけるラベリングの影響について扱ったものであり，教育社会学的にも示唆するところは大きい。彼らはある小学校で，学年度初めにIQ テストと，もうひとつのテストを実施した。つぎに，それらのテスト結果は無視して生徒たちの２割を無作為に選び，「この子たちは見込みがある」と教員たちに伝えた。学年度が終わるまで何度かIQ テストを行なったところ，「見込みがある」というラベルを貼られた生徒たちは，そうでない生徒たちに比べ，IQ スコアの伸び方が飛躍的に高かったという。

このような，教師の生徒に対する期待が引き起こす効果を**ローゼンタール効果**（**Rosenthal Effect**）あるいは彼らの著書名から**ピグマリオン効果**（**Pygmalion Effect**）という。なぜこういうことが起こるのか，その詳しいしくみはまだ解明されていないが，教師は知らず知らずのうちに「見込みがある」と思い込んだ生徒たちの方を見て授業をするのでその生徒たちへの授業効果が高くなるかもしれないし，身振りや口調により「君は見込みがある」と教員が思っているという無意識的なメッセージが伝わり，生徒たちの学業に影響があるのかもしれない。

ローゼンタールらと同様の研究に，現在は世界銀行の研究員をつとめている社会学者，**レイ・リスト**（**Ray Rist**, 1944-　）が行ったものがある（Rist 1970）。リストはある町の黒人居住地区の幼稚園で教室内の観察を行った。その教室は黒人の女性教諭が担当していたが，彼女は学年度が始まるとすぐ，子どもたちを３つのグループに分け，一番できのよさそうな子どもたちを教室の前方に，できの悪そうな子どもたちを後方に座らせた。ところがリストの観察では，この教諭は子どもたちの認識能力によってではなく，見た目（肌の色の濃さ，服装，髪形など）で判断して席順を決めていたという。また前方に座った子どもたちは，学習機会もほめてもらう回数も多かったのに対し，後方の子どもたちは学習機会が少ないばかりか注意を受ける回数が多かったという。その結果，席順の移動がほとんどない一種のカースト的状況が教室内に発生し，この子どもたちの力の差はますます拡大し，その数年後，彼らが小学校に入ってからも同様の現象が継続したという。

ローゼンタール効果に類似した現象に，産業社会学における**ホーソーン効果**（**Hawthorne Effect**, 第12章参照）や，医学・薬学の分野における**プラシーボ効果**（**Placebo Effect**）がある。ホーソーン効果は，誰か他者が自分の仕事を見守ってくれていると認識したときに，その目線を意識して，あるいは自分は選ばれた人物なのだと解釈することにより，仕事を頑張るようになる効果のことだ。プラシーボ（偽薬）効果とは，実は何の効き目もない薬でも，薬効性があると信じこませた人に与えると病状が改善することがあり，このような現象をいう。教育において，ホーソーン効果やプラシーボ効果が見られる状況はないだろうか。社会学的想像力を鍛える訓練にもなるのでぜひ考えてみていただきたい。

なお，インタラクショニズムの教育社会学から有名になったものに**隠れたカリキュラム**（**hidden curriculum**）という概念がある。周知のように「カリキュラム」とは，何をどんな順番で教えていくかについての，いわば教育のプログラムのことだが，生徒には，カリキュラム上にない規範や価値や信念も伝授されていく。これが隠れたカリキュラムである。たとえば，学校ではカリキュラムを実行すると，教科内容以外にも「遅刻しないこと」「課題をこなすこと」「権威（教師）の指示をきくこと」「勤勉であること」などの重要性が繰り返し強調され，生徒たちはそれらを学んでいく。こういったものが隠れたカリキュラムだと考えてよいだろう。この他にも，「校風」や「男らしさ・女らしさ」や「社会人になるための心がけ」などさまざまな文化伝達が行われている。こういった文化伝達は教員だけでなく，上級生や同級生，保護者，その他の学校関係者とのインタラクションの中で行われる。また隠れたカリキュラムには意図的なものも，そうでないものも考えられる。

11-3 現代日本における教育の諸問題

11-3-1 教育格差問題

平等主義と教育格差論

第２次世界大戦後に制定された日本国憲法では，国民すべてが，その能力に応じて教育を受ける権利があることと，国民には，保護する子どもに普通教育を受けさせる義務があることが規定されている。これを受けた**教育基本法**においても教育の機会均等がうたわれており，国民が人種・信条・性別・社会的身分・経済的地位・門地などによって，教育上の差別をうけないこと，また国と地方公共団体は経済的理由によって修学が困難な者への対応をしなければならないことが規定されている。その結果，日本では義務教育の就学率は99.9％前後の水準が続いており，高校進学率（高等学校等進学者数を中学校等卒業者数で割る）も文部科学省の「学校基本調査」によると2020年度の数字で98.8％（通信制を含める）の水準にある。

文部省（現在は文部科学省）は，地域や学校によって教育内容にばらつきが出ないよう，できるだけ統一する政策を展開した。学習指導要領の徹底や学校教科書の検定制度はその現れである。いっぽう，小中学校の教員を中心メンバーとする日本教職員組合（日教組）は，現場で教える教員の自主性・独立性を確保しようと，文部省の政策に対しては対決姿勢を示すことが少なくなかった。そのような対立構造の中でも「教室の中では平等」という理念に関しては，文部省と日教組が，各論はともかく大筋でもっていた共通認識ではないかと思われる。家庭環境の差を教室の中へは持ち込ませまいという，一種の学校内平等主義が存在していたと考えられる。この平等主義は生徒や学生の逸脱行動をきらい，髪形やスカート丈を規制したりする，画一主義的な面ももっていたが，第２次世界大戦後，とりわけ高度経済成長期以降に日本社会で学校教育を受けた人びとのあいだに均質感をもたらすことにもなった。

20世紀後半の日本社会で大きな関心をよんだ教育問題というと，なんといっても激化する受験競争にまつわるものが多かった。「受験地獄」「教育ママ」「詰め込み教育」「偏差値教育」「学歴・学閥社会」などがそれである。これら以外にも「教科書検定」「少年非行」「いじめ」「不登校」「国旗・国歌」「ゆとり教育」「英語教育の小学校導入の是非」などさまざまな問題が関心を集めていたが，その間，社会階層的背景が教育に及ぼす影響については，あまり本格的な議論がなされないでいた。しかしそれは，この時期，社会階層の問題が発生していなかった，ということになるのだろうか。

日本における階層と格差の問題を取り上げ，注目されたのが苅谷剛彦

(1955- ）の『大衆教育社会のゆくえ』(1995）である。同書が出版された1995年は，バブル経済が崩壊して数年経ち，長く続く不況の中で阪神・淡路大震災とオウム真理教による東京地下鉄襲撃が起こった年であった。高度経済成長期，その後に続いた安定成長期，そしてバブルの時代とは明らかに社会の様子が異なりつつある，と多くの人が感じていた時期である。同書は注目され，その後日本国内で注目されるようになった教育格差論の口火を切ることになった。苅谷のいう「大衆教育社会」とは，「教育が量的に拡大し，多くの人びとが長期間にわたって教育を受けることを引き受け，またそう望んでいる社会」(1995：12）のことで，苅谷はこの状況は世界的に見て特異だと考えた。たとえばイギリス社会はもともと階級社会であったので教育の普及とともに「階級的な教育社会」となり，多くの人種・民族から構成されるアメリカは「多民族的な教育社会」となったが，日本ではこのような現象は見られず，大衆教育社会が出現したのだという。

苅谷の分析を見てみよう。日本の場合，公平（に見える）入学試験制度が成立した結果，まずは学校社会に，次に企業社会にメリトクラシーが広がった。したがって戦後日本のエリートは，学校や入試での成功によって大衆の中から誕生する「学歴エリート」であった。ブルデューの文化資本の議論が描くタイプの社会とは異なり，日本の学歴エリートたちは身分文化を形成することはなく，大衆文化を共有する特徴があったという。その一方で，戦後数十年間の教育社会学文献をふりかえると，親の年収や職業が，子どもの学校や入試成績に影響することを示唆する研究が複数存在していた。しかしこれらの研究が社会的関心をよぶことはなく，政策に影響を与えることもなかった。なぜか。日本の教育においては平等主義とメリトクラシーが同時に働いているので，階層などの社会的要因が子どものパフォーマンスに与える影響が，実際には存在していても，見えにくい状況が続いたからだ，と苅谷は指摘する。

苅谷はその後も，文部科学省の「新しい学力観」に基づいた学習における成果にも階層的要因が影響を及ぼしている可能性があるとの指摘（苅谷 2003）を行なうなど，階層と教育の問題に取り組んでいる。また多くの格差社会論の著作（第6章参照）においても教育の問題がしばしば取り上げられている。

最後に，教育と社会格差に関するいくつかの統計を検討しておきたい。まず

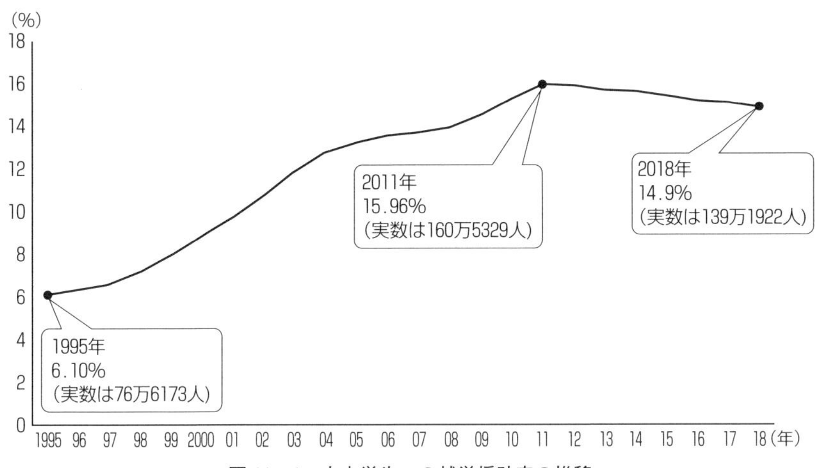

図11－1　小中学生への就学援助率の推移

（出所）　文部科学省調べ。

は就学援助件数の増加だ。**就学援助**とは，学校教育法の第19条にある「経済的理由によつて，就学困難と認められる学齢児童又は学齢生徒の保護者に対しては，市町村は，必要な援助を与えなければならない」という規定に基づく公的な援助のことだ。日本では公立の小中学校の授業料は無料だが，文房具・給食・修学旅行などは保護者が費用の負担をしなければならない。これらの費用の支払いが援助の対象になる。就学援助を受ける生徒は少なくない。図11－1は2020年文部科学省発表の『就学援助実施状況等調査結果』から作成したもので，全国で就学援助を受ける小・中学生の率の推移を表している。1995年は6.1％であったがどんどん上昇し，2011年には16％近くに達した。その後若干減少したが2018年でも14.9％の水準にある。就学援助率は全国一律ではなく，地域差が大きい。2017年では福岡県（25.83％），沖縄県（23.61％），大阪府（22.48％）などにおいて高く，富山県（6.49％），静岡県（7.37％），山形県（7.47％）などでは低い。20％というと，生徒の5人に1人にあたり，決して小さい数字ではない。

また2000年ごろから小中学校の給食費を滞納するケースや，高校において授業料の減免措置を受けるケースも全国各地で目立っている。義務教育での就学援助や高校の授業料減免は生活保護世帯やそれに準じた経済状況の世帯に対し

表11－1　家庭の社会経済的背景と学力

社会経済的背景（注）	小6				中3			
	国語A	国語B	算数A	算数B	国語A	国語B	数学A	数学B
Lowest SES	68.00	48.44	69.68	36.29	70.43	63.14	52.84	38.78
Lower middle SES	72.69	54.45	76.21	42.29	75.56	69.96	61.45	44.90
Upper middle SES	76.59	59.68	81.00	47.68	78.94	74.26	67.40	49.66
Highest SES	81.99	67.36	87.58	57.69	84.76	81.39	77.08	58.90

（注）家庭の社会経済的背景（SES, Socio-Economic Status）：保護者に対する調査結果から家庭所得，父親学歴，母親学歴の３変数による合成指標。これを４等分し，Highest，Upper middle，Lower middle，Lowest に分割して分析。

（出所）『文部科学省委託研究「平成29年度全国学力・学習状況調査を活用した専門的な課題分析に関する調査研究」』（国立大学法人お茶の水女子大学）。

て行われるので，社会格差の拡大による影響が懸念されるが，給食費については，支払い能力があるのに不払いを続ける保護者もいるようだ，との指摘もある。

教育社会学者の**耳塚寛明**が2003年から04年にかけて関東地方の中都市で実施した研究（2006）においては，子どもの学力が保護者の年収などによって影響される傾向が示されたが，これは世帯収入と子どもの学力の関係を実証的に見ようとした日本でほぼ最初の研究例であろう。また2013・2017年の全国学力・学習状況調査の追加調査「保護者に対する調査」の結果をお茶の水女子大学のチームが分析したところ，家庭の社会経済的背景（SES）（「家庭所得，父親学歴，母親学歴の三つの変数を合成した指標」のこと）が高い児童生徒の方が，各教科の平均正答率が高い傾向が見られた。表11－1は2017年の分析結果の一部である。

また東京大学大学院教育学研究科が2005～06年の調査で高校生の予定進路と両親の年収をつき合わせてみたところ，４年生大学への進学を予定している生徒は，両親の年収が多いほど比率が高かった。就職を予定する生徒はその逆であった（図11－2を参照）。

さらに，「平成25年若年者雇用実態調査」によると，若年労働者（15～34歳が対象）の正社員比率は中卒で37.5%，高卒で57.1%，そして大卒で79.6%であった。学歴が就業形態を規定する傾向が強まっているといえる。

これらのデータを要約すると，現在の日本では，保護者は年収が高ければ高いほど，子どもの学歴に対して高い期待を抱き，子どもの学力も高い。子ども

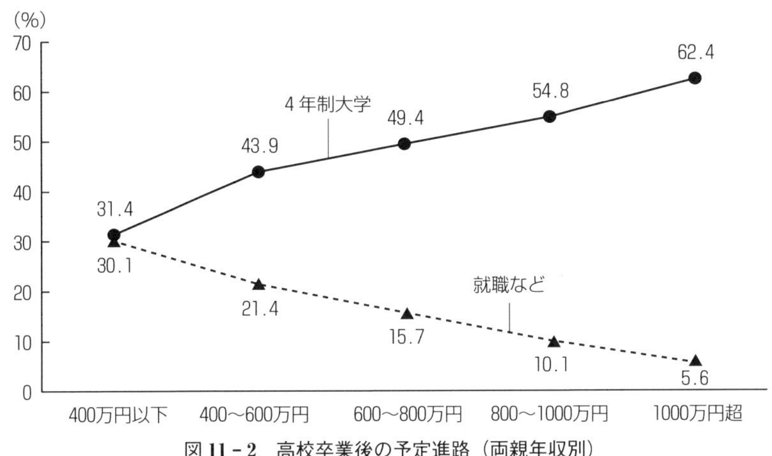

図11－2　高校卒業後の予定進路（両親年収別）

（出所）　東京大学大学院教育学研究科大学経営・政策センター資料を元に作成。両親年収は2005年，予定進路は2006年調べ。

たちはやがて学校を出て働き出すが，学歴が高ければ高いほど正社員の比率が高い，ということである。ところが第12章で見るように，正規雇用と非正規雇用との間には大きな賃金格差があるため，アルバイト・パートなどで生計を立てつつ結婚し，子育てをしようとすると教育費用が大きな負担となることが容易に推測できる。つまりこれらのデータが示唆しているのは，現在の日本の教育には「社会階層の固定化装置」として機能している部分がある，ということなのである。

公立学校と私立学校

苅谷剛彦のいう「大衆教育社会」が日本で成立した背景には，憲法や教育基本法の精神に基づいた公教育の完備があるといっていいだろう。公立の小中学校においては授業料や教科書代が無料で，諸経費の支払いが困難な場合には就学援助が行われ，学校や入試で優れた成績を示しさえすれば家庭の財政事情が厳しくても将来への可能性が出てくる，そんなシステムであった。前述の就学援助もその一助となっている。

しかし一部で公立校離れ・私立校人気の傾向も見られる。文部科学省の学校基本調査によると2020年度，全国の小学生総数は約630万人で，その約98.2%

表11－2　小中学校数の推移

	小学校　学校数				中学校　学校数			
	総数	国立	公立	私立	総数	国立	公立	私立
2000年	24,106	73	23,861	172	11,209	76	10,453	680
2020年	19,525	68	19,217	240	10,142	69	9,291	782

（出所）文部科学省「学校基本調査」。

が公立校と圧倒的多数であり，中学生は約321万人のうち約91.6％が公立，約7.5％が私立，約0.9％が国立と，公立優位である。しかし東京都については2020年３月に東京都内の小学校を卒業した生徒のうち，18.4％が私立中学に進んでおり（東京都教育委員会調べ），全国平均を大幅に上回っている。全国の学校数を見ても，表11－2に示したとおり，小・中学校ともに2000年から2020年までの20年間で公立校が減少する一方，私立校は増加している。

小中学校の総数が減少している背景には少子化の影響があると考えられるが，私立の小中学校は「少子化にもかかわらず」増加している，ともいえる。大都市の主要鉄道の主要駅前には塾や予備校が林立し，小学生たちが夜遅くまで勉強している姿を目にする。幼児を小学校受験に備えさせる「お受験」用の塾もあり，インターネット上でも親たちは受験に関する情報交換に余念がない状況となっている。

公立学校においてもいろいろな改革の取り組みが行われている。1998年に学校教育法が改正され，中学・高校の一貫教育を行う，公立の「中等教育学校」という形態が出現したのはそのひとつである。また東京都品川区などでは教育委員会の方針により小中一貫校も開設され，注目されている。これらの一貫教育においては，おおむね，教育課程の無駄を省いて効率的な教育を行い，ゆとりをもって生徒の個性を生かした教育を行い，また異年齢集団の子どもたちと学校生活を共にすることで社会性をはぐくむ，などの目標をかかげている。その一方で，私立校に負けない進学校を用意することで公立校離れを食い止めようとする行政の意向も働いていると考えられる。

20世紀後半を通じて，公立学校では均質的な教育が行われているとの建前が存在していたので，学校区以外の公立校へ通学することは「越境通学」とされ，基本的に認められていなかった。「越境通学」という用語には逸脱行動のラベルが貼られていたほどである。しかし21世紀に入ってからは，管轄区域内の小中学校を選ぶことができる学校選択制を導入する教育委員会が出現している。学校選択制は，公教育制度に競争原理をとりいれ，教育の質の向上をはかるのが大きなねらいだが，不人気の公立校は放置しておいてよいのか，遠くなる通学経路の安全は確保できるのか，地域社会の弱体化に拍車がかかるのではないか，などの問題も指摘されている。

11-3-2　学内の安全問題

▒学校における暴力・犯罪事件

2001年6月8日午前10時すぎ，37歳の男が大阪教育大学附属池田小学校に乱入した。男は包丁を振り回して暴れ，生徒8人を死亡させ，生徒13人と教員2人を負傷させた。この事件は社会を震撼させ，学校におけるセキュリティの概念を根本から覆した。それまで自由に出入りできた日本の小中高等学校では，校門が閉ざされるようになり，防犯カメラを設置したりガードマンを雇ったりする学校が珍しくなくなった。

学校の安全については，学内の児童生徒による暴力行為についても考慮しなければならない。文部科学省がまとめたところでは，2019年，日本の小中高等学校で学校の管理下で起こった暴力事案は，同省が把握した範囲で合計7万5427件だったという。これは学校総数の36.2％にも達している。

▒学校におけるいじめ問題

文部科学省によると，日本の小・中・高・特別支援学校における，いじめの認知件数は51万7163件（2020年）で，児童生徒1000人当たりの認知件数は39.7件であったという。把握できなかったケースや報告されなかったケースを考えると，実数はこれより多いと思われる。

いじめに関する理解を深める試みの中では，社会学者の**森田洋司**（1941-2019）らによる「**いじめの四層構造**」説が有名である（1994）。いじめは加害者と被害者の2者関係によって把握しがちだが，森田は加害者と被害者に「観客」と「傍観者」を加えた4者関係によって理解するべきだ，とした。

また社会学者の内藤朝雄（1962-　）は，日本の学校共同体主義を批判し，暴力系のいじめに対しては法システムにゆだねることを提言し，悪口や無視などコミュニケーション操作系のいじめに対しては，学級制度を廃止することで生徒の交際圏を広げることを提言している（内藤 2001）。またSNS上で深刻ないじめも発生しているが，学校教員や親の目がさらに届きにくく，潜在的である。

11-3-3　これからの学校教育をめぐる諸問題

ここでは日本の学校教育における格差の問題と安全の問題を取り上げたが，日本の教育にはそれ以外にも課題が山積している。スペースの問題上，深く取り上げるわけにはいかないが，それらの問題を指摘しておこう。まずは，学力低下問題がある。精神科医で評論家の和田秀樹（1960-　）の著作（1999）や数理経済学者の岡部恒治・戸瀬信之・西村和雄らの共同調査や著作（1999，2001）などがきっかけとなり，文部省—文科省が進めてきた，いわゆる「ゆとり教育」の功罪を問う論争が展開した。この論争については，「中央公論」編集部・中井浩一編（2001）や市川伸一（2002）が体系的に整理している。

教員に関しては，その質が低下しているのではないか，と指摘したり，忙しすぎるのではないか，とする声もある。もともと教員免許（普通免許）は終身有効であったが，2009年から免許取得後10年経つと所定の研修を受けるなどして更新が必要な制度となった。しかしその費用が本人負担であったことや，多忙な学校教員に大きな負担がかかる，などの理由から，2021年11月19日に末松信介文部科学大臣は教員免許更新制を2022年度中に廃止し，新しい研修制度を導入する旨を表明している。

たしかに現代の学校教員は多忙を極めている。OECD（経済協力開発機構）の参加国を対象に行われた「国際教員指導環境調査（TALIS）」の2018年度結果では，小中学校の教員の勤務時間において，1週間あたりの参加国平均が38.3時間であったところ，日本の教員は53.9時間であった。それ以外にも課外活動・事務業務・授業計画準備などにあてられている教員の時間は参加国中で最長であった。2019年の公立小学校の教員採用試験の倍率が2.7倍と，過去最低であったとされ，教育現場の労働環境の厳しさが大学生にも伝わっているのではないか，との指摘がなされている。

高等教育については，少子化による大学生人口の減少により，2007年度には大学・短大の進学希望者数と合格者総数が同じになり，数字上の大学全入時代がはじまっている。定員割れにより閉鎖に至った大学や短大も出現し，学生の確保をめぐる大学・短大間の競争が激しくなっている。教育・研究の両面において国際的に通用する大学を数多くそろえられるかどうかは，日本の高等教育界のこれからの取り組みにかかっている。

■この章の推薦文献■

教育と社会に関して論ずる書籍は数多い。「教育社会学」に限定してもずいぶん多くの本が出版されている。入門的なものをあげると，

苅谷剛彦，2010，『教育の社会学　新版――「常識」の問い方，見直し方』有斐閣.

吉田武男（監修），2018，『教育社会学』ミネルヴァ書房.

などが読みやすいだろう。なお一般向けの教育社会学で注目を集めたものに

鈴木翔・本田由紀，2012，『教室内（スクール）カースト』光文社.

がある。同書では，クラス内の人気に基づいた生徒グループの序列化現象が取り上げられている。

第12章　産業・組織・労働

産業というと経済学の分野だと思われがちだが，社会学にとっても重要な分野の一つである。社会現象としての産業は，人の集合的行為で成り立っており，複雑な組織の運営が欠かせない。この章では「組織」に焦点をあわせて産業社会の問題を考えることにする。組織経営の考え方として著名な大量生産方式（テイラー主義・フォード方式ともいいかえられる）・人間関係学派・ポスト＝フォード主義などについて検討した後，日本的経営法・組織経営・労働に関するいくつかの問題点を取り上げる。

この章の内容

12-1　大量生産：テイラー主義とフォード方式

20世紀社会の本質を理解するためには，飛躍的に発展した製造業がもたらした影響を考えないわけにはいかない。工業中心の産業構造になり，都市への人口集中が進み，車や家電などの工業製品は単価が下がって一般市民の手に届くようになった。その結果，人びとが同じようなモノを所有し，似たような生活様式で生活する，いわゆる大衆社会が登場した。また20世紀の戦争はいかに多くの武器と弾薬を安定供給できるか，という工業力の戦いでもあった。なかでも大量生産方式の影響ははかりしれない。そこでは家族を単位とした生産は姿を消し，人びとは高度に組織化された工場で働くようになった。

フレデリック・テイラー（**Frederick W. Taylor**，1856-1915）はアメリカのエンジニアで，効率を追求することの重要性を主張した。著書『科学的管理法の原理』（1911）から，彼の手法は**科学的管理法**（**the scientific management**）とよばれたり，彼の名前をとって**テイラー主義**（**Taylorism**）とよばれたりする。テイラー主義は労働者に対して管理主義的ではあるが，個々の作業工程にかかる時間を短縮する具体策を示し，生産性（productivity）を高めて製造業の近代化に大きな貢献をはたした。

その具体策が**動作研究**（**motion studies**）である。テイラーは，どの作業にも「ある最良のやり方（one best way）」があり，それは作業者の動作を客観的に観察・改良することにより発見できる，と信じた。しかしテイラーは，作業者自身にはそんな知能がなく，仕事をさぼろうとばかりすると考えていたので，動作研究はエンジニアの仕事だとした。当時のアメリカの工場労働者の多くがヨーロッパからの移民で，英語がうまく話せない人も多く，そのような偏見におちいった可能性がある。作業時間の短縮は，現在の製造業においても重要事項とされ，とくに手作業が欠かせない工程では作業者同士でストップ・ウォッチを使って時間短縮に努める姿がよく見られる。

テイラーが活躍していたちょうどその頃，アメリカの自動車起業家，**ヘンリー・フォード**（**Henry Ford**，1863-1947）は**大量生産**（**mass production**）システムによる自動車製造法を完成しつつあった。それまでの自動車は，熟練工が手間ひまをかけて１台ずつ作っていたのできわめて高価なものであった。フォードは，部品を標準化し，全く同じ車を何台も作り続けることで単価を引き下げることに成功した。この車は**Ｔ型フォード**（**Model T Ford**）と名づけられ，爆発的に売れた。フォードのやり方は**フォード方式**（**Fordism**，**フォード主義**とも）として知られ，大量生産の代名詞となった。フォード方式はテイラー主義の考え方を採りいれ，またベルトコンベヤーによる流れ作業も導入し，さらなる大量生産を実現した。フォード方式には次のような特徴がある：

同一製品の大量生産　「同じもの」をたくさん作って単価を下げる。

部品の標準化　部品の規格を定め，どの車も全く同じ部品で組み立てるシス

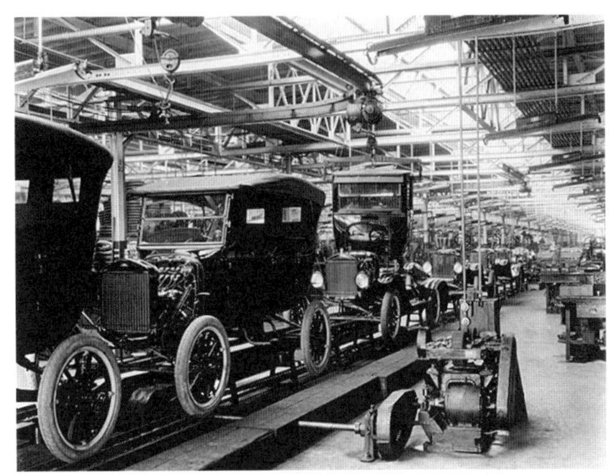

写真 12－1　T型フォード（生産ライン）

テムにした。生産がより効率的になり，車の信頼性も高まり，全米各地で点検や修理が可能になった。また部品を大量発注することで部品単価が下がった。

ベルトコンベヤー　熟練工の時代は，作業者が車の周囲を動き回っていたが，フォード方式では車体をベルトコンベヤーにより，作業者の前で移動させた。いわゆる**組み立てライン**（**assembly line**）による流れ作業である。これは家庭電気製品など，他の業種でも採用され，20世紀を象徴する製造方式の１つとなった。

徹底的な分業　以前は，ガラス職人・鍛冶屋・塗装工などが職人技をふるっていたが，フォード方式では全工程が誰でもできる単純作業に細分化された。英語力や特定の技能は求められなくなった。

単純労働　徹底的な分業は，個々の作業者にとっては単純作業の連続を意味し，人間はまるで機械の一部のようになった。

フォード社は1908年の第１号からＴ型を作り続け，1924年には1000万台を世に送り出した。画一的なＴ型が全米に行き渡ることでアメリカはクルマ社会となった。大量生産は価格の低下を生んで一般市民の購買欲を刺激し，20世紀は**大量消費**（**mass consumption**）の時代となった。ミドルクラスが出現し，どの家にも似たような自動車・家具・電化製品があり，多くの人が文明を享受できる時代となった。かつてマルクスは，資本主義社会では資本家階級と労働者階級の二極化が進むだろう，と予測したが，20世紀のアメリカではそうはならなかった。

12-2　人間関係学派

経営学において，テイラー主義を支持する**科学的管理学派**（**the scientific management school**）に疑問を投げかけたのは，**人間関係学派**（**the human relations school**）であった。その考え方は，ある大規模な実験が「失敗」したことがきっかけであった，とされる。シカゴ近郊にあったウェスタン・エレクトリック社のホーソーン工場で1924年から32年にかけて行われた実験なので**ホーソーン実験**（**the Hawthorne Experiment**）として知られる。当時は科学的管理法の発想が行き渡っていたので，工場の照明や休憩時間，部屋の温度・湿度，さらには賃金などを変更すると作業者の生産性がどう変わるか，が研究の関心事項であった。ところが物理的な諸条件による影響はたいして認められず，意図していた目的が達成できなかった。そこでオーストラリア出身で，ハーバード大学ビジネススクールの教授であった**エルトン・メイヨー**（**Elton Mayo**, 1880-1949）が研究チームに加わり，新たな実験や大規模な聞き取り調査を行い，物理的な労働環境よりも，職場における人間関係，仲間意識，集団規範などがより影響力のある要因であると結論づけた。またこの実験の被験者（工場の作業者）たちは，実験の対象として「選別された」と認識し，実験期間中，仕事ぶりを第三者（実験者）が観察・記録・評価し続けたことを認識していた。そのことが被験者たちのパフォーマンスを押し上げたのではないか，との仮説も提出され，他者からの評価を意識してパフォーマンスが上がる現象のことを**ホーソーン効果**（**the Hawthorne Effect**）とよぶようになった。

人間関係学派の大きな貢献はフォーマル組織とインフォーマル組織を区別したことにあるといえよう。通常，会社・病院・政府・学校などの組織では組織内の地位（営業部長とか看護部長など）がそれぞれどんな役割や権限をもつのかが組織図や文章によって規定されている。このような組織構造の側面を

フォーマル組織（**formal organization**）という。しかし実際の組織では，対面的な（顔見知りの）小集団が自然発生する。これを**インフォーマル組織**（**informal organization**）という。一般に，フォーマル組織が効率追求の論理で構成されるのに対してインフォーマル組織は感情のダイナミクスによって動く面が強いとされる。後者に着目したのがメイヨーの人間関係学派であった。彼らによると，小集団への帰属意識やチームワークはプラスに働けば生産性の向上につながるが，職務怠慢が充満してしまうと逆の効果がでてしまうという。

しばしば人間関係学派は人間的で人に優しい考え方であり，「人を機械のように扱う科学的管理法」と対極的な経営法だと見なされる。しかし最終的には生産性をいかに向上させるか，という着地点は同じで，そのために人間関係を利用しているのではないか，という見方もある。

12-3　ポスト・フォード方式

圧倒的な工業力により第２次世界大戦を優位に戦ったアメリカは，日欧諸国とは対照的に，戦前からの工場が温存され，戦後も「世界の工場」として繁栄を続けた。戦後の日本は製造業の復興と加工貿易の振興に力を入れ，1960年代に高度経済成長を達成した。安価な日本製品の輸出攻勢により，アメリカでは解雇や倒産が起こり，繊維・鉄鋼・家電・自動車などの分野で両国間の政治問題に発展した。

とくに自動車産業はアメリカにとって重要な産業であったが，1980年代になるとオイルショックによるガソリン価格の高騰，それにもかかわらず低い燃費性能，さらに故障が目立つなどの品質低下問題も起こっていた。問題のひとつは労働者の**モラール**（**morale**），つまり勤労意欲が低下していることであった。彼らは簡単にレイオフされる立場にあったからである。無断欠勤も目立ったので，会社はどんな部門の仕事もこなせるユーティリティ・マンという人びとを雇っておき，欠勤者の穴埋めをさせていたという（Womack et al. 1990）。ヘンリー・フォードが労働組合嫌いであったこともあり，労使関係も対立的になっていた。また大量生産方式において分業が徹底化された結果，工場組織が硬直化したともいう。製品の品質管理も，組み立てラインの最後尾で，完成した車を品質管理部がチェックし，問題があれば修理部門が手直しするシステムだった。それだけ人件費も余計にかかっていたが，何より問題だったのは，分業意識もあり，作業員が「品質管理は自分の仕事ではない」と認識することであった。

いっぽう加工貿易が生命線の日本では，製品の品質向上に力を入れていた。なかでもアメリカ人の統計学者，**W・エドワーズ・デミング**（**William Edwards Deming**, 1900–93）が与えた影響は大きい。テイラー主義に批判的な彼は，労働者のプライド，チームワーク，長期的視点，統計学の導入などを重視し，作業員から企業トップまで全員の話し合いにより作業工程を改善し続けることを訴えた。皮肉にも彼に耳を傾けたのはアメリカ企業より日本企業の方が早かった。

日本の製造業の中でもとくに注目すべき生産方式を生み出したのはやはり自動車産業であった。とくにトヨタの生産方式は「**ポスト・フォード方式**（**Post-Fordism**）」「**リーン方式**（**the lean method of production**）」「**かんばん方式**」「**ジャストインタイム方式**（**Just-In-Time method of production**）」「**トヨタ方式**（**Toyotaism, Toyotism**）」などさまざまな名称で世界的に知られているが，ここではポスト・フォード方式とよぶことにする。それは生産工程の中にある様々な「ムダ」はコスト要因であり品質低下の要因でもあると考え，これを徹底排除する考え方である。リーン――無駄のない――方式とよばれるのはそのためだ。

大量生産方式では部品を大量発注するか自社製造により単価を下げようとしていた。しかしそれでは部品倉庫が必要になり，その維持管理もコスト要因となる。もし部品に問題があれば欠陥部品の山ができてしまう。そこでポスト・フォード方式では最小限の部品が，組み立て直前に――ジャストインタイムに――部品メーカーから届くようにする。そうすれば巨大な倉庫は不要だし，部品の不具合もすぐ修正できる。品質管理は，作業員が持ち場でチェックしながら製造するので，効率が高い。また製造中の車体に「かんばん」とよばれる認識票をつけることにより，同一ライン上で異なる仕様の車を作ることが可能になり，市場の需要に即応できるという利点もある。

自動車製造において，ポスト・フォード方式が優れていることは明らかなので，現在，世界の多くの自動車製造業で同方式がとりいれられている。ただし弱点も明らかになってきている。それは部品供給の確保，である。部品在庫をきりつめているので，自然災害・事故・火災・政情不安などにより部品生産や部品の輸送が止まると，生産ラインが止まりかねない。各社ともそのような問題に備えてきているが，2020年から世界的に半導体の供給量が不足し，自動車メーカーは需要があるにもかかわらず，減産を強いられるという事態が起こった。とくに半導体は自動車自体がICT化しているため，ICT業界との競争もあって需要がひっ迫し，国内の半導体工場での火災という特殊事情もあったが，自動車メーカーは半導体については部品在庫をある程度蓄える方向にあるようだ。

12-4 日本的経営法とその行方

日本は天然資源に恵まれず，第2次世界大戦での被害も大きかったのに，なぜ20世紀後半に世界第2位の経済大国になり得たのであろうか。この点に関しては，「勤勉性」や「集団主義」などの文化要因，「高い識字率」や「基礎計算力」や「公平な大学入試」などの教育要因，また「自民党長期単独政権による安定政治」や「官僚主導型経済」などの政治要因などの議論が展開された。もうひとつ，日本の企業組織には他国には見られない独特なスタイルがあり，これが大きな要因になった，とする見解があった。いわゆる**日本的経営法**（**Japanese management, Japanese-style management**）である。

20世紀後半，日本的経営法の「三種(さんしゅ)の神器(じんぎ)」としてよく知られる経営上の特色があった。21世紀にはかなり状況が変化しているが，それは後述するとして，これらについて検討しよう。まず**終身雇用**（**lifetime employment, lifetime commitment, lifelong employment**）とは，企業はできるだけ従業員を解雇しないという雇用慣行のことであった。契約ではない。定年もあるので，文字通り「終身」ではない。**年功序列**（**seniority**）とは昇進と昇給を勤続年数――年齢ではない――によって決定する制度である。従業員からすると，能力評価はされにくいが，安心感のある給与システムではある。この制度は高度経済成長期に慢性的な人手不足に悩む企業が，人材の社外流出を防ぐためにおおむね同時期に導入したといわれる。キャリア途中で転職すると，勤続年数ゼロから再スタートしなければならないからだ。終身雇用と年功序列は，連動して日本の会社員人生の色づけをしてきた。大学生の就職活動は，一生働く会社を決める活動と見なされていたし，入社後は毎年昇給があると想定して住宅ローンなどの人生プランが立てられていた。

もうひとつの要素は**企業別労働組合**（**enterprise labor union**）である。これは労働組合活動が企業単位で行われる傾向が強いことをいう。欧米では，もとは同一の職能を持つ熟練労働者が会社を越え横断的に連帯する**職能別組合**（**craft union**）が主流であったが，資本主義経済や大量生産方式の発達にともない増加した非熟練労働者を吸収して**産業別組合**（**industrial union**）に変化していった。日本の場合，第２次世界大戦前はブルーカラー労働者のみが企業ごとの組合に参加していたようだが，戦後はホワイトカラー従業員も参加するようになったという。管理職もかつて組合員だった人が多く，また組合員は年功序列により管理職に昇進していくことが予想されるので，経営側と労働側に一種の一体感が生まれても不思議ではない。よく言えば協調的，悪く言えばなれ合い的な労使関係が成立する。

「三種の神器」は日本企業の会社員に，一種の運命共同体意識をもたらしたとされる。自社への忠誠心が高く，他社に移動せずに勤勉に働く企業戦士の集団である。ただし終身雇用・年功序列という温情主義を享受できたのは大企業の社員であり，中小企業はそうとは限らなかった。また大企業でも恩恵を受けたのは男性正社員に限られていた。女性社員や非正規社員はその枠外に置かれていたのが実情である。

日本の会社では「独特」といわれる習慣が他にも見られる：

内部労働市場　定年退職や事業拡大により発生する人材需要が，その企業内で満たされる場合，**内部労働市場**（**internal labor market**）という。対照的に，社の外から人を探す方法を**外部労働市場**（**external labor market**）という。日本でも欧米でも両方の人材選定が行われるが，日本では内部労働市場で人を選ぶことが多かった。現在では日本の会社も会社外で人を探すことは珍しくなくなっている。

ゼネラリスト養成　日本の企業人事では，技術職・研究職などを除くと，社員に社内のいろいろな部署を経験させ，専門家を養成するというより，その会社について精通させる方針がしばしば見られる。しかし近年では特定の分野で業績をあげた人が退社して独立したり，ヘッドハンティングで他社に移ったりする事例が増えている。

小集団活動　デミング流や，ポスト・フォード方式の品質管理における重要な要素に小集団活動がある。いくつかの形態があるが，日本の製造業ではQC サークル（Quality Control circles）といって，少人数の部門ごとに全員参加によって製造プロセスの改善点を話し合う形が多い。

稟議書　「りんぎしょ」と読む。社内の関係者に回覧して，了承したら押印し，次の人に回す書類のことである。連絡の周知徹底や意思決定に使われる。最近は電子化が進んでいる。

ねまわし　会議が思わぬ方向へ展開しないように，会議の構成員に前もって原案を説明し，了承を取り付けておく手法をいう。

フロア式オフィス　日本のオフィスでは個室やパーティションは珍しく，いろいろな職位の社員が机を寄せ合って仕事をすることが多い。これは社員の意思疎通に効果があるという。

各種手当　日本の企業，とくに大企業では基本給以外にさまざまな手当が支給される。通勤・住宅・家族手当などだ。戦後の厳しい時代に，労使交渉の結果，整備されたという。

福利厚生施設　企業によっては独身寮や社宅，保養宿泊施設などを保有し，格安の家賃や使用料で社員に提供している。ただしこれは日本固有ではなく，欧米でもICT企業などで社内カフェや社内ジムを豪華に充実させているところがある。

社員旅行・宴会・飲み会　会社によっては社の行事として全員参加の社員旅行を行うところがある。また忘年会・送別会・歓迎会などの名目で，あるいは名目なしに，社員の間で飲み会をすることもある。もっとも日本以外でも飲み会については，会社でパーティをしたり，職場の友人同士で飲みに行ったりすることは珍しくないので，日本固有の慣習とは言いにくいかもしれない。

ボーナス　欧米でもボーナスが支給される例はあるが，会社の好業績による一時金の性格が強い。しかし日本のボーナスは業績による増減はあるものの，定期的に支給されている。ただし基本的に正社員にしか支払われない。

このような「日本的経営法」であったが，大きく変化しつつある。1990年代～2000年代はじめの不況により失職・転職を余儀なくされる人が増え，この頃大学を卒業した人は「就職氷河期」に遭遇した。そして非正規労働者の割合は1984年には15.3%であったが，2021年には36.7%（「労働力調査」による）になった。終身雇用・年功序列の恩恵にあずかれる人は減り，転職もめずらしくなくなった。職場では正社員と同様の仕事の内容をこなしているのに，待遇面で劣る非正規雇用のあり方が問題となっており，**同一労働同一賃金**を目指すべきだとの声が高まっている。また「日本的経営法」は，正社員に安定雇用が提供されるモデルであったが，それは男性のみの想定であり，暗黙の了解として，女性が専業主婦として家庭で家事と育児を一手に引き受けることで成立していた。当然ながら正社員として女性が能力を発揮しやすい環境とはいえない。職場のジェンダー・ギャップも，早急な解消が望まれている。

20世紀末から，経済活動のデジタル化・ネットワーク化が急速に進み，アメリカを中心に，ICT 界での新規起業が大きな富を生み出し，雇用を生み出し，何より人びとの生活，社会に変化を与えている。**GAFA＋M** あるいは Big Five（Google，Apple，Facebook（Meta），Amazon，Microsoft）はもちろん，YouTube，Instagram，Uber，Uber Eats，Twitter，Netflix，Hulu，など枚挙にいとまがない。1990年頃まで日本はエレクトロニクス分野のハードウェア製造で世界をリードしていたのに，出遅れ感が否めない。

20世紀後半の日本企業は，自動車や家電や船などの既存のアイテムを改善・改良し，製造品質を高めることに優れた才能を発揮した。社員は会社への帰属意識が高く，終身雇用・年功序列による安定雇用はそれを可能にする大きな要素だった。しかし個人が会社から飛び出て新規事業を始める土壌は育たなかった。とくに既存の産業体系を破壊するような，新しいプラットフォームを作る事例は少なかった。残念ながら，日本的経営法は，スマートフォン，ネットショッピング，デジタル決済，本や映画や音楽のストリーム・サブスクリプション，フードデリバリー，ライドシェア，ドローン，SNS，ネットオークション，仮想通貨などを生み出すことができなかった。

他国に比べ，日本では起業しようという発想が稀薄であるらしい。“Global Entrepreneurship Monitor” という，起業意識に関する国際比較調査があり，2019年の調査では，日本の18歳から64歳までの回答者で「起業するつもりである」と答えた人の割合は，調査した50か国のうち最下位の4.3%であった。同様に，「新規事業を始める知識，スキル，そして経験を持っている」(14.0%)，「新規事業を始めた知り合いがいる」(17.1%)，「自分のいる地域は新規事業を始めるいいチャンスだ」(10.6%) と答えた人の割合もすべて最下位の第50位で，「事業を始めるのは簡単だ」(24.3%) と答えた人の割合も第49位にとどまった。

いっぽうでアメリカでは大企業の CEO（最高経営責任者）と従業員の報酬格差が激しい。アメリカの労働団体である AFL-CIO の調べでは，その格差は2020年，299倍もあったという。またコンサルティング会社のデロイト・トーマツグループの調べでは，同年，日本の社長や CEO の報酬総額の中央値は1.2億円，アメリカは15.8億円で，日米の格差は13倍であったという。ヨーロッパ（イギリス・ドイツ・フランス）との差はそれよりは小さく，3.8倍であったという。よくも悪くも日本の会社では欧米に比べ，報酬体系がよりフラットであることがわかる。日本的経営法は社内に報酬格差を生むことに消極的で，それが社内の安心感や一体感を生み出してきた。とはいえグローバル企業にとっては世界で通用する CEO が不可欠で，高額報酬で外国から CEO を招くケースもある。日本的経営法は大きな転機を迎えているといっていいだろう。

12-5　労働の諸問題

他者が生み出した，あるいは所有する価値を横取りすることを**搾取**(**exploitation**) という。産業活動においては，不当に長い労働時間や低い報酬，不当な解雇などが典型例である。日本では1947年に施行された労働基準法が，労働者の最低限の労働条件の基準を定めている。しかし労働者は不当な扱いを受けても立場が弱く，個人的に使用者に改善を要求することは難しい。そこで労働者が連帯し，労働条件の改善について使用者と集合的に交渉するという考え方を**労働組合主義**（**trade unionism**）という。労働運動の歴史は国によって多様であるが，当初は非合法とされていた場合が少なくない。日本でも明治時代から労働運動の萌芽が見られたが，第2次世界大戦中は厳しい弾圧を受けるなど，平たんな道のりではなかった。しかし1945年には労働組合法が成立し，1949年に全面改正され，組合運動の法的基盤となっている。1947年施行の日本憲法においても労働者の団結権が保障されている。

しかし現状では日本の労働組合運動は縮小気味となっている。厚生労働省の調べ（「労働組合基礎調査」）をもとに，推定組織率（雇用者数に占める組合員数の割合）の推移を見ると，新憲法が施行されて間もない1949年は55.8%あり，この年がいちばん高かった。その後1970年には35.4%，2020年には17.1%まで低下し，この50年間で半減している。組織率の低下にはいろいろな理由が考えられるが，生活水準が全般に高くなったこと，未加入者にとって組合加入の意義が感じにくくなっていること，などが考えられる。産業構造が変化し，製造業にくらべ組合の組織活動が難しいとされるサービス産業の就労者が増えたこともあるだろう。またオンライン就労という労働形態に組合が対応できていないことも指摘されている。なお諸外国でも労働運動は概して低調であり，おそらく北欧を唯一の例外として，各国で労働組合は以前ほどの存在感を維持しにくくなっている。

産業化の進行とともに指摘される弊害のひとつが**疎外**（**alienation**）である。現代の職場で疎外感を感じる人は少なくない。疎外感とは，自分が周囲から拒

コラム 8　社会学の間違い答案

社会学のテストにはいろいろ間違い答案があるものだ。あるとき，「ガラスの天井」が正解の問題に「ガラスの天井」と答えた人がいた。また苦しまぎれだがよく頑張った解答例に，本居宣長が日本文化の神髄をひらがな6文字で何と表したか，という問いに「もののあはれ」と書いてほしいところを「なれあいびと」と書いたものがあった。アメリカで社会学のテストをするときも面白い間違いは結構ある。たとえば，“peasant”（小作農）と書いてほしいところを，“pheasant”（キジ）と書くのはよくあるし，“caste”（カースト制）と書いてほしいのに“cast”（投げる）と書く学生も少なくない。

絶されている気がして，人の輪に入っていけないような感覚をいう。過度な管理を受けたり，人間関係が冷たかったり部分的であったりすることが背景にある。上司によるパワーハラスメントや，SNS上の誹謗中傷も疎外の要因になりうる。

アメリカ人ジャーナリストのハリー・ブレヴァーマン（Harry Braverman, 1920-76）は**技能解体**（**degradation of skill, deskilling**）の問題を1974年に指摘している。これは手工業の時代には労働者の持つ技能が重視されていたが，その意義は製造技術の革新によって奪われ，労働者の存在意義が低下する，という主張である（Braverman 1974=1978）。21世紀になってもこの議論は成立する。かつては高度な技能を要した製造過程も AI の導入による省力化・無人化が進んでいるからである。

労働者が業務遂行中に，業務に起因して受けた負傷・疾病・障害や，それらに起因して死亡することを**労働災害**という。働き過ぎが原因となって死にいたることを**過労死**といい，過労による精神的ストレスから自殺に追い込まれる過労自殺もある。1972年に労働安全衛生法が施行されているが，労働者の保護が完全かというと，そうもいえない。好況時はサービス残業が増えるかもしれないし，不況時の人員整理の際，幸運にも残った人は仕事量が増えるかもしれない。また技能実習生などの形態で，あるいは非合法に日本で働く外国人就労者の場合，彼らを守る制度は脆弱と言わざるをえない。

既述のように，いわゆる日本的経営法のもと，雇用が安定していて賃金水準も比較的高く，社会保険料の企業負担があり，ボーナスが支給され，退職金が支給され，管理職への登用の可能性があるのは正規雇用の従業員にほぼ限られてきた。いっぽうの労働組合も，正規雇用者のみを対象とし，非正規雇用者は組合員になれなかったので，弱い立場であった。同一労働同一賃金も徹底されなければならない。

労働における性差別についても認識しなければならない。就職活動中，男子優遇を感じる人は珍しくないし，就職後も昇進や昇給に関して女性はしばしば不利な状況におかれている。性別などの属性（他に人種・民族や性的指向，宗教など）により，あるレベル以上の昇進が困難となる目に見えない障壁のことを**ガラスの天井**（**glass ceiling**）という。職場におけるセクシュアル・ハラスメントなどの問題もあり，課題は多い。

12-6　日本を取り巻く経済環境の動向

「世界の工場」という言葉がある。最初はイギリスのことをさしていた。産業革命の最先端を行き，世界中に植民地をもつイギリスは，原材料の入手にしても販路の確保にしても圧倒的に優位で，18世紀中頃から19世紀中頃にかけて世界の製造業のリーダー的存在であった。しかしアメリカ合衆国がしだいに工業力をつけ，20世紀初頭にはフォード方式による大量生産を始め，その地位を奪った。ところが20世紀後半には日本が，当初は安い通貨と人件費を武器に，後には高い技術力や品質管理によって世界に工業製品を輸出し，「世界の工場」となった。中国では1970年代末から鄧小平らが「改革開放」政策を実施し，1993年には憲法改正により市場経済メカニズムが大幅導入された。その後，中国は驚異的な経済成長を遂げ，世界における一大生産拠点となった。世界中で中国製品が見つからない場所はないと思えるほど，中国製品があふれている。さらに中国は巨大な市場でもある。

日本にとって，中国の台頭が与える影響は大きかった。製造業の多くでは価格的に太刀打ちできず，生産拠点を国内から中国や他のアジア諸国に移さざるを得なかった。その結果，日本では一部の高付加価値商品のみを製造するようになった企業が少なくない。それにもかかわらず，日本の製造業は人手不足にあえいでいる。少子化によって労働力人口が少なくなっていること，製造業のマイナスイメージが手伝って求職する人が少ないことなどが背景にあると考えられる。後述するように日本の労働力人口は第３次産業にシフトしている。

世界の製造業における競争は激しい。1990年代まで世界の家電品売場で日本製品が立ち並んでいたが，すっかり様相が変わった。スマートフォンのほとんどが中国と韓国の企業で製造され，液晶パネルや有機 EL ディスプレイも同様である。半導体の生産も，台湾・韓国・日本・中国・北米・西欧などの間で熾烈な競争が続いている。自動車業界も EU が2035年にガソリン・ディーゼル車の新車販売を禁じたので，急速な EV シフトが起きており，日本企業も対応を迫られている。電気自動車はガソリン・ディーゼル車とくらべると参入しやすいとされており，日本企業にとってはチャンスでもあり脅威でもある。

先進国の産業は第１次産業から第２次産業，さらに第３次産業へと比重が移ってきた。**第１次産業**（**primary industries**）は自然界から資源を取り出す産業で，農・林・水産・鉱業が代表的なものである。**第２次産業**（**secondary industries**）は第１次産業で獲得した天然資源を加工するもので，製造業や建設業が含まれる。**第３次産業**（**tertiary industries**）は広い意味でのサービス産業で，商業・運輸・通信・金融など幅広い業種が含まれる。「労働力調査」により日本の就労者のうちわけをみると，1974年に第３次産業の就労者の比率が50％を越え，2020年現在で第１次産業が３％，第２次産業が23％，そして第３次産業が74％と，第３次産業への集中が著しい。

知識集約型産業の重要性についても考えておきたい。今後，中国に続くアジア諸国，さらにアフリカ諸国などで産業化が進むと，かつての日本のように，価格競争力のある製品が製造され，輸出されるようになるだろう。日本は高付加価値のもの，また新しい製品の研究・企画・開発といった部分に力を入れる必要がある。そこでは各種の専門知識が要求され，十分な研究開発環境が必要である。メディカル業界やバイオ関連業界はその例だ。製薬業界は，何か決定的なヒット商品ができれば，確実に世界中で売れるが，薬品開発のためには巨額の費用を使って新薬研究を行わなければならない。金融の専門家や法律の専門家も必要になってくるだろう。科学技術・学術政策研究所によると，2019年度の日本の企業における研究開発費は，約14兆円，アメリカは約50兆円，中国は約41兆円であったといい，日本は世界第３位であったとはいえ，両国に大差をつけられている。

最後に，企業は「持続的な開発目標」，いわゆる **SDGs**（Sustainable Development Goals）を念頭に活動しなければならない。SDGs は貧困をなくし，地球を守るためにかかげられた17の目標であるが，その中には「つくる責任，つかう責任」「エネルギーをみんなに，そしてクリーンに」「働きがいも経済成長も」「産業と技術革新の基盤を作ろう」など，産業界が直接関わる目標も含まれている。日本の経済規模は大きく，SDGs の達成に日本が寄与できる部分は大きい。

■この章の推薦文献■

産業社会学の入門書は多い部類に属するが,

小川禎一他, 2015,『「働くこと」を社会学する――産業・労働社会学』有斐閣.

が読みやすい。アメリカの自動車産業の歴史を追った

ディヴィッド・ハルバースタム, 髙橋伯夫訳, 1990,『覇者の奢り――自動車・男たちの産業史』新潮社.

は定評がある。またアップルの創業者についての伝記

ウォルター・アイザックソン, 井口耕二訳, 2012,『スティーブ・ジョブズ』講談社.

はジョブズが著者の取材に全面協力した, いわば公式伝記。アップルはもちろん, 起業論, IT, 経営論, 広告論, アメリカのビジネス社会など, 多方面にわたって考えさせられる（日本語版は 2 冊）。

■この章の関連映画■

『ロジャー＆ミー』（1990, アメリカ）

マイケル・ムーア監督作品。ミシガン州にあった GM の工場の閉鎖を巡るドキュメンタリー映画。企業と労働者の関係や, 企業と地域の関係について考えさせられる。

『沈まぬ太陽』（2009, 日本）

若松節朗監督作品。航空会社とその労働組合委員長, そして航空事故を巡る, 同名の山崎豊子による長編小説の映画化。

第13章　政治と社会

「政治」というとあまり興味がないとかどうも苦手だとかいう人が多そうだ。日本でも政治には汚いというイメージが付与されていたり，一部の人だけが関係しているとの認識があったりするかもしれない。とはいっても完全に自然の成り行きにまかされている社会などはありえず，必ずどの社会でも人為的な社会運営の要素が働いているはずである。政治を抜きにして社会を語ることはできない。本章では政治の基本概念を紹介したあとで「服従」の心理について検討し，最後に現代日本における政治の課題について考える。

この章の内容

13-1　基 本 概 念

13-1-1　政治の諸概念

政治とは，究極的には誰が何をどのように分配するか，に関わる問題であるといえよう。それは社会学における中心的テーマの一つである権力の問題ともいえる。ウェーバーは権力とその関連概念について論じており，現在の政治社会学に大きな影響を残した。ウェーバーは，**権力**（**power**）とは他者の行為に影響を与えうる能力で，しかも相手の意志に反した方向へも影響できる能力だとした。またウェーバーは，社会が正当性を認めている権力のことを**権威**（**authority**）とよんだ。権威は人びとを支配する力をもつわけだが，ウェーバーは支配には3つのタイプ（理念型）があると考えた。それらは伝統的支配，カリスマ的支配，合法的支配，の3つであり，社会学や政治学の議論にしばしば登場する概念となっている。**伝統的支配**（**traditional domination**）とは，その権威が長い期間継続してきたために人びとがそれを正当なものと考えるタイプの支配である。世襲による王権がその例として考えられよう。そこでは王子が王になるのは昔から続いてきたことで，当然と見なされる。次に**カリスマ的支配**（**charismatic domination**）というのは，そのリーダー個人の超日常的な卓越した資質が支配の根拠になっているものをいう。カリスマとはもともとギリシア語で神からの贈り物という意味であるが，ウェーバーが支配の類型に用いたことにより，特別な能力や魅力をもつリーダー的人物を示す用語として広く使われるようになった。ウェーバーの考えではカリスマ的支配は卓越した英雄，預言者，呪術師などに見られるという。カリスマ的支配は熱狂的な追随者をもつ反面，永続性に欠けるとされるが，革命的な力をもつカリスマ的リーダーの場合，伝統的秩序を打ち破る傾向があるともいう。最後に**合法的支配**（**legal-rational domination**）があるが，これは広く合意された規則や手続きが正当性の根拠となっている権威である。そのよい例が官僚制であろう。多くの民主国家では役所や役人が一定の権限をもっており，それは人びとに当然のこととして受け入れられている。その権限は法的にきちんとした手続きによって規定されているという一般的な合意があると考えられる。

その後，政治社会学ではいろいろな視点が登場したが，なかでも政治権力はごく少数のエリートに握られているとする**エリート論**（**elitism**）と，政治権力は社会のいろいろなところに分散していると考える**多元主義論**（**pluralism**）がよく知られている。1960年代からアメリカで影響力をもちだした多元主義論は，おもにアメリカ社会の政治メカニズムについて言及したものであり，その現状肯定性や保守主義的な一面が批判されることもあるが，現在でもアメリカでは主流的な考え方だといってよいだろう。エリート論の流れではとくにミルズの

パワー・エリート（**power elite**）論が有名である。ミルズは，アメリカ社会はビジネス・軍事・政治の３分野における少数のエリートからなる親密なネットワークによって支配されている，とした（Mills 1956）。このパワー・エリート論に共感をもつ読者もいたが，多元主義論者からは強い批判を受けた。これらのほかに，マルクス主義の流れを汲むネオ・マルクス主義の立場からも数多くの政治研究がなされている。

政治的立場を表すいくつかの概念についても検討しておこう。まず，右翼と左翼についてであるが，おおざっぱにいえば，**右翼**（**right wing**）とは既存の価値や制度を大切に残していくのが重要だと考える**保守主義**（**conservatism**）の人や団体をいい，**左翼**（**left wing**）とは現状を改革して新しい価値や制度をどんどん取り入れるべきだと考える**進歩主義**（**progressivism**）の人や団体をさす。進歩主義者が左翼とよばれるようになったのは，フランス革命の頃の国民議会で，保守的なジロンド派が議長席から見て右に，急進的なジャコバン派が左側に座っていたことに由来するという。典型的には，左翼思想には社会主義や無政府主義が含まれ，右翼思想にはナショナリズムや国粋主義などが含まれる。また右翼思想では反社会主義，反共産主義が重要な要素なので，自由市場経済を支持するのが一般的な傾向となる。

右翼 - 左翼の対立図式において混乱しやすい概念にリベラリズムがある。リベラリズムは自由主義と訳されることもある。政治における**リベラリズム**（**liberalism**）とは，個人の自由を尊重しこれを確保しようとする思想であるが，さまざまな意味で使われる。現在のイギリスにおいてはリベラリズムというと「右」の保守党の重要思想で，個人の自由を圧迫しないよう，政府の権限を小さくしようとする考え方だが，アメリカでは政府の役割を重視し，福祉を含めた公共政策を積極的にとりいれようとする民主党の，どちらかというと「左」よりの思想として認識されている。このようにリベラリズムという言葉はかなり多義的であるので注意が必要だ。

しかし20世紀終わり頃から，政治思想を単純に右や左に分類するのは必ずしも適切ではなくなっている。経済の世界では計画経済システムに対する市場経済システムの優位性が確実になり，市場経済システムの有効な代替案は今のところ見当たらない。ただし市場を全くの自由放任にする場合の危険性も明白なので，どの程度政府が経済に介入するか，あるいは規制緩和をするかという経済政策の調整具合が焦点となっている。社会福祉政策（第15章を参照）を見ると，手厚い社会福祉は，福祉に依存するライフスタイルを助長し社会や経済の健全な発達を阻害するという考え方が20世紀終わり頃から先進各国で優勢になっているように思える。しかし先進各国では少子化と高齢化が進行し，育児・医療・高齢者福祉への行政サポートが無視できない重みをもつようになっている。さらにグローバル化や社会問題の多様化・複雑化という状況もあり，簡単に右や左では分類しにくい政策・政党・政治家もいる。

イギリスの例を見ると，社会学者の**アントニー・ギデンズ**（**Anthony Giddens**, 1938-　）が体系化した「**第三の道**（**the Third Way**）」はその名の通り，右でも左でもない政策方針をめざすものだ。これは1997年から2007年までイギリス首相をつとめた労働党の**アントニー・ブレア**（**Anthony Blair**, 1953-　）の政策に影響を与えたとされる。ギデンズによれば硬直した政府の構造を柔軟にすること，家族や市民の自発的組織などを軸とした市民社会の啓発をすること，規制緩和のみに頼るのではなく規制と規制緩和のバランスをとった経済政策をとること，より効率的な福祉国家をめざし福祉制度の改革をすること，環境保護と経済発展の両立をめざすこと，グローバルな政治機構の可能性について検討すること，などを骨子とする（Giddens 2001）。なお「第三の道」は，右翼と左翼の間の真空地帯から発生したわけではなく，左翼思想を背景にしている。伝統的右派／左派からは第三の道に対して懐疑的な目も注がれている。

現代の国際政治を理解するためには**ナショナリズム**（**nationalism**）という概念の理解も必要不可欠であろう。ナショナリズムの基本には（民族）**自決**（**self-determination**）の概念がある。これは共通の言語・宗教・文化をもち，地理的に近く，共同体意識をもつ人びとが政治的に独立し，独自の政治機構をもとうとすることである。自決の精神が原動力となり，19世紀の西ヨーロッパではいわゆる**国民国家**，すなわち**ネーション・ステート**（**nation-state**）が成立したし，第1次世界大戦後には中・東ヨーロッパで数多くの独立国家が成立した。さらに第2次世界大戦後は，国際連合が，人びとには自決権があるとの考え方を推進したことによりアジアやアフリカで多くの旧植民地が独立した。またソビエト連邦が崩壊してからは，旧ソビエト連邦や東ヨーロッパにおいても国家の分裂や独立がみられた。

現在，民族の自決権や**分離運動**（separatism）が政治問題化，あるいは紛争化している地域は世界中にある。たとえばイスラエルのパレスチナ人，北アイルランドのカトリック系住民，ロシア連邦のチェチェン人，スペインおよびフランスのバスク人およびカタルーニャ人，イラン・イラク・トルコの国境地帯にまたがるクルド人，スリランカのタミル人，中国のウイグル人などは，程度の差こそあれ，自治権の拡大や独立への志向があり，当該国家と緊張状態にあるケースも多い。カナダのケベック州では1995年にカナダからの独立を問う住民投票が実施されたが僅差で否決された。2014年にはスコットランドが英国からの独立を問う住民投票を行ったが，やはり僅差で否決された。また2014・17年にはカタルーニャがスペインからの独立を問う住民投票を行い，どちらも投票率が半分に満たなかったものの，独立賛成票が多数を占めた。その後，州議会選挙で独立賛成派が過半数の議席を獲得するなどしたが，スペイン政府は一貫して独立を押さえ込む姿勢をとっている。

ナショナリズムは愛国心を育て，共同体（民族＝国民）内の連帯を高める機能があるが，それが先鋭化されるにつれ，しだいに排他的で攻撃的な性質を帯びることがある。その極端な場合を**国粋主義**（**ultranationalism**）とよぶ。国粋主義は国内の少数民族への差別や排除を助長させ，外国に対しては攻撃的になりかねないばかりか，国内的には個人が国家のためにある程度犠牲になるのはやむをえないと考える特徴をもつ。国粋主義は**極右**（**ultra right, extreme right**）ともよばれるが，西ヨーロッパでは1980年代から外国人労働者の排斥を訴える極右政党が得票率を高めており，その動向が注目されている。

13-1-2　政治の諸形態と政治変革のパターン

政治が機能する単位としてもっとも明確なものは**国家**（**state**）であろう。国家によりその政治形態はさまざまであり，政治形態は国家のあり方を決定する根本的要因の一つとなっている。まず国家という概念を検討してみよう。政治的な機能から見ると，近代国家とは立法（legislature）・司法（judiciary）・中央行政（central administration）・地方行政（local administration）・警察（police）・軍隊（armed forces）などの諸制度の総体であるといえる。領土内で強力な物理的強制力（武力）を合法的に保有・使用できるのは国家（警察および軍隊）に限られているのが通常である。なお**政府**（**government**）とは，ある限定された期間，行政権をもつ人びとや政党によって作られる集団をいう。したがって国家を愛しているが，ある特定の時期の政府を嫌うこともありうる。

古くからの政治形態に**君主制**（**monarchy**）がある。君主制とは権力が一つの家系の中で世代から世代へと受け継がれていく政治制度をいう。ウェーバーのいう伝統的支配の類型にあたる。近代になって**立憲君主制**（**constitutional monarchy**）という新しいタイプの君主制も見られるようになってきた。これは君主の権力が憲法によって制限されている君主制のことである。立憲君主制の場合，議会が実権をもつ場合が多く，事実上は民主制のシステムと変わりない。2つの議会の与党から首相が選出され，政府の長となる議院内閣制が採用されることが多い。この場合，君主は象徴的な存在で，実際の政治的権力はもたない。立憲君主制の例としては英国，日本，オランダ，スペイン，スウェーデンなどがあげられる。

独裁政治（**dictatorship, authoritarian government**）とは近代型の国家において，一人あるいは少数の権力者が民衆を支配する政治形態をいう。反体制派は，警察や軍事力を使ってこれを沈黙させる。独裁制が極端な形をとったものを**全体主義**（**totalitarianism**）という。そこでは民衆は政治参加を拒絶されるだけでなく，彼らの生活が国家に全面的に管理される。全体主義国家は20世紀になって登場した形態とされるが，有名な例は，第1次世界大戦後のヨーロッパに見つけることができる。ドイツ（独裁者＝ヒトラー），イタリア（ムッソリーニ），ソビエト（スターリン）などがそうである。おもしろいのはドイツとイタリアでは国粋主義的な右翼思想が中心であったが，ソビエトの場合は左翼イデオロギーによる全体主義的傾向がみられたことであろう。

民主制（**democracy**）とは民衆が権力をもっている政治制度をいい，支配者イコール被支配者となる。北米とヨーロッパの多くの国がそうであり，たとえばアメリカ合衆国，ノルウェー，スウェーデンなどの例があげられる。なお民主制と重複する部分の大きい概念に**共和制**（**republic**）がある。これは国民の中から一定期間元首が選任されるしくみをいう。ただし共和国を名乗っても実際には独裁的な国家も存在する。

民主制の社会では選挙などの制度を通じ，民意が反映されて政権が交代する。新しい政権は憲法で定められた枠組みの中で誕生するわけだ。ところがこれ以外の方法で政権を奪取しようとする動きもある。テロリズム・革命・クーデターなどがそれである。**テロリズム**（**terrorism**）を直訳すると「恐怖主義」になるが，テロリズムは文字通り，人びとを恐怖におとしいれて要求を通そうとしたり，メッセージを伝えようとする行為のことだ。人質をとって脅したり，町なかで無差別に爆弾をしかけたりする。たとえば民族問題や宗教上の対立などの理由から現政権を倒そうとしたり，独立国家をもとうとするラディカルな少数派がテロ行為に走ったりすることがある。**革命**（**revolution**）とは，支配されていた人々がそれまでの支配者階級を倒し，国家権力を手に入れて急激な社会変革を行なうことをいう。単に怒りを暴力的に表現しただけのものや，革命の試みが失敗したものは**反乱**（**revolt**，**rebellion**）とよばれることが多い。比較的少数の人間が非合法手段によって強制的に政権を奪うことを**クーデター**（**coup d'etat**）という。クーデターでは軍事力が使われる場合が多く，政情が不安定な開発途上国などでしばしば見られる。軍部内の不満分子が現政権に対してクーデターを起こし，自らが政権につくという例が珍しくない。革命と異なるのは，クーデターの場合は政権交代が社会の支配者層の内部で行なわれるだけで，被支配者層にとってはなんの変化もない点であろう。

13-2　服従の心理

第２次世界大戦の時，ナチス・ドイツはユダヤ人の大虐殺を行なった。**ホロコースト**（**the Holocaust**）として知られるこの事件においては，ヨーロッパで，600万人ものユダヤ人が組織的に殺されていった。われわれはアンネ・フランクの『アンネの日記』や映画にもなった『シンドラーのリスト』を読んだり，ワシントン D. C. のホロコースト博物館やアウシュビッツの強制収容所跡などを訪れることによって，この大虐殺の悲惨さを知ることができる。社会学を学ぶわれわれとしては，「なぜ」こんなことが実際に発生してしまったのか，ということを考えずにいられない。人は「人を殺せ」といわれてそんなに簡単に殺せてしまうものなのだろうか。ここでは権力に対する服従についての研究をとりあげることにしよう。

13-2-1　服従の心理学

エール大学の心理学者**スタンレー・ミルグラム**（**Stanley Milgram**, 1933-84）が行なった「**アイヒマン実験**」（別名「**服従の実験**」）は実験デザインの奇抜さと実験結果の重みにより，よく知られることになった。ミルグラムは，人間は自分より権威のある人に命令を受けると，自分の道徳意識や価値観にそぐわないことも遂行する傾向がある，という仮説を立て，それを検証するための実験をすることにした。彼は30ボルトから450ボルトまで15ボルトごとに30段階の目盛りがついた，ニセモノの電気ショック装置を作り，記憶に関する実験をする，というふれこみで被験者を集めた。

実験室にやって来た被験者たちは，「これから学習に対する罰の効果について実験を行なう」，とウソの説明を受け，くじで「先生役」と「生徒役」のどちらになるかを決めさせられた。実はこのくじはインチキで，被験者は必ず先生役がまわってくるようになっていた。さて，実験室にはグレーの実験着を着た「実験者役」と，集められた被験者の１人に見える「生徒役」がいたが，実はこの２人ともミルグラムの指示通りに動くサクラであった。被験者（先生役）の目の前で生徒役は「火ぶくれ・火傷に注意！」などと書いてある電極を取り付けられ，いすにくくりつけられる。被験者（先生役）は対になった言葉のリストを渡され，それを生徒役に読み上げてやり，覚えさせる役割をするよう，実験者役に指示される。そして生徒役の人が覚えそこねるたびに電気ショックを与え，１回間違えるごとに電気ショック装置の目盛りをあげるように指示される。電気ショック装置はニセモノだから実際には電流は流れないのだが，もちろん被験者（先生役）はそんなことは想像もしない。生徒役がどこで正解を言い，どこで間違えるかは事前に決められており，どの電圧でどんな反応をしてみせるかも決まっていた。生徒役は心臓がおかしい，などの不都合を訴え続け，300ボルトでは壁を叩いて「ここから出してくれ」と要求し，それ以上の電圧では完全に沈黙し，先生役からの問いかけに応えなくなる。実験者役は，それは正しくない反応だから，手順通り実験を進めるよう指示を出す。大部分の被験者（先生役）はある時点，とくに300ボルトかそれ以上のところで実験者役にこれ以上続けるべきかどうか尋ねるが，そのたびに実験者役は「どうぞ続けて下さい。」「この実験では続行することが必要です。」「あなたが続行することは絶対に重要なことなのです。」「他の選択肢はありません，続けなければなりません。」と４段階の命令を出すことになっていた。

さて，実験結果であるが，40人の被験者全員が少なくとも300ボルトまでは目盛りをあげ，そのあと９人がどこかの時点で実験をやめたが，結局全体の３分の２にあたる24人が目盛りを最後の450ボルトまであげてしまった，という。被験者たちは，別に実験者に強制されていたわけでもないし，途中で実験放棄しても何も失うものはなかったのに，電気ショック装置を使い続けた。なぜこんなことになったのであろうか。実験結果について，ミルグラムは，被験者は「エール大学のようなところがやっているんだからちゃんとした実験だろうし，俺なんかが口をはさめるようなことじゃない」「この実験には大事な目標があるみたいだし，実験に志願した自分としてはそのために役目を果たさなきゃ」「あの生徒役をしている男も自分で志願してきたんだし，自分の役目を果たしてもらわなければいけない」「あいつが生徒役で俺が先生役というのはくじで決まっただけで，逆になっていたかもしれない」「お礼が支払われるんだからやらなきゃ」「俺は心理学者や被験者の権利なんてことについては素人だからいわれるままにしておけばいいんだ」「電気ショックは苦痛だけど危険ではないって説明してたよな」などと考えつつ実験を続行した，と指摘した。また１回ごとの電圧の増加はわずかでしかなかったことも関係している，と考えられている。結局，この実験は，ミルグラムの仮説通り，人間は状況さえそろえば権威に服従しかねないことを示唆しているといえよう（Hock 1995）。

13-2-2　権威主義的パーソナリティ

フランクフルト学派出身の精神分析学者，**エリッヒ・フロム**（**Erich Fromm**, 1900-80）は『自由からの逃走』（1941＝1965）において権威主義的パーソナリティについて体系化した。フロムによれば，**権威主義的パーソナリティ**（**authoritarian personality**）*とは，権威をあがめ，服従するが，同時に自分自身も権威をもちたいと考え，他者を自分に服従させようとする性格型のことである。そしてフロムはこの性格型が，国民を弾圧し他国への侵略を好む政治体制のファシズム（**fascism**）の基本であると考えた。フロムはルネッサンス以来のヨーロッパの歴史は自由獲得の歴史でもあったとするが，過度の自由は人々を不安におとしいれ，むしろ人の言いなりのほうが楽だという心理状態を招き，人間の「自動化（automatization）」を進行させかねない，と指摘した。過度の自由はナチズムも含めたファシズムをはぐくみかねない，としたのである。

＊フロムは原著では “authoritarian personality” ではなく “authoritarian character” という書き方をしている。

ただしフロムは自由そのものを批判したわけではない。彼は，自由には消極的自由と積極的自由の２種類があると考えた。このうち，**消極的自由**（**negative freedom**）というのは伝統的な権威や束縛などから解放されようとする「～からの自由」であるが，この種の自由を追求する場合，いったんそれを獲得してしまうと，人はその後何をすればいいのかわからず不安になり，ファシズムを受け入れてしまうとした。その一方，**積極的自由**（**positive freedom**）とは個人が活動的にまた自主的に生き，自分の潜在力をフルに引きだそうとする自由であり，真の民主的社会を達成するためにはこちらが重要であるとした。

権威主義的パーソナリティをさらに実証的手法で研究したのはフランクフルト学派の重要メンバーであるアドルノと，彼の研究仲間であった。権威主義的パーソナリティという名称は彼らによる同名の書（1950）により広く受け入れられ定着するようになった。彼らは人びとがどれぐらい反ユダヤ主義・エスノセントリズム・ファシズムの傾向をもっているかを質問紙で測定する方法を開発した。反ユダヤ主義を測定するのはＡ－Ｓ尺度（the A-S Scale），エスノセントリズムはＥ尺度（the E Scale），ファシズムは**Ｆ尺度**（**the F Scale**）とよばれた。彼らが約2000人を対象にこれらの尺度を使って調査を行なったところ，エスノセントリズム，伝統的価値への固執，内集団における道徳的権威者への服従，人を罰することへの心の準備，想像力がある人物や優しい人物への反感，運命論的な理論を信じること，そしてあいまいさを許容しない態度などの間に強い関係が見られたという（Marshall 1998：30）。

ミルグラムによる服従の心理の研究や，フロム，アドルノらによる権威主義的パーソナリティの研究などを通してわれわれが認識すべきことは，ユダヤ人の大虐殺を引き起こした理由が歴史的・地理的・文化的な特殊要因に限定されるものではないことであろう。状況がそろえば，人は本来なら考えられない行動をとりうるし，自由をもつ人が命令される願望をもったりしかねないとする彼らの研究は，ファシズムはどこででも成立しうる，という警告が含まれていると考えてよいのではないだろうか。

13-3　変動する世界における日本の政治

13-3-1　冷戦構造の展開とその終焉

日本がおかれた21世紀の国際的政治環境について検討するためには，第２次世界大戦後の冷戦構造の終結による国際関係の変化を把握する必要があると考えられる。冷戦（the Cold War）とは，そもそもいったい何だったのだろうか。第２次世界大戦においてはアメリカとイギリス，そしてソビエト連邦は同盟を結んでナチス・ドイツや日本と戦っていた。しかし戦争が終結するとともにアメリカとソビエトの対立が厳しくなっていった。ソビエトは東ヨーロッパ諸国をドイツの占領から解放し，その後に社会主義政権を樹立させていった。西ヨーロッパ諸国やアメリカはこれを大変な脅威ととらえたし，ソビエトはドイツの再軍備を恐れていた。結局，世界はソビエトとアメリカをそれぞれの中心とする２大勢力にわかれ，対立するようになった。それは軍事力の対立でもあったが計画経済と市場経済という経済システムの対立でもあり，社会主義と自由主義というイデオロギーの対立でもあった。両陣営は世界における覇権をかけて競った。それは科学技術や宇宙開発，芸術，スポーツなどの分野にまでわたった。第２次世界大戦終了時点ではアメリカが唯一の核兵器保有国であったが，1949年にはソビエトも核弾頭の爆発に成功し，両者は核兵器の開発競争に入った。しかし，もし核兵器が使用されると報復が報復をよび，両陣営は完全に破壊されてしまうという恐怖から均衡状態が続いた。ソビエトとアメリカが実際に直接戦闘をすることはなかったが，朝鮮戦争（1950-53）やベトナム戦争（1960-75）は，両勢力の代理戦争としての色彩をもっていた。

西から見ると東側諸国は全体主義的で，国民生活がコントロールされ自由がないという印象が強かった。また東側諸国の生活実態についての情報が制限されており，西側の人にはわかりづらかった。一方，東側では西側諸国の文明は資本主義によって腐敗しており，人びとの生活も堕落しているという見方が宣伝されていた。東側諸国と西側諸国の間では人びとの往来も厳しく制限されていたので東と西は分断されているという実感を人びとはもっていた。ポピュラー・カルチャーにおいてもスパイものの小説・映画・テレビドラマなどが人気をよんだし，オリンピックにおいてはアメリカとソビエトの競争が注目を集めた。なお冷戦という表現は1947年頃から使われ始めたので，1990年の東西ドイツ統一や，1991年のソビエト連邦崩壊を冷戦の終結と考えると，第２次世界大戦終了後40年以上にわたって冷戦構造が続いたことになる。

冷戦の時代が過ぎ去り，国際政治状況は流動化している。世界各地で紛争が多発しており，そのひとつは冷戦終結・ソビエト連邦崩壊に端を発する地域紛争だ。コソボ紛争・グルジア共和国など旧ソビエト連邦の国々における領土をめぐる紛争などがある。同様に，自治権・領有権・あるいは独立を求める少数民族と，それを認めようとしない政府との間で紛争がいろいろな地域で多発している。

また2001年９月11日のアメリカに対する同時多発テロ攻撃は，国の安全保障の形が変わりつつあることを世界に認識させた。2000年代以降，イギリス・スペイン・フランス・ベルギー・ロシアなどでもテロ事案が発生しており，各国政府は対応に追われている。冷戦時代は特定の国家が仮想敵だったので，軍事的防衛力を備えることが国家の安全保障につながっていた。しかし「テロ組織」は流動性が高く，実態がつかみにくい。そこで各国では法律を整備して通信傍受を行い，テロ攻撃を事前に防ぐ努力をしているが，市民のプライバシー侵害を懸念する声もある。

グローバル化についても検討しておこう。インターネットの普及により，個人間コミュニケーションでは国境は存在しないに等しくなった。世界的な人流も，コロナ禍で一時的に止まったとはいえ，再び増加に転じると考えられる。また ASEAN（東南アジア諸国連合）・EU（ヨーロッパ連合）・TPP（環太平洋パートナーシップ）協定などが大規模な経済圏を形成している。これらの協定国間はほぼ無関税なので，企業によってはボーダーレスな活動がしやすくなるが，それまで国境や関税に守られていた産業や企業が苦境に立たされることも考えられる。まさにその点を心配したドナルド・トランプは2017年１月，米国大統領に就任直後，TPP を離脱した。2020年に完了した，“Brexit” とよばれるイギリスの EU 離脱も，2016年の国民投票で分離派が僅差で残留派に勝った結果のものであった。かつて自由貿易は，自由市場経済を支持する保守派が強く支持していたが，ナショナリズムの視点からこれに反対する保守層が増えている。また革新系・リベラル系も雇用や国内産業を守ろうとする視点から自由貿易に反対する立場があり，複雑な様相を見せている。

13-3-2　日本の政治

最後に，戦後の日本における政治制度のあり方と政治状況の変化を見ることにしよう。現在，日本の政治制度は**議会主義**（**parliamentalism**）モデルに基づいて構築されている。イギリスで発達した議会主義は，国政方針を議会における多数決で決定していこうとする考え方で，内閣は下院（日本では衆議院）の多数派をしめる政党によって組織される。これを**議院内閣制**というが，そのしくみは日本国憲法によって明文化されている。議院内閣制は国民の選挙によって元首が選出されるアメリカやフランスの大統領制と対照的だといわれる。

日本の**政党政治**は議院内閣制度のもとで行なわれてきたが，その中でも注目しておくべき現象は，自民党と社会党による，いわゆる**55年体制**という大きな枠組みであった。1955年に保守系の自由党と民主党が合同して自由民主党が成立し，左派と右派に分裂していた社会党も統一され，自民・社会の２大政党が誕生した。しかし社会党は「万年野党」の状態が続き，イギリスやアメリカのように実際に政権を奪取しあうような２大政党体制ではなかった。その後自民党は高度経済成長政策のもと，農業団体・経済界や官僚と密接な関係を保ちつつ長期単独政権を維持した。しかしバブル経済が終了すると，1993年には自民党から分裂した新生党や新党さきがけが社会党などと連立内閣を誕生させ，1994年には自民党，社会党，さきがけが連立内閣を組み，55年体制は崩れた。その後も自民党は単独政権が組めず，公明党・保守党との連立を行なった。その後民主党（1996年結成）は2009年の衆議院総選挙で圧勝し，当時の社会民主党および国民新党と連立政権を樹立した。このとき自民党は完全野党に転じた。しかし沖縄の米軍基地問題や東日本大震災と原発事故への対応などをめぐり民主党連立政権の支持率は低下し，2012年末の衆議院選挙では民主党は惨敗し，自民党と公明党の連立政権が復活している。

戦後の日本の政治制度については，アメリカが及ぼした影響をぬきにして語ることはできない。終戦後，戦勝国は，日本が再軍備をせずに復興し，政治の民主化を進めるよう，連合して日本の占領を行なったが，実質的にその主導権を握ったのはアメリカであった。その中で平和主義・象徴天皇制・議院内閣制などが盛り込まれた日本国憲法が制定された。冷戦構造が出現し，中国とソビエト連邦に隣接する日本の役割を重視したアメリカは，早急に第２次世界大戦の戦争状態を終結させ日本の主権を回復させようと考え，1951年に連合国を招致してサンフランシスコ平和条約の調印を行なった。ただし中国はこの会議に招致されず，ソビエトは招致されたが調印しなかった。アメリカはこれと同時に日本との安全保障条約に調印した。アメリカは日本に軍事力を放棄させるという当初の方針を転換し，数年の準備期間をへて1954年には陸・海・空の自衛隊が発足することとなった。その後，自衛隊は日米安全保障条約のもとでアメリカ軍と緊密な関係を保ってきた。さらに自民党の長期単独政権を可能にした高度経済成長は，日本製品のアメリカ市場への大量輸出に支えられていた面も大きく，経済的にもアメリカの動向は日本に大きな影響を与えてきた。

21世紀の日本が抱える課題は少なくない。国内環境としては，日本社会は少子化にともなう人口減少局面に入っており，超高齢化が進行し，社会格差・地域格差の拡大が指摘され，さらに巨大地震や火山の大噴火などの自然災害に備える必要がある。国際的にも近隣諸国との協調，宗教過激組織への対応，発展途上国への援助，集団的自衛権の問題などがあり，枚挙にいとまがない。

これらはすべて，政治レベルで取り組まなければならない問題であるが，ここでは政治構造そのものの問題について考えてみよう。まずは**財政問題**である。政治を行なうための費用は国家予算でまかなわれるわけだが，日本の場合は歳出が歳入を上回る財政赤字が1970年代から続いた結果，累積赤字が巨額になっており，主要先進国の中でも最悪の財政状況にある。歳入が足りない日本政府は毎年，国債を発行してやりくりしている状態である。

財務省は2021年度末，普通国債残高は990兆円になると予想している。同年度の国家予算規模は約106兆6000億円であったから，その大きさがわかる。2018年の数字にさかのぼるが，家計にたとえると，手取り月収が30万円の家庭が毎月17万円の借金をしつつ家計をやりくりしているうちにローン残高が5379万円に達した状況に相当する，と財務省は説明している。日本では毎年，国家予算の20％ほどは国債費（過去の借金の元本の返済と，利払いのための費用）に消えている。過去の借金を返すために新たに借金を続けている状況だ。債務残高の対 GDP 比でみても，日本は GDP の２倍を超える水準が続いており，主要先進国の中で最悪となっている。日本の次に数字が大きいのはイタリアだが，1.3倍程度であり，日本が突出している。

財政状況を少しでも改善する手段のひとつが**行政改革**である。行政の効率化と経費削減のために行政組織の再編を行ったり公務員の削減を行ったりする。歴代の内閣が行政改革に取り組んできており，一定の成果が出ているが，行政サービスの充実は組織の肥大化につながりやすく，行政のスリム化は簡単ではない。

2009年９月から２年10カ月続いた民主党政権が野党に転落してからは自民党と公明党の連立政権が国会で安定多数を確保している。多数の野党が並立しており，与党に対する十分な対抗勢力とはなりえておらず，与党の政策を効果的にチェックできていないという懸念の声もある。政策論議の低調は，「政治とカネ」の問題とあいまって，政治への**無関心**を増長させている可能性がある。

2019年に政府が行った「社会意識による世論調査」で，国の政策に国民の考えや意見がどの程度反映されていると思うかを尋ねると，「反映されている」が29.1％（「かなり反映されている」1.2％＋「ある程度反映されている」27.9％）で，「反映されていない」が67.1％（「あまり反映されていない」52.1％＋「ほとんど反映されていない」15.0％）という結果であった。

とりわけ若年層における政治への関心が低い。2016年に公職選挙法が改正され，それまでは20歳以上であった選挙権が18歳以上に引き下げられた。翌2017年に衆議院選挙が行われた。年齢別の投票率をみると，10代は40.49％で，20代の33.85％を上回ったが，他の全年代を下回った。30代が44.75％，40代が53.52％，50代が63.32％，60代が72.04％，そして全体平均は53.68％であった。また日本人の投票行動においては候補者の信頼度や好感度など人格的要素が重視され，政策面での吟味があまり行なわれないとよく指摘される。政治は「お上」あるいは「政治家」「専門家」に任せておけばよいのだ，という意識も存在する。市民型の民主政治を実現するためには，政治を身近な問題としてとらえ，問題の本質を分析し，問題解決のため具体的で実現可能性のある政策を検討する，という政治的姿勢の涵養（かんよう）が必要ではないだろうか。

■この章の推薦文献■

「政治社会学」の入門書は数少ないが，「政治学」の入門書は多い。

成蹊大学法学部編，2019，『教養としての政治学入門』ちくま書房．

は章ごとに政治学のいろいろな分野についての解説があり，手頃な一冊だ。また

花井等編，2009，『名著に学ぶ国際関係論』有斐閣．

は国際関係論の基本文献をコンパクトにまとめてくれている。

なお政治に関しては，ニュースをフォローしておくのが不可欠である。インターネットで情報を仕入れることが多いだろうが，「フィルターバブル」といって，過去の検索歴などから，その人に最適化された情報ばかりが並ぶ現象がある。とくに政治分野は，その人の考え方にあったサイトが並んでしまう可能性があるので，十分気をつけたい。

■この章の関連映画■

政治をテーマにした映画は数限りなくある。アメリカのブッシュ政権の陰の実力者とされたチェイニー副大統領を描いた

アダム・マッケイ監督『バイス』（2018，アメリカ）

や，アメリカの国家安全保障局（NSA）による国際的監視プログラムについてメディアに暴露しようとしたエドワード・スノーデンについての映画

オリバー・ストーン監督『スノーデン』（2017，アメリカ）

はスリルがあり，スパイ映画のような展開をする。

トビー・ヘインズ監督『ブレグジット　EU 離脱』（2019，イギリス）

はベネディクト・カンバーバッチを主役として Brexit を描いたもので，面白そうだ。他ジャンルの映画だと思っていたら，政治がテーマになるものも多い。たとえば

庵野秀明監督『シン・ゴジラ』（2016，日本）

は，政治プロセスにおける意思決定や責任の所在などが重要なテーマになっている。

第14章　宗教と社会

人の思想や行為に大きな影響を与えるものとして，かねてから社会学者は宗教に着目してきた。世界史の形成上，宗教が果たしてきた役割はきわめて大きい。個人レベルの行動を見ても，宗教の視点を含めずには理解できない場合も多々ある。ここでは宗教と社会の関係について考察することにしよう。

この章の内容

14-1　主な理論と宗教社会学の概念

14-1-1　マルクス・デュルケーム・ウェーバーと宗教

■マルクス

ソビエト連邦などの旧社会主義国では宗教が抑圧される傾向があった。それは社会主義国が国家運営の理論的支柱としていたマルクスの思想に影響されてのことである。マルクスは社会の権力と搾取の構造を解明することに関心があり，宗教もそのような視点から見ていた。マルクスの社会理論は史的唯物論にもとづく経済決定論であるから（第1章および第5章参照），経済のしくみが宗教を含む文化事象のありかたに影響を及ぼしていたと考えていた。端的にいうと，マルクスは，宗教は結局は権力者にとって都合のよい存在であると考えていた。多くの人が貧困で苦しんでいるが，宗教は人々の目を日々の苦難からそむけさせ，あたかも幸せであるかのような錯覚を覚えさせたり，来世での幸せを期待させることによって現状を受け入れやすくさせていると考えた。そういう意味で彼は宗教を「**人びとのアヘン**」とよんだのである。いうまでもなくアヘンとは激しい中毒症状をひきおこすドラッグであるが，宗教は人々が現実を直視できなくなるドラッグのようなものだとマルクスは主張したのである。さらにマルクスは社会主義革命によって社会階級のない社会が誕生すれば，宗教の必要性はなくなるであろうと考えた。

社会主義国家においては宗教が，マルクスの予測どおりに自然消滅することはなかった。マルクス理論との整合性を保つため，また国家以外の権力を弱体化させるため，抑圧されたと考えるのが妥当であろう。しかし20世紀末に社会主義体制が弱体化し，資本主義の導入や資本主義への移行が進行するにつれ，社会主義各国における宗教の抑圧は撤廃または緩和されるようになった。その結果，たとえばポーランドにおいてはカトリック，東ドイツではルター派，ロシアでは正教会，モンゴルでは仏教，といった具合に，かつてそれぞれの地域で有力であった宗教が信者を再び集めつつある。

デュルケーム

デュルケームの宗教社会学へのアプローチは機能主義的，つまり社会において宗教の機能を探ろうとするものであった。端的にいうと彼は宗教には社会の人々を連帯する機能があると考え，これを重視した。デュルケームが残した重要な貢献の一つに「**聖**（**the sacred**）」と「**俗**（**the profane**）」の区別をしたことがあげられる。「俗」がありふれた日常的なものごとであるのにたいし，「聖」なるものは人の感覚器官では知りえない世界に通じた非日常的・超自然的で特別な清らかさをもっている。聖なるものは人びとに畏（おそ）れを覚えさせ，したがっ

写真 **14－1　平等院**（京都府）

写真 **14－2　融神社**（滋賀県）

て人びとはこれに敬意をもって接しようとする。デュルケームは「俗」と「聖」をつなぐ働き（機能）を果たすのが宗教であると考えた。その例として彼が着目した習俗がオーストラリアのアボリジニ氏族のトーテムという習俗に注目した（Durkheim 1912＝1975）。「**トーテム（totem）**」とは，氏族の成員たちが特別の畏れと敬意をもって接する聖なるシンボルをいう。それぞれの氏族ごとに異なるシンボル（動物や木など）があり，氏族と超自然界とをつなぐ存在となっている。デュルケームは，氏族の成員が自分たちだけのトーテムを崇拝するのは，実は自分たちの社会を崇拝していることにほかならない，と考えた。このように宗教は人々を結びつけ，さらに宗教は人に規律を与え，社会の統制を可能にする機能もあると考えた。

■ウェーバー

ウェーバーの数多くの著作の中でもっとも著名なものといえば，おそらく多くの人が『**プロテスタンティズムの倫理と資本主義の精神**』（1904-05）をあげることだろう。ウェーバーはカトリック信者とプロテスタント信者を比べると，ビジネス界のリーダーや銀行家，それに熟練労働者などには圧倒的にプロテスタント信者が多いことに着目した。なかでも彼は宗教改革で有名な**カルバン派（Calvinists）**のプロテスタンティズムに関心をもち，プロテスタント信徒が経済分野で成功する背景を分析した。彼の考えはだいたい次のようになる。

カルバン派の教義においてもっとも重要なものの一つにいわゆる**予定説（predestination）**がある。それは人間が救済されるかどうかは神によってあらかじめ決められているという考え方である。とくにカルバン派の予定説では人間は救済されるか，地獄に落とされて滅びるかのどちらかがその人の誕生前から決定されており，その人が人生でいくらよい行いをしてもその決定が変更されることはない，というものであった。それまでの教会では，よき行いを続ければ死後の救済が得られる，と説かれていたのとは対照的で，カルバン派の信者は強い不安を覚えた。そこで彼らの中には，現世での成功は神によって選ばれていることの印だと考えようとする者が出てきた。成功がすぐ救済に結びつくことはないにしても，そう考えると不安をやわらげることはできた。そこでカルバン派の信者に現世での成功をめざす者がでてきた，とウェーバーは分析した。

ウェーバーにとってカルバン派のもう一つの重要な信念が**世俗内禁欲**（**worldly asceticism**）であった。修道院に行かず，日常生活世界にとどまる一般信者が要求される禁欲的な生活態度を，ウェーバーは世俗内禁欲とよび，注目した。カルバン派ではぜいたくや快楽の追及は厳しく非難されていたのである。そこで一つ問題が出てくる。努力や才能によって成功した人は，獲得した富をどうするべきか，という問題である。その答として出てきたのが，獲得した富はさらに仕事につぎこむ，という考え方であった。そこでビジネス上の利益は私的に浪費されず，再投資にまわされるようになり，その結果，さらにビジネスが発展するようになった，とウェーバーは考えたのである。

経済領域と宗教領域の相関に迫ったこのウェーバーの研究は，その後多くの議論を巻き起こし続けている。しばしば言われることに，マルクスが宗教を含むすべての社会現象を経済的要因から説明しようとするいわゆる経済決定論者であったのに対して，ウェーバーは逆に経済現象が文化（宗教）的要因によって決定されると考える文化決定論者であったとする主張がある。しかしウェーバーは，社会現象は複雑な要因がからみあって起こるものであり，単一要因で説明できるものではない，と考えていたので，「マルクスの逆」の立場であったと考えるのは正しくない。

14-1-2　宗教の要素と分類

宗教社会学では多くの宗教に共通して見られる要素に着目することがある。

それらは宗教的信念・儀式・主観的経験・コミュニティなどである。まず**宗教的信念**（**religious beliefs**）は，神聖なる存在やその目的・性格，超自然的な秩序やその秩序における人間の役割などについての考え方のことをいう。**教義**（**doctrine**）のことと考えてよい。宗教的信念は信者の世界観と行動に影響を与えるので社会への影響も大きい。**儀式**（**rituals**）は，宗教的観念をフォーマルに演ずるものをいう。もちろん宗教によって異なるが，たとえば行進，歌，祈り，洗礼，などがある。複数の人によって遂行されるものが多いが，なかには一人の人間が行うものもある。儀式には宗教上の象徴的な意味がこめられている。また宗教に関する**主観的経験**（**subjective experience**）も重要な要素である。それは寺院や教会などで覚える平静な感覚や清らかな感覚もあれば，恐怖感や畏れを伴う超自然的体験までいろいろなものがある。また宗教的経験の中核に，信者コミュニティ（community）の一員となることが含まれる場合も少なくない。自分と同じ信念を共有する人が存在するという認識や，主観的経験について安心して話しあえる人がいるということは宗教を実践する多くの人にとって重要である。

宗教学や宗教社会学ではいろいろな方法で宗教が分類されてきた。宗教現象はきわめて複雑な様相を呈しているので，どのような分類をしても完全に整理できるようなものではない。しかし，分類を試みることは宗教の理解を助けてくれるので決して無意味な行為ではないだろう。以下にそのいくつかを紹介することにする。

自然宗教と人為宗教　まず取り上げたいのは**自然宗教**（**natural religion**）という概念である。この用語は，大きく２通りの意味で使われる概念なので注意が必要だ。一つの意味は人々の間で自然発生的に生まれた宗教ということで，後述の民族宗教がその例といえる。どのように発生したのか，その過程が明らかでない宗教ともいえる。この意味での自然宗教と対比されるのが**人為宗教**（**artificial religion, manmade religion**）である。人為宗教は創立の経緯が知られている宗教で，創始者が存在することから，**創唱宗教**（**founded religion**）ともよばれる。

自然宗教と啓示宗教　もう一つの意味の**自然宗教**とは，神の存在は否定しないが神による奇跡や啓示などを認めない立場である。これは啓蒙思想（Enlightenment）に見られた宗教観で，おもにキリスト教についての解釈の一つである。**理神論**（**deism**）ともよばれる。これに対し，神による啓示を真理として受け入れる宗教を**啓示宗教**（**revealed religion**）という。**啓示**（**revelation**）とは神が真理を人間に直接伝えることをいう。ユダヤ教，キリスト教，イスラームでは神による啓示が重視され，啓示を授かった人を**預言者**とよぶ。英語では prophet というが，これを日本語に訳すときは「予言者」ではなく「預言者」の表記が使われるが，これは神から言葉を預けられる人，という意味があるからだ。

民族宗教と世界宗教　特定の民族に自然発生的に生まれた宗教を**民族宗教**（**religion of a people**）という。それはもっぱらその民族の間に受け継がれ，信仰されていく。たとえばユダヤ教や日本の神道（神社神道）があげられるし，インドの人びとを一つの民族と見ればヒンドゥー教も民族宗教であるといえよう。これに対し，民族を超え世界規模で信仰される宗教は**世界宗教**（**world religion**）といい，キリスト教，イスラーム，仏教などが代表例とされる。

一神教と多神教　これはよく知られた分類であろう。**一神教**（**monotheism**）とは宇宙に唯一の神が存在するという宗教的信念をもち，その神に絶対的信仰を誓う宗教のことである。ユダヤ教・キリスト教・イスラームがその代表例だが，これらには神と人間の関係が契約関係にあるとする共通点もある。がんらい仏教は無神教的であるが，阿弥陀仏による救済を信じる浄土教（たとえば法然の浄土宗や親鸞の浄土真宗など）では一神教的な傾向が見られる。**多神教**（**polytheism**）は複数の神々を信仰する宗教のことで，それぞれの神々には分担分野があり，信者の崇拝や祈祷も，局面や領域によって異なった神に向けられる。古代ギリシャの宗教や神道が例としてあげられる。なお，一神教は多神教から進化して生まれたという説が流布したことがあるが，現在そのような見方は広く受け入れられていない。

14-1-3　組織としての宗教

宗教を社会現象としてみると，それは人の行為であるし，ほとんどの場合なんらかの組織化が行なわれる。そこで宗教社会学では宗教組織を類型化する試みがなされてきた。なかでも重要なのがマックス・ウェーバーとドイツの宗教社会学者，**エルンスト・トレルチ**（**Ernst Troeltsch**, 1865-1923）によって提起されたチャーチとセクトの対比であろう。カトリックの教会組織をモデルにした概念だとされる**チャーチ**（**church**）は，大規模な組織をさし，その成員は生まれたときからそこに所属することが決まっており，当該社会の全ての人びとを成員にしようとする傾向があり，さらに宗教的儀式は訓練を受けた専門家が行い一般信徒にまかせない特徴があるという。またチャーチは官僚的な組織をもち，社会の権力と結びつく傾向も見られ，その意味で現世志向的な面があるとされる。これに対し**セクト**（**sect**）はチャーチのあり方に疑問をもち，これに反発して生まれる排他的な小集団で，成員は自発的な意志で参加する。彼らは信仰をラディカルに追及し，既成のチャーチや社会のあり方からは一線を画す。発生初期のプロテスタント，たとえばカルバン派や英国国教会から分離独立したメソジスト派（Methodists）などがその例といえよう。チャーチへの参加は無審査が普通なのでチャーチは普遍主義的といえるが，セクトの場合は信仰面や品行面での審査にパスしたいわば信仰上のエリートのみが参加を許される選抜主義的であるのが対照的だ。なお日本語の宗教社会学文献では，チャーチとセクトとはそれぞれオリジナルの**ゼクテ**（**Sekte**）と**キルへ**（**Kirche**）というドイツ語が使われることがある。

セクトも発生から時間がたち，規模が大きくなってくるとやがては組織的・官僚的にならざるをえず，宗教社会学ではそれをチャーチ・セクトに続く新しい類型としてとらえるようになってきた。このような，セクトとチャーチの中間段階にあたる宗教組織を**デノミネーション**（**denomination**）という。その特徴としては，官僚制度が整っており，成員は自らの意志でその宗派に属していることがあげられる。また教義的には寛容で，儀式はプロの聖職者がとり行うのが普通だ。セクトと比べ，デノミネーションは社会からの容認度が高い。たとえばカルバン派の影響下に生まれたデノミネーションとして会衆派（Congregationalists）や長老派（Presbyterians）があげられよう。メソジストも現在は有力なデノミネーションの一つに数えられており，これらはすべて正統的な宗派として認識されている。

さらに別の類型としてよくとりあげられ，現代社会の宗教現象として注目されているのが**カルト**（**cult**）である。カルトの定義は一定ではないが，組織の官僚化が進行していない比較的小さな宗教集団をいう。カルトにおいては信者個人の宗教的体験を重視する傾向があるとされ，信者から熱狂的に崇拝されるカリスマ的指導者がいる場合が多い。セクトとの違いが必ずしも明確でないともいえるが，セクトは既存宗教に反発するものが多いが，カルトは既存宗教と共存しようとするという人もいる。またカルトの社会に対する姿勢は，改革的あるいは反抗的というより逃避傾向が強いとされる。アメリカでカルトというときはキリスト教以外の要素，たとえばアジア系の宗教や科学信仰，UFO 信仰などの要素が教義に入っている宗教集団をさすことが少なくない。なお日本とアメリカではカルトという言葉が使われるが，ドイツやフランスなどで同様の社会問題を語るときにはセクトという言葉が使われているようだ（井上 2002）。

現代社会においてカルトが注目されるのは，カルト集団の中には信者を過度に拘束したり，信者のマインドコントロールをしたり，集団自殺をしたり，殺人を犯したりして社会的不安をあおるものが存在するからにほかならない。1990年代，ブランチ・ダヴィディアン（Branch Davidians），太陽寺院，オウム真理教，ヘブンズ・ゲイトなどが世界に衝撃を与えた。アメリカの無名のキリスト教系宗教集団，ブランチ・ダヴィディアンはキリストの生まれ変わりと名乗る男が指導者となり変質した。彼は信者の女性はすべて自分の妻であると宣言し，アメリカ政府の陰謀を説き，テキサス州ウェイコーの砦に100人を超える信者を連れ込んで立てこもった。1993年，政府当局はこれを51日間にわたって包囲し，説得を続けたが，結局砦の大火災の中に指導者と81人の信者が死亡した。この様子は連日テレビで全米に中継された（写真14－3）。太陽寺院（Solar Temple）はカナダやスイス，フランスで1994年から1996年にかけて数度にわたって信者が集団自殺を起こし，国際的注目を集めた。産婦人科医がその創始者であったが彼も自殺した（辻 1998）。1995年に地下鉄サリン事件を起こし，12人の死者と約3800人に重軽傷を負わせたオウム真理教（The Aum Supreme Truth）も，信者の大部分が高学歴の若者であるカルトが毒ガス兵器によって都会での無差別攻撃を試みたということで全世界に衝撃を与えた（写真14－4）。さらに1997年にはアメリカのカリフォルニア州で一種の UFO 信仰

写真 14－3　炎上するブランチ・ダヴィディアンの砦（1993年）
（写真提供：AFP＝時事）

写真 14－4　地下鉄サリン事件（1995年）
（写真提供：共同通信社）

集団であるヘヴンズ・ゲイト（Heaven's Gate）の創始者が38人の信徒とともに集団自殺を行った。

14-2　世界の宗教

ここでは世界の宗教人口統計を見たあと，信者数が多い世界の 4 大宗教，つまりヒンドゥー教，仏教，キリスト教，イスラームの各宗教の特徴を見ることにする。

14-2-1　世界の宗教人口統計

世界の諸宗教の信者数を正確に知ることはほとんど不可能なことといえよう。70億を超える世界総人口，広大な地表に分布する人口といった物理的要因もさることながら，政治は宗教のことに介入すべきではないとの考え方から，政府が宗教人口のデータを集めない国もある。したがって世界の宗教人口を知るには推計にたよるほかない。ここではアメリカのシンクタンク，ピュー研究所（Pew Research Center）の推計を参考にする。表14－1は，同研究所による2020年についての推計で，2015年に発表されたものである。

この表によると，世界最大の信者数を誇るのはキリスト教で，世界人口の 3 割強を占めている。次に多いのがムスリム（イスラーム信者）で，およそ25%なので，世界人口の半分はこのどちらかに属していることになる。その次に多

表14－1　世界の宗教人口（2020年についての推計値）

	世界全体		北アメリカ		ラテンアメリカ・カリブ海		ヨーロッパ	
	人数	率(%)	人数	率(%)	人数	率(%)	人数	率(%)
キリスト教徒	2,382,750,000	31.1	277,270,000	74.6	585,850,000	89.7	534,970,000	72.2
ムスリム	1,907,110,000	24.9	4,890,000	1.3	890,000	<1.0	50,470,000	6.8
ヒンズー教徒	1,161,440,000	15.2	3,120,000	<1.0	690,000	<1.0	1,710,000	<1.0
仏教徒	506,990,000	6.6	4,540,000	1.2	440,000	<1.0	1,670,000	<1.0
ユダヤ教徒	14,660,000	1.0	6,120,000	1.6	480,000	<1.0	1,370,000	<1.0
民間信仰	429,640,000	5.6	1,300,000	<1.0	11,540,000	1.8	1,050,000	<1.0
その他	60,990,000	<1.0	3,200,000	<1.0	1,070,000	<1.0	970,000	<1.0
非加入	1,193,750,000	15.6	71,270,000	19.2	52,430,000	8.0	148,410,000	20.0

	中東・北アフリカ		サブサハラ・アフリカ		アジア・パシフィック		日　本	
	人数	率(%)	人数	率(%)	人数	率(%)	人数	率(%)
キリスト教徒	14,600,000	3.6	650,240,000	62.0	319,830,000	7.2	2,190,000	1.8
ムスリム	381,140,000	93.1	329,740,000	31.4	1,139,990,000	25.7	220,000	<1.0
ヒンズー教徒	2,350,000	<1.0	1,650,000	<1.0	1,151,920,000	26.0	40,000	<1.0
仏教徒	760,000	<1.0	170,000	<1.0	499,410,000	11.3	41,380,000	33.2
ユダヤ教徒	6,380,000	1.6	90,000	<1.0	210,000	<1.0	<10,000	<1.0
民間信仰	1,350,000	<1.0	33,440,000	3.2	380,970,000	8.6	500,000	<1.0
その他	250,000	<1.0	2,280,000	<1.0	53,220,000	1.2	5,550,000	4.5
非加入	2,480,000	<1.0	31,330,000	3.0	887,840,000	20.0	74,780,000	60.0

（注）「アジア・パシフィック」の数字には日本も含まれる。
（出所） Pew Research Center が2015年に発表したデータによる。

いのはヒンズー教徒の15.2％であるが，そのほとんどはアジア・パシフィック地域（主にインド）の人びとだ。仏教徒はそれほど多くなく，１割に満たない。地域ごとの特徴を追うと，南北アメリカとカリブ海諸国，ヨーロッパ，サブサハラ（サハラ砂漠以南の）アフリカではキリスト教徒の比率が高く，中東や北アフリカにおいてムスリムの割合がとくに高い。アジア・パシフィック地域では様々な宗教が見られる。表の最下段にある「非加入」は “unaffiliated” を訳したもので，特定の宗教（団体）に属していない場合をさす。日本ではその割合が60％という高い比率で推計されている。

14-2-2　ヒンドゥー教

ヒンドゥー教（**Hinduism**）は統計上世界で３番目に信者数の多い宗教として

あげられているが，明確な単一の宗教というわけではなく，インドを中心とした地域の宗教思想や社会習慣などをヨーロッパ人が総称したものである。長い時間をかけ広大な国土の上で各地の信仰と混ざり合って展開してきたので，多種多様な宗教的要素が併存しており，共通項でくくるのは困難である。歴史的には古代インドの宗教であった**バラモン教**（**Brahminism**）の流れをくみ，現存する大宗教の中では最古のものである。とくに創始者はいない。

ヒンドゥー教においては創造神ブラフマン，存続神ヴィシュヌ，破壊神シヴァの間で創造，存続，破壊がくりかされるという**輪廻**（**reincarnation**）思想が基本にある。輪廻（サンスクリット語では**サンサラ**，**samsara**）の概念は仏教にも大きな影響を与えている。この考え方によるとすべての人間は誕生（再生）・人生・死の連鎖をくりかえしており，現世における人生は，その人の前世における行いによって決まるという。たとえば，きわめて悪い行いをすれば，次には動物に生まれ変わるという。これを業，サンスクリットで**カルマ**（**karma**）という。また輪廻から抜け出ることを解脱といい，これを究極の理想とする。

仏教はヒンドゥー思想の文脈において生まれたので，仏教のアジアでの広がりを考えると，ヒンドゥー教はアジア思想に大きな影響を与えたといえよう。仏教以外にもヒンドゥー教の影響を受けて生まれた宗教にジャイナ教（Jainism）やシク教（Sikhism）など，現在は少数派だが有力な宗教がある。またヒンドゥー社会では細分化された身分制が発達し，それが結果的にカースト制度の成立につながったことも指摘しておかなければならない。

14-2-3　仏　教

仏教（**Buddhism**）は紀元前5～6世紀に生まれたのではないかとされる**ブッダ**（**Buddha**，生没年には前565-前486，前465-前386など諸説がある）が開いた。もとの姓をゴータマ（Gautama），名をシッダールタ（Siddhartha）といい，ネパール南部の小さな王国の王子として生まれた。釈迦牟尼，釈尊などがより正式な呼び方とされるが，釈迦の名でも親しまれている。16歳で結婚して息子もできたが，29歳から6年間の苦行と瞑想をへて，35歳で菩提樹の下で悟りを開いた。その地はブッダが悟りを開いた地として**ブッダ・ガヤー**（**Buddha Gayaa**）の名で知られるようになり，仏教の聖地になっている。ブッダの教えは神と人間の関係についてではなく，人間自身が真理を発見し，それに基づく生き方を実践することの重要性についてであった。

前述のように，インド思想では全ての生物は業の応報によって永遠に生まれ変わるとされるが，ブッダは，人は欲望をたちきることによりそこから解脱できるとした。ヒンドゥー思想が生み出した身分制をきらうブッダはヒンドゥー式の儀式を取り入れず，80歳で亡くなるまで独自の伝道を続けた。

ブッダの死後もその教えは弟子の僧たちによって伝えられていくが，次第に教義の解釈をめぐって諸派が生まれて部派仏教とよばれ，南アジア地域に広がる。それらは，教義の解釈論争や修行による出家者自身の救済に重点をおく傾向があった。なかでも保守的な上座仏教に対し，1世紀頃に改革派の僧たちが，自らの涅槃を求めるだけではなく，現世において他の全ての生きるものを助けるよう努力すべきだと主張し，利他的な要素を強調した。彼らは自分たちの教えはより大きな乗り物であるとして大乗仏教（Mahayana）とよび，部派仏教をさげすんで小乗仏教（Hinayana）とよんだ。部派仏教の流れはスリランカ・ビルマ・タイ・ラオス・カンボジアなどで展開し，改革派の仏教は中国・朝鮮・日本にひろがりネパール・チベット・モンゴルなどにも影響を及ぼした。地理的展開状況から，部派仏教の流れを南伝仏教，改革派仏教の流れを北伝仏教とよぶこともある。なお現在では「小乗」の呼称は不適切とされている。

中国から日本に仏教が伝来したのは『元興寺縁起』によると538年，『日本書紀』では552年であるが，それ以前から海を越える人の交流の中で伝来していた可能性はある。飛鳥時代から奈良時代は，政治制度も中国を参考にした律令制度が導入されたが，宗教も各地に国分寺が建立されるなど，国家が仏教を保護する形であった。平安時代には最澄が天台宗を，また空海が真言宗を伝え，比叡山や高野山において山岳仏教が展開する。平安時代末期になると末法思想が貴族社会を中心にひろがるが，その結果浄土にあこがれる浄土信仰が大きな流れとなり，鎌倉時代になると法然の浄土宗，親鸞の浄土真宗，一遍の時宗などが庶民にも多くの信者を獲得する。室町時代は禅宗が建築・美術・文学などに大きな影響を与えた。大寺院は政治的・経済的な力を備えるが，織豊時代に織田信長に焼き討ちを受けるなど，弾圧を受けるものが多かった。江戸時代には江戸幕府がキリシタン禁制を確実に実行するため，全国の寺院に檀家の人びとの名前を記録する任務を課すなど，統制を強めたので，宗教活動に制限があった。

14-2-4　キリスト教

キリスト教（**Christianity**）は世界最大の宗教で，世界的な分布が見られる。創始者はイエス・キリスト（**Jesus Christ**, 前4頃~後30頃）であるが，現在のキリスト教では，キリストは創始者というだけでなく，神の手によりこの世に送られてきた救済者（Messiah）であると信じられている。現在のキリスト教の根本教義として**三位一体**（さんみいったい）（**the Trinity**）説が主流になっている。これは全知全能で創造主である唯一神，十字架上で処刑され復活をとげたあと昇天したイエス・キリスト，そして聖霊の三位を一体とする考えである。キリスト教が旧約聖書（the Old Testament）および，新約聖書（the New Testament）を聖典とすることはよく知られている。本質的に神との契約（testament）に新旧があるわけではないが，別物のような名称がつけられている。

キリスト教は世界史の形成に強力に関わってきたし，音楽・美術・文学など芸術分野への影響も大きい。学問への影響も大きく，社会学自体もキリスト教文化の中で成立・発展したことを忘れてはならない。現在のキリスト教には**カトリック**（**Catholicism**）・**東方教会諸派**（**the Eastern Orthodox Church (es)**）・**プロテスタント**（**Protestantism**）など，多くの宗派がある。世界的な地域分布をおおまかに見ると，カトリックはラテン系ヨーロッパ諸国ならびにラテンアメリカに多く，東方教会はロシアなどスラブ系諸国に多い。プロテスタント諸派は非ラテン系の西ヨーロッパ諸国と北アメリカに多い。また限られた地域で生き残った教会もある。

日本にキリスト教を伝えた**シャビエル**（**ザビエル**とも，**Francisco de Xavier**, 1506-1552）がイエズス会の創始者の1人であることはよく知られている。イエズス会とは，当時ゲルマン文化圏で勢いを増していたプロテスタントに対抗し，ローマ教会（カトリック）のために積極的な海外布教をしてきた修道会である。同会のマテオ・リッチも中国にキリスト教や世界地図を伝えており，同会の活動は世界史上，ヨーロッパとアジアの接触という観点においても重要な位置を占めている。日本では大友宗麟や髙山右近などの「キリシタン大名」も出現したが，江戸時代には禁教令が出された。

14-2-5　イスラーム

キリスト教についで世界で 2 番目に信者数が多いのは**イスラーム**（**Islam**）である。預言者**ムハンマド**（**Muhammad**，570頃～632）が 7 世紀に啓示を受けその神の教えを広めたことがきっかけとなり**イスラーム共同体「ウンマ**（**'umma**）」が初めて形成され，その発展の基礎を作った。信者は**ムスリム**（**Muslim**）とよばれる。

ムスリムが守らなければならない事柄をまとめて**五行六信**（あるいは六信五行）とよぶ。五行とは「**イスラームの柱**（the Pillars of Islam）」とよばれ，信仰上きわめて重要な義務となっている。まず「シャハーダ（shahadah）」とは，アッラー以外に神はなし，ムハンマドはアッラーの使徒であるという信仰告白をさす。次に「サラー(ト)（salat）」とは礼拝のことで，聖地マッカ（Makkah）のカーバ神殿の方向に向かって 1 日 5 回，定時に礼拝を捧げなければならない。「ザカー(ト)（zakat）」とは貧者や困窮者に対する喜捨のことをいう。「サウム（sawm）」はラマダーン（イスラーム暦の 9 番目の月）に定められた方法で断食を代表とする斎戒の行を行なうことをいう。最後に「ハッジ（hajj）」とはマッカへの巡礼を行なうことである。

六信（Six Beliefs）とはムスリムが信じなければならないことで，「アッラー」・「天使」・「啓典」・「使徒」・「来世」・「神の予定」の 6 つである。まずアッラー（Allah）とは唯一無二の絶対神であり，他に神はいないと考える。またイスラームでは「天使」が数多く登場する。**クルアーン**（より正確には**アル・クルアーン**，**al-Qur'aan**）とはイスラームの啓典であるが，これはムハンマドが神から受けた啓示を書にしたものとされる。なお一神教においては人間が正しい道を踏み外しそうになるたびに神は人間に使徒を遣わし，その何人かに啓典を与えた，とされる。これらの啓典にはモーセの律法やイエスの福音書も含まれている。イスラームではムハンマドは最後にして最大の使徒と位置づけられている。またイスラームにおける「来世」の考え方では，世界はいつか終末をむかえ，そのあとすべての人類が現世での行ないについて裁きを受け，天国か地獄へ送られそこで永遠に過ごすとされる。「神の予定」とは，神がこの世で起こることを全て，あらかじめ知っているという考え方をいう。

現在，イスラームは中東地域のみならず東南アジア，南アジア，北アフリカからサハラ以南のアフリカなどに広く分布している。もともと日本ではイスラームはあまりなじみがなかったが，神戸に1935年，東京では1938年にモスク（イスラームの寺院）が建設されていたと聞くと驚く人もいるかもしれない。世界各地でテロや紛争を起こしている自称イスラーム武装組織が複数存在するので，日本ではムスリムに恐れや不安を抱く人もいるが，その一方でイスラームへの理解も少しずつ進んでいる。たとえばイスラームの戒律にのっとった食材や調理法による，ハラールとよばれる食事規定の認知度が高まっていることがあげられよう。

14-3　現代日本の宗教

14-3-1　日本の宗教状況

日本人は無宗教であるように見えても，正月には神社へ初詣でをし，盆には墓参りをし，クリスマスを祝い，教会で結婚式をあげ，仏教式の葬式をするという人が珍しくない。異なる文化的要素，特に宗教が混合・融合して存在する状況を**シンクレティズム**（**syncretism**）というが，日本にもその傾向があるといえる。キリスト教を信仰しない人がクリスマスを祝うのは信仰行為ではなく習俗と考えた方がよいかもしれないが，神道と仏教は長い歴史の間にしばしば結びつき，いわゆる**神仏習合**現象を見せてきた。**神道**（**Shintoism**）は日本古来の民族宗教で，創始者はない。自然信仰・祖先崇拝・多神教であることなどを特徴とする。仏教は日本へは6世紀中ごろに伝来したとされるが，はやくも奈良時代には神宮寺が建立されるなど，神仏習合が発生していた。平安時代には，仏は日本で救済を行うために神の姿をとって現れたのだとする**本地垂迹**（ほんじすいじゃく）説が出て鎌倉時代以後盛んになった。しかし江戸時代の復古神道では神道から儒教や仏教の影響を排除する視点が説かれ，これは明治政府の**神仏分離**政策へと続いた。政府は祭政一致の方針をとり，神道の国教化をめざすようになった。仏教勢力の抵抗もあり，完全な国教とはならなかったが，国家神道という制度のもと，国民は神社への参拝を強く奨励された。キリスト教は1549年にシャビエルにより伝えられたが，その後江戸幕府はキリシタン禁制政策をとりこれを弾圧した。明治政府も初期はこの政策を引き継ぎ，後に諸外国からの抗議によりこれを取り消す経緯もあったが，国家神道政策のもとでキリスト教はせいぜい黙認程度の扱いを受けていた。第２次世界大戦が終了した1945年の12月には連合国最高司令官が国家神道の廃止を命じ，1946年に公布された日本国憲法では信教の自由と政教分離が保障され，日本の宗教に関わる環境は一変した。数多くの宗教が共存する状況となったのである。

宗教の信者数を正確に知ることは困難であり，日本も例外ではない。文化庁の「宗教統計調査」は日本における宗教に関する唯一の公式調査で，宗教団体数，宗教法人数，教師数及び信者数などが調べられている。調査結果は同庁が編纂する『宗教年鑑』などで公表されている。同庁によると，2021年12月31日現在，神道系が8792万4087人，仏教系が8397万1139人，キリスト教系が191万5294人，それら以外の諸教が733万5572人であったという。お気づきだろうか。これらの数字を合計すると日本の人口をはるかに超えてしまう。これは，各種宗教団体が文化庁に報告した数字がそのまま反映されているからである。ある意味，神仏習合が現代日本でも続いている，と見ることも可能だろう。

日本社会における信仰や宗教行動の実態を知るには統計的手法に基づいて行われた各種調査を参考にする必要がある。統計数理研究所が1953年以来５年に１度行っている「日本人の国民性調査」というものがあり，1958年以降，宗教について「何か信仰とか信心とかを持っていますか？」という質問を尋ねている。表14－2にあるとおり，信仰や信心を「持っている」という回答者の率は概ね３割前後，「持っていない」という回答は７割前後で安定している。もっともこの種の統計は，調査による差異が大きい。たとえば NHK 放送文化研究所が参加している ISSP（International Social Survey Programme）という国際比較調査グループが2018年に実施した調査によると，回答者1466人の36％が何らかの宗教を信仰していると答え，「仏教」と答えた人が31％，「神道」が３％，「キリスト教」が１％であった。「信仰している宗教はない」は62％であったという。これらの数字は表14－1にあるピュー研究所の推計に近い。ISSP調査は1998年，2008年にも実施されており，宗教的感覚に関する質問では「人に知ら

表 14－2　日本人の宗教意識

信仰や信心を…

年	持っている，信じている（%）	持っていない，信じていない，関心がない（%）	回答者数
2013	28	72	1,591
2008	27	73	1,729
2003	30	70	1,192
1998	29	71	1,339
1993	33	67	1,833
1988	31	69	1,858
1983	32	68	2,256
1978	34	66	2,032
1973	25	75	3,055
1968	30	70	3,033
1963	31	69	2,698
1958	35	65	920

（出所）　統計数理研究所「日本人の国民性調査」結果をもとに作成。

れなくても悪いことをすれば必ずむくいがある」という文言に，「そう思う」と答えた人の割合（以下同様）は1998年の74%から2018年の62%に減少しており，「自分の力ではどうすることもできない運命がある」は63%から53%に，「神仏に願えばかなえてくれそうな気がする」は39%から36%に，「祖先の人達とは深い心のつながりを感じる」は39%から30%に，「神でも仏でも心のよりどころになるものが欲しい」が36%から28%に減っている。宗教的感覚の希薄化がさらに進行しているのかもしれない（小林 2019）。

宗教団体の数はどうであろうか。普段よく耳にする言葉に「宗教法人」というものがある。そもそも「法人」とは，人や財産から成立する組織に法律上の人格が与えられたものをいう。法人にはいろいろな種類があるが，宗教法人は宗教法人法によって法人格が与えられたものである。宗教法人法は，宗教団体が礼拝の施設その他の財産を所有し，これを維持運用し，その他その目的達成のための業務及び事業を運営しやすくするために定められた法律である。希望する宗教団体は，所定の手続きを行えば宗教法人としての認証を受けることができる。宗教法人はその目的に反しない限り，収益事業を行うことができ，収益事業以外については免税の措置がとられている。

14-3-2　新 宗 教

「新宗教」や「新興宗教」と聞くと，マイナーなイメージをもったり，薄気味悪いと感じたりする人も少なくないだろう。なかには巨額の費用をかけて巨大建築を建設する教団もあり，社会からいかがわしい目が向けられることも少なくない（五十嵐 2001）。新宗教の決定的な定義はないが，その特徴のひとつとして，既成宗教の多くが来世での救済を強調するのに対し，新宗教は現世における救済に重きをおくことがあげられるだろう。そのため新宗教に入信する3大理由として，「**貧・病・争**」があるといわれる。また新宗教には教祖とか開祖などとよばれる創立者がいて，その人物が啓示を受け伝動をはじめたものが目立つ。

日本の宗教では，神道と，古い仏教系の諸派（たとえば奈良仏教の諸派や，禅宗，天台宗，真言宗，浄土宗，浄土真宗，日蓮宗など）は正統的な既成宗教として広く認識されている。新宗教という概念はこれら既成宗教より新しく成立・発展した宗教をさすのが一般的であるが，どの時期のものから新宗教とよぶのかは一定していない。たとえば19世紀，つまり幕末から明治にかけて，教派神道とよばれる神道系教団が民間に続々と発生したが，これらは新宗教のカテゴリーに入れられたり，入れられなかったりする。これらの中では天理教，黒住教（くろずみきょう），金光教（こんこうきょう），大本教（おおもときょう）などの知名度がとくに高い。

20世紀前半に成立し，第2次世界大戦終了後に大きく発展した教団が数多く存在するが，新宗教といえばこれらを連想する人も少なくないだろう。PL 教団，霊友会（れいゆうかい），生長の家（せいちょうのいえ），創価学会（そうかがっかい），立正佼成会（りっしょうこうせいかい），世界救世教（せかいきゅうせいきょう）などがそこに含まれる。この時期の教団には活発な信徒獲得を行うものが多く，発展が著しかったが，その手法が強引であるとして問題視された例もあった。アメリカの宗教学者，ニール・マクファーランド（H. Neil McFarland）は日本の新宗教について執筆した本に『神々のラッシュアワー』（1967=1969）という書名を与えたが，このネーミングは高度経済成長時代の日本に新宗教が林立していく様子を的確にとらえていたことからメディアなどでもよく使われることとなった。

1970年代以降にもさらに新しい教団が発展を見せた。しかし上述の新宗教は登場してから年月もたち，社会に定着しつつあることから，これと区別するためしばしば新新宗教という呼称が使われる。ここでも便宜上そのようによぶことにする。その特徴の一つは，個人の宗教的体験を追求するものが多いことであろう。したがって既成宗教や初期の新宗教が「家の」宗教であったのとは異なり，新新宗教は個人的宗教の色彩が強い。なかでも霊性とかスピリチュアリティといった概念を重視する宗派はニューエイジ宗教とよばれることもある。新新宗教でよく知られたものには，阿含宗（あごんしゅう），世界基督教統一神霊教会，世界真光（まひかり）文明教団，崇教真光（すうきょうまひかり），ワールドメイト，幸福の科学などが含まれる。島薗（2001）によれば，新新宗教においては「貧・病・争」という入信動機のウェイトは軽くなっており，日々の生活における「空しさ」が動機として目立つようになってきており，現世志向から現世離脱へと関心がうつっているという。

しかし新新宗教の中にはオウム真理教のように反社会的・犯罪的行為に走るものもあり，社会問題化する事例もある。たとえば法（ほう）の華三法行（はなさんぽうぎょう）事件においては，同教団の代表らは信者の「足裏診断」を行って健康不安をあおるなどして多額の現金をだましとっていたとして詐欺罪に問われた。またセミナー開催団体のライフスペースにおいてはその参加者のミイラ化した遺体がホテルで発見され注目を集めた。このような事例や，ともすれば閉鎖的な体質から，社会から敬遠されがちだが，新新宗教がおしなべて反社会的であるわけではもちろんない。

ではこれからの宗教はどのような方向にすすむのであろうか。いわゆる先進諸国の社会はマルクスやウェーバー，デュルケームといった先人が見ていた当時とはずいぶん様相が異なってきている。先進諸国の資本主義は成熟段階に入り，生活に必要な物資はほぼ人びとに行きわたり，労働の形態も多様になり，市場は個人のニーズや好みに合わせて細分化されるようになった。また20世紀はマスメディアが偉大な発達をとげ，社会に対する圧倒的影響力を見せたが，ライフスタイルの多様化や個人主義化が進行するとともに家族や近隣社会の存在感が低下し，人々は孤立感・孤独感を覚えるようになった。ところが20世紀末になってインターネット・電子メール・携帯電話など個と個を結ぶインターパーソナルな，またウェブ（クモの巣）状のメディアが利用できるようになり，人びとはこれにとびついた。このような変化のものと，宗教のあり方も変わりつつある。

20世紀後半にはテレビを使って伝道する（テレヴァンジェリズムとよばれた）などマスメディアを利用したり，信者数の飛躍的増大をめざしたり，大会場に数万人の信者を集めてイベントを行うなど，マス宗教的な傾向が目立った。教団自体も規模が大きくなるとともに組織化が進んだ。しかしインターネットの時代には，ヴァーチャル宗教の側面が出てきている。これは既存の宗教団体が自らのサイトを運営して宗教活動の一環としている場合もあるし，前述の，集団自殺を起こしたヘブンズ・ゲイトのように，インターネットを信者獲得の強力な手段にするカルトもある。またインターネット上で祈りをささげたり，墓参りをしたり，あるいは墓参りの代行を注文するなどの宗教的・準宗教的行為のできるサイトもある。讃美歌のダウンロードもできれば信仰についてのチャットもできる。インターネットの浸透とともに，ネット上で宗教活動をすること自体，特別なことではなくなりつつあるようだ。

■この章の推薦文献■

宗教社会学関連の入門書としては，

橋爪大三郎，2006，『世界がわかる宗教社会学入門』筑摩書房.

がよく知られている。著者による東京工業大学での講義をまとめた同書は「宗教社会学」の入門書というよりは，宗教を知ることで世界の理解を深めるための本といったほうがよいかもしれない。

櫻井義秀，2007，『よくわかる宗教社会学』ミネルヴァ書房.

もわかりやすい入門書として定評がある。

もちろん宗教社会学の古典にチャレンジするのもよいだろう。

マックス・ウェーバー，2010，中山元訳『プロテスタンティズムの倫理と資本主義の精神』日経 BP 社.

言わずと知れた，社会学でいちばん有名な本である。複数の日本語訳が存在するが，人によって評価はさまざまである。

エミール・デュルケーム，2014，山崎亮訳『宗教生活の基本形態——オーストラリアにおけるトーテム体系』筑摩書房.

は同書の新訳で，読みやすいとされるが，電子版でないと入手が困難かもしれない。

第15章 福祉と社会

いつの時代にもどんな社会にも社会的弱者は存在してきたが，彼らに救いの手をさしのべる活動も古くから行われてきた。その中でも社会福祉（social welfare）とは国民の最低限の生活を守るためにその国の政府が政策として取り組む制度をいう。社会福祉という言葉から「ボランティア」とか「募金活動」といった連想をする人もいるが，これらは社会福祉にはあてはまらない。個人や団体が道徳的動機や宗教的動機によって自発的・私的に関与する活動だからである。

この章では社会的弱者に対する社会福祉に焦点をおいて考察する。公的資金（税金）が使われるため，社会福祉の問題は所得再分配（redistribution of income）の問題でもあるからだ。富をいかに分配するかという根源的な問題は少なくとも古代ギリシャの哲学者アリストテレスの頃からすでに認識されていたといわれる。しかし国家による社会福祉という考え方自体は20世紀に定着したもので，その歴史は浅く，試行錯誤が続いている。

この章の内容

15-1 貧　　困

貧困問題の理解を助けてくれるものの一つが絶対的貧困と相対的貧困の区別だ。**絶対的貧困**（**absolute poverty**）とは，生存を維持していくのに必要な最低限の生活水準を達成できない貧困状況をいう。発展途上国や最貧国には絶対的貧困にあえぐ人が多い。世界銀行によると全世界の人口の５分の１にあたる12億人が１日１ドル以下の生活費で暮らしているという。絶対的貧困が集中する社会では健康な生活を送ることが困難で，乳児死亡率が高く，平均寿命も短い傾向がある。農業や工業を発展させてその国の経済的アウトプットを増やしたり，人口増加を抑制することが貧困の緩和につながると考えられるが，際立った改善はあまり見られないのが現状である。

これまで貧困について行なわれてきた研究を見ることにしよう。まずは貧困研究においてはイギリスの**チャールズ・ブース**（**Charles Booth**, 1840–1916）によるロンドンでの研究や**シーボーム・ロウントリー**（**Benjamin Seebohm Rowntree**, 1871–1954）のヨーク市における研究が古典としてよく知られている。彼らの研究で用いられ，後の貧困研究に影響を及ぼした考え方の一つが**貧困線**（**poverty line**）である。貧困線は最低限の生活水準を満たすことのできる収入レベルをいい，それに満たない場合を貧困状態にあると考える。貧困線を想定する最大のメリットの一つは，一定の規準で貧困層の人口を算出できることであろう。そうすれば**貧困率**（**poverty rate**），すなわち人口に占める貧困層の比率が算出できる。貧困線を設定するときの問題点としては，世帯ごとの事情によって最低生活水準を満たすのに必要な収入が異なることや，地域によって生活費が異なること，また生活費は年々変動することなどが考えられる。

貧困線は絶対的貧困にあえぐ人の数を把握するために有用な方法で，現在でもいろいろな場面で使われている。先に述べた世界銀行による数字も貧困線の考え方の応用である。国によって政府が公式に貧困線を使うところもあれば使わないところもある。アメリカではこれを**貧困境界**（**poverty thresholds**）とよび，商務省の国勢調査部（Bureau of Census）が貧困人口の統計をとっている。これは毎年改訂されており，世帯の構成人員によって規準が異なる一方，地域差は考慮されておらず，全国一律の規準が使われている。また同国の保健・福祉省は貧困境界に基づいた貧困ガイドラインを作成し，政府による扶助の受給資格を決める規準としている。

日本政府はとくに貧困線や貧困率という概念を使っていなかったが，首相官邸や厚生労働省の公式サイトを検索してみると，2008年頃から政府関係の書類に登場しだしたことがわかる（2015年２月18日の検索結果）。しかし社会の関心をもっとも集めたのは，2009年に民主党政権がスタートしてまもなく，長妻昭厚生労働大臣が記者会見において公式に日本の貧困率を発表したときであった（厚生労働省 2009）。その時に発表されたのは2007年現在の貧困率で15.7%，とくに子どもの貧困率は14.2%とされた。日本政府が採用している貧困率の計算方式は OECD（Organization for Economic Cooperation and Development，経済協力開発機構）の算出法で，おおざっぱにいうと，日本に住む人の可処分所得（収入から所得税や社会保険料などを差し引いた所得）を低いほうから順に並べ，中央の人の所得の半分を貧困線とする。2020年のデータで見ると，日本の貧困率は15.7%で，OECD36か国のなかで9番目に高い。最悪はコスタリカの20.5%，最善はアイスランドの4.9%である。G20のなかではアメリカ合衆国（17.8%），韓国（16.7%），メキシコ（15.9%）についで第4位となっている。フランスが8.5%で，この中ではいちばん低い。

第2次世界大戦後，日本を含む先進諸国では急速に貧困が減少した。大幅な経済成長によって失業率が低下し，賃金が上昇するとともに社会福祉政策が整備されていったのが大きな原因である。貧困問題はやがて完全に解消するのではないかと考えられたほどであった。しかし1960年代のイギリスやアメリカでは，貧困が根強く存在していることが確認された。これを貧困の再発見という*。貧困の再発見は，先進国における貧困の認識が絶対的貧困から相対的貧困へ転換することを意味した。絶対的貧困が生存の維持を確保できるかどうかというぎりぎりの線で貧困を定義するのに対し，**相対的貧困**（**relative poverty**）は他の人との生活水準の相対的比較によって貧困を定義する。つまり生活水準が著しく低く社会の大部分の人々が享受する物質的利便が得られない場合は，たとえ生存を確保できる収入があっても貧困状態だと考える。なお相対的貧困の概念は，国家間の生活水準の格差を分析するときにも有用で，よく使われる概念となっている。OECD の貧困率の計算方式も相対的貧困の考え方がベースになっている。

＊ イギリスにおける「貧困の再発見」においてはブライアン・エイブル＝スミス（Brian Abel-Smith, 1926-96）とピーター・タウンゼンド（Peter Brereton Townsend, 1928-2009）の著作（1966）が有名である。アメリカにおける「貧困の再発見」に関してはマイケル・ハリントン（Michael Harrington, 1928-89）の著作

(1962) やジョン・ガルブレイス (John Kenneth Galbraith, 1908-2003) の著作 (1958) などが大きな影響力をもった。

なぜ貧困が継続するのかについてはいろいろな分析がなされてきたが，決定的な説明はまだ登場していない。1960年代，アメリカの文化人類学者，**オスカー・ルイス** (**Oscar Lewis**, 1914-70) はメキシコ人やプエルトリコ人の家庭を調査した結果，貧困層の人々には国境を越えて共通する文化があるとし，これを**貧困の文化** (**culture of poverty**) とよんだ (Lewis 1959, 1961, 1966)。貧困の文化は，運命論 (fatalism) 的態度や，あきらめ，怠惰，貯金を苦手とすること，低年齢で性行動をはじめることなどが特徴的であるとした。また貧困の文化は世代を通して受け継がれ，貧困の再生産を招く傾向があるとされた。ルイスの著作は貧困の実態を見事に描写しているとする肯定的な評価もあれば，彼の主張は実証的に確認できないとする批判もあった。またルイスはもともと貧困層の人に共感的な立場からこの議論を展開したのだが，貧困の文化論は，貧困の再生産は貧困者当人たちの責任であり，したがって社会福祉は不要だ，とする主張としばしば結びつけられもした。このように貧困を自業自得だと考える社会福祉不要論は，貧困は主に就業機会の欠如などの構造的要因によってひきおこされていると考える立場から，**被害者非難** (第8章を参照) であるとして反論を受けた (Ryan 1971)。

1970年代には貧困の文化論に類似した議論がイギリスでも呈示された。保守党のオピニオン・リーダーであった**キース・ジョセフ** (**Keith Joseph**, 1918-94) による**剥奪のサイクル** (**the cycle of deprivation**) 論 (**貧困のサイクル**ともいう) である。ジョセフは，貧困層の親の中には幼い子どもに充分な愛情や教育を与えられない者がいて，その結果，子どもは学校や社会で力が発揮できなくなり，感情的に不安定となり，満足な収入が得られなくなり，結局同じような貧困状況の家庭をもって不十分な育児をするようになる，と述べた。剥奪のサイクル論は自立自助の価値観を強調する人に支持される一方，この議論は貧困の原因は貧困家族の育児方法にあると結論づけていることになる，として批判もされた。ジョセフは後に首相になるマーガレット・サッチャーに大きな思想的影響を与えたとされ，後のサッチャー政権によるイギリスの福祉国家政策の見直しにつながった。

▶ピケティ

フランスの経済学者，トマ・ピケティは経済的不平等の問題を研究し，著書『21世紀の資本』は世界的ベストセラーになった。

なお貧困に関する世界的な現象として指摘されているのが**貧困の女性化**（**feminization of poverty**）の問題である。とくにシングル・マザーの家庭は経済的に厳しい状況に追い込まれることが珍しくない。女性は男性に比べ教育や就業の機会に恵まれず，就業できても賃金や給与において男性との格差がある。また育児をしながらの勤労は困難であるし限定的にならざるをえない。経済格差は国家間や地域間だけに存在するのではなく，ジェンダーも大きな要因になっているとの認識は各国の政府が共有するようになっている。1994年，北京で行われた第４回世界女性会議において，貧困にジェンダーの側面があることが公式に認められて以来，国連を舞台に貧困の女性化に対する取り組みが行われてきているが，「開発途上国」の「田舎」の「女性」など複合要因が働く状況にいる人も多く，その解決は容易ではない。

15-2　経済領域における国家の役割

国家が貧困層の生活を援助しようとする考え方は比較的新しいもので，最初の頃の近代国家はむしろそういう考え方に消極的であった。イギリスでは古くから**救貧法**（**the Poor Law**）という困窮者保護のための法律が存在したが，国家が困窮者保護に積極的に取り組むというものではなかった。同法には，1601年に制定されたエリザベス救貧法（The Elizabethan Poor Law）の時代と，産業革命後の1834年に大改正を受け第２次世界大戦の頃まで続いた新救貧法の時代とがあるが，とくに後者は貧困者に対して過酷な処遇をすることで知られていた。施しを受けて生きる人間イコール社会の脱落者だというレッテルをはりつけ，**救貧院**（**workhouse**）という劣悪な環境の施設に収容していわば「見せしめ」にし，保護を受ける人の数を増やさないようにする意図さえあった。このように困窮者を「社会のお荷物」として扱う福祉体制を残余的（residual）とよぶことがあるが，この視点には生計を立てるのは当人の責任で，国家が面倒を見るものではない，という基本的姿勢が見られる。

では経済領域において近代国家はどんな役割を果たしてきたのだろうか。16世紀から18世紀のヨーロッパでは**重商主義**（**mercantilism**）の考え方が主流であった。これは貿易によって金や銀を多く入手したり貿易差額を大きくして国の富を増やそうという考え方で，各国政府は輸出奨励金の制度を設けたり，輸入品に高い関税をかけたりするなどしていた。国家が経済活動に積極的に介入していたのである。この重商主義に真っ向から反対したのが**アダム・スミス**（**Adam Smith**, 1723-90）である。彼は個人の自由な経済活動が約束された，完全な自由市場こそが経済をより豊かにする原動力になると考えた。諸個人が個人的利己心に基づいて市場で経済活動をすれば，そこでは競争原理がはたらき，社会が必要とする商品が適正な価格で供給されるようになり，結果的に社会に秩序がもたらされるようになるだろうとした。スミスは完全な自由市場には自己調整するメカニズムがあると考え，これを**見えざる手**（**the invisible hand**）とよんだ。スミスは国家が自由市場に人為的に介入するとそのメカニズムが崩されるので避けなければならないと考えた。この考え方は**レッセフェール**（仏 **laissez-faire**），または**経済的自由放任主義**としてよく知られている。

▶スミス

スミスの理論は影響力が大きく，19世紀のヨーロッパ，とりわけイギリスでは政府による国民の経済活動への介入を限定しようとする考え方が優勢になった。イギリスでは自由貿易主義者のリチャード・コブデン（Richard Cobden, 1804-65）やジョン・ブライト（John Bright, 1811-89）などの政治家たち（**マンチェスター学派**とよばれる）が関税に強く反対し，自由放任主義経済を政治的に実現させていったが，これもその例といってよいだろう。このように，政府の役割を限定することが経済発展につながり，国民の富を増すことになるとする考えを「**小さな政府**（**small government**）」論という。「小さな政府」の考え方においては，健康な市民は各人の能力や努力によって収入を得，生計を立てなければならないとする。できるだけ税金は安くし，国防，治安，必要不可欠な公共事業など，最低限の事業のみ政府の手で行う。貧困層に対して政府が金銭的な援助をするということは非貧困層から徴収した税金を貧困層に重点的に再配分することを意味し，スミスのいう完全な自由市場の原理が崩され，貧困層・非貧困層ともに勤労意欲が低下し，効率的な経済活動が阻害されると考えられた。したがって小さな政府の考え方においては貧困層への援助は私的に行われるべきものであり，公的援助は最小限にとどまった*。

＊　ちなみに，アダム・スミスは私財のかなりを慈善事業に寄付したという。

ドイツの社会主義者，**フェルディナント・ラサール**（**Ferdinand Lassalle**, 1825-64）は，「小さな政府」はブルジョワ階級の私有財産を夜警するに過ぎないとして，これを夜警国家（独 Nachtwächterstaat）とよび，批判した。ラサールはマルクスとも面識があったが，君主制の枠組みの中で段階的に社会改革を進めていこうと考えていたため，革命を重視するマルクスとは疎遠になった。その一方ラサールは当時のプロイセン首相で，社会主義を敵視する**ビスマルク**（**Otto von Bismark**, 1815-1898）と交流を深めるようになった。後にドイツ帝国を成立させたビスマルクは，傷病によって一時的に働けなくなった労働者を保護する労働者保険制度を導入した。君主制支持者のビスマルクは労働者の不満をやわらげて社会主義勢力を封じ込めるために社会保険的な制度を設立したとされる。その後この労働者保険は対象者が拡大され，国民の多くを対象にした社会保険制度が世界に先駆けて運用されるようになった。ただし，やがてナチス政権がドイツを戦争国家（warfare state）へと変質させ，経済力が低下するにつれてこの保険制度は機能しなくなっていった。

国家は経済に積極的に介入すべきだという立場に経済学的な理論づけを与えたのはいうまでもなくイギリスの経済学者，**ジョン・メイナード・ケインズ**（**John Maynard Keynes**, 1883-1946）である。ケインズは政府が経済・金融政策を巧みに行えば「働きたいのに仕事がない」非自発的失業をなくせる，とする理論を示し，各国の公共投資政策に大きな影響を与えた。なかでも1929年から**大恐慌**（**the Great Depression**）が直撃したアメリカにおいては，フランクリン・ルーズベルト大統領（Franklin Delano Roosevelt, 1882-1945）がケインズの学説を取り入れて**ニューディール**（**New Deal**）**政策**を実施し，雇用の回復に一定の効果をあげた。アメリカ文化においては自立自助が重要な伝統的価値であったし，政府も自由放任経済が基本方針であったので，ニューディール政策は大きな政策転換であった。資本主義体制の中で政府が経済運営に積極的な役割を果たすシステムを「**大きな政府**（**big government**）」ということがあるが，ドイツや日本など，産業化のスタートが遅かった国は「大きな政府」が産業化を急速におしすすめた事例が多い。日本は第２次世界大戦後，官僚主導により高度経済成長を達成したが，その後しだいに政治システムが制度疲労をおこしてしまった。日本政府は不況の度に公共事業による雇用の維持と景気対策を行ってきたが，その結果，就労人口10分の１が建設業に集中するという，公共事業に依存した産業構造が作り出され，その財源は国債や地方債を発行してまかなうという体質ができた。さらに縦割り行政や許認可行政による業務の硬直化，中央に対する地方の隷属化が進み，一部では政治家・官僚・経済人の癒着を引き起こしたりもした。その結果1990年代から「行政改革」の必要性が叫ばれている。これは「大きな政府」を「小さな政府」に転換していく改革だと考えてよいが，抵抗も大きく，実効性のある改革を断行するのは容易ではない。

15-3　福祉国家

20世紀中ごろには福祉国家という概念が登場し，全ての先進資本主義国は程度の差はあっても多かれ少なかれ福祉国家的な形態をとるようになった。**福祉国家**（**welfare state**）とは，国民の完全雇用と福祉の充実を政府の重要な使命と考える国家形態のことで，政治的には民主主義あるいは立憲君主制，経済的には資本主義体制を前提とするが完全に自由放任的な市場経済ではなく，政府がある程度経済に介入する体制を基本としている。

20世紀的な福祉国家像はイギリスで誕生した。経済学者の**ウィリアム・ビバリッジ**（**William Henry Beveridge**, 1879-1963）が第２次世界大戦中の1942年に著した，いわゆる『**ビバリッジ報告**』がその基礎になっているといわれている。ドイツに存在していた社会保険制度は，ナチス政権のもと経済力が低下するにつれ機能しなくなった。『ビバリッジ報告』がめざしたのは，全国民を対象にし，政府によって運営される，幅広い内容を包括的にカバーする強制的な社会保険であった。これには健康保険，失業保険，老齢年金，労働災害保険，家族手当などが含まれ，全国民が一定額の保険料を支払い，給付を受ける際の支給額も一定という，平等主義的なものであった（注—後に所得に応じて異なる保険料が設定されるようになった）。第２次世界大戦終了後，労働党は『ビバリッジ報告』に基づき，「ゆりかごから墓場まで」のスローガンをかかげて福祉国家政策を推進した。ここに資本主義体制を大前提としつつ，政府が雇用の維持を念頭におきながら経済運営に介入し，また全国民を対象にした社会保障制度を整備する福祉国家のイメージができあがった。これはしばしばケインズ－ビバリッジ・モデル（Keynes-Beveridge model）とよばれ，諸国で大いに参考にされるようになった。

強制的な皆保険制度といっても，保険料を払うどころか日々の生活に困窮する人びとはどうなるのだろうか。国は彼らに生活援助をすることになるが，不正防止のため，受給資格を厳密に審査する必要が出てくる。いわゆる**ミーンズ・テスト**（**means test**）の必要性である。これは，役所がその人の収入や資産の状況を調べる調査のことで，資力調査・資産調査などと訳される。ただし受給者の立場からするとミーンズ・テストは大きなスティグマ（stigma，汚名，恥辱）につながりかねない。自分の資産や収入などについて尋ねられ，自立した生活を営む収入がないと役所に認定され，恥ずかしくつらい思いをしなければならない。イギリスの救貧法の場合は，受給者数を制限するため受給者にスティグマを与える道具としてミーンズ・テストを使うという側面があったほどである。したがってミーンズ・テストは人権保護上，問題であると批判されたこともあるが，その一方，公的財源を使って生活援助をするのであれば，不正受給があってはならないので，該当者の資力を厳密に審査しないわけにはいかないというジレンマがある。

公的財源による生活援助の関連問題として指摘されてきたものに**貧困のわな**（**poverty trap**）現象がある。これは生活援助の受給者（あるいは受給者家族）が自ら職を得て収入を増やそうとするときに起こる。働いて収入が若干増えた結果，生活保護の受給資格を失ったり所得税の減免がされなくなったりすると，生活保護を受けていたときよりも手取りの収入が減ってしまう場合がある。結果として受給者は働く意欲を失い，**福祉依存**（**welfare dependency**）を助長する，というのがその論理だ。

そこで論議されてきたのが**普遍的給付**（**universal benefits**）か**選別的給付**（**selective benefits**）かという議論である。ミーンズ・テストを撤廃する一つの方法は，だれでも希望者に給付を行なうという普遍的給付に移行することである。さらに普遍的給付にすれば市民の連帯感も増すであろう，という見解もある。選別的給付は本当にニーズのある人を見きわめようとする（したがってミーンズ・テストを行なう）考え方で，効率的な資源の投入によるコストの抑制が期待できる利点がある。たしかに普遍的給付場合，保険料の上昇もしくは高騰が懸念される。普遍的給付と選別的給付の議論には決着がついていないが，普遍的給付の実施は現実的に困難なので，選別的給付が行なわれる場合が多い。

1970年頃から西側諸国では政府の財政赤字が増えたり失業率が高まったりしてケインズの経済理論が行き詰まりをみせ始めた。とくにイギリスとアメリカでは1980年代を通じて「大きい政府」から「小さな政府」への政策転換が行われた。イギリスの**サッチャー首相**（**Margaret Hilda Thatcher**, 1925-2013，在任1979-90）とアメリカの**レーガン大統領**（**Ronald Wilson Reagan**, 1911-2004，在任1981-89）は大西洋をはさむ両国で自由放任主義に共感的な経済政策を展開した。彼らの政策は，それぞれ**サッチャリズム**（**Thatcherism**）と**レーガノミクス**（**Reaganomics**）として知られる。サッチャリズムでは，国営企業の民営化・規制緩和・所得税と法人税の減税がなされた。レーガノミクスの場合も規制緩和と減税が行われた。しかしどちらも社会保障費の増大は続き，減税とあいまって財政赤字は解消できなかった。とくにアメリカの場合は軍事費支出が増大し，財政赤字は巨額になったので，結果的に「小さな政府」を達成することはできなかった。

15-4　日本の社会保障

日本における困窮者の救済は古くから行なわれていた。古代（奈良・平安時代）においては**賑給**（しんごう）という救済法があり，天災などで困窮する人びとに国家が米などの救援をしていたとの記録が残されている。これには天皇の徳を社会に示そうとする，儒教思想の影響があったという。また仏教思想に基づいた慈善事業も古くからあり，各地の寺には**悲田院**（ひでんいん）という救済施設が設けられた。なかでも聖徳太子（574-622）が建立したとされる四天王寺の慈善事業がもっとも古いものとして伝わっているが，記録が残っておらず確証はない。光明皇后（701-760）も深く仏教を信じ，悲田院を設立して窮民の救済に取り組んだ。以上は国政レベルの事業だが，民間レベルでも奈良時代の僧，行基（668-749）や平安中期の僧，空也（903-972）などが社会事業を行なったことで知られている。中世（鎌倉時代〜室町幕府滅亡まで）になると封建制度が成立し，人口の大多数を占める農民は重い租税に苦しむようになるが，窮民への救済策が行われるかどうかは領主や大名の方針次第であった。鎌倉時代中ごろまでには鎌倉仏教とよばれる仏教の諸派が盛んになるが，とくに叡尊（1201-90）とその弟子の忍性（1217-1303）は救済事業に力を入れた。戦国時代の1549年にはキリスト教が日本に伝来するが，イエズス会の神父でポルトガル人のアルメイダ（Luis de Almeida, 1525-83）は外科医としての素養を生かして病院や孤児院を大分に開設し，キリスト教による日本での慈善事業に先鞭をつけた。江戸時代の窮民対策としては松平定信（1758-1829）が行なった七分金積み立てが有名である。これは，彼が寛政の改革で江戸の市政のコスト削減を命じ，削減できた費用の7割を積み立てさせ，低金利で窮民に貸し付ける財源とした。この制度は幕末まで継続された。

明治維新直後は困窮する武士と農民が多く，政府は1874年，窮民を救済するための恤救規則という規則を布達した。その援助は制限的なものでしかなかったが，1932年に救護法という法律が施行されるまで政府の窮民対策の基本となった。恤救規則は慈恵的な性格が強かったが，救護法では貧困による生活難の救済は公的義務であるとの考え方が，少なくとも建前として打ち出された。富永健一によれば，その後第2次世界大戦終了時までに社会保障制度として4つのカテゴリーが整備されるようになったという。それは，(1)公務員の健康保険と年金保険をカバーする公務員共済組合，(2)民間企業の被雇用者をカバーする健康保険，(3)農民を対象にした国民健康保険，そして，(4)民間企業の被雇用者をカバーする厚生年金保険，であった（富永 2001）。

日本は第2次世界大戦に敗戦し，1946年には日本国憲法が公布された。その第25条は「すべての国民は，健康で文化的な最低限度の生活を営む権利を有する」ことと「国は，すべての生活部面について，社会福祉，社会保障及び公衆衛生の向上及び増進に努めなければならない」ことを規定し，日本の福祉国家政策の基本となった。しかしその具体的な枠組みは，社会保障制度審議会が1950年に勧告を提出するまで固まらなかった。そこでは日本の社会保障政策の基本方針を社会保険，国家扶助，公衆衛生と医療，そして社会福祉*の各分野に分けて述べている。現在，政府予算の費目分類を見ると社会保障関係費は生活保護費，社会福祉費，社会保険費，保健衛生対策費，失業対策費からなっており，この勧告の枠組みがおおむね今も生きていることがわかる。

＊　同勧告がここでいう社会福祉とは，「国家扶助の適用をうけている者，身体障害者，児童，その他援護育成を要する者が，自立してその能力を発揮できるよう，必要な生活指導，更生補導，その他の援護育成を行うこと」をさしている。

1950年代の終わりから日本は急速に経済規模を拡大し，高度経済成長期に入ったが，それと同時に日本の社会保障も充実化が図られた。1961年には国民皆保険・皆年金制度が実現し，日本は福祉国家の体裁を整えることになった。さらに1973年は「福祉元年」といわれ，社会保障の給付水準が大きく引き上げられた。たとえばそれまで自己負担が30％であった老人医療費は原則的に無料になり，厚生年金の給付額も物価に連動して引き上げられるようになった。ところがこの年，オイルショックが起こり，高度経済成長に終止符がうたれてしまった。その結果，社会福祉政策の「見直し」が始まり，福祉の下方修正が始まった。

2021年度の日本政府予算における一般会計歳出の内訳を見てみよう（図15－1）。予算規模は106.6兆円である。このうち22.3％が国債費で，過去に発行した国債の償還や利払いのために使われ，実質的な歳出額は残りの77.3％である。社会保障関係費は33.6％を占めており，金額にして35.8兆円，最大の費目となっている。その社会保障関係費の内訳は，年金関係が35.4％，医療関係が33.7％，介護関係が9.7％，福祉・その他が21.1％となっている。

周知のように日本では少子化と高齢化が世界最速水準のスピードで進行している。2020年10月1日現在の総務省「人口推計」によれば，日本の総人口は1億2571万人であった。人口を15歳未満の「年少人口」，15歳から64歳までの「生産年齢人口」，そして65歳以上の「老齢人口」の3区分で見ると，年少人口

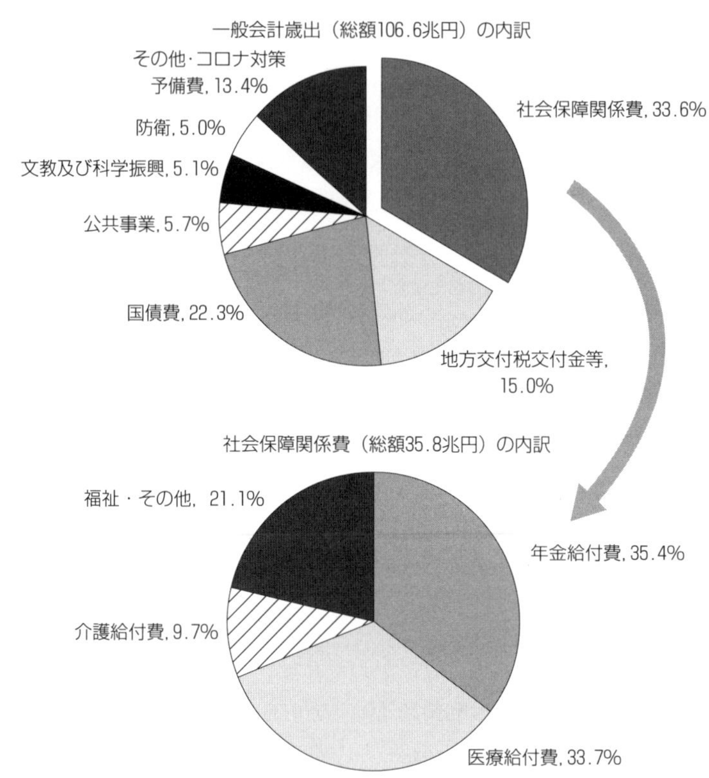

図 15－1　2021年度日本政府予算における一般会計歳出および社会保障関係費の内訳

は総人口の12.0%，生産年齢人口は59.3%，そして老齢人口は28.8%（**高齢化率**）となっている。高齢化率は，高度経済成長期の1960年には5.7%であったので，高齢化が著しく進行したことがわかる。国立社会保障・人口問題研究所は，日本の高齢化率は今後も上昇を続け，2065年には38.4%に達すると推計している。

当然ながら，社会保障政策も高齢化対策が緊急課題となっている。政府は1989年に「ゴールドプラン」，また1995年には「新ゴールドプラン」を，1999年には「ゴールドプラン21」を策定し，ホームヘルパーの養成や特別養護老人ホームの整備など，福祉施設とサービスの充実をめざしてきた。2000年からは**介護保険制度**が始まった。これは介護を必要とする老人を社会全体で支えようという趣旨で，40歳以上の国民全員から強制的に保険料を徴収する制度である。しかし在宅介護サービスの内容に対する不満が出されたり，要介護度の認定方法への批判が出されたりで，解決すべき課題は多い。

今後の日本の社会保障政策の行方は不透明であるといわざるをえない。広井良典は日本の社会保障は保険料を中心とし，被保険者（主に給与生活者）を対象とする，ドイツのビスマルク社会保険に端を発する社会保険モデルと，税金を主な財源とし，納税者つまり住民全員を対象にした，サッチャリズム登場以前の福祉国家的イギリスにみられた普遍主義モデルを「半ばツギハギ的に組み合わせている面が多分にあり，基本的な理念や考え方が見えにくい」（広井 1999：23-24）と指摘している。たしかに日本は戦前，ドイツ型の社会保険モデルで出発したが，戦後の高度経済成長時代は安定した税収入に頼って普遍主義モデル的な給付をするようになった。しかしその直後に高度経済成長が終わり，財源が確保できなくなってしまったという経緯がある。その後，日本ではイギリスやアメリカで力をもつようになった「小さな政府」論が大きな影響力をもつようになったが，自由市場を基礎とする小さい政府を成立させるためには，自助努力を前提にした個人主義が確立されていることが不可欠である。「小さな政府」国家における人生の保障は，民間保険中心にならざるをえないであろう。税金を財源とした保障は最小限になるので，個人が収入に応じて，保険市場から自分に有利な商品を選んで自分の人生のリスク管理をする形になるからである。公的補助による生活援助は，必然的に残余的なものになる。日本は「小さな政府」を達成できるほど自己責任の文化が成熟しているのだろうか。日本が行政改革を必要としているのはたしかだが，今後の社会保障をどう運営していくのか，市民をまじえた慎重な検討が望まれる。

■この章の推薦文献■

ここでは社会福祉や社会保障の考え方や制度のあり方について書かれた本を紹介する。

岩田正美他，2013，『ウェルビーイング・タウン 社会福祉入門　改訂版』有斐閣.

椋野美智子他，2021，『はじめての社会保障　第18版』有斐閣.

など多数ある。また貧困問題に迫る書籍も多い。

朝日新聞取材班，2018，『増補版　子どもと貧困』朝日新聞出版.

岩田正美，2017，『貧困の戦後史――貧困の「かたち」はどう変わったのか』筑摩書房.

などがある。

■この章の関連映画■

イギリスの社会保障をテーマにした映画

ケン・ローチ監督『わたしは，ダニエル・ブレイク』(2016，イギリス)

は社会の周辺で生き延びようとする人びとの姿と，社会保障「制度」が十分に機能しない状況を描いており，カンヌ映画祭でパルム・ドール（最高賞）を獲得している。必見の作品。

マイケル・ムーア監督『シッコ』(2007，アメリカ)

アメリカは国民皆保険制度が完全には整備されていない。オバマ大統領は全国民が医療にアクセスできる「オバマケア」政策を実施したが，このドキュメンタリーはその前のアメリカの様子を描いている。日本では当たり前に感じられる健康保険制度の重要性を再認識させられる映画だ。

第16章 コミュニケーションと社会

多くの国ではスマートフォン，パソコン，各種デジタル情報機器が浸透・定着しており，これらがない生活への後戻りは考えられない。もしタイムトラベルができたとして，今あなたが使っている情報機器を10年前のあなたに見せたらどんなに驚くことだろう。そもそも人間社会は言語によって成立しているといっても過言でないが，20世紀・21世紀とコミュニケーションの技術が急速に発達し，それにともなって社会のあり方も大きく変化している。今やコミュニケーションの問題を抜きにして社会を語ることはできない。本章ではコミュニケーションに関する有名なモデルを概観したあと，インターネット時代の社会について，また情報化社会の問題について考える。

この章の内容

16-1 コミュニケーションの理論

デュルケームは『社会学雑誌』という専門誌を主宰していたし，ウェーバーも盛んな著作活動をしていたので紙メディアのユーザーであったが，彼らは情報やコミュニケーションそのものを社会学的テーマとして追求したわけではない。マルクスが扱った資本主義社会における「疎外」の問題は，人間が自然や他の人間から切り離されるディス・コミュニケーションの問題として考えることができる（滝沢 1976）ものの，マルクスもコミュニケーションそのものを研究テーマにしたわけではなかった。社会学の中でもっとも早くから本格的にコミュニケーションの問題に関わったのはG・H・ミードをはじめとするインタラクショニズムであろう。インタラクショニズムにおいては，人間は他者との言語シンボルのやりとりによって自己という概念をもち，社会と相互作用すると考える。これは**インターパーソナル・コミュニケーション**（**interpersonal communication**）・プロセスそのものといってよいだろう。

またマスメディアが発達するにつれて**マス・コミュニケーション**（**mass communication**）の研究も多数行なわれた。とくに第２次世界大戦後は社会調査の技法を用いた**オーディエンス研究**（**audience studies**）や**内容分析**（**content analysis**）などの実証的研究が数多く発表された。ヨーロッパでもフランクフルト学派やカルチュラル・スタディーズなどの批判理論によるマスメディア研究がなされてきた。現在，メディア研究とかコミュニケーション研究とよばれる分野は，社会学だけでなく心理学・社会心理学・意味論・マーケティング論など諸領域の理論と方法論が用いられる学際的領域となっている。

これまでコミュニケーションやマス・コミュニケーションについてさまざまなモデルや理論が提唱されてきたので，以下に著名なものを見ることにしよう。コミュニケーションのモデルには多種多様なものがあるが，少なくとも送り手・受け手・メッセージの３つの要素，あるいはそれに準じた要素が含まれていると考えてよいだろう。コミュニケーションには**送り手**（**sender**）と**受け手**（**receiver**）がいる。マス・コミュニケーションなどの一方向コミュニケーションの場合，送り手はテレビ局やラジオ局など情報発信者で，受け手は**オーディエンス**（**audience**）と呼ばれることも多い。インターパーソナル・コミュニケーションなどの双方向コミュニケーションの場合は送り手と受け手が目まぐるしく入れ替わる。伝達される情報内容のことを**メッセージ**（**message**）というが，マス・コミュニケーションの場合はこれを**コンテンツ**（**contents**）ということもある。

コミュニケーションのモデルで古典的なものとしてよく知られているのが**シャノンとウィーバーのモデル**（**the Shannon-Weaver Model**）で，これは数理的モデルとよばれることもある（図16－1）。

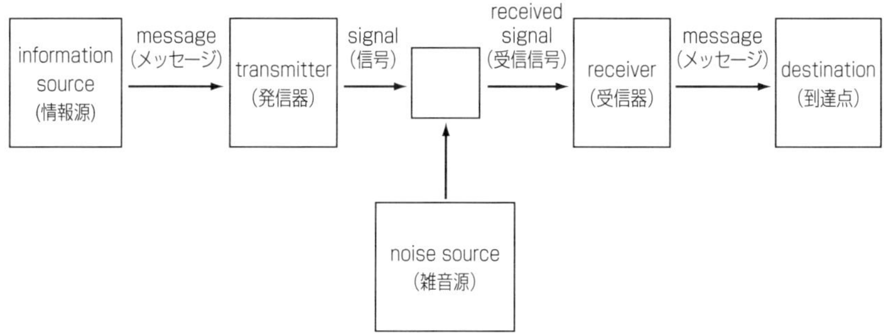

図16-1　シャノンとウィーバーの「数理モデル」

このモデルは通信技術を使った場合のコミュニケーションをモデル化している。情報源（information source）から出てきたメッセージが発信器（transmitter）で信号（signal）に変換され，これが受信器（receiver）によって受信されメッセージの形にされ，到達点（destination）に届く。インターパーソナル・コミュニケーションの場合なら，ある人がトランシーバーで誰かに話している状況を考えればこのモデルはわかりやすいし，マス・コミュニケーションであればラジオ局やテレビ局が放送をしている状況が思い浮かぶ。このモデルの面白い点は，伝送中の信号に雑音をわりこませる雑音源（noise source）が想定されていることだろう。それは，あたかもメッセージが100％伝わることはない，という示唆のようでもあるし，雑音源に注意を向けて少しでもコミュニケーションの精度を高めようとする姿勢のようでもある。このモデルの問題点は一方的で直線的な情報の流れだけを想定していることであろう。二者の間でのコミュニケーションの場合，情報は双方向に行ったり来たりするものであるから，このモデルではうまく表すことができない。

オズグッドとシュラムのモデル（the Osgood-Schramm Model）はこの問題に注意を払って作られた循環型のモデルだ（図16-2）。

このモデルでは同一のコミュニケーション能力をもった二者の間を，メッセージは行ったり来たりする。一方でコード化されたメッセージは他方に届くとデコードされ，解釈される。また次のメッセージがコード化されて最初の人物に送られる，という形である。ここでいうコード化とは，シャノンとウィーバーのモデルでいう発信器が果たす機能，デコードとは同モデルの受信器が果

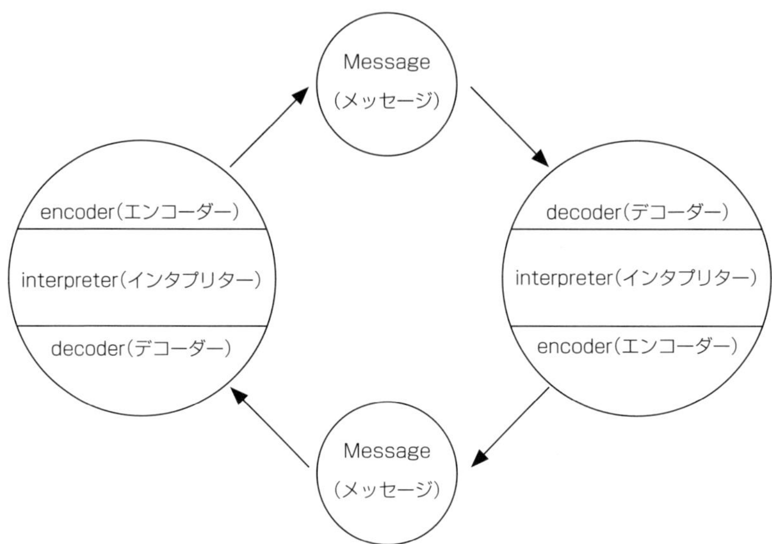

図16－2　オズグッドとシュラムの「循環モデル」

たす機能にほぼ等しいと考えてよい。このモデルはインターパーソナル・コミュニケーションをよく表しているが，シャノンとウィーバーのモデルとは逆に，一方向的マスメディア，とくにインターネットが普及する前のテレビなどの場合には違和感がある。

次に，マス・コミュニケーションの古典的モデルについて見ることにしよう。大衆社会論（第3章を参照）は，マスメディアの発達した社会においては，画一的なメッセージが人びとに同時に植えつけられると考えた。図16－3に図示してあるが，これは**弾丸理論**（**bullet theory, magic bullet theory**）あるいは**注射針モデル**（**hypodermic needle model**）とよばれる考え方である。

このモデルは第1次世界大戦と第2次世界大戦の間にナチスなどによって行われた戦争宣伝や，第2次世界大戦後のアメリカ社会で強力に感じられたメディアの影響力がもとになっており，マスメディアがもつ大衆操作能力への警戒感がこのモデルに表されている。

しかしマスメディアの影響力はそこまで画一的・同時的・全体的ではないのではとする理論も登場した。その中でもっとも有名なのがカッツとラザースフェルドによる**コミュニケーションの2段流れ**（**the Two-step Flow of Communi-**

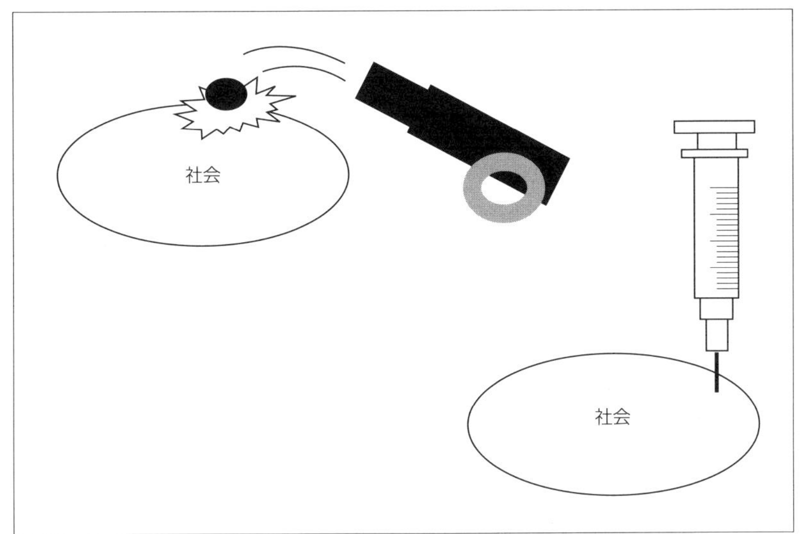

図16－3　マス・コミュニケーションの「弾丸モデル」と「注射針モデル」

cation Theory）モデルであろう。マス・コミュニケーションの実証的研究を精力的に手がけた**ポール・ラザースフェルド**（P. F. Lazarsfeld）とその数多くの弟子の一人，**エリュー・カッツ**（**Elihu Katz**, 1926-）は，マス・コミュニケーションによる影響は，まずは**オピニオン・リーダー**（**opinion leader**）とよばれる中継役（ゲートキーパーとよばれる）の人に伝わり，次に彼らを通して彼らの所属集団に伝わっていく，とした（Katz and Lazarsfeld 1955）。

たしかに，われわれはメディアが流す情報を全て，常に，そして直接受容しているわけではなく，興味や必要性にしたがって選択的に獲得している。そしてメディアで知った情報について自分の所属集団の人びとと会話する。このように，マスメディアの影響力はある程度限定されたものだという考え方を**限定効果**（**limited effects**）論ということがある。

しかし1960～70年代以降はマスメディアの影響力を再認識する強力効果論の流れも登場している。その代表例が**議題設定**（**agenda setting**）**仮説**であろう。テレビ・ラジオ・新聞などの報道に接する人びとは，そこで取り上げられるニュースや政治的争点が重要なものだと認識しがちである。しかし議題設定仮説は，マスメディアで取り上げられるトピックやその話題の取り上げ方などは

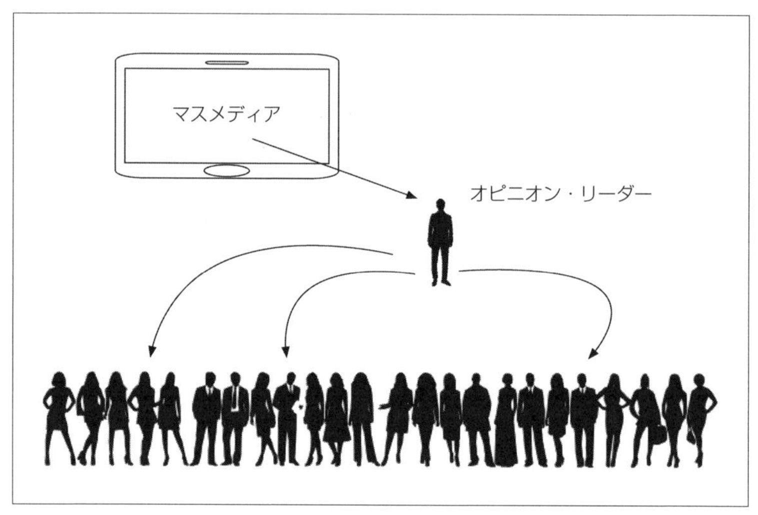

図 16－4　マス・コミュニケーションの２段流れ説

▶マスメディアからの情報はオピニオン・リーダーを通して選択的・間接的に伝えられていく，と考えるモデル。

マスメディアによって選択されたものであり，人びとが何について考えるか，についてはマスメディアによって強力に影響される，と考える。

16-2　脱工業化社会論と情報社会論

20世紀の終わりには社会科学の各分野において，社会の中心産業が製造業から情報産業にシフトするだろうとの予測が相次いで行われた。**脱工業化社会**（**post-industrial society**）という概念で知られるのはアメリカの社会学者，**ダニエル・ベル**（**Daniel Bell**，1919-2011）であった。彼は1973年に『脱工業社会の到来』を著し，産業革命以来続いた製造業中心の社会は終わりをつげ，広い意味でのサービス業が繁栄し，知識，なかでも理論的知識が社会の基軸となり，知識産業や知識の生産が盛んになるだろうと予測した。アメリカの未来学者，**アルヴィン・トフラー**（**Alvin Toffler**，1928-2016）も『未来の衝撃』（1970=1982），『第三の波』（1980=1982），『パワー・シフト』（1990=1993）の三部作で工業社会は終焉を迎えつつあり，個人所有のコンピュータを使ったネットワークが重要になり，権力の源泉が「暴力」や「富」から「知識」に移りつつあるとした。さらにフランスの社会学者，**アラン・トゥレーヌ**（**Alain Touraine**，1925-2023）も脱工業化社会論を展開しているし，アメリカ（生まれはオーストリア）の経営学者，**ピーター・ドラッカー**（**Peter Ferdinand Drucker**，1909-2005）も知識労働・知識労働者（**knowledge-worker**）という概念を *The Landmarks of Tomorrow*（1957=1959，邦訳『変貌する産業社会』）などで議論している。

▶ベル

じっさいに21世紀になると彼らの予測は間違っていなかったことがわかる。ただし彼らもここまで，こんなに早くとは考えていなかったかもしれない。社会のほとんどの部分で情報通信化が進行しており，人口の大部分が**ICT**（Information and Communication Technology，情報通信技術）に依存する世界になった。日常の連絡や通信，マスメディアの報道，写真・音声・動画の記録・発信・受信，音楽の受容，ゲーム，買い物の決済にいたるまで，効率化や簡便化が進んでいる。迅速化もしているし，デバイスの小型化と高性能化も進行し続けている。

以下では情報社会を支える２つの基本技術，つまりデジタル情報とインターネットについて考え，それらが社会にもたらす光と影について考察する。

16-3　デジタル情報

そもそもデジタル情報とは何なのか。一言でいうと，情報を０と１からなる二進法の数字で表した（置き換えた）もの，である。英語の “digital” は “digit” の形容詞形だが，これは元来「指」の意味で，数字の「桁（けた）」という意味で使われることが多い。デジタル情報は，二進法の桁をつないで表す情報だともいえる。

なぜ二進法なのかというと，電流の「オン」と「オフ」によって情報を表せるからである。たとえば色を表すことを考える。１桁の場合，０か１の２通りなので２色だけ表せる。仮に０を白，１を黒と定義すれば，白黒の世界が登場する。2桁使う場合だと，00，01，10，11の4通りがあるので4種類の色が表せるようになる。白黒に赤青を足してもよいし，濃い灰色と薄い灰色を足してもよいだろう。3桁あれば000，001，010，011，100，101，110，111の8通りになるので8色表せるようになる。このように二進法の世界では1桁増えるごとに数字の組み合わせの総数が2倍ずつ増える。

1桁，つまり2種類のものの区別しかできない情報量を1ビット（bit）といい，情報量の最小単位となっている。2桁なら2ビット，3桁あれば3ビットとなる。1ビット増えれば情報量は2倍に増える。8ビットを1バイト（byte）という。1バイトは256通りあるので，これだけあればアルファベット26文字の大文字と小文字，0～9の数字，各種記号を含むことができるので，1バイトは英文で1文字分の情報量がある，と認識されている。

デジタル情報のメリットを考えてみると，「オン」と「オフ」で表せるので電気信号や光信号などとの相性がいいし，記録もしやすい。いったんデジタル情報の枠組みが成立すれば，ハードウェアの大容量化・高速化・小型化を追求できるようになる。テキスト情報だけでなく音声・画像・映像など，あらゆる情報が効率的に扱える。情報のコピーは数字のコピーのようなものだから，瞬時に完全なコピーが作れ，理論上は劣化することがない。通信の分野では，信号をデジタル化すれば小数のケーブルや限られた電波帯域を複数の情報経路が共有することも可能になる。アナログ信号では電話線・テレビ回線など別々に設置しなければならなかったが，現在，日本の多くの家庭ではネットワーク回線一本でインターネット・電話・テレビ視聴・音楽配信・映画配信などが利用できる。

デジタル情報には圧倒的な可能性と利便性がある。20世紀末からあらゆる情報のデジタル化が急速に進行し，高品位の音声・画像や映像が手軽に記録・再生・送受信できるようになった。かつては一部のプロフェッショナル・ユースに限定されていた高品位情報が一般的に使われるようになった。

16-4　インターネット

新居を選ぶ際，インターネット接続は電気・水道・ガスと並ぶライフラインと考える人も少なくない。ネット回線があればSNSも音声通話もテレビも利用できるし，ショッピングや高画質での映画鑑賞やゲームなど，地球上，人間が住む地域はほとんど網羅されているといっていいだろう。

現在のインターネットの形態は，計画的に創出されたものではない。もとは米国防省主導の実験用ネットワークであったとされる。初期のネットワークは，大型コンピュータに各地の端末を専用回線でつなぐイメージで作られていた。1980年代には民間のコンピュータ通信が登場し，一部のマニアが飛びつくが，これも自宅のパソコンから電話回線を使って業者の大型コンピュータにつなぐ形であった。どちらのネットワークも中央から放射線状に広がる形態であるが，もし中央施設が攻撃や事故で機能停止するとネットワーク全体がダウンする危険性をはらんでいた。米国防省では冷戦真っ只中の1970年代から，中心をもたず，全てのコンピュータが網の目状につながるネットワークを構築する実験が行われた。これならネットワークの一部が停止しても他は生き残り，停止部分を迂回して利用を続けることができる。

この実験ネットワークではデジタルデータの特性も活かし，通信データを連続して送らずに，ばらばらに分解して送る「パケット通信」の技術も開発され，複数のユーザーが多方向と効率的に通信をすることも可能になった。アナログ通信だと，1人のユーザーが利用するとその回線は「使用中」になってしまっていた。しだいにこのネットワークに接続する大学や研究機関が増え，学術的な色彩を備えるようになった。

1980年代後半に管轄が軍から全米科学財団に移行し，既存の数多くのネットワークが接続を申し入れ，ネットワーク間の通信が可能になってきた。そして1980年代後半には「インターネット」とよばれるようになった。「ネットワークのネットワーク」の意味である。当時は文字だけの画面にコマンド（命令文）を入力し，文字情報ベースで利用するものであった。研究者間でファイルを送信する際に，ちょっとしたメモや挨拶を書き込むのが便利だったことから，電子メールの技術が登場した。他にも掲示板，メーリングリスト，チャット，サーバーからのファイルのダウンロードなど，現在も使われる技術はこの頃に考案されたものが少なくない。商業利用は未解禁であったが，当時のユーザーは新しくて自由なネットワーク空間における共同体意識やボランティア精神があり，一種の「**ネット文化**」が生まれつつあった。代表例としては，著作権の切れた古今の文学や有名文献を手作業でテキストファイルに変換し，広く無料で共有する「プロジェクト・グーテンベルク」がある。日本語の文学作品などを扱う，同様のサイトに「青空文庫」がある。

しかしインターネット利用が爆発的に増加したのはブラウザ・ソフトによりグラフィカルなページを閲覧する**WWW**（**World Wide Web**）の登場によるところが大きい。ページ上のテキストなどをクリックするとリンク先にジャンプできる，**ハイパーテキスト**の考え方が応用されている（ネット上の到達手段“http”は“hyper-text transfer protocol”の略）。1990年代はじめにはWWW上で，**ネットサーフィン**を楽しむ人びとが出現した。まもなくネットの商業利用ができるようになり，ネットワーク環境が整備され，パソコンが普及し，2007年にはグラフィカルな画面で操作するタイプのスマートフォンが発売され，現在にいたる。

2005年頃以降，ネット社会は「**ウェブ2.0**」の時代に入ったと言われることがあった。これはICT関連の出版などを手がけるティム・オライリー（Tim O'Reilly, 1954-　）らが指摘する現象のことである。初期の爆発的普及期のインターネットは発信者からマス・オーディエンスに向けての一方通行型で，いわばマスメディア型であった。しかしその後ブログ，SNS，ユーザー参加型のウィキメディア，ショッピングサイトのユーザーレビューなどが発達すると，各ユーザーがネット上の不特定多数に向けて情報発信することが一般的になった。マスメディア型時代のネット状況をウェブの「バージョン１」だとすると，全ユーザーが能動的にネットを利用する時代を「バージョン２」とよんだのがこの言葉であった。その後，こういった利用が普通になるとあまり使われなくなったが，今後，将来のさらなる変化を予感させるネーミングであった。

実はインターネットは何か単一の組織（政府機関・企業・国際団体等）がインターネットを運営しているわけではない。IPアドレスやドメイン名，その他技術的な標準についての管理団体はあるものの，インターネットは誰かが独占所有するわけでもなく，つねに形を変えつつ，成長し続ける巨大な生き物のような存在と言っていいかもしれない。もちろん「営業所」や「お客様相談窓口」などは存在しないので，個人ユーザーは自宅に回線が通っていても自分では接続できない。そこで個人は「インターネット接続プロバイダ」と契約してインターネットに接続してもらうしくみになっている。

ハード面に目を移すと，インターネットを利用するためにユーザーが使うデバイスは当初はパソコンのみであったが，2007年に発表されたスマートフォンは，世界中の人びとをオンライン化するという，大きな役割を果たした。その後もタブレット端末やスマートウォッチなど，モバイルデバイスが次々と導入されている。今後は**IoT**（Internet of Things，モノのインターネット）も拡大し，いろいろなモノがネットに接続されていくだろう。たとえば自動車業界では急速にEV（電気自動車）化が進みつつあるが，ネットと融合しやすい技術の好例であろう。

かつて巨大自動車会社のGMを経営していたアルフレッド・スローン（Alfred Sloan，1875-1966）は毎年モデルチェンジを行うマーケティングを1920年代に編み出した。車のオーナーは自分の車がどんどん古めかしく感じて，新車を買い続けたくなる，という手法である。これは**計画的陳腐化**（**planned obsolescence**）とよばれる。SDGsの観点からするととんでもない手法だが，デジタル・デバイスは「計画的」かどうかは別にして，一般に陳腐化が早い。単なる外観デザインだけではない。デジタル・デバイスは技術のかたまりなので，ディスプレイ技術・通信技術・メモリーやストレージの技術・電子回路など，それに防水・防振・対落下性能などが重視される場合もある。OSがアップデートされて古い回路のデバイスでは対応できなくなることがある。古いOSでは性能の問題もあるがセキュリティ上の不安が増すので，ユーザーはいずれ買い換えざるをえなくなる。さらに携帯電話の世界で2G，3G，4G，5Gと起こってきたような，電波の使い方そのものが変更される場合は，やがて新しいデバイスを使わざるをえなくなる。陳腐化したデバイスはきちんと回収・分解して部品や素材を再利用できるシステムの構築が望まれる。

今後もネットワーク技術は大容量化・高速化が進むと考えられ，さらに利便性が増すことが期待される反面，プライバシー保護やセキュリティの確保との両立がますます重要になる。

16-5　デジタル・ネット社会の光と影

個人ユーザーが不特定多数への発信ができる社会になった結果，第３章で触れた「アラブの春」や「フラッシュモブ」などの群衆行動が見られるようになった。またニュース速報を読んだり商品がすぐ発注できたりという，初期のネットの使い方に加え，個人が発信した情報が「リツイート」され「拡散」したり「炎上」したり，投稿動画の視聴回数が競われたり，子どもが「ユーチューバー」にあこがれたり，音信不通だった旧友が見つかったりと，社会が20世紀末と比べても激変した。

マスメディアもこの流れに影響を受けている。マスメディアには新聞・雑誌・書籍などを発行するプリント・メディア，音楽や音声の録音を販売するレコード・メディア，映画，そして1920年代に普及したラジオや1950年代に普及したテレビなどの電波メディアがある。これらのメディアでは，情報が広範な受け手に向けて一方向的に発信されるのが基本形である。受け手からのフィードバックは限定的で，受け手同士が情報を交換することはまれである。電波メディアの場合，即時性・画一性といった特徴があり，遠方の出来事でも瞬時に伝わるようになった。とりわけ20世紀後半，テレビが果たした役割は大きい。人びとはテレビでニュースを知り，音楽やドラマやスポーツを楽しみ，学びをしてきた。テレビを見て育った世代は「テレビっ子」とよばれ，勉強への悪影響が懸念された。功罪あわせ，生活に占めるテレビの存在は巨大であった。

しかし21世紀になってからは若い世代のテレビ離れが著しい。いちいちテレビの前に座るのは面倒だし，見たい番組も少ないし，番組の放送時間に合わせるのも面倒，などの理由が考えられる。放送済の番組はネットで好きなときに（しかも寝ころんで）見られることも大きいだろう。しかしデバイス上ではTV 番組を追いかけるよりも，SNS や動画投稿コンテンツを見るのを好む人が多い。ゲームの存在も大きい。インターネットの利用法は多種多様であり，テレビはネット上で利用できるコンテンツのひとつ程度に認識している人もいるかもしれない。

インターネットは音声・画像・動画・テキストなど，表現方法を選ばない。

そこで新聞社のサイトが動画を載せたり，テレビ局やラジオ局のサイトが文字情報を載せたりするのは珍しくなく，メディアの境界は薄れつつある。しかしマスメディアが消滅するとも考えられない。プロの取材能力・報道能力・コンテンツ制作能力があり，信頼性のある情報を社会全体に瞬時に流す存在は社会にとって必要不可欠だからである。SNS のユーザーは自分の思想や感覚に合致したグループをフォローする傾向があるが，自分たちの考えに合わない報道を（真実であっても）「**フェイクニュース**」と決めつけて排除する事例が多発しつつあり，その意味でも公正でプロフェッショナルな報道が存在する必要性は健在である。ただし今後，国内外ともに，報道機関の合併や統合が進む可能性は否定できない。

何度か検索エンジンを使っていると，自分の使った検索語に関連した広告やコンテンツが表示されるようになる。ネットは，個々のユーザーが見たい情報が提示されるようになっており，ある意味で情報の最適化が行われている。このように，ネットユーザーが見たくない情報から遮断され，自分にとって快適な情報のみに包まれる状態を，**フィルターバブル**（**filter bubble**）という。SNS 上でも似たような関心を持つ人がつながり，政治的に同じような関心を持つ人同士がやりとりをし，自分の考えが強化される。すると自分の考えに沿わない意見は「フェイクニュースだ！」として排除してしまう恐れが出てくる。それでなくとも社会には経済格差・人種民族差別・宗教紛争・性的マイノリティへの差別・政治的立場などによる分断があるのに，フィルターバブルが分断を深くしている，という懸念が各国で指摘されている。

情報のデジタル化とネットワーク化が進展すると，利便性が進む一方で，さまざまな問題が出てきた。**情報セキュリティ**はその最たるものの1つだろう。いったい何が漏えいや流出の危機にさらされているのか？　個人情報，プライバシー情報，クレジットカード番号などの決済情報，企業秘密，軍事・外交その他の国家機密など，ありとあらゆる「人に知られたくない」情報である。なお法律上の**個人情報**とは，特定の個人を識別できる情報のことで，氏名，生年月日，住所などをいう。電話で本人確認の際に尋ねられるタイプの情報と考えてよい。顔写真や指紋などもこれに相当する。これに対し**プライバシー**にはいろいろな定義があるが，個人や家庭の私事や私生活についての情報，その情報の流れをコントロールする権利，といった意味で使われることが多い。

いったんインターネットに載せた情報は完全な回収ができない。しかもコンピューターやサーバーに不審者が無断侵入する**ハッキング**，巧妙なメールでユーザーを騙す**フィッシング**，メール経由でパソコンに埋め込まれる悪意アプリである**マルウェア**など，情報流出にはいろいろな可能性がある。関係者が個人情報を大量に持ち出すケースさえある。デジタルメディアの，大量化・高速化・ポータブル化といった利便性が，悪用されると社会に向けた刃となりうる。しかし個人情報を登録しないと利用できないサービスは多いし，ショッピングではクレジットカードなどの決済情報を入力せざるをえないので，個人情報を受け取る側には細心の注意が要求される。

GAFA（Google，Apple，Facebook（Meta），Amazon）あるいはGAFA + M（Microsoft）とよばれる巨大IT企業は圧倒的な市場支配力を有し，公正な競争を阻害している恐れがあるとして複数の政府が調査に乗り出し，訴えが起こされるケースもある。また政治の世界では，強権的な国家の場合だとICTが強力な全体主義のツールに転用されてしまう可能性さえある。個人情報やプライバシー情報を集積し，ネット上の通信を傍受し，該当のセキュリティカメラに映る通行人を顔認証で追跡する等，国民の思想や行動が管理される監視社会を生み出しかねない。

スマホ依存により学生の勉強がおろそかになった，との指摘はかつてのテレビ依存と同様だ。しかし受け身のテレビ視聴と異なり，デジタルメディアはインタラクティブなヴァーチャル社会に没入する世界である。さらにSNSが悪用されるケースも多い。児童ポルノを含む未成年者の性的虐待，非合法ドラッグの売買，いじめ，ヘイトスピーチ，それに炎上ねらいの問題発言などがある。ゲームも依存性や暴力性が問題にされる場合があるが，その反面，eスポーツという形で，ビジネス界を中心に積極的な評価もされている。

情報通信のデジタル化・ネットワーク化が引き起こしている大変革を**ICT革命**または**IT革命**とよぶことがある。かつての産業革命に勝るとも劣らない社会変動が起こっている，と見るのであろう。産業革命では製造業の興隆によって都市部での雇用が生みだされ，職を求める人の流れは工業都市を生んだ。それまでの農業中心社会は，製造業が先導する社会へ転換した。ICT革命においても新しい職業が生まれ，成功する人が出ている。ネット起業家やユーチューバー，eスポーツ選手などはその例だし，仮想通貨への投資で恩恵にあずかった人もいる。また以前なら難しいと思われた事業やイベントも，ネット上で企画を説明し賛同者からの資金集めに挑戦する**クラウドファンディング**という選択肢ができた。

とはいえ産業革命時のように，多くの農業従事者が工場労働者に転じたほどの職業構造の転換が起こっているかどうかは慎重に判断すべきであろう。ICT革命は個人の生活・産業・行政を含む，社会全体の効率性や利便性を高めるが，雇用を大幅に増やすとは限らない。プログラマーやウェブデザイナー，システム管理，情報セキュリティ管理者，データ分析専門家などの職業は人材不足の状況が続いているが，すべて高度な知識や技術を要する専門職なので，誰でもすぐになれるわけではない。むしろ懸念されるのは，**AI**（Artificial Intelligence, 人工知能）の進展や，AIの産業界への応用により省力化が進み，ブルーカラー・ホワイトカラーの双方において，雇用が減少することである。ただし先進国を中心に，人口減の局面に入りつつある国が増えており，その文脈においてはICT革命は人口減社会への対策の1つになるかもしれない。今後の動向が注目される。

■この章の推薦文献■

メディア論・コミュニケーション論・情報社会論などの書籍は数多いが，古典といえるものを1冊紹介すると，

マーシャル・マクルーハン，1987，栗原裕・河本仲聖訳『メディア論――人間の拡張の諸相』みすず書房.

になるだろう。原著は1964年出版（原題 *Understanding Media: The Extensions of Man*）であるが，半世紀前の著書とは思えない示唆に満ちている。メディアは人間の身体の拡張である，とする彼の議論は，インターネットや様々なデバイスが発達した現代においてなお，輝いている。次の本は著名なメディア論を30選，紹介するもので，上記のマクルーハンも含まれている。

佐藤卓己，2020，『メディア論の名著30』筑摩書房.

■この章の関連映画■

もちろん SF 映画にはメディア技術や情報技術の発達をテーマとするものが数多くあるが，ディストピア（「ユートピア」の反対語）を描くジャンルがある。オーウェルの小説『1984』の影響か，監視社会を描くものが目立つ。

SNS を利用して世界の人びとの個人情報やプライバシー情報を集めようとする企業の陰謀を描く。

ジェームズ・ボンソルト監督『ザ・サークル』（2017，アメリカ）

はエマ・ワトソンとトム・ハンクスが主演で見応えがあるし，

アンドリュー・ニコル監督『アノン』（2018，アメリカ・ドイツ・イギリス）

は抑制的な映像美による完全監視社会の描写が印象的である。Netflix 制作のドキュメンタリー。

ジェフ・オーロースキー監督『監視資本主義――デジタル社会がもたらす光と影』（2020，アメリカ）

はドラマ仕立ての部分との相乗効果で，リアリティをもって問題をあぶり出しにしている。

第17章 人口・環境・災害

この章では人口問題，環境問題，そして災害の問題について考える。社会学にとってこれらの問題の共通点は，規模が大きく制御が難しいことと，社会および個人への影響が大きいことである。ある地域に住む人間の総数を人口（population）というが，ある未知の国について知りたいとき，人口は位置・国土面積・気候などと並ぶ基本的属性の一つだ。20世紀には産業化が地球規模で進行し，人口が急増した。大量生産はすなわち大量消費（mass consumption）を意味した。しかし大量消費は同時に大量廃棄（mass disposal）を意味する。人類の社会経済生活は，地球環境に大きな負荷をかけるシステムを生み出してしまった。また人間は科学技術の力により自然の脅威をある程度制御できるようになったが，自然災害が人間にとって大きな脅威である状況は変わっていない。それどころか地球環境の変化が以前より多くの災害を引き起こしている可能性があるし，原子力発電所の事故など，科学技術が事故災害を引き起こすケースもある。この章ではこれらのマクロな問題について考える。

この章の内容

17-1　人口学の主な理論

人口の問題についてさまざまな角度から研究する学問を**人口学**（**demogra-**

phy）という。人口状況を量的に分析・把握する。社会学も含まれるが，経済学，統計学，生物学，医学などもまじえた学際的な分野で，政治・経済・ビジネスなどへの影響も大きいことから実務家を含め諸方面からの関心が高い。

人口学においては重要な変数が３つある。「出生，死亡，移動」がそれである。出生数と死亡数の差から出る数字を**自然増（減）**という。移動は当該地域の外から流入してきた人の総数と，外に移動した人の総数の差である。国内では「転入」「転出」という呼び方がされる。国レベルでは移民の動きに相当する。移動数は**社会増（減）**ともよばれる。人口の変化は次の方程式で表される。

$$\text{人口}_{t+1} = \text{人口}_{t} + \text{出生数}_{t\ \text{to}\ t+1} - \text{死亡数}_{t\ \text{to}\ t+1} + \text{移動数}_{t\ \text{to}\ t+1}$$

ここではｔという時間（年）を起点とし，１年後の人口が表されている。移動数は流入数から流出数を引いた数字で，プラスの場合もマイナスの場合もある。これは人口学における基本的な方程式になっており，この章の議論においても，この３つの変数を念頭において読み進めていただきたい。

出生率については，**合計特殊出生率**という数字がよく使われる。これは１人の女性が生涯に産む平均的な子どもの数をいう。大ざっぱにいうと，夫婦２人に子ども２人いれば総人口は維持されるように思えるが，実際には2.08という数字が人口維持には必要だという。2020年現在で日本の合計特殊出生率は1.34だが，韓国は0.84で，きわめて低い。

近代的な人口学は，イギリスの商人，**ジョン・グラント**（**John Graunt**, 1620-74）が1662年に**生命表**（**life table**）を作ったのが原点であるといわれる。グラントは出生率と死亡率を分析することにより，ある年に出生した人びとが各年齢に達したときにどれぐらい生き残っているかを計算した。18世紀になってヨーロッパ各地で生命保険が発達するとグラントの考え方が役立てられ，応用が広がった。

人口研究の紹介においてはマルサスの名前を出さないわけにはいかない。イギリスの経済学者，**トーマス・マルサス**（**Thomas Robert Malthus**, 1766-1834）は，著書『人口論』（1978）の中で，人口増加は食料供給を常に上回るので自然状態では食料不足が発生すると考え，人口増加を抑制する必要性を訴えた。

とくにその初版本では流行病・戦争・極端な貧困などは人口増加の抑制につながるとしてこれを容認したので世論の反発をよんだ。その後の版では婚期を遅くするなどの道徳的抑制の重要性も訴えた。マルサスの主張は，労働者を貧困から救うために社会制度を改革すべきだとした社会改革派への反論としての色彩が強かった。つまりマルサスは労働者の貧困は社会制度のせいではなく，過剰人口という，いわば自然要因が問題なのだとして，社会改革に反対したのであった。マルサスの説は一方でマルクスやエンゲルスによって厳しく批判されたが，他方では支持者が出現し，マルサスの流れを受け継ぐ思想はマルサス主義とよばれるようになった。

マルサスは進化論や社会進化論の登場にも影響を与えた。**チャールズ・ダーウィン**（**Charles Darwin**, 1809-82）は，生物学の分野において，種の多くが出生数は多数であるのに全体数は急増せずに安定していることに着目し，与えられた環境での生存に適応した個体が生き残り，自らの変異を子孫に伝える**自然選択**（**natural selection**，自然淘汰とも）が起こる，と考える**進化論**（**the theory of evolution**）を唱えた。ダーウィンは人間の社会や人口についてはさほど発言しなかったようであるが，マルサスの研究に影響を受けたという。ハーバート・スペンサー（第1章参照）は，ダーウィンの理論を人間社会に応用し，人間社会においても**適者生存**（**the survival of the fittest**）の原理が働き，もっとも優秀な個人や人種が生き残って社会進化が起こる，と訴えた。スペンサーの思想は**社会ダーウィニズム**（**social Darwinism**）あるいは社会進化論とよばれ，後に優生学やナチズムの理論的根拠として使われた。

近代的な人口学理論でもっとも有名なのは人口転換理論であろう。**人口転換理論**（**demographic transition theory**）においては，社会の人口は産業化の進行とともにまず死亡率が下がり，次に出生率が下がると考える。この考え方では人口特性の変化を3つの時期に分けて説明する。図17-1を参照してもらいたい。

第1期は産業化が起こる前で，出生率も高いが死亡率も高い。出生率は高い。乳幼児期に死ぬ子が多く，その後も飢饉や疫病などで亡くなる人が多いため，人口増加は緩やかであった。ところが近代化とともに農業技術や運送手段が発達して食糧事情が改善し，医学の進歩，それに公衆衛生の改善などが起こる。

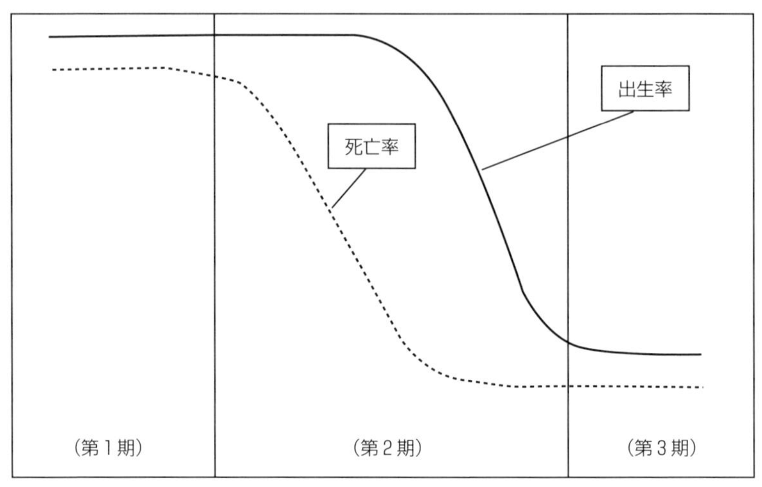

図 17－1　人口転換のプロセス

その結果，死亡率が下がり始める。これが第２期である。したがって第２期は人口が急増する。ところが子どもの数は多いほうが労働の助けとなった農業社会とは異なり，産業社会では子どもの養育費がかかるので少なく産もうとする。医療の発達によって乳幼児の死亡率が下がるので，子どもを多く産む必要もなくなる。その結果，出生率も下がって人口は再び安定化する第３期に移行するという。18世紀のヨーロッパで起こった第１次**人口爆発**（**population explosion**）も，1950年以降に起こった世界規模の第２次人口爆発も，人口転換理論による説明がもっとも広く受け入れられてきた。最近では，宗教や核家族化の影響など生活様式に関する文化的要因も加味され，人口転換のプロセスについてさらに綿密な研究がなされている。

17-2　世界の人口問題

20世紀の後半，世界の人口問題と言えば，「人口爆発」を意味していた。しかし21世紀になってからは「人口減少」の問題に直面する地域が出現しつつあり，複雑な様相を示している。じつは人口減少も深刻な問題をもたらすことが実感されてきたのだ。世界はしばらく人口爆発と人口減少の両方に同時に対処

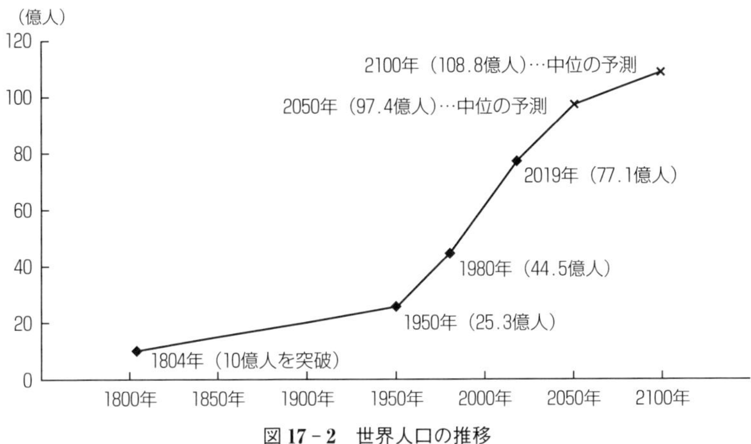

図17－2　世界人口の推移

（出所）　国連人口部のデータより作成。予測値は2019年度のもの。

しなければならないことがはっきりしてきた。

まず人口爆発については，図17－2にあるように，1950年頃から2050年頃までのおよそ100年間で急激な人口増加が進行中であることがわかる。1804～1950年のおよそ1世紀半で世界人口は約2.5倍になったが，1950～2100年の1世紀半では約4倍になる予想で，人口増加のスピードに拍車がかかっている。しかし2050年以降，その増加率に歯止めがかかる予想でもある。この図では中位の予測線が描かれているが，下位の予測値を採用すると，今世紀中に緩やかな減少基調が始まる可能性があるという。

国連の予測（国際連合経済社会局　2019）によれば，人口は世界で均一に増加するわけではなく，地域差が大きくなると見込まれている。2019年から2050年の間に大きく人口が増加する国はインド，ナイジェリア，パキスタン，コンゴ民主共和国，エチオピア，タンザニア連合共和国，インドネシア，エジプト，そしてアメリカ合衆国で，2027年頃にはインドが中国を抜いて最多人口の国になると予測されている。またサブサハラ（サハラ砂漠以南）のアフリカ地域では11億人増加するだろう，ともいう。そのいっぽうで東・東南アジア，中央・南アジア，ラテンアメリカ・カリブ，そして欧州・北米の各地域では，今世紀末までに人口増加のピークを迎え，人口減少が始まると予測されている。

問題のひとつは，人口の激増が予想される地域がサブサハラ・アフリカという，貧困レベルが高い後発開発途上の国々であることだ。世界でも経済力がとりわけ脆弱な地域において，出生率が高止まりすることが予想されているのだ。これらの国々はヨーロッパの旧植民地であったが，第２次世界大戦後，死亡率が急低下し，人口の急増が始まった。まさに人口転換期の真っ最中にある。実質的な産業が育たない状況で過剰な人口が発生しており，他地域との格差要因のひとつになっている。

高齢化については，出生率が高い地域では比較的若い人口構造が維持されるものの，世界のすべての地域で65歳以上の人口増加が見込まれている。その結果，潜在扶養指数が低下することが予想されている。**潜在扶養指数**とは，**生産年齢人口**（15～64歳人口）を**従属人口**（０～14歳，および65歳以上）で割ったもので，従属人口年代の１人に対する生産年齢の人数を表す。高齢化時代を迎え，医療・年金・福祉などの整備が必要になるが，潜在扶養指数が低下すると15～64歳の年齢層の負担が増す。じつは日本の潜在扶養指数は1.8で，世界でいちばん低い。国連では2050年までに潜在扶養指数が２以下になる国が48か国ある，と見ている（国際連合経済社会局　2019）。

日本を含む先進国を中心に広がっているのが人口減少に関する懸念だ。本章の冒頭にあった人口学の基本方程式を思い出してほしい。人口減少は自然減，つまり出生率の低下によっても起こるが，社会減，つまり人口流出によっても起こる。旧ソビエト連邦から独立したバルト３国（リトアニア，ラトヴィア，エストニア）では1995年頃から急激に人口が減少している。出生率も低下しているが，とりわけ2004年，EU に加盟したことにより国外転出が容易になり，多くの人がよりよい仕事をもとめて国外移住しているのが大きな原因である。ラトヴィア政府はヨーロッパ以外からの移民の受け入れには消極的で，30万人とも言われる海外移住者に帰国を呼びかけているが，ドイツやアイルランドとくらべ，最低賃金が３分の１という現状があり，苦戦しているという。アメリカの経済紙『ウォール・ストリート・ジャーナル』(2021年９月13日，ウェブ版）が伝えるところでは，税収が不足し合併する地方自治体がでてきているという。アメリカから帰国したある男性は，仕事が見つからず，また海外に出るという。彼は同性愛者なのだが，高齢者の多い同国では受け入れてもらえない感覚もあるという。さらに地方の人口減は激しく，空き家が増え，学校が閉校し，医療関係者が不足している状態だという。

中国も今後，人口が減少すると見込まれている。イギリスの『デイリー・メール』紙のウェブ版（2021年10月1日）は，中国の2020年の国勢調査で合計特殊出生率が1.3であったことを伝え，研究者たちはこのままだと，現在14億人の人口は2055年には半減する可能性がある，と警告している。かつて人口爆発に悩まされた中国は「一人っ子政策」を実施していたが，近年は次第に制限を緩和し，2021年には子どもの数は3人までなら構わないことにした。もし合計特殊出生率が1まで下がると，中国の人口が半分になるのは2029年に早まるかもしれない，とする専門家もいるという。大きな問題のひとつは，高齢者の数が巨大になることで，これを生産年齢人口の人びとが支えなければならない。年金・介護・高齢者医療など未整備な部分も大きい。中国は生産年齢人口の爆発的増加期に産業化を進めて超大国になり，多くの人が貧困から抜け出られた。しかし経済が発達すると生活費や住居費，教育費などが大きく値上がりし，たくさんの子を育てることは現実的でなくなった。そして今，中国の発展を支えてきた人びとは高齢期に入りつつあるのだ。

いっぽうのアメリカは，2020年の国勢調査における合計特殊出生率は1.64で，やはり低下傾向にあるが，人口は一貫して増加傾向にある。これは移民の流入が出生率の低下を補っているからであり，先進諸国の中では特色ある人口構造を持っている。

日本の合計特殊出生率は2020年，1.34で，過去最低であった。この数字では，日本の人口減少はもっと速いスピードで進行していてもおかしくないが，それほどではない。なぜなら外国人の流入により人口減少がかなり相殺されているからである。日本に移入する外国人の数は，OECD 諸国の中ではドイツ・アメリカ・イギリスなどについで多く，数字の上では移民国家とよんでもおかしくはない。ただし第7章でも検討したように，日本は移民の受け入れをどうするのか，十分な議論がなされていない。健康保険や年金，子弟の教育の問題などを整備しなければならないし，そもそも彼らを定住（永住）する「移民」として受け入れるのか，また希望者には日本国籍を与えるのか，などの点も考えなければならない。人口減少が始まっている日本としては避けて通れない問題である。

17-3　日本の人口ピラミッド

日本では「人口減少」や「高齢化」が大きな問題となっているわけだが，とくに「少子化」や「高齢化」については，**人口ピラミッド**（**population pyramid**）を使うことで問題状況を可視化することができる。これは人口学でよく使われるツールで，年齢階層ごとの人口を男女で左右にふりわけ，低年齢層から順に積み上げたグラフである。産業化が進む前の多産多死の人口構成では，グラフがほぼ二等辺三角形になるのでこの名がつけられている。図17-3a～図17-3dは，それぞれ1920年，1970年，2019年の人口ピラミッドと，国立社会保障・人口問題研究所が2017年に推計した2065年の予測人口ピラミッド（中位の予測）である。

一番古い1920（大正9）年から見てみよう。1918年に第1次世界大戦が終結し，翌19年にベルサイユ講和条約が調印され，国際連盟が発足したのがこの年である。国際連盟では常任理事国となった日本であったが，当時の人口構造はほぼ二等辺三角形で，まだ人口転換が起こる前の姿であった。詳細を見てまず気がつくのは0歳人口が突出して多いことで，医療・衛生・栄養などが十分でなく，1歳の誕生日を迎えられない子どもが多かったことである。また満5歳の人口が少ないのにお気づきだろうか。この年齢は1906年生まれで，丙午（ひのえうま）という60年に1度の「縁起が悪い」とされていた年の生まれである。丙午に生まれた女は夫を殺すという迷信があり，それが出生数減につながっている。1970年以降の人口ピラミッドは右側がふくらんでいて女性が男性より長寿であることがわかるが，1920年段階ではほぼ左右対称であった。なお85歳の年齢階級人口が多いように見えるが，このピラミッド作成のために入手したデータでは「85歳以上」が合計されており，その数字が85歳階級に描画されているためである。

1970（昭和45）年を見ると，50年のあいだに人口構造に大きな変化が起こったことがわかる。この頃の日本では高度経済成長がまだ続いており，前年の1969年にはアポロ11号が月面着陸をはたし，70年は大阪で万国博覧会が開催された年であった。社会には華やかな空気があった反面，冷戦，公害，受験戦争

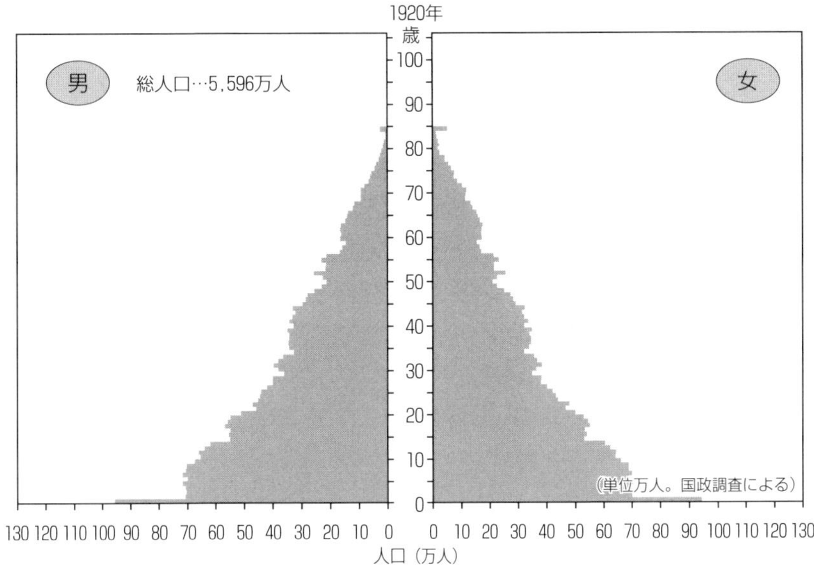

図 17 - 3a　1920年の人口ピラミッド

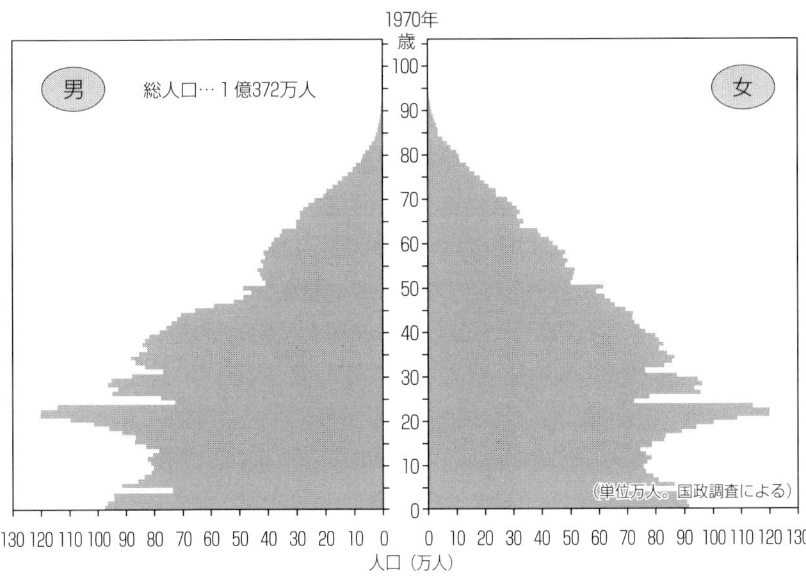

図 17 - 3b　1970年の人口ピラミッド

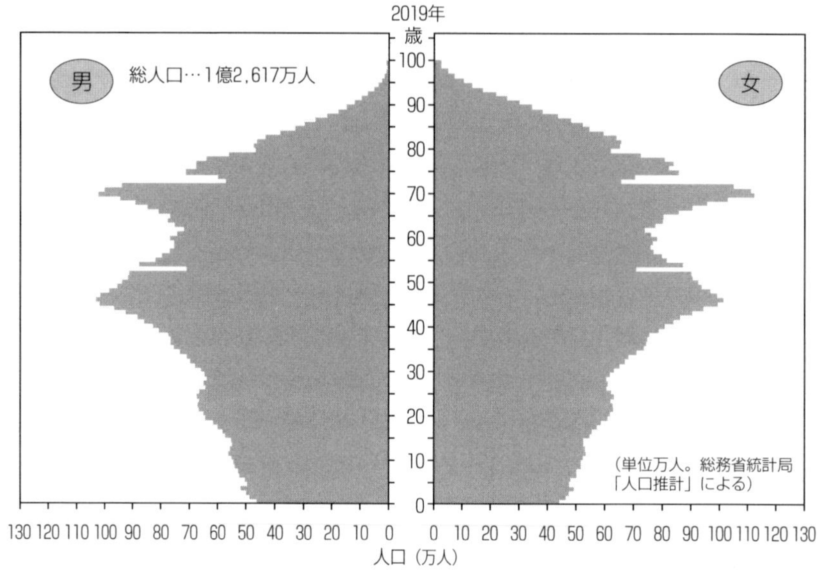

図 **17－3c**　2019年の人口ピラミッド

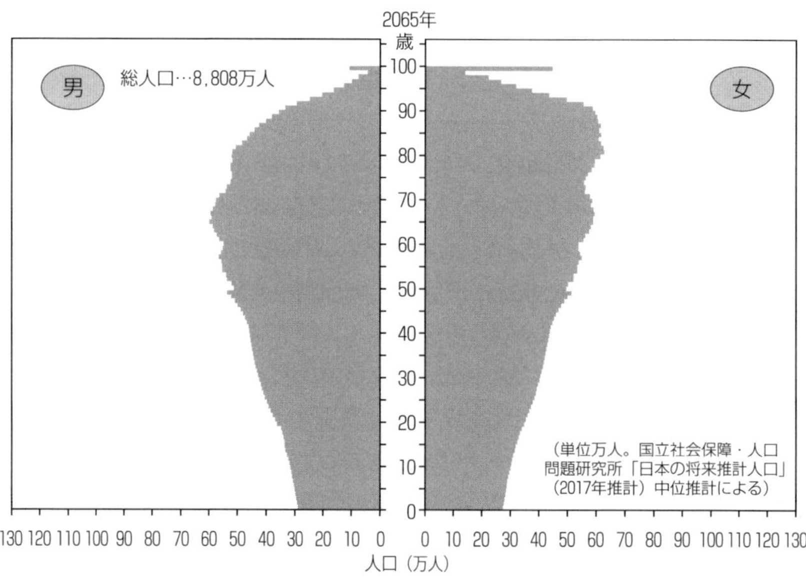

図 **17－3d**　2065年の予測人口ピラミッド

などの問題もあった。年齢階級の下の方から見ていくと，0歳児人口の突出はなくなり，社会が制度的にも経済的にも豊かになったことがわかる。4歳児が少ないのは1966年は丙午だったので，例の丙午現象が起こったのである。昭和の時代でも迷信はまだ強く残っていたのだ。次の丙午は2026年であるが，丙午現象が起こるかどうか，注目したい。19〜23歳あたりの人口が多く，すぐ上の24〜25歳が少ない。これは1944〜45年頃，戦争が長期化し，人びとの生活が疲弊して子どもの出生数が減った後，戦争が終わって一気に出生数が増えたためである。いわゆる**ベビー・ブーム**（**the baby boom**）である。この世代の人びとは**ベビー・ブーマー**（**baby boomers**）とか**団塊の世代**などとよばれる。彼らの人生は世代内競争が激しかったが，エネルギーに満ちた世代でもあった。また50歳前後の年齢層では男性側の人数が少ない。これは戦争による犠牲者が多かったことを物語っている。

2019（令和元）年はコロナ禍が世界を襲う前の年である。日本はインバウンドとよばれる海外からの訪問客で空前のにぎわいをみせていた。45〜47歳あたりに突起が見られる。これは**第2次ベビーブーム**に生まれたベビー・ブーマーの子ども世代で，**団塊の世代ジュニア**とよばれる。そこから下は年齢が若くなるほどすぼんでいる。いわゆる「少子化」が進行している様子がビジュアルにわかる。1970年に4歳だった丙午生まれの人びとは53歳になっている。

図17-3dは国立社会保障・人口問題研究所が2017年に行った推計をグラフ化したもので，2065年の中位予測（上位と下位の中間）を示している。凹凸が減り，なだらかに下方にすぼむ台形，あるいは釣り鐘型になっている。少子化が継続して進行する様子が予測されている。高齢者層で女性がかなり多くなっている。なお「100歳以上」の人口が多いのは，このグラフに使ったデータでは100歳以上の数字が合計されているためである。

ではなぜ少子傾向があるのだろうか。台湾や韓国は日本より低く，シンガポール，プエルトリコ，ルーマニア，ギリシャ，ポーランド，ポルトガル，セルビア，イタリア，ハンガリーなど，多くの国で合計特殊出生率が1.5を下回っている。様々な要因が考えられるし，国ごとの特殊要因もあるだろう。しかし大きな要因のひとつとされるのが，子育てのコストである。経済発展とともに高学歴が要求され，子どもの就学期間が長くなる。高等教育修了までの養

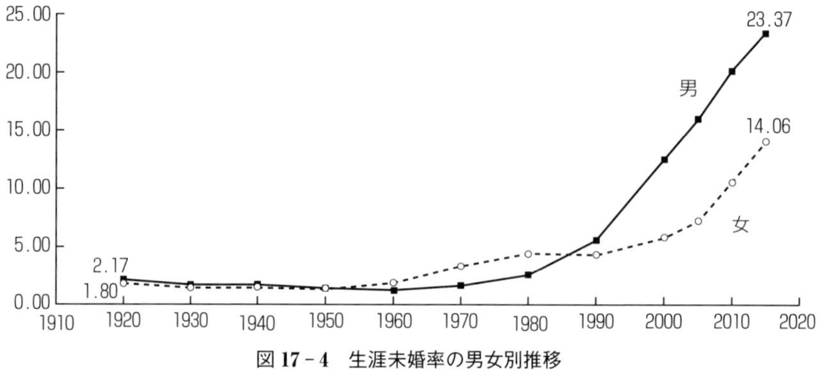

図 17－4　生涯未婚率の男女別推移

（出所）国立社会保障・人口問題研究所のデータによる。

育・教育費がかさみ，より質の高い教育を受けさせようとすればさらに費用がかかる。伝統型社会では子どもは家事・育児・家業を手伝い，早く独立し，大学進学率も低かったのとは対照的である。

未婚・晩婚化傾向も少子化の一因であろう。国立社会保障・人口問題研究所のデータによれば，日本の**生涯未婚率**（50歳時の未婚率で表す）は，1920年から1960年まで男女とも２％未満であったがその後上昇し，2015年には男性が23.37%，女性が14.06%となっている。**平均初婚年齢**も，1950年には夫が25.9歳，妻が23.0歳であったが，2020年には夫が31.0歳，妻が29.4歳と，晩婚化が進んでいる。

『日本経済新聞』は，日本では男性の育児・家事時間が女性の約２割程度と，少ないことが出生率の低さに影響しているとしている（2021年10月３日，ウェブ版）。同紙によると，日本は夫も妻も育児休業が十分に取得できる数少ない国で，男性が収入保証つきで休める長さはOECD加盟国など41か国で第１位だという。他国を見るとオーストラリアやカナダなど81か国では短期間または夫婦片方のみが取得可，アメリカや中国・インドなど90か国では父親が取得可能な育休がないので，日本の育休は制度的には最先端だという。ところが日本の男性の育休取得率は2020年度に12.65%で，女性の81.60%と開きが大きく，実効性に難が出ているという。男性は育休をとることで，職場で不利な状況に置かれるのではないかとの不安があり，それを払拭することが重要だと指摘する識者もいる。

最後に日本の高齢化の特徴をひとつ，指摘しておこう。統計上および行政手続上，高齢者は65歳以上とされることが多い。ところが現在の65〜74歳の人びとは身体・認知能力的に問題がない人が多く，1920年の人口ピラミッドにおける同年代の人とは健康度がまるで異なるとの声もある。そのようなこともあって，65歳以上74歳以下を前期老年期，75歳以上を後期老年期とする見方もある。2020年，高齢化率（65歳以上が総人口に占める割合）は28.8%であった。そのうち前期老年人口が13.9%，後期老年人口は14.9%で，後期老年人口の方が多かった。日本はハイパー高齢化社会を迎えつつある，といえよう。

17-4　環境問題と社会学

古典的な社会学においては環境問題の認識度は低かったと言わざるをえない。たしかに社会学が扱ってきたのは「社会」問題ばかりであった。逸脱・差別・疎外・貧困・人種・民族・ジェンダーなど，すべて重要だが社会「内」の問題ばかりであった。組織社会学では「環境」という概念が比較的早くから使われていたが，それは組織にとっての社会環境であり，自然環境をさすものではなかった。

なぜ古典的社会学は自然環境の問題を積極的に取り扱わなかったのだろうか？　理由のひとつに，西洋文明においては「自然」と「社会」を対比させ，ときに対立するものと認識する傾向があったことが考えられる。もともと人間にとって「自然」は挑戦する相手であった。人は荒野と戦い，開拓して居住できるように改造してきたし，食料を安定的に確保するのも自然をいかに「制御」できるかにかかっていた。農業において，人は灌漑技術・土壌・農薬・人工肥料・ビニールハウス・農業機械など，さまざまな工夫を重ねてきた。「産業化」とよばれるプロセスも，資源を自然から獲得する第1次産業から，その資源を高度に加工する第2次産業に経済を移行することであった。「都市化」も自然の影響を受けにくい人工空間を整備・拡張するプロセスであったといえる。このように人間は，自然を対峙（たいじ）する相手として認識してきたので，社会学，そして社会科学は研究対象から自然界を除外してきたのだろう。

社会学は社会科学の中では後発組で，独自性を追求するため社会学固有の方法論を模索してきた経緯があり，その結果，「社会的」あるいは「社会学的」ではない方法論を排除する傾向もあった。たとえばデュルケームと弟子たちは，社会現象を生物学・地理学・経済学・心理学などを使って説明することを嫌い，独自の社会学的方法，つまり方法論的集合主義で解明すべきだと考えた。このような，社会学独自の視点や方法論を追求する立場を**社会学主義**（**sociologism**，仏 **sociologisme**）という。社会学主義は程度の差こそあれ，多くの社会学者に共有されてきたのではないか。その結果，社会問題について自然要因，つまり生物学的・遺伝学的・生理学的・解剖学的な要因，ひいては自然環境要因を排除する姿勢があったのではないだろうか。

都会に住んでいると，自然は社会の「外」に隣接して存在しているように感じられることがある。「車で〇時間，そこは大自然！」といったキャッチコピーに象徴されるように，われわれは地球の表面が「都会」と「自然」の２種類に分類されているような錯覚を覚えている。しかし自然の方は「自然」と「都会」を分けてかんがえているわけではない。酸性雨は都会にも森林地区にも降るし，気候変動は地球規模の問題だし，感染症は国境に無関係に広がる。人間社会は自然と一体になって存在しているのだ。

第２次世界大戦後，社会学者も環境問題について取り組むようになっており，**環境社会学**（**environmental sociology**）という分野も広く認知されている。日本の第一人者，飯島伸子は環境社会学を次のように定義している：

> 環境社会学は，対象領域としては，人間社会が物理的，生物学的，科学的環境（以下，自然環境と略）に与える諸作用と，その結果としてそれらの環境が人間社会に対して放つ反作用が人間社会に及ぼす諸影響などの，自然的環境と人間社会の相互関係を，その社会的側面に注目して，実証的かつ理論的に研究する学問である。（1998：1-2）

環境問題に社会学が取り組む領域については，多くの考え方があるが，たとえば舩橋（2001）は，環境問題が発生してから解決するまでの３つの段階に注目し，(1)加害論・原因論，(2)被害論，(3)解決論，という領域があると述べている。このうち加害論・原因論とは「環境問題がどのような社会家庭を通して発生するのか，を解明しようとする」（2001：32）もので，被害論とは「環境破壊や環境の悪化に基づいて，直接的にまた派生的に，どのような人びとにどのような苦痛や損害が生じているのか，そして被害の発生した（地域）社会にどのような荒廃や損失がもたらされているのか，ということの解明」（2001：32）をするという。また解決論とは「環境問題の解決の道の探究を主題とする」（2001：33）としている。

飯島によれば世界でもっとも環境社会学の研究体制が整っているのは日本とアメリカだという。ただ研究の経緯は日米でかなり異なるという。飯島（1993, 1995, 1998, 2001）を参照しつつ，まず日本の状況を見ると，日本では1950年代から1960年代にかけての公害問題が研究のきっかけになっているという。そこでは公害問題が地域社会に与えた影響の分析が中心的課題のひとつであったという。公害問題に対して起きた住民運動についても研究が行われた。1970年代には公害問題が深刻化したが，さまざまな事情により社会学による研究は規模が縮小していた。しかし1980年代後半に若い世代の環境問題への関心が高まり，1988年には日本社会学会において「環境部会」のテーマセッションが試験的に設置され，1990年に環境社会学会が発足した。このように，日本の環境社会学は実証的で地域に根ざしている，という特徴があるといっていいだろう。

アメリカにおける環境社会学の出現は，社会学における「パラダイム転換」の提唱，という意味をもっていた。**パラダイム**（**paradigm**）とはアメリカの科学史家，**トーマス・クーン**（**Thomas Samuel Kuhn**, 1922-96）が著書『科学革命の構造』（1962）で使用した概念で，ある時期の科学者たちに広く受け入れられている問いや解法の総体をいう。ある支配的パラダイムの説明が限界に達すると，新しいパラダイムが登場し，取って代わる。地動説から天動説への転換はその例だ。クーンはパラダイムが転換することを**科学革命**（**scientific revolution**）とよび，科学史をさまざまなパラダイムが交代する歴史として解釈した。

ワシントン州立大学の2人の社会学者，**ウィリアム・キャットン**（**William R. Catton**, 1926-2015）と**ライリー・ダンラップ**（**Riley E. Dunlap**, 1943-　）は，1978年の論文を皮切りに，それまでの社会学が傲慢な人間中心主義（anthropocentrism）に陥っているとして厳しい批判をした（1978, 1980）。彼らの主張は，「HEPからNEPへ」として知られることになった。HEPとは

“Human Exceptionalism Paradigm” の略で,「人間特例主義パラダイム」と訳されることが多い。これは人間が自然からの制約を受けない,自然環境から独立した存在だ,とする従来の考え方である。彼らが提案したNEPは “New Ecological Paradigm” の略で,「新エコロジカル・パラダイム」と訳される。人間や人間社会は自然の一部であるから,自然環境の構成要素として認識すべきだ,という。なおアメリカ社会学会では1976年に環境社会学部会が設置されている。

ヨーロッパでは,ドイツの**ウルリヒ・ベック**(**Ulrich Bech**, 1944-2015)のリスク論が重要な貢献をしている。彼は1986年の著書『危険社会』で現代社会が致命的な環境破壊を招きかねない状況にある,との警告をこめて現代文明論を展開した。この年はソビエト連邦(当時)のチェルノブイリ原子力発電所で深刻な事故が発生しており,本書は注目を集めた。イギリスの社会学者,アラン・アーウィン(Irwin 2001)によると,同書は出版されてから5年で6万部が売れ,ドイツの有力誌『シュピーゲル』が特集記事を組むほどであったという。英語版(1992)が出版されてからは「**リスク社会**(**risk society**)」という表現も英語圏で定着した。ベックの主張は,現代では,伝統や習慣による束縛が薄れ,好きな生き方を選べる人が増えたが,世界はあらゆる面で密接につながっており,さまざまなリスクもグローバル化している。科学や技術は新しい利便を提供するが,そこにどんな新しいリスクが潜んでいるのか,明確にはわからない。そこで今後はグローバルに共有される不確実なリスクをいかに回避するかが重要になり,環境問題もそこに含まれるという。

イギリスのギデンズ(第10章を参照)も現代社会のリスクについて警鐘を鳴らしている。彼の著書『**ランナウェイ・ワールド**(***Runaway World***)』(1999)は日本では『暴走する社会』(2001)と訳されている。ギデンズの関心はベックと共通する部分が大きいが,信頼(trust)の重要性を強調しているのが特徴だ。近代化以前の信頼は,地域社会の対面的な人間関係をベースにしていたが,現代では通信手段の発達やグローバル化により,会ったことのない人を信頼しなければならなくなっている。同様に,抽象的で大規模なシステムも信頼しないといけない。信頼の対象には食品規制,水質管理,銀行システムの監督など,さまざまな機関が含まれる。そこで彼は信頼構築の必要性を訴えている。

17-5　世界と日本の環境問題

環境問題はスケールが巨大で全容解明が難しく，専門家ではない我々がそのすべてを理解することも困難である。個人の行為が環境にどう影響し，それが個人にどう返ってくるのか，も実感しにくい。環境問題を個人が実感するのも難しかったが，近年では気温の上昇のみならず集中豪雨・洪水・嵐や竜巻などが日本各地でも頻発している。環境問題はいよいよ他人事ではなくなってきた。

まずは地球温暖化の問題である。1800年代末とくらべ，世界の気温はおよそ1.1℃上昇したといわれている。地球はひとつのシステムなので，気温の上昇はそれだけではすまない。干ばつの増加，水不足，山火事，海面の上昇，洪水，北極と南極の氷の溶解，嵐の大型化，生物の多様性の喪失，などを国連は警告している。太陽からの熱を吸収して大気内にとどめる，いわゆる**温室効果**（**greenhouse effect**）をもつ気体，とくに二酸化炭素（CO_2）が増加すると，それだけ熱が大気中にとどまる。そこでCO_2の排出量を抑え，森林などにより吸収量を増やすことが必要になっている。日本も2019年10月26日に菅総理大臣が所信表明演説で2050年にカーボンニュートラル，脱炭素社会の実現を目指す」と宣言し，注目された。CO_2の排出量と吸収量を等しくするのは大きなチャレンジであるが，なんとか実現することが望まれる。

地球温暖化が進行した場合の気候変動のひとつが**海面上昇**で，このままでは水没する島や沿岸地域が出現すると予測されている。局地的には堤防・埋め立て・機械による排水などの対策が考えられるが，巨額の費用がかかり，環境への負荷も大きくなる。水没地域からは多数の**環境難民**（**environmental refugees**）が発生する可能性がある。さらに温暖化がもたらす影響としては，これまで亜熱帯や熱帯地域に特有とされていた伝染病が，生態系の変化とともに現在の温帯地域に拡大する可能性が指摘されている。農業地帯も北半球では北へ，南半球では南へ，拡大するであろう。日本近辺の海では，本来ずっと南方でしか見られないはずの魚が目撃されるようになっており，魚類の生息域も変化しているとの指摘があり，漁業への影響も大きくなるであろう。

ひところは**オゾン層の破壊**（**ozone layer depletion**）がよく話題にされていた。

オゾン（O_3）とは雷雨や光化学反応などで発生する気体で，大気の上空ほどオゾン濃度が高くなり，高度10キロから50キロあたりにオゾン濃度の高い層が形成されている。これをオゾン層という。オゾンそのものは毒性が強いが，オゾン層は太陽光線に含まれる紫外線を吸収し，地表の生物を保護している。第2次世界大戦後，エアコンや冷蔵庫の冷媒・スプレーの噴霧剤として，フロンという気体が低毒性で不燃性なので使いやすく，世界で多用された。ところがフロンは上空でオゾンを破壊することが判明した。オゾン層の破壊は地表の紫外線量の増大につながり，皮膚がんの発生を招き，農作物や生態系への影響が懸念される。地球温暖化にも影響するといわれる。そこで各国は協議を重ね，フロンなどのオゾン層破壊物質の生産と使用を規制した。この取り組みは効を奏し，21世紀中頃にはオゾン層が完全に再生されると予測されている。環境問題が国際的な取り組みによって解決しうる好例だといえよう。

産業革命以来，**大気汚染**（**air pollution**）はつねに続いてきた問題である。石炭を多用していた産業化初期は煤煙（ばいえん）・煤塵（ばいじん）などの問題があった。石油エネルギーにシフトしてからは硫黄酸化物などによる汚染が問題になっている。大気汚染物質は工場だけでなく自動車などの交通機関，火力発電所などからも大量に排出されている。とくに直系が2.5μm（マイクロメーター＝0.001mmに相当）以下の微小粒子状汚染物質のことを一般にPM2.5といい，恐れられている。呼吸器系や循環器系への悪影響，発がん性や喘息との関連性が指摘されている。粒子が小さいので肺の奥にまで入りやすいとされる。

マイクロプラスチック（**microplastic**）も世界的な懸念が高まっている環境問題のひとつだ。プラスチックは非常に安価で加工しやすく，いろいろな特性を持たせることができる。その結果，世界はプラスチックであふれている。プラスチック類はリサイクルが進められているが，製品段階では特性の異なるプラスチックが組み合わされていることが多く，完全な分類・再生は困難である。大量に環境に放出・放置されてしまうレジ袋・食品容器・ボトル類は微細化して環境内に残留する。とくに海洋に残留する微細なプラスチックゴミは回収が難しく，すでに海洋生物の体内に入り込んでいる事例も見つかっているという。やがては人体に影響を与える可能性も指摘されており，国際的な取り組みが必要である。

上記以外にも酸性雨・水質汚濁・土壌汚染・砂漠化・森林破壊・天然資源の枯渇など，問題は山積している。しかし環境問題の背景には経済的利潤や利便性の追求があり，人類は難しい舵取りを要求されている。1972年，将来の世代の生活の質を損なわずに環境を保全することを目的とし，国連環境計画（United Nations Environment Program, UNEP）が国連総会において設立された。また1987年に国連で提出されたブルントランド報告（the Brundtland Report）では，**持続可能な開発（sustainable development）**の概念が提唱された。そして2015年9月，国連サミットにおいて全会一致で採択されたのが**SDGs**（Sustainable Development Goals）という17の国際目標である。これは全ての国が行動するという「普遍性」，誰一人取り残さない「包摂性」，全てのステークホルダーが役割を果たす「参画型」，経済・社会・環境に統合的に取り組む「統合性」，そして定期的にフォローアップが行われる「透明性」が特徴となっており，2030年までの達成を目指している。

最後に，電気自動車（EV）を例に，経済・社会・環境問題の複雑さを考えておきたい。EU は，2035年にハイブリッド車を含むガソリン・ディーゼル車の販売を禁止する方針を発表した。2050年時点でのカーボンニュートラル（CO_2 の排出量と吸収量が等しい状態）を達成するための方策のひとつで，SDGs との関係が深いと考えられている。これはガソリンなどの内燃機関をもつ自動車と比べ，炭素排出量が少ない EV へのシフトを進めるための思い切った方策であり，各国の自動車メーカーは対応を進めている。自動車の EV 化がもたらす影響は広汎になると考えられている。

エンジン車と比べ EV は必要部品が少ない。エンジン・ラジエター・マフラー・燃料タンク・燃料ポンプ・キャブレター・トランスミッションなど，多くの部品がごっそり不要になる。部品点数が10分の1になるという試算もあるほどだ。自動車に無関係だった企業による新規参入がしやすく，ビジネスチャンスを生み出している。さらに EV は自動運転との親和性が高く，5G や 6G といった高速通信環境を利用した交通管制システムの整備も夢ではなく，まったく新しい自動車の世界になる可能性が広がっている。新しい雇用が生み出されるであろう。しかし既存の巨大自動車メーカーにとっては，厳しい価格競争が予想されている。現在の自動車業界は下方に向かって下請けメーカーがひろがるピラミッド構造になっており，既存の部品メーカーにとって厳しい時代が到来する可能性がある。また車両の EV 化はガソリンスタンド業界にとっても厳しい材料である。

環境面を見ると，たしかに EV は１台あたりの環境負荷はエンジン車より小さいが，容量・出力・耐久性などで高性能なバッテリーが必要で，一部のレアアースへの需要が高まっている。レアアース獲得競争は環境破壊を招かないだろうか。そもそも EV の充電に必要な電力はどうやって獲得するのだろうか。EV 充電のために，炭素排出量の大きい火力発電所を増設するのはナンセンスだ。では炭素排出量は少ないが使用済み燃料の処理が難しく，事故がおこったときの影響が甚大な原子力発電所に頼るのか。総発電量に占める再生可能エネルギー発電の比率を著しく高めないと車両 EV 化によるカーボンニュートラル達成は難しいだろう。太陽光発電はその有力候補だが，発電量が天候に左右され，夜間は発電できないので夜間が主になる EV 充電とはベストマッチではない。今後は発電方法の選択が今まで以上に大きな課題になってくることが予想される。

17-6　災害の社会学

2011年３月11日午後２時46分18秒，岩手県沖から茨城県沖までの海底を震源域とするマグニチュード 9.0 の巨大地震が発生した。その地震は大津波を引き起こし，東北地方・関東地方にまたがる地域に大規模な被害をもたらした。さらに東京電力福島第一・第二原子力発電所では電源喪失や水素爆発が発生し，放射性物質が外部放出される事態にまで進展した。**東日本大震災**である。警察庁（2015）によると，2015年８月現在の死者数は１万5892人，行方不明者数が2573人であり，2011年の『防災白書』によれば社会資本・住宅・民間企業設備への直接的被害額は約16～25兆円にのぼったという。復興が進んでいるものの，震災が残した爪痕（つめあと）は深い。

地震や津波だけでなく，火山噴火や土石流，洪水，暴風雨，山火事などを含む自然災害は時として人命や財産に大きな打撃を与え，社会における生産・交通・運輸・通信・消費などの機能を一時的・長期的に停止に追い込むことがある。同様に人的災害も社会に対し破壊的な作用をする。原発事故もそうだが，飛行機の事故，原油や化学製品の流出など各種の事故災害が人的災害の例としてあげられ，紛争や戦争も人的災害の側面をもつ。このような，災害が社会に与えるインパクトや災害対応のプロセスについて研究する社会学の分野を**災害社会学**（**sociology of disaster**）という。いうまでもなく災害社会学の研究対象は，地震や噴火などの現象そのものではなく，災害によって社会が受ける被害や災害に対する社会の反応である。その中心テーマのひとつは，災害の文脈における社会の「連帯」であろう。社会の連帯が災害によって弱まったり分断したりすることもありうるし，災害前から存在していた人間関係が人命を救うこともあるだろう。また災害直後の救助活動や，地域社会の復興に向けた取り組みによって連帯が強化されることもあるだろう。また社会学による災害研究では，災害への備えや被害軽減方策も扱うものの，災害発生後の研究が大部分を占めてきた（Drabek 2005）。

世界的に見て，災害社会学の研究がもっとも盛んなのはアメリカ合衆国であろう。もともとこのような名前の社会学があったわけではないが，20世紀後半になるといろいろな分野の社会学者が災害問題をとりあげるようになった。たとえばインタラクショニズムの伝統を踏まえ，人種問題や集合行動の研究で知られたルイス・キリアン（Lewis Killian, 1919-2010）が1950年代に災害現場における調査法について議論している（1956）。そこではキリアンは便宜的に，災害事象の局面を⑴警告（warning）期，⑵打撃（impact）期，⑶緊急事態（emergency）期，そして⑷回復（recovery）期の４つの時期に分けて調査法の諸問題を検討している。1960年代にはメディア論や調査法を専門とするアレン・バートン（Allen Barton, 1924-2017）が集合的ストレスという概念を提唱し，その後の災害社会学に大きな影響を与えた。**集合的ストレス**（**collective stress**）とは，ある社会システムの成員が，彼らが期待するような生活環境を，所属する社会システムから得られないときに生じるストレスのことをいい，災害はその１例である。1970年代には逸脱行動や社会変動を専門とし，ラベリング論を用いる社会学者，カイ・エリクソン（Kai Erikson, 1931-　）が米国ウェストヴァージニア州の人間関係の緊密な山村を洪水が襲い，いかに人びとの心理と連帯にトラウマを与えたかを，綿密な調査により分析している（1976）。この洪水は炭鉱事業用に作られた貯水池のダムが豪雨で決壊したものだったが，天災か，あるいは人災かという問題が浮上した。ダム所有者の炭鉱会社は被害者から訴えられ，最終的に和解に応じた。この研究も災害社会学における古典的な事例調査として知られている。ちなみにカイ・エリクソンは，第８章に登場したエリック・エリクソンの息子である。

前述のように，以前の災害研究は災害発生時とその直後に関心が集中していたが，研究が成熟するにつれて災害後の復興プロセスを追ったり，いかに災害時の減災を達成するか，という視点も重視されるようになった。とりわけ高齢者・障がい者・児童や言葉の通じない外国人などの災害弱者が直面する諸問題についても研究がなされている。

日本では巨大地震が発生する可能性が指摘され，火山活動が活発になっているとの見方があり，さらに台風や集中豪雨の被害も増している。さらなる災害社会学の研究が望まれる。

■この章の推薦文献■

もし人口問題や人口論に関して調べものをしたいならば，

日本人口学会編，2002，『人口大事典』培風館.

が包括的で詳しい。出版からやや年数が経過しているが，日本人口学会によって編集されており，安心して利用できる。個人で購入するには高価だが，大きい図書館にいくと置いてあるはずだ。

日本の人口統計は総務省統計局・統計センターが行っており，各種統計がインターネットで公開されている。総務省統計局・統計センターの URL は，

http://www.stat.go.jp/

だ。

世界の人口状況は国際連合の人口部のサイトから調べることができる。こちらの URL は，

http://www.un.org/esa/population/

である。一度訪れてみるとよい。

環境社会学の書籍も充実してきた。もっとも詳しいものの一つに

飯島伸子編，2001，『講座　環境社会学　1－5』有斐閣.

がある。日本の環境社会学者が協力して執筆したもので，充実している。ほかに，入門書として

船橋晴俊，2011，『環境社会学』弘文堂.

鳥越皓之他，2009，『よくわかる環境社会学』ミネルヴァ書房.

嘉田由紀子，2002，『環境学入門　9　環境社会学』岩波書店.

などがある。いずれも理論にかたよることなく，豊富な事例に基づいたわかりやすい解説書となっている。

災害社会学については入門書の数が限られているが，

大矢根淳，2007，『シリーズ災害と社会 1　災害社会学入門』弘文堂.

が研究の系譜と各論を紹介することによって災害社会学を概観できるように編纂されており，推薦できる一冊だ。

第18章 日本人論

品ぞろえのよい大型書店には「日本人論コーナー」が設けられていることが多い。「日本社会論」「日本文化論」「日本論」などの名称が使われることもある。これらは日本の社会や文化などの特質について書かれた著作ジャンルで，日本人によって書かれたものもあれば日本人以外によって書かれたものもある。日本の読書マーケットはこういった本への需要がおう盛で，次から次へと出版されている。日本人や日本社会に対する視点は一定ではなく，時代とともに変化してきた。この章では「日本人が見た日本」と「外国人が見た日本」について，それぞれ時代を追って検討することにする。

この章の内容

18-1 日本人論とは

日本の文明について少し考えてみよう。昔から日本は外国の影響を大きく受けてきた，とよくいわれる。日本人は外国文化を受容し，それに変更を加えて自分たちが使いやすいものにする歴史を歩んできた。その昔，日本はハイテクの最先端にあった中国や韓国から技術者や学者を招へいし，国家の基礎を作るのに役立てた。とくに中国の影響は大きい。1世紀頃には漢字が中国から伝来し，日本の書き言葉をになうようになった。6世紀頃には一定の漢字を日本語の音にあてはめる，万葉仮名としての用法が始まり，9世紀にはそこからひらがなやカタカナがうみだされた。宗教に関しては，中国を経由して6世紀に伝来した仏教の影響が大きいのはいうまでもない。また宗教というより道徳・倫理思想システムとでもいうべき儒教が日本に与えた影響も大きい。政治をみても，平城京や平安京などの古い都は中国の首都デザインを模倣したものであったし，奈良時代の政治・法律システム，すなわち律令制度も中国から学んだものであった。そのようなわけで漢字や仏教が日本に伝来してから，日本では長い間「漢文」が読めるのはエリートの印であった。つまり漢文が読める，ということは，中国文化に直接アクセスできることを意味したのだ。

その後，国際情勢も世界における日本の位置づけも大きく変わったが，日本人が外国文化を吸収し，それに改善を加えようとする傾向に変わりはない。たとえば，かつての「漢文」は「英語」にとって代わられたと考えてよいだろう(Passin 1965)。ということは外国の知識に直接アクセスできる，ということであり，望ましいこととされている。SNS・洋画・洋楽・個人輸入を楽しむ日本人で，英語の力をのばしたいと切に願っている人は少なくない。もちろん，現在では中国の世界進出にともない，「中国語」を学ぶ人が増えている。いずれにせよ，食べ物・衣服・美術など，日本人の生活には外国から導入されたものがひしめいており，外国の先進文化を積極的に取り込む姿勢が長い間日本人の間にあったのだ。

外国文化への関心やあこがれがあるいっぽう，日本独自の文化を大切にしようとする考え方も強い。日本文化とは何か，との問いかけも多くの日本人によってなされてきた。また外国人による日本を紹介したり研究したりする試みも数多くなされてきた。たしかに外国人が日本をどうみているのか，も日本人にとって大いに気になるテーマである。このような事情で日本人と外国人によって数多くの日本論が書かれてきた。この章では，外国から見た日本人論・そして日本の内側からみた日本社会論がどのように展開されてきたかをみることにする。それぞれ，(1)江戸末期の開国まで，(2)開国から第2次世界大戦終了まで，そして(3)第2次世界大戦後，の3時期に分けて検討する。

18-2　日本人が見た日本

日本について書かれてきた本は多数あるが，それらの道しるべになる研究が数点あるので，ここではそれらを参照しながら日本人論の展開を振り返ることにする。まずこれらの著作について紹介しておこう。

杉本良夫とロス・マオアの『日本人は「日本的」か――特殊論を越え多元的分析へ』(1982) は，日本人論を体系的に分析・批判した著作としてはもっとも早く出版されたものの一つであろう。同書では日本人論がどのように展開されてきたかについて時代を区分して検討されている。日本出身でオーストラリア在住の社会学者，杉本良夫（1939-　）とアメリカ出身でやはりオーストラリア在住の社会学者，ロス・マオア（Ross Mouer, 1944-　）は，日本のことを特殊，特殊といい続ける日本人論のあり方に疑問をもち，日本人論そのものを社会学の研究対象として調べ，分析した。杉本は英語でも自説を発表している(1997)。またロサンジェルス出身の日系アメリカ人の文化人類学者，ハルミ・ベフ（Harumi Befu, 1930-　，別府晴海）も日本人論について早くから批判してきた論者の一人で，彼も「イデオロギーとしての日本文化論」という視点で，日本語（1984, 1997）と英語（1993, 2001）で議論を展開している。やはり文化人類学者の青木保も『「日本文化論」の変容：戦後日本の文化とアイデンティティー』(1990) で第2次世界大戦後の日本文化論について検討している。日本とアメリカで教育を受けた社会心理学者の南博（1914-2001）は『日本人論――明治から今日まで』(1994) で明治以降の多数の日本人論を取り上げ，日本人論の綿密な系譜研究を行った。社会学者の富永健一も近代化論についての著作（1996）において日本の近代化過程における西洋受容の変化の時代区分を行っているので，これも参考にした。

18-2-1　日本人が見た日本(1)：江戸時代まで

『古事記』や『日本書紀』が伝えるところでは，神武天皇が現在の宮崎県である日向（ひゅうが）から東征して現在の奈良県である大和で建国したのが日本の起源ということになっている。しかし『古事記』は712年，『日本書紀』は720年の書で，古い時代のこと，とくに5世紀以前の史実ははっきりしていない。中国や朝鮮は日本を倭（わ）とよんでいたようである。4世紀から7世紀半ばまで大和を中心に大和政権が力をふるい，倭は「やまと」と訓読みされるようになった。7世紀には対外的に日本という自称が用いられるようになった。

日本人の自己イメージについて，古い時代で注目すべきは神国思想であろう。これは日本を神の国とする思想で，1274年と1281年のモンゴル襲来によって強く認識されるようになったという。この2度にわたる「元寇」では「神風」といわれる暴風雨によりモンゴル軍は壊滅的打撃を受けた。そのあとには外部の強大な敵への恐怖心と，日本は神が敵の攻撃から防護してくれる特別な国であるという一種の選民思想が残されたのである。神国思想は日本人の愛国心を高めるいっぽうで，他国にたいして排他的・侮蔑的な姿勢をもたらすことにもなった。

さて「純粋に日本的なものとは何か？」という問いかけをし，これを体系的に追究する動きが出るようになったのは江戸時代であった。そのような研究を総称して国学という。幕府による鎖国状態が続く中，知識層で国学に傾注する人々が現れた。とくに**賀茂真淵**（かものまぶち）（1697-1769）や**本居宣長**（もとおりのりなが）（1730-1801）らが名高い。賀茂真淵は『万葉集』などの古典を研究することにより，儒教や仏教が影響力をもつ前の日本の古代精神，つまり古道を究明すべきだと考え，その弟子である本居宣長は，心が儒教や仏教などに影響を受けた状態である「からごころ」をきらい，古道の研究にあたった。彼は精力的な執筆活動をしたが，たとえば『源氏物語』の研究では平安文学の本質は「もののあはれ」にある，と考えた。これは人の心が自然の事物とふれあい，感動や哀感を覚える美意識のことで，平安文学の理念であり，日本独特の文学的価値観であるとされた。また本居宣長は『古事記』を研究し，古道の復活を説いた。古道の復活という彼らの主張は復古主義として知られ，各方面に影響を与えた。

18-2-2　日本人が見た日本(2)：明治維新から第2次世界大戦まで

幕末：ナショナリズムの強い時代

幕末になると国学の流れが展開し，天皇を崇拝するナショナリズムの色彩が濃い時代となった。尊王攘夷論や王政復古論が盛んになった。江戸幕府の諸制度に不満をもつようになった下級武士たちにとって，発言するためには尊王論をかかげるのが望ましいという事情もあったと考えられる。

■明治前半：西洋文化礼賛の時代

しかし1853年にアメリカから来航したペリー艦隊に圧倒された幕府は開国することになった。開国して明治の世の中になると，急に西洋文化が日本に流入してきた。日本の知識人たちはそれまで遠くにあった西洋文化を目の当たりにして，これを吸収し啓蒙に努めるようになった。したがって明治初期は西洋文化を重視し日本独自のものには否定的な考え方が目立った。たとえば1873年に結成された明六社は森有礼・西周・福沢諭吉らの洋学者が名をつらね，啓蒙雑誌を発行した。初代の文部大臣となった**森有礼**（もりありのり）（1847-89）は，国語として日本語を廃し英語を採用すべきだとの意見を発表したし，福沢諭吉の弟子である高橋義雄にいたっては，日本人は西洋人との結婚により「人種改良」すべきだ，との論を展開した。「**日本人劣等説**」（南 1994：23-28）が目立ったのである。明治前半は脱亜入欧・文明開化といったスローガンに象徴されるように，ナショナリズムが影を潜め，西洋主義が大きく展開する時代であったといえよう。

■明治後半：ナショナリズムの復活

いざ開国した日本は欧米諸国との力の差を見せつけられた。アジア諸国が植民地化されていたのも大きな不安要因となった。16世紀にはすでにフィリピン（スペインが支配），マカオ（ポルトガル人が居住），インドネシア（オランダ人が支配）がヨーロッパ諸国の支配下にあったが，19世紀になるとシンガポール（イギリス），香港（イギリス），インド（イギリス），ベトナム（フランス），フィリピン（アメリカ）など東南アジアのほとんど全域と中国の一部が植民地化された。明治政府は早急に欧米列強国に追いつく必要があると考え，富国強兵策をとった。国内政策は経済力と軍事力の強化が最優先された結果，日本は着実に軍事大国化していった。

そして日本は大国を相手にした２つの戦争で勝利をおさめる。日清戦争（1894-95年）と日露戦争（1904-05年）である。重なる戦勝により日本人は再び自信をもつようになる。したがって明治後半は「**日本人優秀説**」（南 1994：

44-52）がとびかうナショナリズムの時代となった。とくに1888年に創刊された雑誌『日本人』はよく知られている。これは国粋主義者団体である政教社が発行したもので，欧米への無批判な追随を批判する論調で言論界に影響を与えた。

大正時代：国際主義の時代

日露戦争のあと，大正時代（1912-26年）の終わりごろまでの時代風潮を「**大正デモクラシー**」というが，この時期は国民の間に自由に意見を論じる風潮があり，民主主義の拡大を求める声が強かった。外交面では他国との協調外交が展開され，軍事面でも若干の軍備縮小が行なわれた。この時期は「国際主義」（南 1994：69-78）あるいは「西洋崇拝」（南 1994：79-83）的な論調が目立つようになった。文学者の間では国際主義的かつ個人主義的な思想をもつ**夏目漱石**（1867-1916）が国民的人気を獲得した。また**谷崎潤一郎**（1886-1965）は当初日本人嫌いであったが，関東大震災（1923年）を機会に関西へ移住して日本の伝統文化を重視するようになった（南 1994）。ただしこの時期が西洋主義一色であったわけではなく，ナショナリズムや国粋主義に基づいた議論も途絶えることはなかった。

昭和初期：軍国主義の時代

昭和初期には西洋主義がすたれ，国粋主義的論調が強まる中，しだいに軍国主義的な社会体制がととのっていく。日中戦争が始まった1937年には，政府主導の国民運動である「国民精神総動員運動」が開始された。同運動は，1940年からは大政翼賛会という国民統制組織に受け継がれ，日本の個人は国家のために忠誠を捧げることを強いられていった。1941年12月には太平洋戦争が始まり，日本はアジアと太平洋で大規模な戦争を戦うことになる。この時期の代表的な日本人論には哲学者**九鬼周三**（くきしゅうぞう）（1888-1941）の『「いき」の構造』（1930）と哲学者の**和辻哲郎**（わつじてつろう）（1889-1960）による『風土――人間学的考察』（1935）がある。九鬼は「いき」という概念はヨーロッパ語にはない日本語独特のもので，そこに日本文化の特徴の一つがあるとした。いっぽう和辻は，世界の風土をモンスーン型・砂漠型・牧場型の3類型に分類し，日本の風土はモンスーン型の中でも珍しいタイプだとした。両者の論拠は異なるが，どちらも日本文化の特殊性を強調している。

18-2-3　日本人が見た日本(3)：第２次世界大戦後

■1945~1954年ごろ：戦後復興期

1945（昭和20）年８月，日本は敗戦を迎える。疲弊しきった日本社会に対し，政治・経済・教育・ポピュラーカルチャーなど，社会生活の全場面においてアメリカが圧倒的な影響を及ぼすようになった。戦後すぐは，日本の知識人は日本人および日本文化を否定的にとらえ，これを強く批判していた。そこには日本は「とんでもない後進国だ」という主張がみられた。たとえば作家の**坂口安吾**（さかぐちあんご）（1906-55）が批評「堕落論」（1946）で日本の天皇制を厳しく批判したり，法社会学者の**川島武宜**（かわしまたけよし）（1909-92）は『日本社会の家族的構成』（1949）において日本の社会は非近代的な家族的原理から成り立っていて，それが民主主義の妨げになっているとした。

■1955~1973年ごろ：高度経済成長期

戦後10年ほどたつと戦災からの復興は一段落し，経済の高度成長期に入る。日本人は自信を取り戻し，「ユニークな日本」のシステムについて自画自賛するようになる。終身雇用・年功序列・企業内労働組合などが特徴的であるとされる「日本的経営法」や集団主義，集団合議制による意思決定，官僚主導の政治システムなどが注目され，「日本独特」のシステムが礼賛されるようになった。

この時期には多くの日本人論が展開されたが，その初期に影響力をもったものとして評論家の**加藤周一**（1919-2008）による日本雑種文化論があげられる。加藤は，日本は日本文化と西洋文化が密接に絡み合う「**雑種性**」の文化をもっている，という議論を展開し，評論集『雑種文化――日本の小さな希望』（1956）にまとめた。政治学者の**丸山真男**（まるやままさお）（1914-96）は『日本の思想』（1961）において，日本文化を西洋文化と対比させた。ササラという，竹の先を細かく割った道具があるが，丸山はこれをもじって西洋文化を「**ササラ文化**」とよんだ。西洋文化は，もとは共通であった文化がさまざまに分化してできあがったという特徴があるとした。一方，日本の文化は学問にしても社会組織にしても共通のつながりに欠ける「**タコツボ文化**」であると考えた。人類学者の**中根千枝**（1926-　）が『タテ社会の人間関係』（1967）を発表すると，サラリーマン層にも多く読まれるベストセラーとなり，「**タテ社会**」は当時の日本人の行動原理を分析する流行語となった。中根は，日本社会では，個人の能力とか資格よりも，彼らがどの組織に所属するか，また所属して何年目のところにいるか，といった場の方が重要視される，という指摘をした。欧米は個人主義・契約精神に根づいた行動原理があるが，日本の場合は「ウチ」と「ソト」を強く意識する「タテ社会」を構成する，と分析した。さらに精神病理学者の**土居健郎**（1920-2009）は自身の研究と臨床経験に基づいた『甘えの構造』（1971）を発表し，日本人論に新たな視点を加えた。加藤は日本人独特の精神病理現象として対人関係における依存願望があるとし，これを「**甘え**」とよんでその心理構造を探った。

高度経済成長後：「研究対象としての日本人論」の登場

1973年の石油ショックにより高度経済成長が停止したあともさまざまな日本人論が発表されつづけた。著名なものをいくつかあげると，臨床心理学者の**河合隼雄**（1928-2007）が『母性社会日本の病理』（1976）において，日本人の深層心理では「切断する」機能に特徴がある「父性原理」のはたらきが弱く，「包含する」機能をもつ「**母性原理**」が強くはたらいていると分析した。その結果，日本人は自我の独立が苦手になっており，対人恐怖症や中年クライシスなどが発生すると論じ，注目された。社会心理学者の**浜口恵俊**（1931-2008）は『「日本らしさ」の再発見』（1977）で従来の「集団」と「個人」にかわる「**間人**」という概念を提出した。さらに精神分析学者**小此木啓吾**（1930-2003）は『モラトリアム人間の時代』（1978）で日本の青年の深層心理には母への強い依存心があり，大人になりきろうとしない現象が見られるようになっていると指摘し，「**モラトリアム人間**」は流行語にもなった。なお1987年には国立の国際日本文化研究センター（International Research Center for Japanese Studies）が京都に開設された。同研究所では日本文化に関する国際的・学際的な研究が行われている。

1980・90年代に入ると日本人論そのものを研究対象とする試みが目立つようになった。本章でも参考にしている杉本・マオア（1982），ベフ（1993），青木（1990），南（1994）などがそれである。これらは新たな日本人論を書くのではなく，それまでに発表された日本人論を分析し，そこに見られる特徴や暗黙の前提・方法論上の問題などを検討する試みである。これ以前の日本人論は，「日本は特殊である」との大前提の中で，特殊性をどのように論じるかに焦点があてられていたが，特殊性一本槍の議論には再考が迫られたといえる。

以上，日本人による日本社会論の論調の変遷を駆け足で追ったが，そこに見える2つの特徴をあげると，まず一つ目に幕末以来，「否定的日本特殊論＝西洋モデル礼賛＝西洋主義」の時代と，「肯定的日本特殊論＝日本モデル礼賛＝ナショナリズム」の時代が交替して登場していることであろう。二つ目に，おおむね，日本の経済状態がよいときは「肯定的日本特殊論＝日本モデル礼賛＝ナショナリズム」が強くなる傾向があり，逆に経済状態が悪いと「否定的日本特殊論＝西洋モデル礼賛＝西洋主義」が優勢になる傾向があることだろう。ちなみに，平成不況の時代には政治家・経営者の言説やメディアの論説などに「構造改革」「国際標準の導入」「グローバル・スタンダードの時代」などの文字が目立ち，「否定的日本特殊論＝西洋モデル礼賛＝西洋主義」の傾向が強くなったように思われる。日本の携帯電話は他国に先駆けてインターネット接続ができる独自仕様になっていたが，いつの間にか国際的なスマートフォンの開発競争に出遅れ，生物が独自進化をしたガラパゴス諸島になぞらえ「ガラパゴス携帯」，やや自虐的に「ガラケー」などとよばれることがあったが，これもその例であろう。

18-3　外国人が見た日本

18-3-1　外国人が見た日本(1)：江戸時代まで

多くの外国人が日本に関して本を書いてきた。なかでも古い文献が残っているのは中国で，日本についてもっとも古い記述として知られているのは班固（はんこ）（32-92）が著した歴史書の『漢書（かんじょ）』に含まれる「地理志」にある，「楽浪（らくろう）海中に倭人（わじん）あり……」というくだりである。また邪馬台国や卑弥呼について記された『魏志倭人伝』もよく知られている。これは3世紀末に中国で編纂された史書『三国志』の一部で，当時の日本の様子について2000字ほどで記録されている。その後中国の各朝廷は「正史」とよばれる公式の歴史記録の中で日本についての記述をするようになる。李玉（1998）によれば明（1368-1644年）の時代には日本人を中心とした海賊集団「**倭寇**（わこう）」が脅威になっていたこともあり，日本研究が急速に進んだという。また清朝（1616-1912年）では，当初は日本が鎖国中であったこともあり，さほど日本研究が進まなかったが，明治維新後，とくに日清戦争のあとは日本研究が進んだという。

ヨーロッパに日本を紹介した最初の本はおそらく**マルコ・ポーロ**（**Marco Polo**, 1254-1324）の『東方見聞録』であろう。これはマルコ・ポーロが1271年ベネチアを出発してアジアを旅行し，1295年に帰着するまでの紀行文なのだが，日本についての記述がある。「**チパング**（**Chipangu**）」が黄金の国として紹介されたのは有名であろう。これが英語の“Japan”などのヨーロッパ諸言語における「日本」の国名表記につながったとする説もある。なお同書の日本紹介のところでは元寇についての記述があり，大風が吹いてモンゴル軍が敗退した様子が伝えられている。

その後日本について目立った研究と報告を行なったヨーロッパ人は，イエズス会の宣教師であろう。なかでもポルトガル出身の**ルイス・フロイス**（**Luis Frois**, 1532-97）の業績が著しい。フロイスは織田信長らと親交を深め，彼が書いた日本についての報告はヨーロッパで広く読まれた。江戸時代は鎖国が続いたが，交易を許されたオランダの商館関係者に日本について研究するものがいた。なかでもドイツ人で医者の**シーボルト**（**Philipp Franz Balthasar von Siebold**, 1796-1866）は，日本滞在中に収集した大量の資料を持ち帰り，オランダにおける日本研究の基礎を作った。それらの資料は同国のライデン大学の「シーボルトハウス」という日本紹介の博物館に収められ，同大学の日本学科はヨーロッパにおける日本研究の重要拠点となっている。

江戸時代には，ヨーロッパの有名な文学作品にも日本が登場するようになる。イギリスの小説家**ジョナサン・スウィフト**（**Jonathan Swift**, 1667-1745）による『ガリバー旅行記』（1726）である。この小説ではガリバーの船が漂流し，架空の異国でさまざまな体験をする話だが，巨人国や小人国にまじって，ガリバーは日本も訪れる。日本については，首都が江戸であることや，長崎にはオランダ人の船が来ていることや，踏み絵の制度があることなどが紹介されている。これらの例に見られる，江戸時代までのヨーロッパにおける日本関係の記述は，遠方の異国を紹介するという面が強い。おそらく読者の関心や好奇心をくすぐったことだろう。

江戸時代の日本からは鎖国政策にもかかわらず工芸品や美術品がヨーロッパに持ち込まれ，珍重されたことも指摘しておきたい。とくに工芸の世界では，17世紀中ごろから18世紀にかけ，オランダによって日本や中国の磁器がヨーロッパに持ち込まれ，王侯貴族の間で大人気を博した。これを受け，18世紀当初，ドイツ東部のマイセン（Meissen）で発達した磁器産業ではもっぱら日本や中国の製品を模倣する時期もあったほどである。

18-3-2　外国人が見た日本(2)：明治から第２次世界大戦まで

■19世紀後半：開国と明治維新

このあと日本は開国し，江戸時代が終わって明治の世となる。日本は「初めて異国人に扉を開いた謎と神秘の国」（佐伯 1987：iii）として改めて紹介されることになり，日本についての情報発信量が増える。皆村武一によると，イギリスの有力新聞『ザ・タイムズ』は，1852年から1878年にかけて日本関係の記事を450回掲載し，江戸幕府が開国にいたる経緯や明治維新の様子を伝えている（皆村 1998）。この時期，イギリス，フランス，ロシアなどの外交官や宣教師，芸術家などが日本を訪れ，いろいろな本を書いている。なかでも有名なのは**アーネスト・サトウ**（**Sir Ernest Mason Satow**, 1843-1929）が残した『一外交官の見た明治維新』（1921=1960）であろう。サトウは，幕末から明治時代にかけ計25年間日本に駐在したイギリス人外交官で，幕末の倒幕派や維新後の明治政府への助言を行った。同書はサトウの体験記で，日本の政局を伝える重要な記録となっている。小泉八雲の日本名で知られる**ラフカディオ・ハーン**（**Lafcadio Hearn**, 1850-1904）もこの時期の日本紹介者として重要だ。イギリス人の父とギリシャ人の母をもつハーンは1890年に来日し，日本人と結婚し日本に帰化するほどの日本びいきであった。『怪談』（1904）が名高い。

19世紀後半の欧米ではフランスを中心に，日本風の美術品や日本趣味のものを愛好する**ジャポニスム**（**Japonism**, 仏 **japonisme**）がしだいに形成された。開国によって日本の美術工芸品が欧米により多く持ち込まれるようになったのである。なかでも浮世絵は，印象派の画家であるマネ，ドガ，モネ，ロートレックなどに構図や光の使い方などにおいて大きな影響を与えたし，ガラス細工で知られるガレも日本美術から大きな影響を受けた。

オペラの世界では江戸時代の日本を舞台にして書かれた『ミカド（Mikado）』が1885年にロンドンで初演された。『ミカド』は台本のギルバートと作曲のサリバンのコミック・オペラの代表作の一つで，欧米では何度も上演されてきている。ただこのオペラは日本人が観賞すると，登場人物の人名が日本名とかけ離れていたり，音楽が中国的に聞こえたりするので日本で上演されることはほとんどない。もう一つ，日本をテーマにしたオペラで決定的な成功をおさめたのはプッチーニの『蝶々夫人（Madama Butterfly）』であろう。1904年に初演されたこのオペラは世界的にヒットした。『蝶々夫人』はアメリカ海軍士官ピンカートンと芸者蝶々さんの結婚とその悲劇的結末を描いたものだが，欧米人の間に日本人女性に対する肯定的な印象を焼きつける効果もあったのではないだろうか。なお『ミカド』や『蝶々夫人』で使われたキモノ風のコスチュームは欧米のファッション界に影響を与えたという（児玉 1995）。

20世紀前半：日露戦争から第２次世界大戦まで

日露戦争で勝利を収めた日本は，初めてヨーロッパ勢力を打ち破ったアジアの国家として注目を浴びた。東南アジアのほぼ全域がヨーロッパに支配されていた当時としては画期的なことであった。そのような事情もあって，欧米では文学・音楽・美術・ファッションなど幅広い領域で20世紀に入ってからもしばらくジャポニスムの時代が続いた。

ところが1920年代から第２次世界大戦が終わるまで，「日本ブーム」は影を潜めていく。とくにアメリカでは日本の拡張主義的な政策がきらわれたこともあり，反日感情が高まった。日本からの移民に対する風当たりもしだいに強くなり，1924年には排日移民法が制定され，日本人の移民が禁止された。1941年の日本海軍による真珠湾攻撃ではアメリカ海軍の太平洋艦隊に大打撃が与えられたが，日本側がアメリカ側に交渉打ち切りの通告を手渡すのが１時間遅れたため，アメリカ史上最大の「だましうち（surprise attack, sneak attack）」として認識された。さらに1942年になると，日系人によるスパイ活動を恐れたルーズベルト大統領は，西海岸に住む11万人以上の日系市民をリロケーション・センターという収容所に強制的に収容した。いわゆる日系人強制収容所である。第2次世界大戦中は反日本の宣伝映画も数多く作られ，アメリカにおける対日イメージは最悪の時期となった。

日米関係が悪化していく中でも日本社会を学術的に研究した例はある。エンブリーの『須恵村——ある日本のむら』（1939）がそれである。**ジョン・エンブリー（John Fee Embree**, 1908-50）は，シカゴ大学で文化人類学を学ぶ大学院生であったが，指導教官から命ぜられ，1935年から1年間，熊本県の須恵村に住み込んで日本の農村社会の綿密な現地調査を行った。この調査は，幼少時に日本に住んだことがあって日常会話レベルの日本語が話せたアメリカ人の妻と二人で行われた。同研究は，戦前の日本社会を欧米の人類学者が本格的に調査した数少ない例として多くの人に読みつがれてきた。なお第2次世界大戦が始まると，エンブリーはアメリカ政府から政府職員としての勤務を命ぜられ，上述の日系人強制収容所の管理改善の仕事を受けもったり，将来日本が敗戦したときに占領の指揮をとることになるであろう士官に対して，日本の文化や社会について教育する仕事にたずさわったという（牛島 1988）。

18-3-3　外国人が見た日本(3)：第2次世界大戦後

■第2次世界大戦の終了と『菊と刀』

戦争によって日本は疲弊し，産業力は地に落ちたが，10年程度で経済復興をなしとげ，その後奇跡的ともいわれる高度経済成長を果たした。輸出マシンとなった日本は世界で工業製品を売り，経済大国としての新たなイメージを海外に植えつけた。その後安定成長期・バブル経済期・長期不況期と時勢が移るにつれ外国人が日本を見る目も変化してきた。

第2次世界大戦後の日本論を語るとき，避けて通れないのがベネディクトの『菊と刀』（1946）である。**ルース・ベネディクト（Ruth Benedict**, 1887-1948）はアメリカ人の人類学者であるが，この研究が成立した背景には第2次世界大戦がある。アメリカ政府は，敵国である日本人の行動原理を理解するために日本研究を行っており，1944年に彼女にも日本研究を要請したのであった。文化人類学の研究というと現地調査が基本だが，交戦中の日本へ行くわけにはいかない。そこでベネディクトはアメリカに住む日系アメリカ人にインタビューを行ったのである。

ベネディクトには，どの文化にも独特の「**文化の型**（**pattern of culture**）」があり，それを明らかにするのが文化人類学の重要な仕事である，という持論があった。そして日本の文化を研究した結果，日本の文化の型は「**恥の文化**（**shame culture**）」であるという結論に達した。「恥の文化」においては，人は他者からの批判にさらされないように行動をとる，という行動原理があるとした。ベネディクトは，欧米においてはこれと対照的な「**罪の文化**（**guilt culture**）」が基本で，そこでは内面的な罪の自覚によって人は善悪の判断をする，とした。このほかベネディクトは「義理」や「人情」などについても鋭い洞察力で考察している。『菊と刀』は大きな議論を巻きおこし，その後の日本研究者の必読書となった。

高度経済成長と賛美型日本特殊論

短期間で戦後復興を果たし，高度経済成長をスタートさせるようになると，欧米からの日本に対する関心の内容に変化が生じる。日本を紹介する書籍は日本美術や建築，茶道や着物など欧米のジャポニスムをくすぐるものが多かったが，異国趣味的な関心に替わって「なぜ日本は経済で成功するのか」という経済面に関する問題関心が目立つようになる。

日本の文化の中で生まれてきた独特の会社経営法があり，それが日本の会社の成功につながっている，とする「日本的経営論」の流れが出現する。その先駆けとなったのがアベグレンの『日本の経営』（1958）である。アメリカの社会学者，**ジェームズ・アベグレン**（**James C. Abegglen**, 1926-2007）は日本の大企業の組織を調べ，そこには終身雇用制度，年功序列制度，家族主義的経営などの欧米の企業組織には見られない特徴があるとした。この見解は，後の研究者によって参考にされたり議論の対象にされたりして，日本的経営論が形成される基礎となった。またイギリスの社会学者，**ロナルド・ドーア**（**Ronald P. Dore**, 1929-2018）はイギリスと日本の大企業の工場を比較研究し，『イギリスの

▶ヴォーゲル

工場・日本の工場』(1973) を著した。ドーアは日本の大企業の経営法が独特であると述べるだけではなく，むしろ他の国の経営組織も，成功を望むならば日本型の経営法を取り入れることになるだろう，と主張し，注目された。

これらのように，日本の経済的成功のカギを明かそうとした欧米の著者による書籍は親日的なものが目立った。日本の経営方法・社会・文化などはユニークで，素晴らしいものだとする論調が主流を占めていたといってよいだろう。著者は，これを賛美型日本特殊論とよぶ。その代表例が，エズラ・ヴォーゲルの『ジャパン・アズ・ナンバーワン』(1979) であろう。ハーバード大学教授の**エズラ・ヴォーゲル**（**Ezra F. Vogel**, 1930-2020）は，日本語も中国語も堪能な社会学者で，両国について数多くの著作を出している。何でも一番が好きだとされるアメリカ人が，アメリカは日本の諸制度から学ぶところが多い，とした同書は大きな注目を集めた。1973年のオイルショック，1979年の第２次オイルショックにより経済的打撃を受けた日本において，同書はベストセラーとなった。

1980年代後半に入ると日本の経済はバブル化した。株価や地価が急上昇する中，株や土地を担保に低金利で資金調達できるようになり，だぶつく日本の資金は投資先を求め，海外にあふれ出た。日本の企業は海外での事業展開を進め，現地企業や工場を買収したり新しい事業をたちあげたりした。また日本人／企業により美術品の高額入札や有名不動産物件の買収が派手に行われた。円高が進行したことも「ジャパン・マネー」の乱舞に拍車をかけた。円高は日本の輸出品の値上がりを意味するので，当初は日本の製造業が打撃を受けるのではないかとの懸念もあったが，むしろ原料品目の輸入コストの削減というメリットが大きくはたらいた。

■バブル期および長期不況下の日本

日本の貿易黒字が拡大し続けるバブル期，海外からは日本に対して批判的な目が向けられるようになった。政界ではいわゆる「ジャパン・バッシング

(**Japan bashing**, 日本たたき)」が起こった。これは日本論の分野における日本異質論（Revisionism）の登場を意味した。日本異質論においては，日本はたしかに独特の社会・経済・文化をもっているが，その独特さこそが国際社会に迷惑を与えている，という論調が展開される。著者はこれを批判型日本特殊論とよぶ。その代表例としてオランダ人ジャーナリスト（現在はロッテルダム大学教授）の**カレル・ヴァン・ウォルフレン**（**Karel van Wolferen**, 1941-　）の『日本／権力構造の謎』(1989=1994) があげられる。日本に20年以上在住していたウォルフレンは知日派であるが，上述のヴォーゲルとは対照的に，日本のシステムについて厳しい批判を行う。とくに彼は，日本の集団においては責任の所在が不明確になる特質を取り上げ，日本社会が集団的無責任体制におちいっていると指摘したのである。なおこの時期，アメリカ政府は日本独特の複雑な流通システムが非関税障壁になっているとして日本政府に改善を要求したが，これは日本異質論の論調と一致している。

1990年代に入ってまもなくすると日本のバブルは崩壊し，長い不況の時代に入る。この頃になると海外からのジャパン・バッシングは影をひそめ，日本を相手にしない**ジャパン・パッシング**（**Japan passing**）に移行したともいわれる。日本の長引く不況，冷戦構造の終焉，中国の経済大国化，グローバリゼーションの進行の中で，日本に対する関心が相対的に低下しているとの指摘も目立つ。

英語コラム 9 “revisionism”

「欧米人による日本論」についての文献で “revisionism” が「日本異質論」と訳されていることがあるが，“revisionism” という英単語イコール「日本異質論」という意味というわけではない。“Revision” という単語が「修正」「改訂」などの意味であることからわかるように，“revisionism” の本来の意味は「修正論」や「修正主義」である。何をどう「修正」するのかは文脈によって異なる。欧米人による日本論においては，第2次世界大戦後は賛美型日本特殊論が支配的な論調だったので，これを見直した批判的日本特殊論は “revisionism” とよばれるわけである。ちなみに，一般的な歴史認識に対する異論も “revisionism” とよばれることがある。たとえば「南京大虐殺は史実ではない」「ユダヤ人大虐殺は史実ではない」などという極端な少数意見を述べる人たちを “revisionists” ということがある。なお，日本論におけるリビジョニストについては，ウォルフレンが『日本／権力構造の謎』の文庫版への序文（1994：19-37）の中で解説をしているので参照されたい。

そのような中，第２次世界大戦終了後の日本の民衆の生活に焦点を当てた歴史書である，**ジョン・ダワー**（**John W. Dower**, 1938-　）による『敗北を抱きしめて——第二次大戦後の日本人』（1999=2001）に代表される，より成熟した日本社会論の出版も続いている。

ただし若者を中心に，日本への関心が質的転換を見せたのも1990年代頃からである。アニメやマンガに代表される日本のポピュラーカルチャーが欧米やアジア各国の若年層で絶大な支持を受けるようになったのだ。『ナルト』『ブリーチ』『ワンピース』から『鬼滅の刃』まで日本のマンガは数多く翻訳され，アメリカ各地では高校図書館に配架されているほどだ。またアニメ・マンガ博が世界各地で開催されるようになり，そこではファンがアニソンのカラオケを楽しんだり，コスプレを競ったりしている。さらに寿司・ラーメン・弁当など和食の食文化も世代を超え広く世界に受け入れられている。2014年頃からの円安も手伝って訪日観光客が増加しているが，彼らは観光名所訪問にとどまらない，より広い日本文化に興味をもっているように思われる。日本政府はこのような傾向に対応し，**「クール・ジャパン」**というキャッチフレーズのもとに日本の伝統文化，およびアニメや音楽といったコンテンツ産業を海外に向けてプロモートする政策をとっている。その後来日する訪問客の数はどんどん増え，2019年には3188万2000人となり過去最高を更新したが，翌年からコロナ禍となりその数は激減した。

■この章の推薦文献■

この章自体が文献紹介になっているので，ここでは本文中で参考にした，日本人論そのものを論評した文献を再録することにする。まず日本人論の詳しい系譜が知りた

英語コラム 10 "anime"

もともと日本語の「アニメ」は英語の "animation" の略語だが，これが "anime" と表記され，現在では日本のアニメを示す単語として英語の語彙に定着している。もし手元に英英辞典があれば，調べてみるとよい。他にも "manga" や "karaoke" や "emoji" も特別な単語ではなくなっているし，"sushi"・"sashimi"・"tempura" などの料理名はもちろん，"wasabi"・"miso"・"dashi" などの調味料名もよく知られており，和食に対する理解度も増していることがわかる。

いというのであれば,

南博, 2006,『日本人論：明治から今日まで』岩波書店.

がもっとも包括的なもののひとつだ。日本人論を批判的に分析したものとしては,

杉本良夫・ロス・マオア, 1995,『日本人論の方程式』筑摩書房.

ベフ・ハルミ, 1997,『増補新版　イデオロギーとしての日本文化論』思想の科学社.

青木保, 1999,『「日本文化論」の変容：戦後日本の文化とアイデンティティー』中央公論社.

船曳建夫, 2010,『「日本人論」再考』講談社.

などがある（上記のうち，ベフ・ハルミ『増補版　イデオロギーとしての日本文化論』以外は文庫版の出版年)。

付録1　ICT 時代の社会学

情報通信機器の発達は社会生活のみならず学問のあり方にも大きな影響を与えてきた。とりわけ20世紀末に始まったパソコンとインターネットそして21世紀初めに登場したスマートフォンの普及は，大変革をひきおこしたといってよいだろう。社会学もその例外ではない。ここでは社会学の勉強や研究における ICT 機器およびインターネットの使用について考える。

付録 1-1　社会調査と ICT 機器

社会調査ではデータの集計・分析作業が不可欠である。古くは手計算に頼っていたが，第２次世界大戦後，電子計算機が開発され，大量のデータを高速処理できるようになった。当初，電子計算機は大型計算機で，１台設置するのに１部屋が必要だった。またきわめて高価だったので，多くの研究者が１台を共同利用するのが普通であった。操作も複雑で，データや分析方法の微調整がしづらかった。

しかし1980年代からパソコンが急速に発達普及すると，社会調査の集計・分析作業は様変わりした。好きな時に好きな場所で作業ができるようになったのだ。パソコン用の統計ソフトが開発され，ハードウェアの高性能化により大量のデータを高速に分析できるようになった。パソコンの低価格化と小型化も進行し，誰でも容易に利用できるようになった。

社会調査におけるパソコンの利用方法としては，たとえばマイクロソフト社の「エクセル」などの表計算ソフトを利用して，データの入力や集計を行なうのが手っ取り早く，代表的な使用例だろう。表計算ソフトでは多種多様なグラフも瞬時に作成できるので便利だ。高度な統計計算には SPSS 社の「**SPSS**」などの統計専用ソフトがよく使われる。大学によっては統計分析用のソフトウェアが「サイト・ライセンシング」という安価な利用プランが利用できる場合があるので，大学関係者の場合は担当部署で尋ねるとよい。なお統計学その他の知見や技術を使ってデータの解析をし，有意義なデータを探す試みを**データ・マイニング**という。これは社会学のみならず，いわゆる**ビッグ・データ**とよばれる，主に消費者行動に関する膨大なデータの解析の際に使われる手法である。これはあらかじめ具体的な仮説を立ててそれを検証するというよりも，いわばソフトウェア任せの部分を大きくし，気がついていなかったデータ特性を掘り出させる，というニュアンスがある。

パソコンは**質的データ分析**（QDA：qualitative data analysis）においても有用なツールになりうる。聞き取り調査の録音内容をパソコン上で文字化し，テキスト・ファイルにしておけば，後で利用しやすい。テキスト・ファイルならワープロの検索機能や，字数計算の機能を活用して分析に役立てることも可能だ。テキストの分析用ソフトは英語圏で開発されたものが多いが，それらの日本語版も増えつつある。「質的データ分析ソフト」で検索するといくつか出てくる。

画像や音声についても，スマートフォンの高性能化が著しく，強力なツールになっている。もちろんデジタルカメラや IC レコーダーを使ってもよいが，日頃からスマートフォンで動画を収録して編集したりネット上で公開したりしている人は苦労しないだろう。研究のために収録する画像や音声は，外部ストレージかクラウド上にバックアップをとっておきたいものだ。編集や整理はスマホでも可能だが，できればパソコンや，ある程度大きなスクリーンのタブレットの利用をおすすめしたい。パソコン上ではファイル名の冒頭に西暦年（4桁）・月（2桁）・日（2桁）からなる8桁の数字を入れておくと，日付順にファイルが並んでくれるので，便利だ。たとえば2022年3月4日にインタビューした時のファイルであれば「20220304interview01」といった具合にする。

各種の質的データの文字列を対象に，データ・マイニングを行なう場合，**テキスト・マイニング**と言われる。インタビューを文字に起こしたもの，新聞記事，自由回答式アンケートなどさまざまなテキストで利用できる可能性がある。

アンケート調査をネット上で行うことは当たり前になってきているが，いろいろなやり方があり，メリットもデメリットもあるので，よく考えたうえでネットでの調査を利用したい。ネット上のアンケート調査サイトを利用するのかどうか。使うとすれば有料サイトか無料サイトか。匿名にするのか記名式にするのか。なりすまし回答は防げるのか。知り合いに回答を依頼するのであれば，きちんとその人たちの個人情報やプライバシー情報を守れるのか。標本に偏りは出てこないか。おさえておくべきポイントは多い。

付録 1-2　社会学とインターネット

今やインターネットは電気や水道とならび，社会の基本インフラとなった感がある。各国のニュースが瞬時に入手できるだけでなく，社会学会のホームページ・電子図書館・各種データベースや統計資料など，社会学のリソースとして不可欠な存在となった。メールや SNS も強力な通信手段だ。そのおかげで共同研究や共同執筆がどれほど容易になったことか。今や学生でもやる気と工夫ひとつで国際比較調査が可能である。また研究成果や意見をブログや SNS で発表する人も見られる。

インターネット上での情報収集にも注意も必要だ。授業レポートが課せられるとき，検索エンジンでヒットしたリンク先を適当にクリックし，使えそうだと思った部分をコピーし，ワープロ文書へペーストする人が目立つ。周知のようにこの行為にはいろいろな問題が含まれている。たとえば，そのサイトが何のサイトなのか，どんな団体が運営しているのか，わからずに情報のコピーをしている可能性がある。信頼度は高いのか，偏った立場でないか，必ず確認しよう。各種統計やアンケート結果については，「引用の引用」ではなく，できるだけオリジナルの情報を探すべきだ。官公庁統計の大部分はネット上で閲覧できるので，それを参照しよう。

他人の書いた文を自分が書いたように見せかけることを**剽窃**（ひょうせつ）（**plagiarism**）

という。学問的にも，社会的にも許されない行為である。かならず引用元（情報源）を明記することだ。なお日本社会学会では機関誌『社会学評論』のスタイルガイドにおいて，インターネットを情報源として利用する場合，著者名，公表年または最新の更新年，「当該情報のタイトル」および URL とアクセス年月日を文献リストに記載するよう規定している。

以下に，社会学の勉強や研究に役立つサイト情報をいくつか紹介しよう。といっても膨大な数のサイトが存在するので，ここではいくつかのカテゴリーを設定し，その中で目立つものを数点ずつ紹介する。URL は変動が多いので，もしうまくアクセスできなければ検索エンジンで探していただきたい。

検索エンジン

社会学で何か研究や調査をするときに，Google などの検索エンジンのお世話になることは多い。いかに複数の検索語を組み合わせて自分の探している情報を見つけるかは，腕の見せどころだ。注意点をあげるとすれば，検索エンジンの検索履歴や SNS の利用履歴から，利用者が接したいと思われる情報ばかりが検索結果やブラウザの閲覧ページやポップアップ広告に並んでしまう「フィルターバブル」が発生しやすいことだ。いつの間にか自分の検索語に近い情報ばかりが並ぶ，バブルの中に身が置かれてしまうかもしれない。とくに社会格差，性的指向，宗教，人種・民族など，意見が分かれる内容を多く扱う社会学では研究者自身がフィルターバブルに包まれることに十分に注意するべきであろう。

ユーザーの個人情報・検索履歴・閲覧状況等の保護に留意する検索エンジンも出現しており，アメリカの DuckDuckGo，アメリカとオランダを拠点とする Startpage，スイスの Swisscows などが該当する。フランス発の Qwaint もあるが，本書執筆時点で残念ながら日本でのサービスを行っていない。

図書館・文献サイト

本を探したり著者名・書籍名・出版年・出版者名などの書誌事項を調べたいときや，所蔵図書の確認に有効なのが図書館などの**文献検索サイト**である。日本の国立国会図書館やアメリカの Library of Congress などのサイトで検索することができる。日本の大学図書館や公共図書館などでは，共通の検索システムとして開発された **OPAC**（**オーパック**，Online Public Access Catalog）の導入が進み，検索しやすくなっている。単に書誌事項を確認するだけなら書籍の販売サイトを利用することも可能だろう。

オンラインで文献そのものが読めたりダウンロードできたりする，いわゆる電子図書館の利用法もある今後はそのような使われ方が増していくだろう。国立国会図書館でも各種の電子サービスが展開されており，明治期の文献などを画像データ化したものがオンラインで閲覧できる。

学術雑誌のバックナンバーをデジタル化した文献サービスもある。その一つ，**JSTOR** は社会科学や人文学などの英語の主な学術雑誌のバックナンバーをオンライン上で提供するサービスだ。ブラウザで閲覧でき，ダウンロードしたりプリントアウトしたりできる。以前は海外の雑誌文献の過去記事を閲覧するには，その雑誌を所蔵する図書館を探し，その雑誌を探し，必要なページを複写する必要があった。北米の主な大学図書館では JSTOR が使えるので，留学中の人はぜひ利用するといいだろう。日本も契約している大学が増えた。個人での利用も可能だが，有料である。日本の学術用電子ジャーナルについては，独立行政法人の科学技術振興機構が運営する **J-STAGE** というサイトがあり，こちらは原則無料である。

新聞や雑誌の過去記事を検索・閲覧できるサービスもある。利用のしかたによっては社会学的リサーチの強力な武器になるだろう。個人契約による利用も可能だが，多くの場合，高額である。大学図書館などで国内・国外各社の新聞データベースと契約していることが多いので，まずはそちらを利用するとよいだろう。

■官公庁サイト

社会学の勉強や研究にとって，官公庁が公表する統計資料や報告書は基礎資料となることが多い。従来はこういった資料を探すのは大変な手間であったが，現在では各省庁のサイト上で入手でき，格段に便利になった。また各国の政府のサイトからその国の統計情報を入手することも可能だ。

首相官邸	**http://www.kantei.go.jp/**
ホワイトハウス（アメリカ）	**http://www.whitehouse.gov/**
国際連合	**http://www.un.org/**

■社会学会サイト

各国の社会学会では独自のサイトを運営しているところが少なくない。中には学生や一般の人向けに社会学について紹介をしているところもある。日本社会学会のサイトでは**『社会学評論』スタイルガイド**をオンラインで参照することができる。『社会学評論』は同学会の機関誌だが，そこでの引用のしかた，注の書き方などが定められているのが同スタイルガイドである。

日本社会学会	**http://www.gakkai.ne.jp/jss/**
国際社会学会	**http://www.isa-sociology.org/**
アメリカ社会学会	**http://www.asanet.org/**
イギリス社会学会	**http://www.britsoc.co.uk/**
ドイツ社会学会	**http://www.soziologie.de/**
フランス社会学会	**http://www.afs-socio.fr/**

■報道機関サイト

社会学を勉強するなら，時事問題への理解を深めておく必要があるが，この点に関してもインターネットは基本的な情報インフラとなっている。新聞・雑誌・テレビ・ラジオなど，本来は異なるタイプのメディアがネット上で共存しており，テキスト・画像・映像・音声などを組み合わせた報道がなされている。

できれば日本語のサイトに限定せず，海外メディアのサイトも利用したい。海外ニュースは現地報道を読めばより詳しくわかることが多い。語学力アップもかねて，ぜひ挑戦してみよう。ここには海外メディアのサイトをいくつか紹介する。

The New York Times	**http://www.nytimes.com/**
The Washington Post	**http://www.washingtonpost.com/**

The Times	http://www.timesonline.co.uk/
CNN	http://www.cnn.com/
BBC	http://www.bbc.com/
NPR（アメリカの公共ラジオ）	http://www.npr.org/

付録2　留学して社会学を学ぶ

著者は学部生・大学院生・教員を日米両国の大学で経験してきたこともあり，留学を希望する人からしばしば相談を受ける。相談に応えているうち，アドバイスできることが少しずつたまってきた。ここでは「留学して社会学を学ぶ」ことをメインテーマに，いくつかのトピックについてお話したい。日本（語）で育った人を念頭に，また著者の経験上，北米の大学への留学を中心に書くことにする。

付録 2-1　学部での留学

日本語を母語とする人が海外の大学（学部レベル）で学ぶ場合，〈日本あるいは海外の高校を出てから海外で進学するケース〉や〈日本の大学に進学し，交換留学などで海外の大学で学ぶケース〉などがある。社会学を専攻する人もいるだろうし，専攻はしないが社会学科目を履修する人もいるだろう。いろいろなパターンを念頭に，いくつかのアドバイスを述べさせていただく。

留学が決まっている人から受ける定番の質問は，どんな準備をしておけばいいか，である。どんな社会学の本を読んでおけばいいか，という質問も同様だ。社会学の予備知識をつけておかないと不安ということだろう。しかし留学が迫っているのなら，残された時間はむしろ語学能力の向上に集中した方がよくないだろうか。予備知識に頼って留学するよりも，少しでも現地での授業についていけるようにする方が先決だろう。

留学先で重要なのは，先生の講義が理解でき，ノートが取れ，リーディングがこなせ，ペーパーが書け，発言できることである。とくに講義の理解とノートテイキングはすぐに必要だ。英語圏へ行く人の場合，CNN や BBC などのニュースは聞き取れるだろうか？　その要点をノートにメモすることはできるだろうか？　それができるなら社会学の授業にはついていけるだろう。難しいなら，そこを鍛えよう。

語彙力もつけておきたい。ニュース・時事問題に登場する単語は社会学の授業にも出てくる可能性が高い。リーディング課題の量も半端なく多いので，対応できるようにしておきたい。余裕があればライティング・ディスカッション・プレゼンテーションなどの力も鍛えたいところである。理学・工学・音楽・スポーツなどの留学とは違い，社会学の場合は語学力がきわめて重要だ。

インターネット上で国内外の大学の授業を視聴するのもいい準備になると思われる。検索エンジンで，たとえば “sociology lecture” とでも入れて動画を探すと多数の検索結果が表示されることだろう。YouTube の中で検索するのもいい手だ。コロナ禍でオンライン授業がぐっと身近になったが，海外の大学で，現地に行かずともオンラインで学位を取得するという選択肢もこれまで以上に現実味を帯びてきている。

留学先の大学はどうやって選べばよいか？　その手の情報はあちこちに転がっているが，社会学に関していうと，とくに学部レベルの場合，必ずしも大規模校がいいとはいえない。たしかに大規模校は社会学科の規模も大きく科目が多彩で教授も多い。図書館も充実しているはずだ。その反面，授業あたりの学生数が多く，とくに入門レベルの社会学は大教室での講義が珍しくない。大規模な授業では，小集団に分かれてのディスカッションや学生の個別指導が “tutor”（イギリス・ニュージーランド・オーストラリアなど）や “teaching assistant”（米国やカナダ）という大学院生の助手にまかされている場合もある。教授が一留学生のことを認識してくれるかどうかはわからない。その点，規模の小さい大学であれば教授の人数や科目の種類が限られるが，先生に覚えてもらいやすい。先生にいい評価をしてもらえるようなら，将来，就職や進学に必要な推薦状を書いてもらえるかもしれない。ただ小規模校の場合，不幸にして教授との相性が悪い場合，他の選択肢が狭いことも考えられる。

どの授業を履修するか。カリキュラム上の必修科目や単位数を揃えるのは当然として，オンライン上のシラバスを見て科目を選択するのが普通だろう。教授の評判も気になるところだ。教授に対する評価が書き込まれているサイトを参考にする人もいる。ただネット情報のご多分に漏れず，信頼性に欠けることもありうる。現地で他の学生に尋ねるのはいかがだろう。「オススメの授業」を尋ねるのだ。

授業が始まると，自分の語学力とのたたかいになる。講義を聞きながらノートをとっていると あれ，この単語のつづりは？などと思っているうちに講義が先に進み，話を聞き落としたりすることもある。重要なポイントでは早口になる先生もいる。許可を取ったうえで録音する手もあるが，後で聞き直す時間はほぼないだろう。毎回，一生懸命聞いていれば，数カ月すればかなり聞き取れるようになるものなので，がんばってほしい。授業中に発言するのも，日本の多くの学校を出た人にとっては難しいかもしれない。ただ他の学生の発言もよく聞けば，たいした発言ではない場合もあるので，恐れず少しずつ発言すればいい。最初は「すみません，もう一度お願いします」ぐらいから試してはいかがだろうか。

月並みだが，語彙をつけるには新聞を読むのがいい。とくに社会学の場合は報道に出てくる単語を知っておくことが望ましい。新聞，とくに高級紙とよばれるものは読者に何をどうやって伝えるかを吟味して書かれているので，書き方，伝え方という点でも勉強になる。デジタル購読の，しかも教育用ディスカウントではかなり安くなるものもあるので利用を検討されたい。大学のネットワーク内なら読める新聞があるかもしれない。スマホやタブレットで読む時の利点の１つは，知らない単語があれば，その単語を画面上で長押しすれば辞書がポップアップすることだ。機種によってはそのように設定しておく必要があるかもしれない。

学部生が課題として提出するペーパー類は，学生が授業とリーディングをどの程度理解しているかを教員が確認する，という色彩が強い。日本（語）のコミュニケーションでは，わかっていることは省略して話したり書いたりしがちなので，日本（語）で育った人は，外国の大学でペーパー（レポート）を書くときも，本人にとっては自明のことを省略しがちだ。ところが採点者からすると，重要部分が省略されたペーパーは，理解不足に見える可能性がある。ケース・バイ・ケースではあるが，授業に出てきた重要概念や理論などは，ペーパーの中でとりあげ，理解していることを示しておくとよいだろう。ペーパーの書き方についてもネット上に様々な意見があるので，調べておくのも悪くない。

付録 2-2　大学院での留学

ここでは主にアメリカの大学院に留学する場合を想定して話を進める。日本の社会学の大学院での入試問題を見ると，社会学に関する知識が試される問題が目立つ。また出願時にかなり具体的な研究計画を書くよう指示される場合もある。いっぽう，アメリカの社会学の大学院は，入学願書・学部時代の成績・ペーパーの実例・推薦状などが重視され，最近はオンライン面接が課される場合もある。留学生の場合は TOEFL スコアも報告しなければならない。出願締切はかなり早く，準備には時間と手間が結構かかるので，早め早めに行動する必要がある。学部時代の成績をできるだけよくしておくことも重要だ。

アメリカの大学院は入試がないので，出願者の社会学に関する知識よりも，知的能力・勤勉性・研究者としての将来性などを重視しているようである。そこで推薦状はひとつのファクターとなる。日本での推薦状は，人物確認・保証的な意味合い程度だが，アメリカの大学院の推薦状では，推薦者がどの程度被推薦者を知っていて，どんな具体的エピソードがあり，どの程度強く推薦しているのか，などが問われる。被推薦者をよく知っていて高く評価してくれる先生に推薦してもらうことが重要で，もちろん英語で書いてもらわないといけない。

社会学の大学院を出た後の就職は，研究所や民間企業や NGO などでの研究職に進む人もいるが，多くは大学で自分の研究をしながら担当科目を教える，という大学教員の道を選ぶ。修士号だけでは大学での就職は望めないので，社会学の場合，基本的に院生全員が博士号（Ph.D.）を目指す，という暗黙の前提があり，実際，必ずしも途中で修士号の取得を要求しない大学院もある。Ph.D. 取得までには 2 ～ 3 年のコースワークのあと資格試験，博士論文計画書の口頭試問，博士論文の調査と執筆，博士論文の口頭試問といった段階があり，時間と気力が要求される。院生の間は経済的な挑戦も続く。ティーチング・アシスタントやリサーチ・アシスタントをすると授業料が免除され，なにがしかの給料が支給され，健康保険が付帯することが多い。講師として自分の授業を担当できるようになるかもしれない。

では進学先をどうするか。あるアメリカの社会学大学院の責任者に聞いた話では，アメリカでは社会学分野で「トップ50」とされる大学院があり，それらの卒業生が全米で4000ほどある大学に就職しているという。将来のことを考えると，なるべく知名度の高い大学院がいいだろう。もちろん，自分の関心分野とその大学の得意分野なども考慮すべきだ。

大学選定の際，もし可能なら，候補の大学を訪問するとよい。出願前か，合格決定後のタイミングとなる。前もって連絡を入れておいて社会学科や図書館を見学し，教授や大学院生と話をさせてもらう。自分の関心や懸念事項について質問できるし，大学院生に「この大学院に来てよかったか」など尋ねると結構率直に答えてくれたりする。

外国の大学や大学院で社会学を勉強していると，日本社会について尋ねられ，うまく返答できずに当惑する場合があるかもしれない。しかしこれはチャンスとしてとらえたい。日本社会について再勉強するチャンスだし，国外から日本に向けられる質問には，根源的で重要な視点が含まれている場合がある。「問い」は学問の原動力なので，活用しよう。

留学しようとしている読者の皆さん，応援しています！

引用・参照文献リスト

Adorno, Thedore W., 1950, *The Authoritarian Personality,* New York : Harper.

Abegglen, James C., 1958, *The Japanese Factory : Aspects of its Social Organization,* Glencoe, Ill, Free Press.（=1958，占部都美監訳『日本の経営』ダイヤモンド社.）

Abel-Smith, Brian, and Peter Townsend, 1966, *The Poor and the Poorest : a New Analysis of the Ministry of Labour's Family Expenditure Surveys of 1953-54 and 1960,* London : Bell.

青木保，1990，『「日本文化論」の変容：戦後日本の文化とアイデンティティー』中央公論社.

アマード，アンドレ，2007，「大使からのメッセージ」(http://www.brasemb.or.jp/embaixada/fra_mensagem.htm，2007.03.11).

Barrett, Michèle, and Mary McIntosh, 1982, *The anti-social family,* London : NLB.

Barton, Allen H., 1963, *Social Organization Under Stress : A Sociological Review of Disaster Studies,* Washington, D. C.: National Academy of Sciences National Research Council. (http://archive.org/stream/socialorganizati00bartrich/socialorganizati00bartrich_djvu.txt, April 26, 2015).

Barton, Allen H., 1969, *Communities in Disaster : A Sociological Analysis of Collective Stress Situations,* Garden City, New York : Doubleday and Company, Inc.

Beauvoir, Simone de, 1949, *Le deuxième sexe,* Paris : Editions Gallimard.（=1997a，井上たか子・木村信子監訳『決定版　第二の性　Ⅰ事実と神話』新潮社，1997b，中嶋公子・加藤康子監訳『決定版　第二の性　Ⅱ体験』新潮社.）

Beck, Ulrich, 1986, *Risikogesellschaft auf dem Weg in eine anderne Moderne,* Frankhurt : Suhrkamp,（=1992, Ritter, Mark, tr., *Risk Society : Towards a New Modernity,* London : Newbury Park, New Delhi : Sage,)（=1998，東廉・伊藤美登里訳『危険社会：新しい近代への道』法政大学出版局.）

Becker, Howard S., 1963, *Outsiders : Studies in the Sociology of Deviance,* Glencoe, IL : Free Press.（=1993，村上直之訳『アウトサイダーズ――ラベリング理論とは何か』新泉社.）

Becker, Howard S., and Michal McCall eds., 1990, *Symbolic Interaction and Cultural Studies,* Chicago : The University of Chicago Press.

Befu, Harumi, 1993, "Nationalism and Nihonjinron," Harumi Befu, ed., *Cultural Nationalism in East Asia : Representation and Identity,* Berkeley : Institute of

East Asian Studies, University of California.

———, 2001, *Hegemony of Homogeneity : an Anthropological Analysis of Nihonjinron,* Melbourne : Trans Pacific Press.

ベフ･ハルミ, 1984,「イデオロギーとしての日本文化論」『思想の科学』２月号 : 6-19.

———, 1997,『増補新版　イデオロギーとしての日本文化論』思想の科学社。

Bell, Daniel, 1973, *The Coming of Post-Industrial Society : a Venture in Social Forecasting,* New York : Basic Books.（＝1975, 内田忠夫他訳『脱工業社会の到来——社会予測の一つの試み』ダイヤモンド社.）

Bellah, Robert, ed., 1985, *Habit of the Hearts : Individualism and Commitment in American Life,* University of California Press.（＝1991, 島薗進他訳『心の習慣——アメリカ個人主義のゆくえ』みすず書房.）

Benedict, Ruth, 1946, *The Chrisanthemum and the Sword : Patterns of Japanese Culture,* Boston : Houghton Mifflin Company.（＝1967, 長谷川松治訳『菊と刀——日本文化の型』改版, 社会思想社.）

Benjamin, Walter, [1936] 1970, 高木久雄・高原宏平訳「複製技術の時代における芸術作品」佐々木基一編『複製技術時代の芸術　ヴァルター・ベンヤミン著作集２』晶文社.

Benoît-Guilbot, Odile, and Duncan Gallie, eds., 1994, *Long-Term Unemployment,* London : Pinter Publishers.

Bernstein, Basil B., 1971, *Class, Codes and Control* (1-4), London : Routledge & Kegan Paul.

Blumer, Herbert, 2000, *Selected Works : A Public Philosophy for Mass Society,* University of Illinois Press.

Bowles, Samuel, and Herbert Gintis, 1976, *Schooling in capitalist America : educational reform and the contradictions of economic life,* New York : Basic Books.（＝1986, 宇沢弘文訳『アメリカ資本主義と学校教育——教育改革と経済制度の矛盾』岩波書店.）

———, 2001, *Schooling in Capitalist America Revisited,* (Retrieved June 20, 2006 http://www.umass.edu/preferen/gintis/soced.pdf).

Braverman, Harry, 1974, *Labor and Monopoly Capital : the Degradation of Work in the Twentieth Century,* New York : Monthly Review Press.（＝1978, 富沢賢治訳『労働と独占資本——20世紀における労働の衰退』岩波書店.）

Catton, Willliam R., and Riley E. Dunlap, 1978, "Environmental Sociology : a New Paradigm," *The American Sociologist,* 13 : 41-9.

———, 1980, "A New Ecological Paradigm for Post-exuberant Sociology," *American Behavioral Scientist,* 24 : 15-47.

中央公論編集部編，2001，『論争・中流崩壊』中央公論新社.

Chodorow, Nancy, 1978, *The Reproduction of Mothering: Psychoanalysis and the Sociology of Gender,* CA: University of California Press.

Cockerham, William C., 1995, *The Global Sociology: An Introduction to Sociology,* New York: McGraw-Hill.

Collins, Randall, 1975, *Conflict Sociology,* New York: Academic Press.

———, 1978, *The Credential Society,* New York: Academic Press.（＝1984，大野雅敏・波平勇夫訳『資格社会——教育と階層の歴史社会学』有信堂高文社.）

Davis, John H., and Ray Allan Goldberg, 1957, *A Concept of agribusiness,* Boston: Division of Research, Graduate School of Business Administration, Harvard University.

電通2021年4月8日ニュースリリース「電通，『LGBTQ＋調査を実施』.

Drabek, Thomas E., 2005, *Sociology, Disasters and Emergency Management: History, Contributions, and Future Agenda,* (Retrieved April 26, 2015 http://training.fema.gov/emiweb/downloads/drabeksociologydisastersandem.pdf).

Durkheim, Émile, 1893, *De la division du travail social: étude sur l'organisation des sociétés supérieures,* Paris: Alcan.（＝1989，井伊玄太郎訳『社会分業論』上・下，講談社.）

———, 1895, *Les Règles de la méthode sociologique.* Paris: Alcan.（＝1979，佐々木交賢訳『社会学的方法の基準』学文社.）

———, 1897, *Le Suicide: étude de sociologie,* Paris: Alcan.（＝1985，宮島喬訳『自殺論』中央公論社.）

———, 1912, *Les Formes élémentaires de la vie religieuse: le système totémique en Australie,* Paris: Alcan.（＝1975，古野清人訳『宗教生活の原初形態』改訳版，上・下，岩波書店.）

土居健郎，1971，『甘えの構造』弘文堂.

Dore, Ronald P., 1973, *British Factory-Japanese Factory: The Origins of National Diversity in Industrial Relations,* Berkeley: University of California Press.（＝1993，山之内靖・永易浩一訳『イギリスの工場・日本の工場』筑摩書房.）

Dower, John W., 1999, *Embracing Defeat: Japan in the Wake of World War II,* New York: Norton & Co.（＝2001，三浦陽一・高杉忠明訳『敗北を抱きしめて——第二次大戦後の日本人　上・下』岩波書店.）

Dugdale, Richard Louis, 1877, *The Jukes: a Study in Crime, Pauperism, Disease and Heredity,* New York: G. P. Putnam's Sons.

Elder, Glen H., 1974, *Children of the Great Depression: Social Change in Life Experience,* Chicago: University of Chicago Press.（＝1997，本田時雄他訳『大

恐慌の子どもたち――社会変動と人間発達』新装版，明石書店.）
Embree, John F., 1939, *Suye Mura : a Japanese Village,* Chicago : The University of Chicago Press.
Falk, William W. and Thomas A. Lyson, 2007, "Rural sociology." *The Blackwell Encyclopedia of Sociology.* Ritzer, George (ed.), Blackwell Publishing, 2007. Blackwell Reference Online. (Retrieved February 21, 2007 http://www.blackwellreference.com/subscriber/tocnode?id=g9781405124331_chunk_g978140512433123_ss1-84).
Findlay, Mark, 1999, *The Globalisation of Crime : Understanding Transitional Relationships in Context,* Cambridge University Press.
Fiske, Marjorie, Patricia L. Kendall, Robert King Merton and Albert E. Gollin, 1990, *Focused Interview : A Manual of Problems and Procedures,* New York : Free Press.
Friedan, Betty, 1963, *The Feminine Mystique,* New York : Norton.（＝1986，三浦冨美子訳『新しい女性の創造』大和書房.）
Fromm, Erich, 1941, *Escape from Freedom,* New York : Reinehart and Winston.（＝1965，日高六郎訳『自由からの逃走』新版東京創元社.）
深谷昌志，1998，『良妻賢母主義の教育』黎明書房.
福地誠，2006，『教育格差絶望社会』洋泉社.
舩橋晴俊，2001，「環境問題の社会学的研究」飯島伸子・鳥越皓之・長谷川公一・舩橋晴俊編『講座環境社会学　1　環境社会学の視点』有斐閣，29-62.
Galbraith, John Kenneth, 1958, *The Affluent Society,* Boston : Houghton Mifflin.
Garfinkel, Harold, 1967, *Studies Ethnomethodology,* Englewood Cliffs, N. J.: Prentice-Hall.
Gelles, Richard J., and Ann Levine, 1995, *Sociology : An Introduction,* New York : McGraw-Hill.
Giddens, Anthony, 1999, *Runway World : How Globalisation is Reshaping Our Lives,* London : Profile.（＝2001，佐和隆光訳『暴走する社会――グローバリゼーションは何をどう変えるのか』ダイヤモンド社.）
―――, 2001, *Sociology,* Fourth Edition, Cambridge, U. K.: Polity Press.
Glaser, Barney G., and Anselm L. Strauss, 1967, *The Discovery of Grounded Theory : Strategies for Qualitative Research,* Chicago : Aldine Pub. Co.（＝1996，後藤隆他訳『データ対話型理論の発見――調査からいかに理論をうみだすか』新曜社.）
Goffman, Alice, 2014, *On the Run : Fugitive Life in an American City,* Chicago : University of Chicago Press.（＝2021，二文字屋修訳『逃亡者の社会学――アメリカの都市に生きる黒人たち』亜紀書房.）

浜口恵俊，1977，『「日本らしさ」の再発見』日本経済新聞社.

埴原和郎，1997『日本人の骨とルーツ』角川書店.

Harrington, Michael, 1962, *The Other America,* New York : Macmillan.

Hearn, Lafcadio, 1904, *Kwaidan : Stories and Studies of Strange Things,* Boston : Houghton, Mifflin and Co.

Hillery, George A. 1955, "Definitions of Community : Areas of Agreement," *Rural Sociology,* 20 (2) : 111-123.

広井良典，1999，『日本の社会保障』岩波書店.

Hock, Roger R., 2012, *Forty Studies that Changed Psychology : Explorations into the History of Psychological Research,* 7th Edition, Pearson.

Hochschild, Arlie Russell, 1989, *The Second Shift,* New York : Viking.（＝1990，田中和子訳『セカンド・シフト　第二の勤務――アメリカ　共働き革命のいま』朝日新聞社.）

五十嵐太郎，2001，『新宗教と巨大建築』講談社.

飯島伸子，1993，「環境問題の社会学的研究――その軌跡と今後の展望」飯島伸子編，1993，『環境社会学』有斐閣，213-32.

飯島伸子，1995，『環境社会学のすすめ』丸善.

飯島伸子，1998，「総論　環境問題の歴史と環境社会学」舩橋晴俊・飯島伸子編，1998，『講座社会学　12　環境』東京大学出版会，1-42.

飯島伸子，2001，「環境社会学の成立と発展」飯島伸子・鳥越皓之・長谷川公一・舩橋晴俊編『講座環境社会学　1　環境社会学の視点』有斐閣，1-28.

Irwin, Alan, 2001, *Sociology and the Environment,* Cambridge, U. K. : Polity Press.

石井研士，1997，『データブック現代日本人の宗教――戦後50年の宗教意識と宗教行動』新曜社.

井上順孝，2002，『宗教社会学のすすめ』丸善.

Janis, Irving L., 1972, *Groupthink,* Boston : Houghton Mifflin Company.

Johnson, Shila, 1991, *The Japanese through American Eyes,* Stanford : Stanford University Press.（＝1986，鈴木健次訳『アメリカ人の日本観――ゆれ動く大衆感情』サイマル出版会.）

鎌田慧，1983，『自動車絶望工場――ある季節工の手記』講談社文庫.

苅谷剛彦，1995，『大衆教育社会のゆくえ――学歴主義と平等神話の戦後史』中央公論社.

―――，2003，「教育における階層格差は拡大しているか」樋口義雄他編『日本の所得格差と社会階層』日本評論社，129-143.

加藤周一，1956，『雑種文化――日本の小さな希望』大日本雄弁会講談社.

Katz, Elihu, and Paul F. Lazarsfeld, 1955, *Personal Influence : the Part Played by*

People in the Flow of Mass Communications, Glencoe, Ill.: Free Press.
河合隼雄，1976，『母性社会日本の病理』中央公論社.
川島武宜，1949，『日本社会の家族的構成』学生書房.
川村リリ，2000，『日本人社会とブラジル人移民——新しい文化の創造をめざして』明石書店.
金融広報中央委員会，2014，「家計の金融資産に関する世論調査」，(2015年1月11日取得，http://www.shiruporuto.jp/finance/chosa/yoron2014/pdf/yoron14.pdf).
警察庁，2015，「広報資料　平成23年（2011年）東北地方太平洋沖地震の被害状況と警察措置」(2015年3月18日取得，http://www.npa.go.jp/archive/keibi/biki/higaijokyo.pdf).
Killian, Lewis M., 1956, *An Introduction to Methodological Problems of Field Studies in Disasters*. Washington, D.C.: National Academy of Sciences/National Research Council.
小林利行，2019，「日本人の宗教的意識や行動はどう変わったか——ISSP 国際比較調査『宗教』・日本の結果から」『放送研究と調査』4：52-72.
児玉実英，1995，『アメリカのジャポニズム——美術・工芸を超えた日本志向』中央公論社.
駒井洋，1999，『日本の外国人移民』明石書店.
国際連合経済社会局，2019，『世界人口推計2019年版——データブックレット』.
是川夕，2018，「日本における国際人口移動転換とその中長期的展望——日本特殊論を超えて」『移民政策研究』10：13-28.
Kuhn, Thomas Samuel, 1962, *The Structure of Scientific Revolutions*, Chicago: The University of Chicago Press.（＝1971，中山茂訳『科学革命の構造』みすず書房.）
九鬼周三，1930，『「いき」の構造』岩波書店.
Le Bon, Gustave, [1895] 1960, *The Crowd*, New York: Viking.（＝1993，桜井成夫訳『群集心理』講談社.）
Lewis, Oscar, 1959, *Five Families: Mexican Case Studies in the Culture of Poverty*, New York: Basic Books.
———, 1961, *The Children of Sanchez, Autobiography of a Mexican Family*, New York: Random House.
———, 1966, *La vida: a Puerto Rican Family in the Culture of Poverty*, San Juan and New York: Random House.
LINE 株式会社，2014，資料「LINE，事業戦略発表イベント「LINE CONFERENCE TOKYO 2014」を開催」，(2015年2月26日取得，http://linecorp.com/ja/pr/news/ja/2014/844).
MacIver, Robert, [1917] 1920, *Community: A Sociological Study*, London: Macmillan

and Co., Limited.

Malthus, Thomas Robert, 1798, *An Essay on the Principle of Population,* London : J. Johnson.

Marshall, Gordon, 1998, *Dictionary of Sociology,* Oxford : Oxford University Press.

マルクス，カール，［1867-94］1997，社会科学研究所監修・資本論翻訳委員会訳『資本論』新日本出版社.

マルクス，カール，フリードリヒ・エンゲルス，［1845-46］2000，新訳刊行委員会訳『新訳ドイツ・イデオロギー』新訳刊行委員会.

―――，［1848］1998，服部文男訳『共産党宣言』新日本出版社.

丸山真男，1961，『日本の思想』岩波書店.

McFarland, H. Neil, 1967, *The Rush Hour of the Gods : A Study of New Religious Movements in Japan,* New York : Macmillan.（＝1969，内藤豊・杉本武之訳『神々のラッシュアワー――日本の新宗教運動』社会思想社.）

Mead, George Herbert, 1934, *Mind, Self & Society from the Standpoint of a Social Behaviorist,* Chicago : The University of Chicago Press.（＝1973，稲葉三千男・滝沢正樹・中野収訳『精神・自我・社会』青木書店.）

Mead, Margaret, 1935, *Sex and Temperament in Three Primitive Societies,* New York : W. Morrow & company.

Merton, Robert K., 1957, *Social Theory and Social Action,* New York : The Free Press.（＝1961，森東吾他訳『社会理論と社会構造』みすず書房.）

Mills, C. Wright, 1956, *The Power Elite,* New York : Oxford University Press.（＝1969，鵜飼信成・綿貫譲治訳『パワー・エリート』東京大学出版会.）

―――, 1959, *The Sociological Imagination,* New York : Oxford University Press.（＝1965，鈴木広訳『社会学的想像力』紀伊國屋書店.）

耳塚寛明，2006，『学力・家庭的背景・学校――JEL 2003報告』第58回日本教育社会学会大会報告，2006年９月22日，於大阪教育大学.

―――，2014，『文部科学省委託研究「平成25年度全国学力・学習状況調査（きめ細かい調査）」の結果を活用した学力に影響を与える要因分析に関する調査研究』，(2014年１月13日取得，http://www.nier.go.jp/13chousakekkahoukoku/kannren_chousa/pdf/hogosha_summary.pdf).

南博，1994，『日本人論――明治から今日まで』岩波書店.

皆村武一，1998，『「ザ・タイムズ」にみる幕末維新』中央公論社.

森田洋司・清水賢二，1994，『新訂版　いじめ――教室の病い』金子書房.

内藤朝雄，2001，『いじめの社会理論』柏書房.

中根千枝，1967，『タテ社会の人間関係』講談社.

Nakao, Keiko, 2000. "Occupational Prestige," Edgar F. Borgatta and Rhonda. J. V.

Montgomery eds., *Encyclopedia of Sociology,* Revised edition, New York : Macmillan, 1996-2002.

Nakao, Keiko, and Judith Treas, 1994, "Updating Occupational Prestige and Socioeconomic Scores : How the New Measures Measure Up," *Sociological Methodology,* 24 : 1-72.

NHK『クローズアップ現代』2021.6.24.

日本能率協会, 2005,『成果主義に関する調査結果の発表』(http://www.jma.or.jp/keikakusin/2004/research/20050223.pdf, 2007.03.28).

日本社会学会, 1999,「一般的留意事項」(http://wwwsoc.nii.ac.jp/jss/JSRstyle/JSRstyle(6).html, 2002.11.15).

野添憲治, 1996,『花岡事件を追う――中国人強制連行の責任を問い直す』御茶の水書房.

小熊英二, 1995,『単一民族神話の起源――〈日本人〉の自画像の系譜』新曜社.

岡部恒治・戸瀬信之・西村和雄, 1999,『分数ができない大学生――21世紀の日本が危ない』東洋経済新報社.

小此木啓吾, 1978,『モラトリアム人間の時代』中央公論社.

奥井智之, 1994,『日本問題――「奇跡」から「脅威」へ』中央公論社.

大野晃, 2005,『山村環境社会学序説　現代山村の限界集落化と流域共同管理』農山漁村文化協会.

Park, Robert, and Ernest W. Burgess, 1921, *An Introduction to the Science of Sociology,* Chicago : The University of Chicago Press.

Parsons, Talcott, 1959, "The Social Class as a Social System : Some of Its Functions in American Society," *Harvard Educational Review* 29 (4) : 297-313.

Parsons, Talcott, and Robert F. Bales, 1956, *Family Socialization and Interaction Process,* London : Routledge and Kegan Paul.(=2001, 橋爪貞雄訳『家族――核家族と子どもの社会化』黎明書房.)

Passin, Herbert, 1965, *Society and Education in Japan,* New York : Bureau of Publications, Teachers College, Columbia University.

Putnam, Robert D., 2000, *Bowling Alone : the Collapse and Revival of American Community,* New York : Simon & Schuster.(=2006, 柴内康文訳『孤独なボウリング――米国コミュニティの崩壊と再生』柏書房.)

連合『仕事の世界におけるハラスメントに関する実態調査2021』, https://www.jtuc-rengo.or.jp/info/chousa/data/20210625.pdf?7318　アクセス日2021年8月16日

Rheingold, Howard, 1993, *The Virtual Community : Homesteading on the Electronic Frontier,* Perseus Books.(=1995, 会津泉訳,『バーチャル・コミュニティ：コ

ンピューター・ネットワークが創る新しい社会』三田出版会.）

李玉，1998，南條克巳訳「中国の日本研究――回顧と展望」（2002年10月20日取得，http://www.obirin.ac.jp/unv/plan/siryousyu/ri.htm）.

リクルート・ワークス研究所，2012，『ワーキングパーソン調査』（https://www.works-i.com/pdf/S_000232.pdf, 2013.01.15）.

Rist, Ray, 1970, "Student Social Class and Teacher Expectations : The Self-Fulfilling Prophecy in Ghetto Education" *Harvard Educational Review* 40 (3) : 411-451.

Ritzer, George, 1993, *The McDonaldization of Society : an Investigation into the Changing Character of Contemporary Social Life*, Newbury Park, Calif.: Pine Forge Press.（＝1999，正岡寛司訳『マクドナルド化する社会』早稲田大学出版部.）

Rosenthal, Robert, and Lenore Jacobson, 1968, *Pygmalion in the Classroom*. New York : Rinehart and Winston.

Ryan, William, 1971, *Blaming the Victim,* New York : Pantheon Books.

佐伯彰一，1987，「まえがき」佐伯彰一・芳賀徹編『外国人による日本論の名著』中央公論社.

斎藤貴男，2000，『機会不平等』文藝春秋社.

齋藤毅，2005，『明治のことば――文明開化と日本語』講談社.

坂口安吾，1946，「堕落論」『新潮』２月号，新潮社.

Sassen, Saskia, 1991, *The Global City : New York London Tokyo*. Princeton : Princeton University Press, New ed., 2001.

佐藤俊樹，2000，『不平等社会日本――さよなら総中流』中央公論新社.

Satow, Ernest Mason, 1921, *A Diplomat in Japan,* London : Seeley, Service & Co.（＝1960，坂田精一訳『一外交官の見た明治維新』岩波書店.）

Schaefer, Richard T., and Robert P. Lamm, 1997, *Sociology : A Brief Introduction,* New York : McGraw-Hill.

関口裕子・服藤早苗・長島淳子・早川紀代・浅野富美枝，1998，『家族と結婚の歴史』森話社.

志田基与師・盛山和夫・渡辺秀樹，2000，「結婚市場の変容」盛山和夫他編『日本の階層システム　第４巻　ジェンダー・市場・家族』東京大学出版会，157-176.

島薗進，2001，『ポストモダンの新宗教――現代日本の精神状況の底流』東京堂出版.

Shipler, David, 2004, *The Working Poor : Invisible in America*. New York : Alfred A. Knopf.（＝2007，森岡孝二訳『ワーキング・プア――アメリカの下層社会』岩波書店.）

Smelser, Neil, 1994, *Sociology*, Cambridge, MA : Blackwell Publishers.

Smith, Alan K., 1991, *Creating a World Economy : Merchant Capital, Colonialism, and World Trade, 1400*-1825, Boulder : Westview Press.

Smith, Philip, 1998, "The New American Cultural Sociology : an Introduction," Philip Smith ed., *The New American Cultural Sociology,* Cambridge, U. K. : Cambridge University Press, 1-14.

杉本良夫・ロス・マオア，1982，『日本人は「日本的」か——特殊論を越え多元的分析へ』東洋経済新報社.

杉本良夫・ロス・マオア，1995，『日本人論の方程式』筑摩書房.

Sugimoto, Yoshio, 1997, *An Introduction to Japanese Society,* Cambridge : Cambridge University Press.

Sutherland, Edwin, 1940, "White-Collar Criminality," *American Sociological Review,* 5 : 1-12.

———, 1945, "Is 'White-Collar Crime' Crime ?," *American Sociological Review,* 10 : 132-139.

滝沢正樹，1976，『コミュニケーションの社会理論』新評論.

橘木俊詔，1998，『日本の経済格差——所得と資産から考える』岩波書店.

Taylor, Frederick W., 1911, *The Principles of Scientific Management,* New York and London : Harper & Brothers.

Thomas, William Isaac, and Florian Znaniecki, 1918, *The Polish Peasant in Europe and America : Monograph of an Immigrant Group,* Chicago : The University of Chicago Press.（＝1983，桜井厚訳『生活史の社会学——ヨーロッパとアメリカにおけるポーランド農民』御茶の水書房.）

Tönnies, Ferdinand, 1887, *Gemeinschaft und Gesellschaft ; Abhandlung des Communismus und des Socialismus als empirischer Culturformen,* Leipzig : Fues.（＝1957，杉之原寿一訳『ゲマインシャフトとゲゼルシャフト——純粋社会学の基本概念』岩波書店.）

Toffler, Alvin, 1970, *Future Shock,* New York : Random House.（＝1982，徳山二郎訳『未来の衝撃』中央公論社.）

———, 1980, *The Third Wave,* New York : Morrow.（＝1982，徳岡孝夫監訳『第三の波』中央公論社.）

———, 1990, *Powershift : Knowledge, Wealth, and Violence at the Edge of the 21st Century,* New York : Bantam Books.（＝1993，徳山二郎訳『パワーシフト——21世紀へと変容する知識と富と暴力』中央公論社.）

富永健一，1990，『日本の近代化と社会変動——テュービンゲン講義』講談社.

———，1996，『近代化の理論——近代化における西洋と東洋』講談社.

———，2001，『社会変動の中の福祉国家——家族の失敗と国家の新しい機能』中央公論新社.

戸瀬信之・西村和雄，2001，『大学生の学力を診断する』岩波書店．

辻由美，1998，『カルト教団太陽寺院事件――94～97年，フランス，スイス，カナダを舞台に前代未聞の集団死事件が起きていた！』みすず書房．

牛島盛光，1988，『写真民族誌　須恵村――1935―1985』日本経済評論社．

Vogel, Ezra F., 1979, *Japan as Number One : Lessons for America,* Cambridge, MA. and London : Harvard University Press.（＝1979，広中和歌子・木本彰子訳『ジャパン・アズ・ナンバーワン――アメリカへの教訓』TBS ブリタニカ.）

和田秀樹，1999，『学力崩壊――「ゆとり教育」が子どもをダメにした』PHP 研究所．

Waller, Willard, 1961, *The Sociology of Teaching,* New York : Russell and Russell.

Wallerstein, Immanuel, 1974, *Modern World-System I : Capitalist Agriculture and the Origins of the European World*-economy in the Sixteenth Century, New York : Academic Press.（＝2006，川北稔訳『近代世界システム〈1〉――農業資本主義と「ヨーロッパ世界経済」の成立』岩波書店.）

―――, 1980, *Modern World-System II : Mercantilism and the Consolidation of the European World-economy, 1600*-1750, New York : Academic Press.（＝2006，川北稔訳『近代世界システム〈2〉――農業資本主義と「ヨーロッパ世界経済」の成立』岩波書店.）

―――, 1989, *Modern World-System III : The Second Era of Great Expansion of the Capitalist World-economy,* 1730-1840s, San Diego : Academic Press.（＝1997，川北稔訳『近代世界システム　1730～1840s――大西洋革命の時代』名古屋大学出版会.）

和辻哲郎，1935，『風土――人間学的考察』岩波書店．

Weber, Max, 1904-05, "Die protestantische Ethik und der Geist des Kapitalismus," *Archiv für Sozialwissenschaft und Sozialpolitik,* 20, 21.（＝1989，大塚久雄訳，『プロテスタンティズムの倫理と資本主義の精神』改訳版，岩波書店.）

―――, 1919, *Wissenschaft als Beruf,* Munich : Duncker & Humblodt.（＝1980，尾高邦雄訳『職業としての学問』改訳版，岩波書店.）

―――, 1922, "Soziologische Grundbegriffe," *Wirtschaft und Gesellschaft,* Tübingen : J. C. B. Mohr.（＝1972，清水幾多郎訳『社会学の根本概念』岩波書店.）

―――, 1922, *Wirtschaft und Gesellschaft,* Tübingen : J. C. B. Mohr.

Whyte, William Foote, 1943, *Street Corner Society : the Social Structure of an Italian Slum,* Chicago : The University of Chicago Press.（＝2000，奥田道大・有里典三訳『ストリート・コーナー・ソサエティ』有斐閣.）

Wilson, Dominic, and Roopa Purushothaman, 2003, "Global Economics Paper No. 99 : Dreaming with BRICs : the Path to 2050," (http://www2.goldmansachs.com/insight/research/reports/report6.html, 2007.03.30).

Wirth, Louis, 1928, *The Ghetto*, The University of Chicago Press.

———, 1938, “Urbanism as a Way of Life,” *American Journal of Sociology*, 44 (1) : 1-24.

Wolferen, Karel van, 1989, *The Enigma of Japanese Power : People and Politics in a Stateless Nation,* New York : A. A. Knopf.（＝1994, 篠原勝訳『日本／権力構造の謎』早川書房.）

Womack, James P., Daniel T. Jones, and Daniel Roos, 1990, *The Machine That Changed the World : the Story of Lean Production,* Cambridge, MA : The MIT Press.

World Commission on Environment and Development (WCED), 1987, O*ur Common Future (The Brundtand Report),* Oxford and New York : Oxford University Press.（＝1987, 環境庁国際環境問題研究会訳『地球の未来を守るために』福武書店.）

World Economic Forum, 2021, *Global Gender Gap Report 2021,* (Retrieved August 23, 2021, https://www.weforum.org/reports/global-gender-gap-report2021).

山田昌弘, 1999,『パラサイト・シングルの時代』ちくま書房.

———, 2007,「結婚したいなら“婚活”のススメ　就活するのに，なぜしない」『アエラ』2007年11月05日号

山下清海, 2000,『チャイナタウン——世界に広がる華人ネットワーク』丸善.

柳父章, 1982,『翻訳語成立事情』岩波書店.

人名索引

ナ　行

ハ　行

マ　行

ヤ・ラ行

ワ　行

事項索引

ア　行

カ　行

サ　行

タ　行

ナ　行

ハ　行

マ　行

ヤ 行

ラ・ワ行

ワ 行

人名索引（欧文）

L

M

P

R

S

T

V/W/Z

事 項 索 引（欧文）

A

B

C

D

E

N

O

P

Q

R

S

《著者紹介》

松田　健（まつだ・たけし）

神戸市生まれ。関西学院大学社会学部在学中に南メソジスト大学（米国テキサス州）に交換留学。関西学院大学大学院にて社会学修士取得。マサチューセッツ大学アマースト校大学院（米国マサチューセッツ州）にて社会学の Ph.D. を取得。専門は組織論，日本社会論，音楽社会学。マウントホリヨーク大学（米国マサチューセッツ州）客員助教授を経て現在は関西外国語大学教授（外国語学部・英語デジタルコミュニケーション学科）。コロラドカレッジ（米国コロラド州），マウントホリヨーク大学，ノースウェスタン大学（米国イリノイ州）で客員。訳書にウィリアム・ウェーバー，2016，『音楽テイストの大転換』（法政大学出版局），ヴァレリー・ウォルデン，2020，『チェロの100年史』（道和書院）がある。

MINERVA TEXT LIBRARY ㉚

テキスト現代社会学［第4版］

2003年5月10日　初　版第1刷発行　〈検印省略〉
2008年1月10日　第2版第1刷発行
2016年3月15日　第3版第1刷発行
2022年3月20日　第4版第1刷発行
2023年12月20日　第4版第2刷発行

定価はカバーに表示しています

著　者　松　田　　健
発行者　杉　田　啓　三
印刷者　坂　本　喜　杏

発行所　株式会社　ミネルヴァ書房

607-8494　京都市山科区日ノ岡堤谷町1
電話代表（075）581-5191
振替口座 01020-0-8076

冨山房インターナショナル・坂井製本

ISBN 978-4-623-09360-1

Printed in Japan